ÉTUDES

SUR LES

TRAGIQUES GRECS

ESCHYLE

PARIS. — TYPOGRAPHIE LAHURE
Rue de Fleurus, 9

ÉTUDES
SUR LES
TRAGIQUES GRECS

PAR M. PATIN
Secrétaire perpétuel de l'Académie française
Doyen de la Faculté des lettres de Paris

ESCHYLE

QUATRIÈME ÉDITION
REVUE ET CORRIGÉE

PARIS
LIBRAIRIE HACHETTE ET Cⁱᵉ
BOULEVARD SAINT-GERMAIN, N° 79

1871

Droit de traduction réservé

AVANT-PROPOS

DE LA DEUXIÈME ET DE LA TROISIÈME ÉDITION
(1858, 1865).

En réimprimant, après un assez long intervalle de temps, ces *Études sur les tragiques grecs*, j'ai dû chercher à les rendre moins indignes de l'accueil bienveillant qui leur avait été accordé. J'ai donc souvent changé, souvent aussi ajouté. Bien des ouvrages avaient paru depuis, sur le même sujet, qu'il était de mon devoir de mettre à profit, et pour l'amendement, l'amélioration de mon œuvre, et dans l'intérêt des personnes qui voudraient bien encore s'en aider comme d'une introduction utile à l'intelligence d'une portion bien considérable, à tous égards, de la littérature des anciens.

Le livre a conservé le double caractère, la double destination que je m'étais appliqué à lui donner, par une conciliation difficile à opérer, j'en conviens, des préoccupations du goût avec celles de l'érudition. J'avais souhaité qu'il pût pénétrer dans le monde; y ramener l'attention vers de beaux monuments ou négligés, ou peu compris; y éveiller quelque désir d'en prendre plus directement connaissance, de les regarder de plus près : mais je n'aurais pas voulu, d'autre part, qu'une classe particulière de lecteurs, à laquelle il me convenait surtout de m'adresser, fût en droit de le trouver trop étranger à tant de questions de toutes sortes que s'est faites, de notre temps, et continue de se faire, sur ces monuments, la critique savante.

Ces questions, d'ailleurs, je ne puis convenir qu'elles n'intéressent, ainsi qu'on le dit quelquefois, qu'une curiosité érudite. Comme elles tendent, plus ou moins, à nous replacer dans la situation du public auquel s'offrit d'abord la tragédie grecque, à la replacer elle-même dans l'ensemble des faits sociaux, religieux, littéraires, au milieu desquels elle s'est produite, à en faire suivre les fortunes diverses, en d'autres lieux, en d'autres temps, chez de nouveaux imitateurs, de nouveaux appréciateurs, ces questions, avec tous les détails qui s'y rattachent, préparent certainement à des jugements plus complets, plus sûrs, plus libres, plus dégagés des préjugés de l'habitude et de la théorie. En revenant sur mon travail, je n'ai pas pensé que je dusse le restreindre en ce point, bien au contraire.

Je ne me suis point corrigé non plus d'une sorte de partialité pour les trois grands tragiques athéniens. Peut-être sied-il à la critique d'être partiale pour de tels poëtes, de ne pas croire trop légèrement à leurs fautes, d'en essayer d'abord, avant de les admettre comme telles, de favorables interprétations. Ce qui lui sied surtout, ce qui est assurément sa vocation la plus haute, sa plus utile application, c'est de poursuivre le secret de leurs beautés, de les mettre, s'il est possible, plus en lumière.

Voilà les dispositions que j'avais apportées primitivement à ma tâche, et avec lesquelles je l'ai reprise. Puissent mes nouveaux efforts m'être comptés par les amis que conservent encore les lettres anciennes, dans notre temps aux préférences si modernes, si occupé d'intérêts présents, de politique et d'affaires !

PRÉFACE

DE LA PREMIÈRE ÉDITION (1841-1843).

....Je ne pense pas avoir à m'excuser de revenir, après tant d'autres, sur un si ancien sujet. Il n'y a point d'ancien sujet pour un professeur voué par devoir à l'antiquité, et peut-être n'y a-t-il pour personne de sujet entièrement épuisé. Le point de vue de la critique, rétréci et faussé par les ignorances et les préjugés de chaque époque, gagne perpétuellement en étendue, en rectitude, et ce qu'elle a le plus fréquemment décrit et jugé, peut reprendre ainsi, à la longue, grâce au temps qui vieillit le faux et rajeunit le vrai, quelque nouveauté. J'ose croire, et ne voudrais pas avoir préparé laborieusement une démonstration du contraire, qu'il en est ainsi pour le théâtre tragique des Grecs. Après les travaux multipliés de tant de savants et judicieux écrivains qui n'ont cessé, et ne cessent encore, d'en épurer, d'en compléter les textes, d'en éclaircir les difficultés de toutes sortes, mythologiques, archéologiques, historiques, d'en expliquer l'esprit; après les disputes littéraires où ont été plus d'une fois remis en question les principes mêmes d'après lesquels on doit le juger; après les hardis essais qu'ont fait naître, particulièrement dans ces dernières années, et la satiété des formes qu'il avait consacrées, et la séduction de formes nouvelles, offertes à l'imitation par des modèles bien différents, nous sommes, je le crois, plus capables qu'on ne l'a encore été d'apprécier sans préoccupation étrangère, librement, impartialement, ses originales beautés....

Je ne veux point anticiper ici sur une exposition, sur des discussions qui trouveront mieux leur place dans l'ouvrage même. Je me bornerai à indiquer sommairement le contenu des cinq livres entre lesquels il m'a paru convenable de les distribuer.

Le premier renferme une *Histoire générale de la tragédie grecque*. On y fait connaître son origine, ses progrès, ses transformations diverses, le caractère de ses principaux représentants et de leurs écoles, la foule même des poëtes, d'ordre inférieur, qu'elle a produits, et au temps des grands maîtres, et dans les âges suivants, sans oublier ces illustres acteurs qui, dans le déclin de l'inspiration dramatique, restèrent presque ses seuls interprètes. Cette tragédie, dont la décadence même ne fut pas sans éclat, on la suit sur toutes les scènes suscitées par la scène athénienne, dans les villes, dans les îles de la Grèce, en Sicile, en Macédoine, à Alexandrie, à Rome; on la montre se perpétuant par les nombreuses imitations des pièces grecques, par la rare application de la poétique grecque à d'autres sujets, romains, juifs, chrétiens. Enfin, après avoir donné une idée de l'immense et universelle popularité qu'elle obtint chez les anciens, et dont l'ensemble de leur civilisation, leurs mœurs, leurs lettres, leurs arts offrent partout le témoignage, on retrace son influence sur la renaissance, sur les nouveaux développements du théâtre, et particulièrement du genre tragique, chez les modernes.

Au premier livre, dans lequel s'annoncent les traits généraux de ce qui doit être ensuite exposé plus en détail, répond le cinquième, où ils se rassemblent et se résument sous la forme d'une revue critique des *jugements* portés jusqu'à ce jour *sur la tragédie grecque*. Rappeler tout ce qu'on en a dit, à diverses époques, et d'erroné, et aussi de juste; montrer que, le plus souvent, on l'a rapportée à des règles de composition, à des habitudes scéniques, à des mœurs, à des institutions, à des croyances, qui lui étaient étrangères, et d'après lesquelles il était facile, mais peu raisonnable, de la censurer ; que bien rarement, au contraire, on s'est fait, comme il le fallait, son contemporain, afin de voir dans leur jour, de comprendre dans leur vérité, des ouvrages écrits pour des Grecs, et sans prévision aucune, assurément, de ce qu'imposeraient plus tard au même genre de nouvelles données morales, de nouveaux besoins d'imagination; réclamer pour ces antiques productions, qui ne pouvaient, sans rétroactivité, être rendues justiciables de codes postérieurement promulgués, le droit d'être jugées uniquement d'après le petit nombre de lois universelles, éternelles, qui ont autorité en tous lieux, en tous temps, sur le génie des poëtes : tel est le sujet de mon cinquième livre, où se reprend et s'achève, je l'ai voulu ainsi, pour que le tout offrît plus d'ensemble et d'unité, l'histoire retracée par le premier. Les arts ont une double histoire comme une double vie, qu'il faut suivre à la fois, et dans la pratique de ceux qui les cultivent, et dans les théories de ceux qui les expliquent. C'est l'objet des deux morceaux par lesquels j'ai cru devoir commencer et finir, qui me servent d'introduction et de conclusion.

A Eschyle, à Sophocle, à Euripide sont consacrés trois livres intermédiaires, d'étendue inégale comme la matière dont ils traitent....

Dans ces livres, chacune des tragédies qui nous sont parvenues d'Eschyle, de Sophocle et d'Euripide, a son chapitre à part, où elle est considérée et en elle-même et relativement au système dramatique de son auteur ; replacée parmi les circonstances au sein desquelles elle s'est produite, et qui en ont accru l'intérêt ; rapprochée d'autres pièces grecques, soit conservées, soit perdues, auxquelles l'unissaient le lien d'une même composition, d'une même représentation, ou simplement la communauté, l'analogie des sujets ;

comparée enfin aux imitations plus ou moins libres et originales qu'on en a faites chez les Romains, chez nous, chez d'autres peuples de l'Europe moderne.

J'ai rangé les tragédies d'Eschyle dans un ordre conforme à ce qu'on sait, à ce qu'on peut conjecturer de la date de ces pièces, et propre, par conséquent, à y faire suivre les progrès de l'art dramatique. Une habileté, une perfection à peu près égales se faisant remarquer dans toutes les compositions de Sophocle, je me suis réglé pour les classer, selon mes convenances, tantôt sur l'usage ordinaire, tantôt sur la succession chronologique et l'enchaînement des sujets. L'emploi de ces diverses dispositions m'a permis de finir l'examen des deux théâtres par des tragédies qui ont ensemble de grands rapports, *les Choéphores* et *les Euménides* d'Eschyle, l'*Électre* de Sophocle, et d'établir entre elles, au moyen de la place que je leur donnais, ne pouvant les rapprocher davantage, une sorte de correspondance symétrique. Le parallèle que j'en ai dû faire, et où je ne pouvais manquer de comprendre l'*Électre* d'Euripide, m'a fourni une transition naturelle au théâtre du troisième des grands tragiques athéniens. A l'égard de ce dernier, dont les nombreuses pièces présentent de notables différences, non-seulement pour le mérite, mais pour les procédés de la composition, revenant en partie à l'ordre plus méthodique que j'avais suivi pour Eschyle, j'ai distribué ses œuvres en plusieurs groupes où l'on pût étudier les innovations par lesquelles ce poëte inventif s'est efforcé de rajeunir la tragédie vieillie et épuisée.

Les observations de toute nature dont les tragédies qui nous sont restées du théâtre grec, au nombre de trente-deux, m'ont paru pouvoir être l'objet, je les ai comme encadrées dans une analyse de chaque pièce, méthode d'exposition plus susceptible d'intérêt qu'une autre plus sévèrement didactique, et qui n'offre d'ailleurs qu'une apparente facilité ;

car s'il est facile de passer de l'analyse aux observations, il ne l'est pas autant de revenir avec naturel et agrément des observations à l'analyse ; il est surtout bien malaisé de ramener les fragments de l'une et la variété des autres à des vues d'ensemble desquelles résulte, avec l'unité de chaque chapitre, le rapport de tous à un but général. Y aurai-je réussi plus que tant d'autres ? je ne sais. J'ai du moins la conscience d'y avoir tâché davantage.

Je me suis, du reste, proposé avant tout d'être utile. Aussi n'ai-je point évité d'aborder dans des notes nombreuses, et même souvent dans mon texte, certains détails, nécessaires à l'exactitude, mais difficiles à exprimer sans sécheresse. Les faits que j'ai recueillis et rassemblés, j'ai pris soin de les rapporter aux autorités qui les établissent et leur donnent de la valeur. J'ai dû souvent traduire ce que je louais, au risque d'infirmer par là mes éloges; mais j'ai toujours renvoyé aux vers grecs eux-mêmes, prenant mes chiffres, j'en avertis ici, une fois pour toutes, dans les éditions si répandues de M. Boissonade.

Les tragiques grecs, négligés et presque dédaignés en France, au dernier siècle, y ont été, dans celui-ci, réhabilités avec éclat par de grands écrivains, d'habiles critiques, d'éloquents professeurs. Moi-même, s'il m'est permis de rappeler de modestes efforts auxquels j'aime à rattacher l'origine de cet ouvrage, j'en ai fait souvent le texte de mes leçons de littérature ancienne à l'École normale, de 1815 à 1822, et dans ces dernières années, par comparaison avec les tragiques latins, à la Faculté des lettres. Je serais heureux de n'avoir pas été étranger au mouvement qui ramène de plus en plus vers ces antiques fondateurs, ces éternels maîtres du théâtre, la curiosité et l'intérêt de la jeunesse studieuse, l'attention des littérateurs instruits.

ÉTUDES
SUR LES
TRAGIQUES GRECS.

LIVRE PREMIER.
HISTOIRE GÉNÉRALE DE LA TRAGÉDIE GRECQUE.

On ne peut remonter à l'origine de la littérature grecque et la suivre dans son développement sans remarquer d'abord ce caractère d'originalité qui la distingue de la littérature latine et de nos littératures modernes. Seuls, entre tous les peuples européens, les Grecs n'ont reçu d'aucun autre peuple l'inspiration poétique. On dirait même qu'ils n'ont point connu cette barbarie qui précède d'ordinaire la naissance de l'art; du moins le souvenir ne s'en est-il point conservé. Leur histoire poétique commence pour nous à Homère, à ce modèle de perfection que depuis on n'a jamais atteint; et tandis que, chez des nations moins heureusement douées, les premiers poëtes invoquent un dieu inconnu qui souvent ne leur répond point, les Grecs ont, pour ainsi dire, reçu la poésie des Muses elles-mêmes, et les fables mythologiques qui attestent cette origine merveilleuse ne semblent être que l'expression de la vérité.

Comment expliquer le développement spontané, la perfection hâtive de la poésie grecque, sinon par cette vivacité d'imagination accordée aux peuples méridionaux et qui a été surtout le partage des Grecs? La nature était à leurs yeux animée et vivante; la vie domestique, la vie civile, toutes pleines d'enchantements; un intérêt poétique se mêlait aux actes les plus sérieux, aux détails les plus vulgaires de leur existence. La poésie était chez eux dans les mœurs et dans les institutions; il est permis de le dire, elle s'élevait quelquefois elle-même au rang d'une institution religieuse et politique; il lui était quelquefois donné d'exprimer, dans une sorte de langage public, les sentiments de tous, de prêter, pour ainsi dire, une voix à la patrie. Quel caractère singulier de gravité une telle mission ne devait-elle pas communiquer aux hommes privilégiés qui, dans cette nation de poëtes, méritaient d'être appelés les poëtes par excellence, et que, d'un consentement unanime, tous reconnaissaient pour leurs interprètes! Faut-il s'étonner de trouver dans les premières productions du génie grec, dans les chants que fit naître une inspiration si sincère et si haute, tant de vérité et de grandeur?

La poésie se partagea de bonne heure chez les Grecs en divers genres, selon les diverses occasions qu'elle trouva de se produire, et aussi selon le goût particulier des poëtes. Alors s'établit tout naturellement, sans réflexion et sans calcul, révélée par un instinct heureux, cette classification générale tant de fois débattue depuis par la critique.

Les uns, en l'absence de l'histoire, qui n'était pas encore née, se firent les historiens du temps passé : ils créèrent la poésie épique; les autres entreprirent de sauver de l'oubli les traditions de la sagesse antique, les connaissances recueillies avec peine et lentement amassées par le travail des siècles : ils créèrent la poésie didactique, qu'un lien étroit unissait alors à l'épopée, car elle était aussi une sorte d'histoire du passé, qui satisfaisait aux premiers besoins de ces sociétés naissantes. Les poëtes didactiques étaient vraiment, à cette époque d'ignorance, ce qu'ils n'ont jamais été depuis, les précepteurs et comme les législateurs de l'humanité. Ils polissaient les esprits, adoucissaient les mœurs, enseignaient la morale et les arts; leurs préceptes, parés de toutes les grâces de la poésie et du langage, flattaient l'imagination, se gravaient dans la mémoire, passaient d'une génération à l'autre, et perpétuaient ainsi les leçons de l'expérience.

Il s'en trouva un grand nombre qui se consacrèrent à célébrer les dieux et les héros enfants des dieux, à exprimer les sentiments d'admiration et d'amour que l'homme éprouve pour la Divinité et pour ce qui la retrace imparfaitement sur la terre; à peindre les affections les plus profondes et les plus vives, quelquefois les plus légères et les plus frivoles, l'enthousiasme religieux, l'amour de la patrie, le dévouement, le courage, la tendresse et la haine, la douleur et la joie, l'ivresse même des plaisirs : ils créèrent la poésie lyrique.

Telles furent les trois formes principales sous lesquelles se montra d'abord la poésie des Grecs, les trois genres que produisit, en quelque sorte fatalement, l'état primitif de leur société. Cultivés tous à la fois, dans l'âge fabuleux, par les Orphée, les Musée, les Linus, ils le furent aussi, mais à part, dans l'âge suivant par Homère et par Hésiode, et par cette nombreuse élite de poëtes lyriques qui leur succéda. Seulement, on le conçoit, ils durent perdre beaucoup de leur importance, lorsque, par le progrès des connaissances, par l'invention de l'écriture, par la découverte de la prose, par l'établissement de l'histoire, ils furent devenus moins nécessaires.

Alors, comme le raconte Horace[1], on commença à voir dans la poésie un délassement, une distraction.

. . . . ludusque repertus
Et longorum operum finis.

Alors parut un nouveau genre d'une utilité moins directe

---

1. *Ad Pison.*, 405.

et moins réelle que ceux dont il avait été précédé, et qui, s'emparant de la plupart de leurs beautés, intérêt épique, sagesse didactique et gnomique, mouvement lyrique, les fit briller d'un éclat tout nouveau, attira les esprits par le charme d'un plaisir jusqu'alors inconnu.

On a lieu de s'étonner que l'art dramatique ait été si longtemps à naître chez les Grecs. Depuis plusieurs siècles ils le possédaient, à leur insu, dans les poëmes d'Homère : une action simple et riche tout ensemble, soumise dans sa marche progressive aux lois de cette unité qui est le besoin commun de tous les arts et que réclament surtout les productions du théâtre ; des mœurs, des passions, des caractères, que mettait en jeu l'artifice habile des situations et des contrastes; toutes les affections du cœur humain exprimées avec une naïve éloquence, dans des discours énergiques et véhéments, dans un dialogue rapide et animé; la substitution perpétuelle, à part quelques mots d'exposition, des personnages eux-mêmes au poëte, aussitôt effacé de son œuvre pour ne s'y plus montrer, forme que Platon et Aristote assimilent à celle des compositions dramatiques et qu'ils appellent de leur nom [1] ; enfin, pour le dire en un mot, le drame tout entier était renfermé dans les compositions du chantre de l'Iliade et de l'Odyssée; il ne fallait que le dégager tout à fait des formes du récit, que le transporter sur une scène. Comment cette révolution, qui nous semble aujourd'hui si naturelle, ne se fit-elle pas d'elle-même? Comment les rhapsodes, dans ces concours, dans ces luttes d'un caractère déjà presque dramatique, où, par un débit musical et expressif, un geste passionné [2], ils se disputaient le prix de leur art, n'imaginèrent-ils pas quelque jour, en récitant, par exemple, la dispute d'Agamemnon et d'Achille, de se substituer aux héros dont ils rappelaient les paroles, de se montrer à la foule attentive et charmée qui les entourait, sous le personnage d'Achille, sous celui d'Agamemnon? Comment, par un progrès insensible et presque inévitable, ne devinrent-ils pas les

---

1. *De republ.*, II, X; *Poet.*, III, XXIV. — 2. Aristot., *Poet.*, XXVI.

acteurs des scènes dont ils n'étaient que les narrateurs et les historiens? Homère eut sans doute plus tard une puissante influence sur les progrès de la tragédie ; il fut, Platon l'a dit [1], le véritable maître des poëtes tragiques, qui se composèrent sur son modèle, qui lui empruntèrent la plupart de leurs sujets ; Eschyle, de son propre aveu, n'offrit sur sa table que les reliefs des grands festins d'Homère [2]; quand on voulut louer dignement Sophocle, on l'appela l'Homère tragique [3]; comme, par une sorte de réciprocité, on appelait quelquefois Homère lui-même le Sophocle de l'épopée, le plus tragique des poëtes [4]. Mais, malgré ces traits frappants de ressemblance, malgré cette espèce de parenté qui unissait Homère à ces poëtes enfants de son génie, il ne contribua en rien à la naissance de leur art, que ses exemples devaient un jour porter si loin. Entre Homère et Eschyle, qui auraient dû se suivre, se placèrent, après une longue suite de poëtes plutôt lyriques que dramatiques, que tragiques, qu'on a cependant quelquefois, et même longtemps après la découverte de la véritable tragédie, appelés de ce dernier nom [5], Thespis, Chérilus, Pratinas, Phrynichus et d'autres encore sans

---

1. *De republ.*, X. — 2. Athen., *Deipn.*, VIII. — 3. Mot du philosophe Polémon, Diog. Laert., IV, 20. Cf. Suid., v. Πολέμων. — 4. Plat., *de Republ.*, X.
5. Nicéphore Grégoras (liv. X) l'a donné, on ne pouvait le faire commencer plus tôt, à Orphée ; Platon, ou l'auteur inconnu du dialogue de *Minos*, à des poëtes athéniens contemporains de ce roi de Crète (voyez Plutarque, *Vit. Thes.*, XVI, qui corrige cette tradition en supprimant la contemporanéité plus que douteuse de Minos et des tragiques d'Athènes par lesquels a été flétri son nom : voyez aussi, dans les *Variétés littéraires*, Paris, 1804, t. III, p. 488, des *Réflexions sur la tragédie grecque*, très-hasardées, où l'abbé Arnaud la prend, au contraire, avec pleine confiance, pour son point de départ) ; un vieux scoliaste cité par Stanley (*ad Æschyl.*) et par Bulenger (*de Theatr.*, I, 2), Jean Malalas (*Chron.*), l'ont donné à un certain Théognis, contemporain d'Oreste, et, après lui, à un Minos, à un Auléas. Écartant ces origines vagues et fabuleuses, nous trouvons qu'Hérodote (V, 67) a fait remonter le commencement de la tragédie aux chantres antiques des malheurs d'Adraste dans les fêtes solennelles de Sicyone ; que Suidas l'a daté, tantôt (v. Φρυνίχος) de Thespis, tantôt (vv. Θέσπις, Οὐδὲν πρὸς τὸν Διόνυσον), d'accord en cela avec Hérodote, d'Épigène de Sicyone, son seul prédécesseur selon quelques-uns, dit-il, selon d'autres le seizième

doute¹. Le hasard, qui joue un si grand rôle dans la plupart de nos découvertes, donna au drame la plus accidentelle, la plus imprévue de toutes les origines : il le fit naître du dithyrambe².

Disons-le cependant : le hasard n'est peut-être encore ici que l'expression vague de causes plus positives auxquelles il serait possible de remonter. L'épopée avait fait son temps ; les poëtes cycliques l'avaient acheminée insen-

(voy. *De dram. græc. sat. origine*, 1822, p. 6, Pinzger, qui concilie heureusement les deux opinions en supposant que Thespis est bien le seizième selon l'ordre des générations, mais le deuxième quant au mérite, les intermédiaires ne méritant pas d'être comptés) ; qu'Aristote (*Poet.*, III), Thémiste (*Orat.*, XIX) ont réclamé la gloire d'avoir inventé la tragédie, qu'Athènes aurait seulement perfectionnée, pour les Doriens en général, et en particulier pour les Sicyoniens. C'est à ces derniers, en raison de certaines innovations dans les chœurs bachiques (Suid., v. Οὐδὲν πρὸς τὸν Διόνυσον), en raison de leurs chants sur Adraste (Hérodote, V, 67), qu'on est le plus autorisé à faire honneur de la découverte (voyez à l'appui de ce système, combattu par Bentley, *Dissert. de Phalarid. epist.* X, *respons. ad C. Boyl.* X, des notes savantes de Bœttiger, *Quatuor ætates rei scenicæ apud veteres*, Weimar, 1798 ; *Opusc*, Dresde, 1837, p. 329 sqq. ; consultez aussi les recherches de M. Ch. Magnin sur les divers éléments du drame antique, dans ses *Origines du Théâtre moderne*, Paris, 1838. Introduction, t. Iᵉʳ). Cette question obscure et difficile a paru rencontrer une heureuse solution dans la distinction faite par M. Bœckh, d'une tragédie lyrique et d'une tragédie dramatique, trouvées, la première dans le Péloponèse, la seconde, postérieurement, dans l'Attique, et qui toutes deux continuèrent d'exister concurremment, comme le lui fait penser une inscription relative à des jeux de diverses sortes donnés à Orchomène, et dans laquelle sont nommés deux vainqueurs, l'un pour la tragédie ancienne, παλαιή, l'autre pour la nouvelle, καινή, dénominations qu'il applique (renvoyant à son *Économie politique des Athéniens*, t. II, p. 361, où il a d'abord énoncé son opinion : s'appuyant de l'opinion conforme de O. Müller, *Dor.*, t. II, p. 368 ; Welcker, *Trilogie d'Eschyle*, Appendice, p. 243, et combattant les objections de Lobeck, *de Ætate Orphei diss.*, IV, p. 9 ; *Aglaoph*, p. 974) à la tragédie lyrique et à la tragédie dramatique (voyez Bœckh, *Corpus inscript. græc.*, V, II, n° 1585, t. Iᵉʳ, p. 765, et t. II, p. 509). Mais il faut dire que God. Hermann (*De tragœdia comœdiaque lyrica*, 1836 ; *Opusc.*, 1839, t. VII, p. 211), a fort ébranlé le système de la tragédie lyrique : il n'y a vu, comme précédemment Pinzger, ouvrage cité plus haut, p. 1, autre chose que le dithyrambe, berceau reconnu par tout le monde de la tragédie ; et a rapporté ces mots de l'inscription, *tragédie ancienne, tragédie nouvelle*, non pas à la différence des genres, mais simplement à la date des ouvrages représentés, les uns anciens, les autres nouveaux.

1. Athénée (*Deipn.*, 1) comprend dans le nombre, seul, il est vrai, et peut-être par méprise, un Cratinus. — 2. Aristot., *Poet.*, IV.

siblement vers l'histoire, qui devait la remplacer; l'époque approchait où, dans ses récits moins empreints de merveilleux, il ne resterait plus que des événements humains, des passions humaines, les éléments du drame. L'ode, de son côté, après avoir prêté sa voix à tous les sentiments qui fermentent au fond du cœur de l'homme et aspirent à se répandre au dehors, avait besoin d'un thème nouveau qui rajeunît ses inspirations; elle ne pouvait plus guère le demander qu'aux souvenirs de l'épopée dramatiquement évoqués devant elle. Une nouvelle forme poétique restait à trouver qui exprimât la vie, non plus par des récits, non plus par des élans passionnés, mais par quelque chose d'intermédiaire, d'aussi intéressant que les uns, d'aussi éloquent que les autres, et de plus agissant; par l'action dramatique, en un mot, toute prête à naître du premier rapprochement de l'ode et de l'épopée. Que si c'est au sein du dithyrambe que ces deux genres se sont rencontrés, se sont unis par un hymen fécond qui devait produire l'art du théâtre, faut-il donc tant s'en étonner? Ces chants dithyrambiques de tout caractère, sérieux ou folâtres, selon la nature des aventures divines qu'ils célébraient, selon l'esprit divers des fêtes où ils se faisaient entendre, à l'entrée de l'hiver ou au retour du printemps, ces chants, accompagnés d'un appareil musical et orchestique approprié à la variété des sujets, et qui existaient déjà dans le chœur des Satyres et des autres suivants de Bacchus, introduits par Arion[1], comme leurs acteurs[2],

1. Suid., v. Ἀρίων.
2. De là une des étymologies du mot tragédie qu'on fait venir (*Etym. magn.*, v. Τραγῳδία; Hesych., v. Τράγοι, etc.) du nom de *boucs* quelquefois donné aux satyres. Selon d'autres, on le sait, ce mot viendrait plutôt du bouc que l'on immolait dans les fêtes de Bacchus, ou que l'on donnait primitivement en prix au vainqueur dans les concours dionysiaques, lyriques et peut-être dramatiques, dès le temps même de Thespis, comme semble le dire la Chronique de Paros (*Marm. Par.*, epoch. 43, v. 58-59):

>Non aliam ob culpam Baccho caper omnibus aris
>Cæditur, et veteres ineunt proscenia ludi,
>Præmiaque ingentes pagos et compita circum
>Theseidæ posuere.   (Virg., *Georg.*, II, 380.)
>Carmine qui tragico vilem certavit ob hircum. (Horat., *ad Pison.*, 220.)
>Du plus habile chantre un bouc était le prix. (Boil., *Art poét.*, III.)

étaient-ils sans analogie avec les représentations tragiques et comiques qui devaient en sortir? La liberté qui y régnait n'y ménageait-elle pas un accès plus libre, que dans les autres poëmes liturgiques, aux innovations d'où pouvait résulter le drame? Aussi, quand la tragédie eut réellement commencé à Athènes, les autres peuples de la Grèce, chez qui la poésie, la musique, la danse, l'expression mimique, avaient aussi et peut-être plus anciennement concouru de même à animer le culte des dieux et particulièrement celui de Bacchus, réclamèrent-ils la priorité de l'invention, et, la faisant remonter dans le passé, essayèrent-ils de trouver de lointains prédécesseurs à Thespis. Prétention vaine ! car une découverte n'est pas dans les éléments qui la préparent, mais dans le génie puissant ou heureux qui les assemble.

On sait, sans pouvoir s'en rendre bien compte, tant les témoignages sont, à cet égard, rares, incomplets, obscurs! tant la difficulté, l'impossibilité de les entendre s'est accrue par les innombrables, minutieuses et quelquefois indiscrètes explications de la critique! comment la tragédie athénienne, ou plutôt cette sorte de poëme confus qui en contenait le germe et ne tarda pas à la faire éclore, prit naissance au sein même des rites dionysiaques. Les louanges du dieu étaient célébrées par des chœurs, dont la distribution naturelle en coryphées et en choristes, qui prenaient tour à tour la parole, probablement aussi en demi-chœurs qui se répondaient, eût seule conduit à l'invention du dialogue, s'il eût été besoin de l'inventer. Dans leurs chants qui avaient déjà quelque chose de dramatique[1], mais qui n'étaient pas le drame, on intercala plus tard, soit pour varier l'intérêt de la composition par des intermèdes, soit pour ménager aux exécutants quelques moments de repos, par l'intervention de l'artiste spécialement chargé de ces intermèdes, des récits où étaient primitivement rappelées les aventures de la divinité que l'on fêtait, mais qui ne tardèrent pas à

---

1. Diog. Laert., III, 56.

leur devenir étrangers¹. Une telle innovation fut d'abord réprouvée par les vieillards et par les magistrats, comme irrespectueuse et impie; mais elle passa, à la faveur du plaisir et des suffrages de la foule. C'est à elle, chose singulière, que l'on doit véritablement la découverte de l'art dramatique et des divers genres entre lesquels il ne tarda pas à se partager, particulièrement de la tragédie. On avait déjà le dialogue : elle mit sur le chemin de l'action. Ces récits, qui coupaient, par intervalles, les chants du chœur, furent bientôt destinés à faire connaître, non plus seulement des événements passés, mais un événement que l'on supposait présent, et dont ils retraçaient les progrès. L'action, exposée au commencement par des récits, et à laquelle on n'assistait qu'en imagination, fut insensiblement amenée par l'introduction successive d'un second, d'un troisième acteur², sur ce qui n'était d'abord qu'une sorte de tribune, d'où leur devancier s'entretenait avec le chœur³, et qui devint une scène. Elle se développa devant le chœur, qui la contemplait, et qui, exprimant les sentiments de peine ou de plaisir, d'admiration ou de surprise qu'elle lui inspirait, devint ainsi, par le seul fait de son origine, un témoin idéal du drame, chargé d'en recueillir l'impression et de la transmettre pure et entière aux véritables spectateurs. Le chœur avait été d'abord, dans les cérémonies du culte de Bacchus, le représentant

---

1. Plutarch., *Sympos.*, I, 1; Suid. Οὐδὲν πρὸς τὸν Διόνυσον, etc.
2. Aristote (*Poet.*, IV), Diogène Laërce (III, 56), Suidas (vv. Σοφοκλῆς, Τριταγωνιστής, cf. *Vit. Sophocl.*), attribuent à Thespis, à Eschyle, à Sophocle l'introduction de chacun de ces trois acteurs : mais cela a été contesté comme d'autres points de cette antique histoire, particulièrement par Thémiste, *Orat.*, XXVI (voy. God. Hermann, *Dissert.* II *de choro Eumenidum Æschyli*, 1809 et 1816; *Opusc.*, 1827, t. II, p. 141 ; E. Egger, *Histoire de la critique chez les Grecs*, 1849, ch. III, § IV, p. 139). Sophocle ayant été contemporain d'Eschyle, et Euripide de Sophocle, quelques-unes des inventions qui ont progressivement constitué la tragédie grecque, ont pu, contrairement à l'ordre de succession des trois poëtes, passer, par imitation, du plus récent au plus ancien, et, comme cela est arrivé chez nous à l'égard de Rotrou et de Corneille, changer en certains points le disciple en maître. De là des questions de priorité fort controversées dans tous les temps par la critique, et la plupart insolubles.
3. Jul. Poll., *Onomast.*, IV, 19. Cf. Eustath., ad *Il.*, VII, 407.

du peuple entier ; il ne perdit pas ce caractère lorsque, par suite d'innovations successives, ces pompes religieuses se changèrent en un spectacle ; il se trouva naturellement chargé de jouer devant le public, chez lequel il se recruta longtemps, par la voie du sort, de libres acteurs, le rôle du public même ; regardant avec lui et jugeant en son nom, interrompant la marche des événements pour faire entendre les arrêts de cette morale universelle dont la voix retentissait confusément dans tous les cœurs et à laquelle il servait d'interprète : personnage vraiment singulier, placé, dans l'esprit de la composition poétique, entre le drame et l'auditoire, comme il l'était matériellement, dans la représentation, entre la scène et l'amphithéâtre ; personnage dont la création appartient spécialement aux Grecs, que leur avait donné le hasard, et qu'ils conservèrent volontairement, par réflexion, et par choix, dont l'emploi ne fut pas toujours sans inconvénient, mais qui contribua puissamment à constituer la tragédie grecque, et à lui donner la forme et le caractère qui la distinguent entre toutes les tragédies connues.

Et en effet, comme le chœur ne quittait jamais la place particulière qui lui avait été assignée dans l'enceinte du théâtre, comme il ne perdait jamais l'action de vue, et qu'il y intervenait à chaque instant, les unités sévères qui la limitent sous le rapport du temps et du lieu s'établirent en quelque sorte toutes seules et nécessairement. Comment changer une scène qui ne cessait d'être occupée? Comment faire illusion sur la durée d'une pièce que l'aspect d'un acteur toujours présent permettait de mesurer avec exactitude? Une action resserrée dans des bornes si précises ne pouvait, on le conçoit, se passer de l'unité d'intérêt et de la simplicité d'intrigue, naturelles d'ailleurs à un théâtre qui avait commencé par des chants, par des récits, par le dialogue d'un chœur avec un seul personnage. Enfin, si l'on songe à la pompe, à la majesté qui résultaient du spectacle de tant de témoins groupés sur le devant de la scène ; si l'on songe à la grandeur morale et poétique dont leurs chants entouraient l'action, on aura une idée à peu près complète de l'influence exercée sur le développement de la tragédie grecque par l'emploi presque forcé de ce chœur qui en avait été l'origine[1].

Ainsi se formait la tragédie sous l'empire des circonstances qui accompagnèrent son établissement. Cette unité, cette simplicité, cette grandeur qui en caractérisent la forme, étaient tout à fait d'accord avec la nature des sujets qu'elle fut, dès le principe, appelée à traiter. Née au milieu des cérémonies de la religion, faisant pour ainsi dire partie du culte public, elle dut se consacrer d'abord à exposer aux regards les aventures des dieux. Bientôt les hommes, qui, selon les traditions mythologiques, s'étaient trouvés, aux premiers jours du monde, dans un commerce fréquent et familier avec les habitants du ciel, s'introduisirent à leur tour sur la scène. Ils ne tardèrent pas à en devenir, par suite de ce vif intérêt qui nous attache à la peinture de nos semblables, les principaux personnages. Cependant les dieux ne disparurent pas entièrement de ces drames qu'ils avaient autrefois remplis seuls; et quand ils cessèrent, ou à peu près, de s'y montrer, leur volonté toute-puissante y joua longtemps le principal rôle, et y resta le plus puissant mobile, le ressort le plus actif de l'action : elle s'expliquait par des pressentiments sinistres, des songes effrayants, des présages, des oracles ; et la grande image de la fatalité, toujours rappelée à l'esprit des spectateurs, toujours présente, toujours visible, semblait former le fond de ce tableau lugubre sur le devant duquel paraissaient les passions humaines, libres et esclaves tout ensemble, marchant vers le but que leur avait marqué d'avance l'immuable destinée, mais y marchant d'elles-mêmes, et conservant, lors même qu'elles pliaient sous la main de la

---

1. Voyez sur les heureux effets, l'importance et même la nécessité du chœur dans le système de la tragédie grecque, de judicieuses réflexions de M. E. Egger, *Histoire de la critique chez les Grecs*, ch. III, § VIII.

nécessité, cette volonté indépendante, le plus noble attribut de notre nature[1].

L'idée de la lutte que l'homme soutient contre le sort, sans cesse exprimée dans le drame, ramenait à l'unité la variété des situations, et imprimait à l'ensemble une sorte de grandeur triste et imposante. Quoi de plus propre à toucher et à élever les âmes que ce sublime et pathétique contraste de l'inévitable destinée et de la liberté morale, de notre faiblesse et de notre force? Quelles graves leçons devaient sortir de ces spectacles qui réveillaient dans les âmes le sentiment confus d'une puissance supérieure à l'homme, souvent ennemie, et quelquefois protectrice; qui les fortifiaient contre les grands accidents de l'humanité; qui les portaient à la pitié et au respect pour le malheur !

La tragédie se montrait digne de cette origine qui avait placé son berceau au milieu des pratiques religieuses du culte des dieux, qui l'avait marquée dès sa naissance d'un caractère sacré; elle méritait de rester associée à ces fêtes qui rassemblaient autour des autels la nation tout entière; elle-même était une fête donnée aux citoyens par leurs magistrats dans des jours solennels[2], fête instituée par la religion et adoptée par la po-

---

1. Le concours des deux ressorts qui faisaient mouvoir ensemble l'action tragique des Grecs se trouve heureusement exprimé dans ce vers où l'auteur inconnu du *Ciris*, peut-être à l'imitation de la tragédie grecque, et, comme on l'a cru (voy. Hartung, *Eurip. restitut.*, t. II, p. 215), d'une pièce d'Euripide, a peint Scylla entraînée au crime et par sa passion et par une influence fatale :

> Quo vocat ire dolor, subigunt quo tendere fata,
> Fertur.
>
> (*Ciris*, 183.)

2. La représentation des ouvrages dramatiques, née du culte même de Bacchus, y resta toujours et exclusivement affectée. Car il ne paraît pas, comme on l'a conclu à tort de passages de Diogène Laërce, III, 56, et de Suidas, v. Τετραλογία, qu'il faille joindre les Panathénées aux diverses fêtes où se donnaient des tragédies et des comédies. Ces fêtes étaient au nombre de quatre : les grandes Dionysiaques, les Lénéennes, les Anthestéries, enfin les petites Dionysiaques, appelées encore Dionysiaques rurales, parce qu'on les célébrait hors de la ville, ou Dionysiaques du Pirée, de Brauron, etc., du lieu particulier où

litique des législateurs, qui firent de ces représentations une sorte d'instrument moral de gouvernement. Ce peuple léger qu'abattait l'infortune, qu'enivrait la prospérité, venait prendre au théâtre, en contemplant les calamités des rois et des empires, et le tableau touchant et terrible des grands revers, des leçons de constance et d'humanité : de telles leçons convenaient dans un siècle aussi plein de révolutions et de catastrophes, que celui des guerres médiques et de la guerre du Péloponèse; et il était digne de les entendre, le peuple qui, seul chez les Grecs, avait élevé un autel à la Pitié[1]. En même temps l'amour du pays, le sentiment de l'orgueil national, l'attachement aux lois et à la cité, s'exaltaient dans les âmes, quand on entendait rappeler ces noms antiques et vénérables qui réveillaient les plus chers souvenirs de la patrie.

Des représentations dont l'objet était tout ensemble politique, moral, religieux; où l'on évoquait, pour ainsi dire, au milieu des cérémonies du culte et à la vue du peuple entier, les images des héros et des dieux, et avec elles les émotions les plus vives, les plus graves enseignements, de telles représentations appelaient nécessairement toute la pompe, toute la magnificence du spectacle; elles devaient séduire les sens en même temps qu'elles ébranlaient l'imagination, qu'elles touchaient et élevaient l'âme. A la puissance de la poésie vint s'unir celle de tous les autres arts : l'architecture construisit

---

elles étaient célébrées ; elles étaient au nombre de trois seulement selon ceux qui ne distinguent point les Lénéennes des Anthestéries. Voyez sur ce sujet obscur, et toutes les questions particulières, non moins difficiles, qui s'y rattachent, Barthélemy, *Mém. de l'Acad. des Belles-Lettres*, t. XXXIX, p. 172 ; Bœckh, *Græc. trag. princip.*, Heidelberg, 1808, c. XVI, p. 204 ; *Mém. de l'Acad. de Berlin*, 1816-1817; *Corpus inscript. græc.*, t. Ier, p. 351 ; Ch. Magnin, *Origines du théâtre moderne*, 1838, t. I, p. 106; Fr. Creuzer et J. D. Guigniaut, *Religions de l'antiquité*, t. III, 1839, p. 222 ; Bode, *Geschichte*, etc., *Histoire de la poésie grecque*, tragédie, Leipzig, 1839, t. III, p. 123 sqq., etc.

1. Pausan., *Att.* XVI. L'institution de cet autel, souvent rappelée dans l'antiquité, a fourni à Stace le sujet d'un des plus beaux passages de sa *Thébaïde*, XII, 481 sqq.; elle a aussi heureusement inspiré Claudien, *De bello Gildonico*, 405.

ces immenses édifices où se pressait une innombrable multitude; la statuaire et la peinture décorèrent la scène tragique; la musique régla les mouvements cadencés, les évolutions régulières du chœur, et prêta son harmonie à la mélodie des vers; tout conspira pour produire le plaisir dramatique, qui pénétra jusqu'au cœur par tous les sens à la fois.

La nécessité de s'adresser, en même temps, dans de si grands théâtres à de si nombreux spectateurs, amena l'emploi de divers moyens matériels qui permettaient de reconnaître et d'entendre facilement des acteurs placés à une si grande distance des yeux et des oreilles. De là tous ces usages si étrangers à l'art moderne et qu'il faut se garder de condamner légèrement; ces masques qui reproduisaient les traits généralement attribués aux personnages mythologiques, et qui les annonçaient avant qu'on les eût nommés; ces procédés ingénieux qui avaient pour but de grossir la voix de l'acteur et de la porter au loin; ces cothurnes, ces amples vêtements, ces robes longues et flottantes qui lui donnaient les proportions réclamées par le besoin de la perspective théâtrale, par le grandiose de la composition poétique, et sous lesquelles l'imagination se figurait les héros qu'il représentait[1]. On peut croire que chez un peuple si amoureux du beau, qui l'exprimait avec tant de génie et de goût dans tous les arts à la fois, jamais ces moyens d'imitation ne furent portés, dans la tragédie du moins, jusqu'à cette exagération monstrueuse et grotesque dont quelques modernes, après certains anciens, il est vrai, après Lu-

---

1. Il n'y avait pas bien longtemps que s'étaient retrouvés à Tégée es os d'Oreste, longs, disait-on, de sept coudées! Voyez Hérodote, I, 68; Pausan., *Lacon.*, III, 3. Cf. Ælian. II, 5; A. Gell., III, 10. Θήκη μεγάλου σώματος, dit Plutarque, *Vit. Thes.*, XXXVI, en parlant du cercueil de Thésée retrouvé dans l'île de Scyros et rapporté à Athènes par Cimon. C'était l'année même où, comme nous le rappellerons plus loin, au jugement de Cimon et des généraux ses collègues, chargés par l'archonte de prononcer entre le vieil Eschyle et le jeune Sophocle, qui paraissait pour la première fois dans ces luttes, celui-ci l'emporta. Voyez encore Plutarque, *Vit. Cim.*, VIII.

cien, qui s'égaye souvent à ce sujet[1], après Philostrate[2], se sont plu à tracer des tableaux de fantaisie. Sans doute ces personnages héroïques qui se montraient sur la scène n'offraient point un contraste trop choquant avec les belles représentations de la nature que produisait dans le même temps le ciseau des artistes grecs : tout porte à penser, au contraire, qu'ils les rappelaient par la grâce et la noblesse de leurs attitudes, de leurs mouvements, et même par ces traits empruntés que leur prêtait la statuaire, et qui, grâce à l'éloignement, semblaient perdre quelque chose de leur immobilité. Si on lit avec attention les ouvrages des tragiques grecs, on ne pourra manquer de s'apercevoir que tout y était calculé pour le plaisir des yeux : chaque scène était un groupe, un tableau, qui, en attachant les regards, s'expliquait presque de lui-même à l'esprit, sans le secours des paroles. Les poëtes, par mille ressources habiles, rendaient plus prompte et plus facile à des spectateurs nombreux, éloignés, souvent distraits, l'intelligence de leurs compositions, dont le sujet, en partie par le même motif, continua d'être choisi dans les traditions fabuleuses, familières à la foule, et qu'une exposition simple et claire, une intrigue peu compliquée, faisait suivre d'ailleurs sans fatigue et sans travail.

Il y a quelque intérêt à voir ainsi se former, comme de lui-même, le système si uni, si complet de la tragédie des Grecs. Ces divers éléments de leur art tragique, produit nécessaire des circonstances toutes fortuites, toutes locales, au milieu desquelles il naît et se développe, sont rassemblés par l'industrie des poëtes; ils se rapprochent, ils se confondent dans des compositions qui durent sans

---

1. *Nigrin.*,II; *de Saltat.*, XXVII; *Jupit. tragœd.*, XLI; *Anach.*,XXIII, etc.
2. *Vit. Apollon.*, V, 3. Philostrate y raconte qu'à une représentation dramatique donnée par un tragédien du temps de Néron, dans une ville de Bétique, Ispula, où ce genre de spectacle était encore inconnu, le public, d'abord fort effrayé par la démarche, la stature, le masque de l'acteur, se mit à fuir de toutes parts quand il l'entendit déclamer, le prenant pour quelque *démon*.

doute offrir d'abord un mélange bien incohérent, un caractère bien indécis, mais qui ne tardèrent pas à s'ordonner, et d'où sortit enfin un ensemble régulier et harmonieux. Quand tout fut prêt pour le génie, quand au chœur primitif on eut ajouté les personnages, quand aux chants de l'ode se furent unis les récits de l'épopée, quand l'action avec son double ressort divin et humain, avec ses effets dramatiques et moraux, avec la simplicité et l'unité de son mouvement, se fut emparée de la scène, et que, marchant à sa suite, le dialogue eut commencé à restreindre et à resserrer la partie épique et lyrique de l'ouvrage, quand la représentation théâtrale se fut entourée par degrés de toutes ses séductions et de tous ses prestiges, alors un homme vint, qui, s'emparant de tous ces matériaux que des mains laborieuses avaient rassemblés et dégrossis, éleva seul le monument et mérita d'être appelé le créateur, le père de l'art dramatique[1]. Cet homme, ce fut Eschyle[2], qui, la deuxième année de la LXXe olympiade, en 499[3], âgé d'environ vingt-cinq ans, commença au théâtre son illustre carrière.

Le nom d'Eschyle est le premier que nous écrivions dans cette histoire abstraite des progrès de la tragédie naissante. C'est le premier, en effet, qui éveille en nous quelque idée nette et distincte; ceux qui l'ont précédé ne sont que des mots auxquels nous ne pouvons rien rattacher. Eschyle a effacé d'abord de son éclat tout ce qui avait brillé avant lui; ses devanciers ont disparu au milieu de sa gloire, comme disparaîtront un jour, pour une postérité plus reculée, les devanciers du grand Corneille. A la distance où nous sommes aujourd'hui de ces premiers jours du théâtre antique, il nous semble que la tragédie est sortie tout armée du génie d'Eschyle. Il n'en est rien pourtant; ces statues immortelles qu'il nous a laissées n'ont pas été fondues d'un seul jet, par un pre-

---

1. Philostrat., *Vit. Apollon.*, VI, 11. Cf. Val. Max., IX, 12. — 2. Aristot., *Poet.*, IV; Horat., *ad Pison.*, 278, etc. — 3. Suid., vv. Αἰσχύλος, Πρατίνας. Cf. Clinton, *Fast. hellenic.*, éd. Krüger, Leipzig, 1830, p. 23.

mier et heureux effort de l'art ; ce que nous appelons son
œuvre, est l'œuvre du temps, d'une longue et patiente recherche, d'essais successifs et multipliés : mais ces essais
ont péri, il en reste à peine le souvenir ; nous savons seulement qu'il y eut autrefois un Thespis, un Chérilus, un
Pratinas, un Phrynichus, qui travaillèrent tour à tour à
former le grand Eschyle.

Une curiosité bien naturelle s'est attachée à rechercher quelle a été la part de ces anciens poëtes dans la
création de la tragédie ; on n'a là-dessus que bien peu
d'indices, et des indices bien obscurs. On ne sait même
pas très-bien en quoi consistait la découverte qui rendit
le nom de Thespis fameux dans toute l'antiquité, dont
tant d'auteurs ont fait mention, par laquelle les Grecs
ont marqué une des dates de leurs annales, qu'à défaut
des marbres de Paros, où cette date est effacée et ne peut
être rétablie que par conjecture, on rapporte avec Suidas[1] à la LXIe olympiade, environ 536 ou 535[2] ans avant
notre ère. Thespis a-t-il mérité tant de gloire, uniquement pour avoir composé à loisir ces récits, primitivement
improvisés[3], dont on entremêlait les chants du chœur ;
pour avoir remplacé leur narrateur fortuit par une sorte
d'acteur préparé à son rôle ; ou bien encore, pour avoir
dégagé de l'alliage étranger qui s'y mêlait, dans des représentations où figuraient des satyres avec des dieux et des
héros, où se confondaient le bouffon et le sérieux, l'élément
pur de la future tragédie ? Ces explications[4], je l'avoue, ne
me rendent pas suffisamment compte de ce grand nom d'inventeur, décerné par l'antiquité à Thespis. Voici ce que
dit à ce sujet Plutarque ; je me sers pour le citer de la
naïve traduction d'Amyot :

---

1. Suid., v. Θέσπις. — 2. Clinton., *Fast. hellenic.*, p. 11. Cf. Fr. G.
Wagner, *Poet. trag. græc. fragm.*, 1846, éd. Firmin Didot, p. 4. —
3. Arist., *Poet.*, IV.
4. Voyez, après les très-nombreux critiques qui se sont occupés de
cette question, parmi les plus récents, Welcker (*Nachträge*, etc., *Appendice à l'ouvrage sur la trilogie d'Eschyle*, 1826, p. 227 sqq.) ; Ch.
Magnin (*Origines du théâtre moderne*, 1838, Introduction, t. Ier,
p. 29 sqq.)

« Or commençoit jà pour lors Thespis à mettre en avant ses tragedies, et estoit chose qui plaisoit merveilleusement au peuple pour la nouveauté, n'y ayant pas encore nombre de poëtes qui en fissent à l'envi l'un de l'autre, à qui en emporteroit le prix, comme il y a eu depuis; et Solon étant de sa nature desireux d'ouïr et d'apprendre, et en sa vieillesse cherchant à passer son temps à tous ebattements, à la musique, et à faire bonne chère plus que jamais, alla un jour voir Thespis, qui jouoit lui-même comme étoit la coutume ancienne des poëtes, et après que le jeu fut fini, il l'appela, et lui demanda s'il n'avoit point de honte de mentir ainsi en la présence de tant de monde. Thespis lui répondit qu'il n'y avoit point de mal de faire et dire telles choses, vu que ce n'étoit que par jeu. Adonc Solon, frappant bien ferme contre la terre avec un bâton qu'il tenoit en sa main : « Mais en louant, dit-il, et approuvant de tels jeux de « mentir à son escient, nous ne nous donnerons garde que « nous les retrouverons bientôt à bon escient dedans nos « contrats et nos affaires mêmes[1]. »

Remarquons, en passant, que le Solon de Lucien, celui que, dans un dialogue ingénieux, il fait converser avec Anacharsis sur les institutions d'Athènes, et vanter au Scythe étonné le théâtre tragique et comique comme une école publique de morale[2], s'éloigne fort du Solon plus historique de Plutarque, au temps duquel l'art de la scène commençait à peine, et qui l'accusait si sévèrement de mensonge.

Quel était ce mensonge? Celui-là même, je pense, pour lequel Platon excluait plus tard la tragédie de sa République[3], la jugeant propre à corrompre les mœurs, en amenant, par l'imitation de ce qui était trop souvent vicieux et coupable, à la chose même et les auteurs et les acteurs et les spectateurs. Ce mensonge consistait, si je

---

1. Plut., *Vit. Sol.*, XXIX. Cf. Diog. Laert., I, 59. — 2 Lucien, *Anach.*, XXII, XXIII.
3. *Republ.*, II, III. Voyez le commentaire de Bossuet sur ces passages, dans ses *Maximes et Réflexions sur la comédie*, ch. XIV.

ne m'abuse, à se présenter sur la scène avec le nom et le masque d'un personnage étranger, à entretenir son auditoire d'un événement imaginaire comme s'il se fût agi d'un événement réel. C'était le mensonge de l'action dramatique, de l'illusion théâtrale; celui par lequel, plus tard, Gorgias définissait assez obscurément la tragédie [1]; celui que Platon [2] reprochait, qu'Aristote [3] conseillait et enseignait, d'après Homère, aux poëtes; et si Thespis fut le premier qui s'en rendit coupable, il faut certainement le regarder comme le créateur de l'art.

Quoi qu'il en soit de cette interprétation, il est impossible de ne pas conclure du renom et de la gloire obtenus par Thespis, que ce poëte a été pour beaucoup dans l'invention du drame, et que si cette invention ne lui appartient pas entièrement, il l'a du moins fort perfectionnée. Nous n'avons pas ses pièces, disparues (si jamais elles ont été écrites [4]) bien avant l'époque où Horace les comprenait, pour le besoin de son vers, je crois, parmi les modèles du théâtre latin [5]; qu'il ne faut pas confondre avec les ouvrages que des fraudes littéraires y substituèrent de bonne heure [6]; auxquelles il est bien douteux qu'appartiennent les quelques vers que l'on en cite [7] : mais nous avons les titres de plusieurs, et particulièrement d'un *Penthée* [8]. La Chronique de Paros donnait même la date, à ce qu'on a cru légèrement [9], d'une *Alceste* composée par

---

1. Plutarch., *De gloria Atheniensium*, v; *De aud. poet.*, I. Voy. la traduction du passage de Gorgias dans l'*Histoire de la critique chez les Grecs* de M. Egger, ch. II, § II, p. 78.
2. *Republ.*, II, III. — 3. *Poët.*, xxiv. — 4. Donat., *de Com. et Trag.* Cf. Bentley, *Respons. ad C. Boyle*, xi. — 5. *Epist.* II, 1, 163. — 6. Diog. Laert., V, 92.
7. Plut., *De audiend. poet.*, xiv; Clem. Alex., *Strom.*, V. Cf Bentley, *ibid.* M. Letronne ne croit pas davantage à l'authenticité du vers, fort insignifiant, que cite, sous le nom de Thespis, un papyrus du Musée royal dont il a donné l'explication dans le *Journal des Savants*, n° de juin 1838, p. 324.
8. Suid., v. Θέσπις; J. Poll., VII, 12.
9. Barthélemy l'a répété (*Anach.*, ch. LXIX), bien que Bentley (*ibid.*) paraisse avoir établi que ce titre est une erreur de Selden, auteur de la première édition des Marbres. Cf. Bœckh, *Corp. inscript. græc.*, t. II, p. 301. Lévesque a mieux profité de la remarque de Bentley, dans ses *Considérations sur les trois grands poëtes tragiques de la Grèce*

ce précurseur d'Euripide. Or le choix de pareils sujets, peu conforme, pour le dire en passant, à l'assertion de Plutarque[1], que Phrynichus et Eschyle mirent les premiers sur la scène des événements malheureux ; le choix du moins de celui dont la réalité est moins contestable[2], indiquerait seul que Thespis avait déjà quelque idée de la véritable tragédie. Il ne faut pas croire trop légèrement à tout ce qu'a dit Horace[3], sur la foi de quelques scoliastes, de son *tombereau*, de ses acteurs *mal ornés* et *barbouillés de lie*, de cette *heureuse folie* qu'il *promenait par les bourgs*, et qu'on a représentée comme si grossière et si barbare : c'est plutôt là l'histoire de Susarion que l'histoire de Thespis. Bien que Thespis, né au bourg d'Icarie, ait peut-être amusé de ses ébauches de drame les campagnes, avant de les introduire à la ville ; bien que ses succès, comme chez nous ceux des Confrères de la Passion, aient commencé par la populace, de sa nature peu exigeante en fait d'art, on devait être, auteurs et public, plus avancé du temps de ce Solon, aussi bon poëte que grand législateur ; de ce Pisistrate, qui avait recueilli et rassemblé en un corps régulier les poésies d'Homère, et après que la langue poétique, créée par ce grand génie, avait été savamment maniée et pliée à tous les usages par Archiloque, par Alcée, par Sapho, par Anacréon, par tant d'autres. Des vers qu'Aristophane fait encore répéter, en haine de la poésie contemporaine, par un vieil amateur du théâtre[4], ne pouvaient être tout à fait dépourvus de beauté tragique. Il faut pourtant en convenir, la tragédie devait être encore bien à l'étroit dans des drames joués, en présence d'un chœur, par un acteur unique.

(*Mém. de l'Institut*, classe de littérature, t. I, p. 309, et *Études de l'Histoire ancienne*, t. V, p. 43 et suiv.); on en peut dire autant de M. Ch. Magnin, *Origines du théâtre moderne*, t. I, p. 38.
1. *Sympos.*, I, 1.
2. Elle est contestée par Bentley (*ibid.*), qui n'attribue à Thespis que des drames satyriques. et qui, d'après le passage de Plutarque, précédemment cité (*Sympos.*, I., 1), recule jusqu'à Phrynichus et Eschyle le commencement de la tragédie véritable.
3. *Ad Pison.*, 275. Cf. Sid. Apollon., IX, 232. — 4. *Vesp.*, 1501

soit que (la chose est restée douteuse) cet acteur ne représentât qu'un seul personnage plus d'une fois ramené sur la scène, soit qu'au moyen de certains déguisements il y remplît successivement plusieurs rôles[1]. Dans les deux cas, les discours qu'il débitait devant le chœur, ou qu'il lui adressait, tenaient plus du monologue que du dialogue. Pour que le dialogue prît, avec l'action elle-même, quelque développement, il fallait, ce qui se fit assez longtemps attendre, et fut dû seulement à Eschyle, l'introduction d'un second acteur.

Parmi les successeurs de Thespis et les prédécesseurs d'Eschyle, on distingue surtout Phrynichus[2], acteur puissant autant que poëte habile, dont la beauté relevée par de beaux vêtements[3], dont le chant[4], dont la danse[5] même, d'une expression désordonnée et encore dithyrambique, restèrent longtemps célèbres; l'inventeur, a-t-on dit souvent, mais à tort, du tétramètre trochaïque; l'introducteur des personnages de femmes, ajoute-t-on[6], ce qui ferait penser ou que l'*Alceste* attribuée à Thespis par un passage fort suspect de la chronique de Paros doit en effet lui être retirée, ou que dans cette pièce l'héroïne ne paraissait point, et que des récits faisaient seuls connaître au chœur et au public son dévouement[7]. Phryni-

1. Cela est vraisemblable; mais on ne peut, sans forcer le sens des expressions de Suidas, le conclure avec Bode (*Geschichte*, etc., *Histoire de la poésie grecque, tragédie*, t. III, p. 55); avec Welcker (*Nachträge*, etc., *Appendice à l'ouvrage sur la trilogie d'Eschyle*, p. 271); avec d'autres, suivis par eux en cela, de ce qu'il a dit, non pas de trois moyens différents employés dans une même pièce par Thespis pour changer son visage, mais du progrès des inventions par lesquelles, dans sa carrière dramatique, ce poëte est arrivé jusqu'au masque.
2. Il n'y a eu qu'un tragique de ce nom, comme le démontrent fort bien, contre des assertions contraires, Périzonius, ad Ælian. *Var. hist.*, III, 8; Bentley, *Respons. ad C. Boyl.*, XI. Sur les confusions qu'on a faites de ce poëte avec Phrynichus le comique et Phrynichus le choriste, objet des railleries de la comédie, voyez Meineke, *Fragm. comic. græc.*, Berlin, 1839, t. I. p. 146 sqq.
3. Aristoph., *Thesmophor.*, 154. — 4. Id., *Av.*, 746; *Vesp.*, 220; Aristot., *Problem.*, XIX, 31. — 5. Aristoph., *Vesp.*, 1512 sq; Plutarch., *Sympos.*, VIII, 9; Athen., *Deipn.*, I, etc. — 6. Suid., v. Φρυνίχος.
7. Phrynichus avait lui-même donné une *Alceste*, dont Hésychius, v. Ἀθαμβές, a conservé quelque chose.

chus, qui, dans sa tragédie intitulée les *Pleuroniennes*, avait parlé du tison fatal à la durée duquel était attachée celle des jours de Méléagre, et que jeta au feu sa propre mère Althée, avait-il imaginé cette circonstance dramatique, ignorée d'Homère, d'Hésiode, de l'auteur de la *Myniade*, et où ses successeurs ont trouvé le sujet de plus d'une tragédie[1]? Pausanias, qui cite ce passage[2], s'applique à montrer le contraire, constatant ainsi l'existence d'une opinion plus favorable au génie inventif du vieux poëte. Le premier, très-probablement, Phrynichus osa mettre sur la scène un sujet contemporain; il le fit avec un succès éclatant, dont il fut très-mal payé : c'est un fait unique dans l'histoire de l'art dramatique et qu'on n'a peut-être pas assez remarqué[3]. La ville de Milet venait d'être prise et traitée fort rigoureusement par Darius; les Athéniens, affligés de cet événement, en témoignaient leur douleur de mille manières. Phrynichus s'avisa de le célébrer dans une tragédie qui fit, comme on le pense bien, fondre en larmes les spectateurs. Tout allait fort bien jusque-là pour le poëte; son triomphe était complet, sa gloire au comble; il avait obtenu le plus beau de tous les suffrages, l'attendrissement universel. Mais les Athéniens s'irritèrent qu'on leur eût rappelé si vivement la mémoire de ce qu'ils regardaient, dit Hérodote, comme un malheur domestique; ils défendirent par une loi de **représenter jamais** l'ouvrage de Phrynichus, et le condamnèrent lui-même à une forte amende pour avoir été **trop** touchant, ou du moins pour l'avoir été mal à propos. C'est ainsi qu'il leur arriva, dans la suite, de punir des généraux vainqueurs, au retour d'une expédition glo-

---

1. Voyez les fragments des *Méléagre* de Sophocle, d'Euripide, d'Attius. — 2. *Phocid.*, XXXI.
3. Hérodot., VI, 21; Callisth. apud Strab., XIV; Plutarch., *Præcept. politic.*, XVI; Suid., v. Φρύνιχος; Tzetzes, *Chil.*, VIII, 156; schol. in Hesiod. *Op. et Dies*, 414; Amm. Marcell., XXVIII, 1, etc. Voyez sur un proverbe auquel donnèrent lieu, dit-on, la disgrâce de Phrynichus et l'émotion qu'elle lui causa, mais qu'on explique encore autrement, Aristoph., *Vesp.*, 1512; Ælian., *Var. hist.*, XIII, 17, etc.; Bentley, *Opusc.*, p. 298; Fr. G. Wagner, *Poet. trag. græc. fragm.*, éd. F. Didot, p. 11.

rieuse. Peut-être cependant ne faudrait-il pas les blâmer entièrement de leur sévérité pour Phrynichus; peut-être ce poëte s'était-il, en effet, rendu coupable envers les lois de la morale publique, comme envers les règles du bon goût, en offensant indiscrètement, par un pathétique facile à produire, le sentiment national. Phrynichus paya sans doute un peu cher cette leçon de convenance que lui donnaient les Athéniens ; mais la leçon n'en était pas moins bonne, et il parut qu'il en avait profité, lorsque, quelques années après [1], dans sa tragédie des *Phéniciennes*, avant-courrière des *Perses* d'Eschyle, il appela au spectacle, non plus de leurs disgrâces, mais de leurs prospérités, ses ombrageux concitoyens. Un instinct délicat avertissait déjà ce peuple, né pour les arts, que l'émotion douloureuse de la pitié ne doit pas être le seul but de l'artiste; que, recherchée uniquement et par tous les moyens, elle peut être portée à un excès qui révolte la sensibilité, au lieu de la séduire et de la charmer. Ainsi le jugement populaire devançait, dans cette patrie de la poésie, le jugement même des poëtes, dont l'exemple forme partout ailleurs le goût général. Le temps de la tragédie était enfin venu : les Eschyle, les Sophocle, les Euripide pouvaient paraître ; ils étaient attendus par des spectateurs capables de les comprendre.

Il est à regretter que quelqu'une des compositions de Phrynichus, de Polyphradmon [2] ou Phradmon [3], son père ou plutôt son fils, de Chérilus, de Pratinas, ses contemporains, des prédécesseurs d'Eschyle qui furent ses maîtres et devinrent bientôt ses disciples, comme notre Rotrou le devint de Corneille, ne soit pas arrivée jusqu'à nous.

---

1. La *Prise de Milet* de Phrynichus a pu être donnée, près de l'événement, la quatrième année de la LXXIe olympiade; les *Phéniciennes* l'ont été la première de la LXXVIe. Thémistocle, qui était chorége, consacra la victoire du poëte et la sienne par une inscription. (Voyez Plutarch., *Vit. Themist.*, v; cf. Clinton, *Fast. hellenic.*, p. 25 et 35 ; Fr. G. Wagner, *Poet. trag. græc. fragm.*, éd. F. Didot, p. 14.)
2. Pausan., *Phoc.*, xxxi; Suid., v. Φρύνιχος; schol. Aristoph., *Av.*, 747.— 3. Anonym., *de Comœdia.* Voyez Meineke, *Fragm. comic. græc.*, t. I, p. 536; cf. p. 146.

On y suivrait avec curiosité les premiers pas de l'art qui assure sa marche et qui cherche sa route. A défaut de monuments si anciens, on peut retrouver dans le théâtre d'Eschyle les traces à moitié effacées de cette tragédie primitive qu'il a fait disparaître. Parmi les quelques pièces qui nous sont restées de ses nombreux ouvrages, il en est, par exemple ses *Suppliantes* et ses *Sept Chefs*, qui portent sans doute comme les autres l'empreinte de ce génie hardi et vigoureux, mais où le peu d'intérêt et d'étendue de la fable, les développements excessifs de la partie lyrique, la petite place accordée au dialogue, semblent devoir reproduire assez exactement le caractère indécis de ce drame primitif dans lequel luttaient encore ensemble, comme dans une sorte de chaos, les éléments discordants de la tragédie. Mais dans ses autres pièces, incontestablement supérieures, qu'elles soient venues ou après ou avant (on dispute à ce sujet), sinon par l'élan du génie et la hauteur de l'expression poétique, du moins par l'art de la composition, dans ses *Perses*, dans son *Prométhée*, dans son *Agamemnon*, ses *Choéphores*, ses *Euménides*, ces éléments s'ordonnent en un tout plus harmonieux ; ils y forment d'admirables modèles d'un genre qui nous est fort étranger sans doute, qui ne l'était presque pas moins à Euripide et à Sophocle, qu'Aristote toutefois, dont nous aurions mauvaise grâce, nous autres modernes, de contester en pareille matière l'autorité, reconnaissait sous le nom de tragédie *simple*, la distinguant ainsi de la tragédie *implexe*, qui lui succéda et qui est devenue la nôtre. Expliquons ces deux mots dans lesquels se résument les deux premiers âges de l'art tragique des Grecs, les deux poëtes qui représentent l'un et l'autre.

Sans doute, comme toute tragédie, la tragédie d'Eschyle reposait sur un *fait unique, entier, d'une certaine étendue;* ce sont là les termes les plus généraux, sous lesquels tout le monde comprend, depuis qu'Aristote l'a expliqué[1], le caractère de l'action dramatique. Mais le développement

1. *Poet.*, vi.

de ce *fait* indispensable n'occupait dans ses ouvrages que bien peu de place ; il n'excitait qu'à un degré très-faible le sentiment de la curiosité, qui, en général, n'a jamais été chez les Grecs l'émotion dominante des représentations théâtrales, tandis que c'est au contraire le plus vif attrait qu'offre le théâtre à l'imagination des modernes. Sophocle et Euripide ne cherchent pas comme nous à faire naître l'attente, l'inquiétude, la surprise ; ils n'enchaînent pas très-fortement leurs scènes, ne donnent point à leurs drames un mouvement très-rapide ; et toutefois, ils ont une marche régulière, progressive, attachante, des situations nombreuses et variées, des révolutions, des péripéties. Quant à Eschyle, il n'a rien de tout cela, ou du moins ce qu'il en a ne se rencontre dans ses ouvrages que par exception, et marque seulement le progrès insensible de l'art vers une forme nouvelle et, il est juste d'en convenir, plus parfaite. Ses drames ne sont guère qu'une sorte de cantate, dont l'introduction successive de ses rares personnages, montrés en général une fois seulement, renouvelle de temps en temps le motif épuisé[1]. L'action, sans incidents, s'y réduit assez généralement à une exposition et à un dénoûment : c'est-à-dire qu'il n'y a pas proprement d'action. Qu'y trouve-t-on donc ? L'expression d'une seule idée, d'un seul sentiment, d'une seule situation, un développement uniforme, mais qui excite toutefois dans l'âme, par l'artifice d'une habile gradation, une émotion, un trouble toujours croissants ; une pitié et surtout une terreur à chaque instant plus profondes et plus douloureuses ; le sentiment d'une admiration, d'un étonnement, d'une stupeur qui vous retiennent comme immobile à la vue de ces formes majestueuses, de ces proportions gigantesques qu'il prête à la nature humaine, du sombre et imposant tableau où il exprime les grands accidents du sort. Voilà, en quelques mots, la

---

1. Ainsi les définit exactement God. Hermann, *de Eschyli Persis*, 1812 ; *Opusc.*, 1827, t. II, p. 90, et ailleurs, se référant à l'opinion de Heeren et de Jacobs.

constitution et les effets de la tragédie d'Eschyle, tels que les montre l'étude attentive de ses divers ouvrages; voilà le drame qu'il avait créé, et dont il emporta le secret, drame si puissant sur l'imagination des Athéniens, qu'ils n'y renoncèrent pas entièrement, lors même que Sophocle et Euripide les eurent accoutumés à des compositions d'un intérêt plus vif et plus varié; drame que le législateur du théâtre grec, Aristote, après plusieurs générations d'artistes et de systèmes tragiques, qui avaient porté l'art au plus haut point de perfection qu'il parût alors pouvoir atteindre, ne crut pas toutefois devoir omettre dans ses classifications, et qu'il désigna sous le nom de tragédie *simple*, par opposition à celle où se rencontre une peinture plus vive des passions humaines, une plus grande complication d'intérêts et d'incidents, plus d'intrigue, plus de mouvement, et qu'il appelait, par cette raison, tragédie *implexe*.

C'est ici le lieu de rappeler une disposition dramatique dont il n'y a point de trace avant Eschyle, qui ne se retrouve guère après lui, même chez ses traducteurs et imitateurs latins, et que peut-être il faut ajouter aux nombreuses créations de ce génie inventif. On sait qu'aux concours Dionysiaques les poëtes disputaient le prix avec ce que les critiques d'Alexandrie, probablement, ont appelé une Tétralogie [1], c'est-à-dire trois tragédies suivies d'un drame satyrique, qui ramenait le spectacle tragique à ce dont il s'était fort écarté, à son origine dithyrambique, qui le rattachait, par un dernier lien, à l'esprit des fêtes de Bacchus. On sait aussi que les trois tragédies, le plus souvent de sujets divers, furent quelquefois liées par la communauté, peut-être même aussi par la simple analogie du sujet, et formèrent, sous un titre général, une sorte de composition complexe, qui reçut, encore des Alexandrins (je le crois), le nom de Trilogie [2].

---

1. Voyez ce nom donné par les scoliastes d'Aristophane, *Ran.*, 1124; *Thesmoph.*, 135; *Av.*, 281, à l'*Orestie*, à la *Lycurgie* d'Eschyle, à la *Pandionide* de Philoclès. Diogène Laërce s'en sert et l'explique, III, 56.
2. D'Aristarque et d'Apollonius, selon les scoliastes d'Aristophane,

Au vide trop ordinaire des pièces suppléaient, dans le premier cas, leur nombre et leur variété; dans le second, leur ensemble. A quelle époque les concours, primitivement dithyrambiques, devinrent-ils encore dramatiques? Quand et comment s'établit-il qu'on devait concourir avec quatre pièces, détachées ou liées? Laquelle des deux manières précéda l'autre? La trilogie, j'entends et continuerai d'entendre uniquement par ce mot trois pièces à sujet commun, ne fut-elle qu'un perfectionnement temporaire apporté à l'usage plus ancien de la libre et incohérente tétralogie? ou bien amena-t-elle, comme on l'a aussi pensé [1], cet usage? On ne le sait pas, et, les savants efforts de la critique le prouvent assez, il n'est guère possible de le savoir. Ce qui est, non pas certain, mais probable, c'est qu'à Eschyle fut due encore cette idée de rassembler trois drames dont chacun avait son unité, par le lien d'une unité plus vaste; soit que d'autres aient, avant lui, mis à la fois sur la scène plusieurs tragédies [2], soit que le premier

Ran., 1124. Le mot *trilogie*, inséré parmi les titres des tragédies que Suidas attribue à un poëte du nom de Nicomaque, auquel nous reviendrons plus loin, n'est probablement pas un de ces titres, mais une qualification appliquée, par apposition, à trois d'entre eux. L'argument que tire de là Welcker pour établir que ce mot *trilogie* et l'emploi littéraire qu'on en a fait, sont antérieurs à l'époque des grammairiens d'Alexandrie, est donc assez peu solide, comme l'a remarqué Meineke (*Frag. comic. græc.*, t. I, p. 497). Sur cette combinaison dramatique, dont Aristote n'a rien dit (voyez au sujet d'un passage du ive ch. de la *Poétique* dont on tire une opinion contraire, le *Commentaire* de M. Egger, p. 418), qui n'a attiré qu'assez tard, mais très-vivement, l'attention de la critique moderne, on peut consulter surtout W. Schlegel (*Cours de littérature dramatique*, professé à Vienne en 1808, publié en 1809 et 1811, traduit en français en 1814, leçon ive; God. Hermann (*de Composit. Tetralog. tragic.*, 1819; *Opusc.*, 1827, t. II, p. 307); Welcker (*die Æschylische*, etc., *la trilogie d'Eschyle*, etc., 1824); J. A. Hartung (*Euripides restitutus*, passim, 1844); M. S. Karsten (*de Tetralog. tragic. et didascal. Sophocl*, IV, 1846). L'opinion de God. Hermann, que, outre les *trilogies*, il y eut, si on peut risquer ce mot, des *dilogies*, n'est pas dénuée de vraisemblance; mais elle ne paraîtra pas appuyée sur des preuves suffisantes à ceux qui pensent, ce qu'il nie, que les *Suppliantes* et les *Danaïdes* étaient précédées d'une première pièce, comme aussi le *Prométhée enchaîné* et le *Prométhée délivré*.

1. Welck., *ibid.*, p. 498.
2. On l'a conjecturé de Chérilus, dont les cent cinquante tragédies (Suid., v. Χοίριλος) ne pourraient sans cela trouver leur place dans sa

il ait donné cet exemple, imparfaitement suivi par les poëtes ses rivaux et ses successeurs auxquels il aurait semblé plus commode de multiplier, ainsi que lui, les ouvrages, que de les lier comme il avait fait[1]. Les anciens[2] ont eux-mêmes désigné, par le nom collectif d'*Orestie*, son *Agamemnon*, ses *Choéphores*, ses *Euménides*, où, nous en

carrière dramatique, quelque longue qu'on la suppose ; de Pratinas, illustré par des drames satyriques, qui ne se donnaient pas seuls, mais auraient pu, il est vrai, être donnés après deux, après une, aussi bien qu'après trois tragédies (voyez Bode, qui a fort exactement résumé et quelquefois heureusement complété ces discussions, *Histoire de la poésie grecque, tragédie*, t. III, p. 59). Pour Phrynichus, à la différence de Chérilus, et même de Pratinas, on cite de lui si peu d'ouvrages, que ce serait, selon le même critique (*ibid.*, p. 82), se donner une peine inutile que de vouloir les distribuer en tétralogies. Bode remarque plus loin (p. 93) que le nombre des tragédies attribuées à Pratinas (dix-huit) est bien loin de ce qu'il devrait être (quatre-vingt-seize), pour qu'elles formassent, avec ses trente-deux drames satyriques, des tétralogies; d'autre part il est frappé, dans le théâtre d'Eschyle et de ses successeurs, d'une disproportion toute contraire : il n'y trouve pas, il s'en faut de beaucoup, assez de drames satyriques pour que chaque tétralogie ait pu avoir le sien. De là cette double conjecture que peut-être, chez les derniers, le drame satyrique a été remplacé quelquefois par une quatrième tragédie d'un genre plus tempéré, à dénoûment heureux, comme l'*Alceste* (voyez *Alcest.* Argum.), comme l'*Oreste* (voyez *Orest.* Argum. et schol., ad v. 1689), et qu'au temps du premier le drame satyrique a pu être accouplé à une seule tragédie ou composé et joué isolément. Concluons qu'il est bien difficile de savoir quand l'usage de la tétralogie a commencé, et qu'on ferait peut-être sagement de se résigner à l'ignorer, comme tant d'autres points obscurs de l'origine des arts.

1. Eschyle lui-même a donné des tétralogies sans aucun lien trilogique, celle-ci entre autres dont parle l'argument des *Perses* : *Phinée*. les *Perses*, *Glaucus de Potnie* (voyez God. Hermann, *de Æschyli Glaucis*, 1812; *Opusc.*, 1827, t. II, p. 59), *Prométhée*, drame satyrique. Disons cependant que Welcker (*ibid.*, p. 470 et suiv.) a fait bien hardiment des trois tragédies une trilogie, non pas de sujet commun, mais de sujets simplement analogues, en supposant que, dans la première, *Phinée* comprenait parmi ses prédictions aux Argonautes même ces triomphes des Grecs sur les Barbares célébrés par la seconde, et que, dans la troisième, *le dieu marin Glaucus*, substitué par lui à *Glaucus de Potnie*, racontait la victoire contemporaine de Gélon sur les Carthaginois. Il lui a même paru que lorsque Aristote (*Poet.*, XXIII) cite la défaite des Perses à Salamine et celle des Carthaginois en Sicile, arrivées, disait-on (cf. Hérodote, VII, 155), le même jour, comme exemple d'événements qui, liés par le temps, ne se tiennent réellement pas, il a fait allusion à leur rapprochement dans la trilogie d'Eschyle. Ces conjectures n'ont point passé sans contradiction. Voyez, entre autres, E. A. J. Ahrens. *Æschyl. fragm.*, 1842, éd. F. Didot, p. 193 sqq.

2. Aristoph., *Ran.*, 1137.

pouvons juger fort heureusement par nous-mêmes, se développe en trois drames, qui sont comme les actes d'un autre drame résultant de leur union, le cercle entier de la destinée d'Oreste, poussé au crime par le devoir de venger le crime, et, comme on l'a dit d'Alcméon, *facto pius et sceleratus eodem*[1], si coupable et si innocent tout ensemble, que la faveur seule des dieux peut départager la justice humaine. Le nom de *Lycurgie* a été aussi donné par les anciens[2] à une suite de pièces qui ne nous sont connues que par les savantes et ingénieuses restitutions de la critique[3], et qui toutes se rapportaient aux divers incidents de la lutte du roi de Thrace, Lycurgue, contre l'introduction du culte de Bacchus. Une didascalie récemment publiée[4] nous apprend qu'Eschyle remporta une de ses victoires dramatiques, sur une *Lycurgie*, tétralogie de Polyphradmon, avec trois tragédies, *Laïus*, *Œdipe*, les *Sept devant Thèbes*, dont les titres seuls marquent la liaison, la connexité. Il est remarquable que les drames satyriques ajoutés, selon la coutume, aux trois trilogies n'étaient pas eux-mêmes sans rapport avec ce qui en formait le sujet général. Cela est évident pour ceux qui avaient pour titres précisément *Lycurgue*, le *Sphinx*; on peut le croire du troisième, qui, sous le titre de *Protée*[5], paraît avoir complété ce qui est dit obscurément dans l'*Agamemnon* de la disparition de Ménélas, par la peinture familière de ce qu'Homère raconte assez familièrement sur son séjour en Égypte, sur ses aventures avec la fille de Protée, et Protée lui-même[6]. L'*Orestie*, la *Lycurgie*, ajoutons-y, d'après la nouvelle didascalie, la *Thébaïde*, les

---

1. Ovid., *Metam.*, IX, 408. — 2. Aristoph., *Thesmoph.*, 135. — 3. God. Hermann, *de Æschyl. Lycurgia*, 1831; *Opusc.*, 1834, t. V, p. 1 sq.; F. A. J. Ahrens, *Æschyl. fragm.*, éd. F. Didot, p. 177 sqq. — 4. Par M. J. Frantz, dans un programme académique de l'université de Berlin. Voy. E. Egger, *trad. et comm. de la poét. d'Aristote*, p. 418. — 5. Arg. *Agamem.*; schol. Aristoph., *Ran.*, 1124. — 6. C'est l'opinion de Bœckh. (*Græc. trag. princ.*, xx), de God. Hermann (*de Composit. tetralog. trag.*, ibid.), contredite par Welcker (ibid., p. 508); de E. A. J. Ahrens, *Æschyl. fragm.*, édit. F. Didot, p. 254. Cf. Hom., *Odyss.*, IV, 341 sqq.

seules trilogies d'Eschyle dont parlent les anciens, ne sont pas certainement les seules qu'il ait composées. Parmi les rares pièces qui se sont conservées de son immense théâtre, il en est, comme les *Suppliantes*, comme le *Prométhée*, qui sont, nous le montrerons plus tard, des restes de trilogies. On en peut dire autant d'un nombre plus ou moins grand de ses pièces perdues[1], dont la liaison disparut, probablement de bonne heure, dans l'ordre ou plutôt le désordre des catalogues alphabétiques qu'on en rédigea, quand fut passé le temps de la trilogie, ce qui ne tarda pas. Avec Eschyle paraît avoir à peu près fini ce genre de composition, dont on ne cite plus qu'un seul exemple et chez un poëte de sa famille, la *Pandionide* de Philoclès[2], peut-être encore l'*OEdipodie* de Mélitus[3]. Sophocle ne composa pas de trilogies, et, selon un témoignage obscur et diversement interprété[4], ou bien (c'est l'opinion adoptée le plus généralement, et cependant la moins vraisemblable) se permit et obtint de ne présenter au concours qu'une seule tragédie, ou bien en présenta trois, mais désormais sans connexion entre elles[5], comme faisaient Euripide et d'autres poëtes de cette même époque, comme on continua de faire après eux[6]. Les qualités nou-

---

1. Voyez God. Hermann, *de Composit. tetral. trag.*, *ibid.*; *de Æschyli Danaïdibus*, 1820 ; *Opusc.*, 1827, t. II, p. 319; *de Æschyli Myrmidonibus, Nereïdibus, Phrygibus*, 1833; *Opusc.*, 1834, t. V, p. 136 sq.; *de Æschyli trilogiis Thebanis*, 1835; *Opusc.*, 1839, t. VII, p. 190 : *de Æschyli Psychostasia*, 1838, *ibid.*, p. 343; *de Æschyli tragœdiis fata Ajacis et Teucri complexis*, 1838, *ibid.*, p. 362; Welcker, *ibid.*, p. 7-111, 311-481, où sont distribués en vingt trilogies presque tous les ouvrages tragiques d'Eschyle dont le souvenir s'est conservé ; enfin E. A. J. Ahrens, *Æschyl. fragm.*, édit. F. Didot.
2. Schol. Aristoph., *Av.*, 281. Voyez la restitution de cette trilogie chez Welcker, *ibid.*, p. 502.
3. Citée d'après les Didascalies d'Aristote, par le scoliaste de Platon. Voyez Welcker, *ibid.*, p. 528.
4. Suid., vv. Σοφοκλῆς, τετραλογία.... Ἦρξε δρᾶμα πρὸς δρᾶμα ἀγωνίζεσθαι ἀλλὰ μὴ τετραλογίαν.
5. C'est le sens nouveau donné au passage de Suidas par Welcker, *ibid.*, p. 509, et adopté par Bode, *Histoire de la poésie grecque tragédie*, t. III, p. 95.
6. Quand Xénoclès l'emporta sur Euripide, comme le rapporte, en s'en scandalisant Elien, (*Var. hist.*, II, 8), le débat était entre deux tétralogies, l'une, celle de Xénoclès, qui comprenait ces quatre piè-

velles que ces deux grands maîtres de l'art, nous le verrons bientôt, ajoutèrent au drame, une plus grande complication de l'intrigue, un plus riche développement des passions et des caractères chez le premier, et, chez le second, l'art de ramener à une impression unique la diversité des tableaux, remplacèrent, dans une même pièce, les effets qu'Eschyle, averti par un sentiment confus de ce qu'il y avait d'excessif dans sa simplicité, avait demandés à la trilogie. Ces effets ne sont connus que par un seul exemple, celui de l'*Orestie*. Ce n'était peut-être pas assez pour établir [1] que, d'après des règles invariablement fixées, et qui, en certains cas, eussent été bien gênantes, des trois tragédies, la première devait s'adresser surtout à l'âme, la seconde à l'oreille, la troisième aux yeux; qu'il fallait que l'une fût plus dramatique, l'autre plus lyrique, la dernière enfin plus riche de spectacle; ou bien encore [2] que, comme dans les grandes composi-

---

ces : *OEdipe*, *Lycaon*, les *Bacchantes*, *Athamas*; l'autre, celle d'Euripide, ainsi composée : *Alexandre*, *Palamède*, les *Troyennes*, *Sisyphe*. L'argument de la *Médée* nous a fait connaître qu'elle fut donnée avec deux autres tragédies du même poëte, *Philoctète*, *Dictys*, et un drame satyrique, les *Moissonneurs*. Il en fut de même de ses *Phéniciennes*, qu'accompagnèrent les tragédies d'*Hypsipyle*, d'*Antiope* et l'on ne sait quel drame satyrique (schol. Aristoph., *Ran.*, 53). On sait, depuis peu de temps, que la deuxième année de la LXXXVe olympiade, la 439e avant notre ère (Clinton, *Fast. hellenic.*, p. 61), sous l'archonte Glaucinus, ou, comme dit Diodore (XII, 30), Glaucides, dans un concours où Sophocle obtint le prix sur Euripide, ce dernier donna avec trois tragédies, savoir : les *Crétoises*, *Alcméon à Psophis*, *Télèphe*, en place de drame satyrique, comme on l'avait conjecturé (voyez plus haut p. 28), son *Alceste* (Argum. *Alcest.* ex cod. Vatic. apud. G. Dindorf, Oxon., 1834). C'est sous forme de tétralogie qu'après la mort d'Euripide furent redonnés par son neveu, Euripide le Jeune, l'*Iphigénie en Aulide*, l'*Alcméon*, les *Bacchantes* (schol. Aristoph., *Ran.*, 67). L'auteur de l'*Euripides restitutus* déjà cité, M. Hartung, a cru pouvoir distribuer en tétralogies tous les ouvrages, conservés ou perdus, d'Euripide. C'était une tétralogie que Platon, qui dans la suite devait distribuer en tétralogies ses dialogues (Diog. Laert., III, 56, cf. 61), avait confiée aux comédiens, quand il quitta la poésie pour la philosophie (Ælian., *Var. hist.*, II, 30). Après Platon, dans une inscription que l'on rapporte à la deuxième année de la CVI^e olympiade, c'est-à-dire à l'an 355 (Bœckh, *Corpus inscript. græc.*, t. I, p. 334), il est encore question d'une tétralogie.
1. God. Hermann, *de Compos. tetral. trag.*, ibid. — 2. Welcker, ibid., p. 286-493, 538.

tions de la statuaire, où tout se groupe autour d'un point central, la pièce du milieu était toujours la plus intéressante. L'inventeur de la trilogie, je le crois, pour ordonner ces vastes ensembles, aussi bien que leurs parties détachées, ne prenait conseil que de la diversité de ses sujets. Tout au plus peut-on soupçonner que, dans l'ouvrage final, il ménageait à ces sortes de problèmes moraux, dont la doctrine de la fatalité avait, dans les précédents, embarrassé la conscience des spectateurs, une solution plus satisfaisante.

En attribuant à Eschyle, non pas seulement, comme la plupart des critiques, l'accidentelle beauté de quelques détails énergiques et frappants, mais une conception forte et profonde, l'unité du dessein, la proportion et l'arrangegement des parties, en un mot le génie de la composition, qu'on lui a refusé si injustement, nous ne lui accordons rien que démentent ses drames, dont l'ensemble, au premier coup d'œil un peu confus, se révèle cependant par la continuité, par la progression des émotions qu'ils excitent. Ce n'est pas que nous prétendions qu'Eschyle ait eu la connaissance claire et distincte de son art; qu'il ait travaillé sur un plan systématique, suivi des procédés réguliers, des principes positifs, une théorie fixe et arrêtée. Il n'en est pas ordinairement ainsi de ces esprits inventeurs que guide vers le grand, vers le beau, vers les formes propres à les revêtir, une sorte d'instinct secret que, dans leur superstition poétique, ils appellent leur génie et leur dieu. Quel est ce dieu? Ils l'ignorent et ne peuvent le dire. Ce n'est autre chose toutefois que le sujet même qu'ils traitent, l'idée dont ils sont possédés et qu'ils s'efforcent de produire au dehors. Déposée, enfermée dans leurs œuvres, cette idée leur communique l'esprit de vie qui est en elle; elle les développe, elle les ordonne en quelque sorte par sa seule vertu. C'est un moule intérieur, sur lequel s'appliquent d'elles-mêmes, à l'insu du sublime ouvrier, ces formes merveilleuses que décrira plus tard la critique, et qu'elle proposera à l'imitation comme le type de l'art. On dirait de l'âme, que Virgile place au centre du monde, animant de sa chaleur féconde ce vaste corps, circulant dans ses veines, et se manifestant enfin dans les phénomènes visibles de la vie, dans la scène variée de la nature.

Quelle est l'idée puissante, créatrice, qui vit au sein d'Eschyle, et qui, passant dans ses compositions, leur imprime ce caractère singulier de simplicité et de grandeur, que n'offre aucun autre monument de l'art tragique?

C'est l'idée de la divinité terrible qui, dans l'opinion de ces temps reculés, présidait avec une puissance invincible à toutes les révolutions du monde, aux grands succès, aux grands revers; changeait, au gré d'un aveugle caprice ou d'une justice sévère, le désespoir en joie et les triomphes en désastres; répandait du haut de ce trône, d'où elle régnait despotiquement sur les hommes et même sur les dieux, les biens et les maux, les châtiments et les récompenses; du Destin, en un mot, expression poétique, personnification religieuse de cette irrévocable fatalité qui règne dans les choses humaines; image imparfaite, représentation confuse de cette puissance meilleure qu'accompagnent toujours la sagesse et la justice, et qu'une croyance plus digne de la divinité nous fait adorer sous le nom de Providence.

Voilà l'idée dominante des compositions d'Eschyle, l'idée qui les remplit et les constitue; elle obsède, elle fatigue l'imagination du poëte, qui se travaille sans cesse à l'exprimer : c'est comme un esprit malfaisant qu'il force par ses évocations de paraître sous une forme visible, avec un corps et un visage. Elle devient, tout abstraite qu'elle est, une sorte de personnage vivant et agissant, le héros de son drame, et comme son drame lui-même.

De là l'effroi et la stupeur dont on se sent saisi à une apparition si redoutable, et dont les mouvements progressifs suppléent par leur gradation à cette succession d'incidents, à ces peintures suivies de passions et de caractères, que ne connaissait point encore la tragédie.

De là l'extrême simplicité d'une fable qui n'offre jamais

autre chose qu'un coup subit et imprévu du sort, que le tableau rapide d'une catastrophe fatale.

De là la grandeur démesurée des personnages mis aux prises avec un tel adversaire, leur fière immobilité sous la main qui les écrase et qu'ils bravent.

De là cette pompe majestueuse, ces éclatantes images, ces figures hardies, ces pensées sublimes, ce style énergique, impétueux, d'un tour si inusité, si extraordinaire, qu'appelle naturellement un si grand, un si étrange spectacle.

Ainsi se forma, sous l'empire d'une seule idée, une tragédie dont les monuments marquent la première époque de l'art : tragédie *simple*, comme le dit Aristote, si on la considère dans son ordonnance; terrible, grande, et comme colossale, si on regarde au style de la composition et à ses effets; tragédie dont le système, qu'on nous permette ce mot, s'explique tout entier par les opinions religieuses des Grecs dans ces temps antiques, par leur croyance à la fatalité[1].

Mais déjà s'annonçait, au sein même de cette constitution primitive, une autre tragédie. L'action dramatique, si étroitement circonscrite, avait fait quelques pas hors du cercle qui la retenait captive, et semblait aspirer à s'ouvrir une carrière plus spacieuse. Ces ébauches de caractères, jetées d'abord à si grands traits, avec tant de vigueur et d'audace, avaient pris insensiblement une forme plus harmonieuse et plus pure. Des développements nouveaux avaient permis à la passion de se répandre, de s'épancher avec plus de liberté et de mouvement. Quelques tableaux d'une grâce ravissante, bien que rude et sauvage encore, étaient venus tempérer, par des émotions plus douces, l'horreur de représentations qui semblaient les

1. On lira, avec beaucoup de fruit, *sur Eschyle et les origines de la tragédie grecque*, l'*Aperçu* où M. H. Weil, professeur de littérature ancienne à la faculté des lettres de Besançon, a résumé, avec une précision élégante, les idées exposées par lui à ce sujet, dans son cours de 1848-1849 (*Aperçu*, etc., Besançon, 1849). Dans une dissertation intitulée *Eschyle*, Caen, 1851, M. P. L. Énault a depuis spirituellement rassemblé les traits caractéristiques du créateur de la tragédie athénienne.

visions d'un songe; aux cris de l'épouvante, aux éclats du désespoir, se mêlaient les accents d'une plainte mélancolique et pénétrante; un dialogue vif, rapide, entraînant, plein de vie et de vérité, se faisait jour à travers les longueurs des intermèdes et du récit, la pompe solennelle de l'épopée, les transports, les écarts de l'ode et du dithyrambe; tout était prêt pour produire cette tragédie à la fois simple et variée, grande et belle, terrible et touchante, élevée et naïve, qui était encore à naître. Dans Eschyle, on pouvait apercevoir Sophocle, et ce dernier s'y voyait sans doute lorsqu'il disait, avec cette conscience de son génie qui n'avait parlé que confusément à son devancier, avec ce sentiment de l'art que lui avait donné la méditation de ses premiers essais : « Eschyle fait ce qui est bon ; mais il le fait sans le savoir[1]. »

Sous sa main habile se rassemblèrent en un tout harmonieux et régulier ces éléments confus d'une tragédie encore inconnue. Mais comme une seule idée avait présidé à la conception et à l'ordonnance des compositions d'Eschyle, une seule idée détermina l'esprit et la forme des compositions de Sophocle et renouvela entièrement l'art dramatique, par une manière toute nouvelle de comprendre et de peindre le cours des choses humaines. Eschyle les avait vues particulièrement soumises à une invincible fatalité; Sophocle y aperçut davantage le jeu de nos passions et de nos facultés. A cette cause merveilleuse que le premier avait montrée avant tout dans les événements, le second substitua ces ressorts naturels que découvrent la réflexion et l'expérience à un âge plus éclairé.

Les premiers Grecs, dont la poétique ignorance per-

---

1. Chamæléon chez Athen., *Deipn.*, I. C'est trop restreindre, je crois, la portée de ce mot que d'y voir, avec Stanley, Bayle et autres, seulement une allusion à l'inspiration désordonnée qu'Eschyle, selon quelques témoignages anciens (Plutarch., *Sympos.*, I, 5; VII, 10; Lucian., *Demosth. encom.;* Athen., *Deipn.*, X, etc.), puisait dans l'ivresse, en poëte qui travaillait pour le théâtre de Bacchus, et à qui dans son enfance, comme il dormait en gardant des raisins, le dieu du vin était apparu pour lui ordonner de composer des tragédies (Pausan., *Attic.*, XXI).

sonnifiait toutes les forces de la nature, avaient donné un caractère divin à cette force aveugle que nous nommons hasard, nécessité ; ils en avaient fait le Destin, dieu suprême, dont les hommes et les dieux eux-mêmes n'étaient que les instruments ou les victimes ; qui réglait par ses obscurs et immuables décrets l'ordre entier des accidents de la vie. Le Destin régna longtemps dans la poésie et même dans l'histoire : Hérodote est en cela tout à fait conforme à Homère et à Eschyle ; comme eux, il nous montre, au-dessus des révolutions du monde, une puissance fatale qui les conduit au gré de son caprice ou de sa passion, plus rarement selon les lois de la sagesse et de la justice ; comme eux, il fait du Destin l'allié ou l'ennemi de l'homme, un juge sévère, ou un rival jaloux, qui le punit autant de sa prospérité que de ses crimes ; quelquefois un tyran bizarre qui se plaît à des jeux cruels, à d'étranges catastrophes, qui brise entre ses mains, ainsi que des jouets, les races royales, les peuples, les empires[1]. Mais enfin cette terreur superstitieuse commença à se dissiper aux rayons de la science ; et de même que les dieux qui avaient longtemps animé les éléments, et prêté un charme mythologique aux scènes de la nature, se retiraient par degrés d'un domaine usurpé, devant les découvertes de la physique, de même aussi une étude plus attentive de l'homme et du monde moral fit reculer dans un lointain mystérieux cette puissance inexplicable qui enveloppait de ses ombres les événements humains. Ils apparurent enfin, non plus comme les inévitables effets d'une cause brutale et déréglée, mais comme les conséquences de nos actes et de notre volonté. On se convainquit que si nous sommes souvent entraînés par la force irrésistible des choses, par des rencontres toutes fortuites et tout imprévues, plus souvent encore nous sommes, par nos libres déterminations, les agents de ce qui se passe

---

[1]. Voyez les deux dissertations de Bœttiger, *de Herodoti historia ad carminis epici indolem propius accedente* (*Opusc.*, p. 182 sqq.); celle de M. P. L. Lacroix, *Quid apud Herodotum ad philosophiam et religionem pertineat*; Paris, 1846, notamment p. 51 sqq.

ici-bas, les ouvriers de notre destinée mortelle. L'homme prit dans la poésie et dans l'histoire la place qui lui appartient comme au premier, comme au seul acteur du drame où il se trouve jeté ; à la place des Hérodote on eut des Thucydide, qui expliquèrent par les combinaisons de la politique et de la guerre, par les chances hasardeuses des négociations et des combats, par les mouvements de la passion, par les calculs de l'intérêt, par l'influence des talents et des vertus, des vices et de l'ignorance, par le génie divers des hommes, des temps et des lieux, ce qu'on avait trop poétiquement mêlé d'une divine obscurité. Après les Eschyle vinrent naturellement les Sophocle, qui, sans renoncer entièrement à l'effet poétique des agents surnaturels, rendirent aux actes de l'homme l'empire de l'action dramatique, et remplacèrent l'antique ascendant de la fatalité par le ressort nouveau de la liberté morale.

En constatant cette révolution, opérée par Sophocle dans l'esprit et en même temps dans la forme de la poésie dramatique, nous sommes loin de prétendre que son prédécesseur ait entièrement effacé de ses œuvres la volonté humaine : nous n'avons pas oublié cette grande et imposante figure de *Prométhée*, où il a peint sous des traits si sublimes l'indomptable fermeté d'une âme que l'injustice et la rigueur du sort ne peuvent ni subjuguer ni abattre. Mais cette résistance est toute passive. L'homme n'agit point véritablement chez Eschyle, ou du moins toute son activité se borne à se soumettre, à se résigner, à succomber sans faiblesse dans la lutte inégale où il se trouve engagé, à ennoblir son inévitable chute par quelque dignité ; comme ces gladiateurs de Rome, qu'une sentence, fatale aussi, condamnait à périr sous le fer d'un vainqueur, et qui, par la grâce et la majesté de leur maintien, arrachaient, en tombant sur l'arène, les applaudissements des spectateurs féroces, dont ils n'avaient pu émouvoir la pitié.

Quelquefois les personnages d'Eschyle se laissent emporter à des actes d'une cruauté forcenée, sans qu'on puisse voir bien clairement s'ils obéissent à la violence de leurs passions ou à l'impérieuse volonté du Destin. Quoi qu'il en soit, leur liberté morale semble enchaînée : son Oreste, sa Clytemnestre se disent eux-mêmes poussés vers le crime par une main invisible et toute-puissante. On croirait que, comme au Macbeth de Shakespeare, un poignard fantastique leur apparaît dans la nuit et les guide vers leur victime. Écoutez comme parle Étéocle, lorsqu'il court au fratricide; en vain on cherche à l'arrêter : « Sa place est marquée, dit-il; les imprécations d'un père le poursuivent ;... les dieux précipitent l'événement fatal;... le vent de leur colère se lève et pousse sur les flots du Cocyte la race de Laïus [1].... » Quel terrible et sombre langage! quelle superstitieuse fureur! Se croit-il en effet irrévocablement destiné au forfait qu'il va commettre? ou bien prend-il pour un arrêt du destin la féroce inspiration de sa haine? Le poëte nous abandonne à ce doute et nous offre ainsi l'effrayante et admirable peinture d'un temps de barbarie, où, dans l'enfance du sentiment moral, la volonté asservie à d'atroces penchants se reniait elle-même pour échapper aux remords, et par un affreux sophisme chargeait de ses détestables œuvres les dieux de sang qu'elle avait créés [2].

Les drames de Sophocle, quoiqu'ils nous reportent également à cette époque reculée, nous présentent une image plus pure et plus noble de l'homme : il y paraît plus dégagé des liens d'une sensibilité brutale ou d'un ignorant fanatisme; au milieu des passions violentes qui le sollicitent et l'entraînent, des croyances monstrueuses qui le

1. *Sept. ad Theb.*, v. 640 sq.; 676 sq.
2. Bossuet a dit . « Quand les anciens se sentaient possédés de quelque mouvement extraordinaire, ils croyaient que ce mouvement venait d'un dieu, ou bien que ce violent désir était lui-même un dieu. » C'est un souvenir du doute que Virgile, avec les idées de son temps, prête à un Troyen de l'âge héroïque :

    Nisus ait : Dine hunc ardorem mentibus addunt.
    Euryale? an sua cuique deus fit dira cupido?

(*Æn.*, IX, 184.)

préoccupent et l'égarent, il conserve toutefois la conscience de sa liberté ; il sent qu'il est l'arbitre de ses déterminations, que ses actes lui appartiennent. Sans doute il est au pouvoir du sort de le rendre malheureux; mais c'est là que s'arrête pour lui l'empire de la fatalité : elle est sans force sur les mouvements de sa volonté, et ne peut malgré lui les tourner à la vertu ou au crime. Le destin a conduit Œdipe par une voie mystérieuse à d'exécrables forfaits; Œdipe toutefois est pur des horreurs dont il s'est souillé. Si, dans le premier égarement qui suit la révélation de son sort, épouvanté de lui-même, il s'accable des noms les plus odieux, et se punit des plus cruels châtiments, bientôt il se rend plus de justice, et cet incestueux, ce parricide, lève vers le ciel un front serein et des mains innocentes, il s'assied sans effroi au seuil du temple des Furies. C'est sous cette image poétique qu'avec l'heureux génie de la Grèce, Sophocle exprime la réclamation de la liberté morale contre ces lois tyranniques du sort qui prétendaient l'asservir : réclamation que bientôt Aristote doit renouveler, et dans sa Morale, où il refusera d'admettre qu'Alcméon puisse renvoyer au destin la responsabilité de son parricide[1], et implicitement dans sa Poétique, où il omettra le ressort apparemment usé et abandonné de la fatalité. Il est bien vrai qu'une volonté suprême préside toujours aux événements que retrace le drame ; mais cette merveilleuse influence n'est plus que le cadre, ou, si l'on veut, le fond du tableau : au premier plan se montre l'homme avec ses passions, son caractère, sa volonté, marchant librement dans cette carrière que le destin lui a ouverte et dont il a marqué le terme fatal. Si dans ce mélange de servitude et d'indépendance qui naît d'accidents inévitables et d'actes spontanés, il reste encore pour l'esprit quelque chose de confus, d'obscur, d'inexplicable, on y reconnaît bientôt l'éternelle et insoluble énigme de notre nature, l'accord

---

1. *Moral.*, *Nicom.*, V, II.

mystérieux de la liberté humaine et de la prescience divine[1].

Il n'est personne qui n'aperçoive les conséquences nécessaires du rôle agissant que l'homme commence à jouer dans les drames de Sophocle. De là devait sortir la tragédie *implexe* tout entière, avec ses développements, ses oppositions de caractères; avec la variété et l'enchaînement de ses situations, de ses incidents, de ses péripéties; avec l'artifice plus difficile et plus habile de son ordonnance; avec l'attrait nouveau, quoique faible encore, qu'elle offrait à la curiosité; avec ces impressions de terreur, de pitié, d'admiration que produisait la peinture ennoblie, mais toujours vraie, du malheur et de l'héroïsme humains.

Alors s'ouvrit un spectacle dont l'imagination peut à peine aujourd'hui se figurer les effets ravissants : les yeux étaient occupés par une succession de tableaux, ou touchants ou terribles, qu'embellissaient constamment la grâce et la noblesse des attitudes et des mouvements; une versification d'un rhythme varié, dont une déclamation variée comme elle, un accompagnement musical marquaient encore l'harmonie, enchantait les oreilles; l'âme était émue par des discours qui, s'élevant au sublime et descendant avec aisance au familier, se prêtaient à l'expression forte et naïve de toutes les affections; sous ces formes extérieures se produisait la peinture des caractères dont les traits individuels, énergiquement marqués, ressortaient au milieu des traits plus généraux de la nature humaine; cependant l'esprit était doucement atta-

---

[1]. L'auteur d'un *Essai sur la fatalité dans la tragédie grecque*, publié à Paris, en 1855, M. F. R. Cambouliu, est moins éloigné de ces idées, généralement admises, qu'il ne paraît le croire. Apercevant dans toutes les tragédies grecques, et particulièrement dans celles d'Eschyle, des traces de justice divine et de liberté humaine, il en conclut que c'est à tort qu'on les dit gouvernées par la fatalité. Mais comme personne n'a jamais prétendu qu'à l'action de ce gouvernement ne se mêlassent point, dans des proportions variables, selon le génie des poëtes et le caractère des époques, les éléments différents qu'il indique, il se trouve avoir combattu, avec érudition et avec esprit, une opinion au fond conforme à la sienne.

ché au développement vrai, simple et calme d'une fable construite avec art, et dans laquelle chaque partie concourait à la perfection de l'ensemble.

Voilà le drame de Sophocle tel qu'il apparut aux spectateurs athéniens encore troublés des gigantesques et effrayantes conceptions d'Eschyle. Enfin se dissipa cette horreur profonde qui n'avait cessé d'envelopper la scène tragique. Un jour plus pur, quoique triste encore, sembla y descendre et éclairer cette noble figure de l'homme, que Sophocle parait de tant de dignité, de tant de grâce, et dont, par tous les moyens de son art, toutes les ressources de son génie, il s'efforçait d'exprimer l'idéale beauté. C'est ainsi qu'après une tempête qui a couvert de ténèbres la face de la terre, on voit renaître aux rayons encore voilés du soleil l'aspect riant de la nature; qu'avec un ravissement mêlé d'un reste d'effroi, on aime à jouir du tableau mélancolique de la sérénité renaissante.

Ce fut une grande journée dans l'histoire de la tragédie grecque que celle où les deux systèmes se disputèrent, pour la première fois, l'empire de la scène. Le public se partageant d'avance entre leurs représentants, des brigues animées se formant de toutes parts pour soutenir la gloire vieillissante d'Eschyle, ou l'audacieux début du jeune Sophocle, l'archonte Aphepsion hésitait à tirer au sort, selon l'usage, les juges de la lutte[1]. Dans ce moment monta

---

1. Voyez ce qui est dit à ce sujet dans l'*Histoire de la critique chez les Grecs*, de M. Egger, ch. I, § 2, p. 13 et suiv. S'arrêtant avec quelque détail à l'institution fort démocratique de ces cinq juges tirés au sort dans tout le peuple d'Athènes pour faire en son nom ce qu'il faisait primitivement lui-même, c'est-à-dire pour décerner le prix de la tragédie, de la comédie, se demandant comment on avait pourvu à ce que ces cinq juges, ainsi improvisés, fussent garantis des erreurs auxquelles pouvaient les entraîner, comme l'a dit Platon (*de Leg.*, II; t. VII, p. 88 de la trad. de M. Cousin), les acclamations irréfléchies de la foule ou leur propre ignorance, M. Egger suppose qu'ils n'étaient pas choisis au moment même du spectacle, mais quelque temps auparavant; qu'une connaissance préliminaire des pièces, acquise soit aux répétitions, soit par la lecture de copies distribuées à cet effet, les avait préparés d'avance à l'exercice de leur difficile ministère; que la représentation publique n'était pour eux qu'une dernière et solennelle épreuve où leur opinion quelquefois se confirmait, quelquefois aussi se corrigeait au con-

sur le théâtre, pour y faire des libations à l'autel de Bacchus, avec les neuf autres généraux de la république, Cimon, qui venait de conquérir l'île de Scyros, et d'en rapporter les os de Thésée. L'archonte, leur sacrifice offert, les retint pour remplir l'office de juges, et ce fut par cet imposant tribunal, dont la présence redoubla l'émulation des acteurs, que fut prononcé en faveur de Sophocle un jugement dont il importe de consigner ici la date; car c'est celle, non pas seulement de la victoire d'un nouveau poëte tragique, mais de l'avénement d'une nouvelle tragédie. Cette date, qui nous est donnée par l'intéressant récit de Plutarque [1], c'est la première année de la LXXVIII° olympiade, la 468° avant notre ère [2].

L'art tragique, tel que le concevaient les Grecs, était parvenu, sous l'influence des opinions générales et du génie particulier de deux poëtes, au plus haut point de grandeur et de beauté qu'il lui fut donné d'atteindre. Il ne pouvait s'y arrêter longtemps, et, au risque d'en descendre, il devait, par cette loi de l'esprit humain qui ne lui permet point le repos, s'engager dans des voies nouvelles.

tact d'une opinion moins savante, mais plus sympathique et plus soudaine, celle de l'immense auditoire convié aux fêtes de Bacchus. Cette conjecture est ingénieuse, mais c'est une simple conjecture, M. Egger en convient, et elle a contre elle précisément ce qu'il raconte un peu plus loin, d'après Plutarque, et ce que nous racontons nous-même ici, de la représentation fameuse où le jeune Sophocle l'emporte sur le vieil Eschyle. Dans son récit comme dans le nôtre, c'est bien évidemment sur le lieu même du combat, quand la lutte va s'engager, que les juges sont institués d'une façon tout extraordinaire.

1. *Vit. Cim.*, VIII. Cf. *Marm. Par.*, LVII. Cette anecdote est belle, et il est permis de s'étonner qu'elle n'ait point trouvé place dans un drame où un poëte de notre temps a fait applaudir au théâtre et couronner par l'Académie le tableau élevé et touchant de la vieillesse d'Eschyle désespéré, d'une part, par l'avénement inattendu d'un nouveau poëte de génie, et d'autre part, consolé par la piété de sa fille, qui abandonne le vainqueur qu'elle aime pour suivre le vaincu dans son exil volontaire. Voy. *la Fille d'Eschyle*, étude antique en cinq actes et en vers, par J. Autran, représentée pour la première fois sur le second Théâtre-Français le 9 mars 1848. Voyez aussi le *Rapport* de M. Villemain, secrétaire perpétuel de l'Académie française, *sur les concours de* 1850.

2. Clinton, *Fast. hellenic.*, p. 39.

Sans doute plusieurs des tragédies dans lesquelles le génie d'Euripide lutta avec succès contre celui de Sophocle, participent à cette perfection où l'art se complut un instant, et tâcha quelquefois de revenir. Ainsi, par la variété et l'heureuse opposition des caractères; par le développement simple, régulier et tout ensemble savant et riche de l'intrigue; par l'expression naïve et vraie du sentiment et de la passion; par le choix exquis des détails et la disposition achevée de l'ensemble; par cette élévation morale, cette majesté religieuse qui dominent le drame, qui l'enveloppent, et où se rassemblent, se confondent, se perdent, comme dans leur unité, ses impressions les plus diverses; par tous ces mérites enfin, et par ceux que j'oublie, l'*Iphigénie en Aulide*[1], une des dernières productions d'Euripide, un de ses ouvrages posthumes, semble tout à fait contemporaine des chefs-d'œuvre de Sophocle. Mais cet exemple est presque unique; et dans les pièces assez nombreuses qui nous sont restées du théâtre d'Euripide, il en est bien peu où l'on n'aperçoive la double trace de la décadence et du renouvellement de l'art. C'est même un spectacle curieux que de le voir, dans certains ouvrages d'un mérite indécis et partiel, perdre ses attributs primitifs, et en rechercher d'encore inconnus; se décomposer, se dissoudre et produire dans sa ruine des combinaisons imprévues, des genres qu'on ne soupçonnait point : comme ces empires longtemps et laborieusement accrus, qui se démembrent par l'excès des conquêtes, et forment avec leurs débris de nouveaux États.

Lorsque l'on compare Euripide à ses devanciers, on est d'abord frappé d'un grand changement : l'antique merveilleux au sein duquel la tragédie avait pris naissance, et qui, après avoir couvert de ses ombres la scène d'Eschyle, s'était par degrés éclairci, pour y laisser paraître les idéales figures de Sophocle, s'est tout à fait

---

1. Il serait plus exact de dire d'après le grec, comme le font aujourd'hui les traducteurs, *Iphigénie à Aulis;* mais il en coûte de renoncer à un titre consacré par un chef-d'œuvre de Racine.

dissipé. Cette progression était inévitable [1]; elle suivait le mouvement des esprits vers les spéculations philosophiques. Le disciple d'Anaxagore, l'ami de Socrate, qui, professant leur religion, avait, en plein théâtre, refusé de reconnaître pour dieux des êtres souillés d'actions honteuses [2]; qui, comme autrefois les Perses ruinant les temples grecs, avait demandé « quelle maison bâtie de la main de l'homme pouvait enfermer dans l'enceinte de ses murailles la nature divine [3]; » dont la divinité, éloquemment adorée dans ses vers, « voit tout et n'est point vue [4], » existe par elle-même, a formé l'assemblage de tout ce qu'enveloppe le tourbillon du ciel, est comme revêtue des rayons de la lumière et des voiles de la nuit; « tandis qu'autour d'elle court éternellement l'innombrable chœur des astres [5]; » qui dit à cette divinité, ainsi conçue : « A toi, maître souverain, j'apporte mes libations, mes offrandes, sous quelque nom que tu préfères être invoqué, Jupiter ou Pluton.... C'est toi qui parmi les dieux du ciel tiens le sceptre de Jupiter; toi qui gouvernes le royaume terrestre de Pluton : envoie ta lumière à l'âme des mortels qui veulent, avant la lutte, apprendre d'où leur vient le mal, quelle en est la racine, et qui parmi les Immortels ils doivent fléchir par des sacrifices, pour trouver le terme de leurs souffrances [6] : » un tel poëte, avec ces idées sur

---

1. On peut en suivre l'histoire exposée fort en détail dans la dissertation où M. E. Roux a traité savamment et ingénieusement *Du merveilleux dans la tragédie grecque*, Paris, 1846.

2. Plutarch., *de Andiend. poet.*; *de Stoïc. repugnant.*, etc.; *Belleroph.*, frag. IX. Cf. Pind., *Olymp.*, I, 43; XIV, 7; *Nem.*, VII, 33, etc. Dans le premier de ces passages, Pindare, après avoir rapporté, sans vouloir y ajouter foi, une histoire injurieuse pour la divinité, discutait ainsi les devoirs et les droits du poëte à l'égard des traditions mythologiques :

« Il est certes bien des merveilles véritables, mais souvent aussi les récits des hommes sont emportés au delà de la vérité par les séduisants mensonges de la fable. La grâce du discours, qui nous rend toutes choses agréables et douces, répand sur ces récits une beauté persuasive, et l'incroyable même y devient digne de foi. Aux jours à venir les témoignages véridiques. Il convient toutefois que l'homme ne prête aux dieux que du bien : moindre alors est la faute. »

3. Clem. Alex., *Strom.*, V. — 4. Id., *Protreptic.* — 5. Id., *Strom.*, V; Euseb., *Præparat. evang.*, XIII, etc.; *Pirith.* fragm., II. — 6. Clem. Alex., *Strom.*, V; Eurip., frag. incert., CLV. Voyez, sur ces divers passages, Valckenaer, *Diatrib. in Eurip. perdit. dram. reliq.*, V.

l'unité, la spiritualité de Dieu, sa puissance créatrice, sa providence, avec ce langage dont on conçoit qu'aient dû s'étonner, se prévaloir les docteurs chrétiens, ne pouvait prendre au sérieux[1] les puissances surnaturelles qui avaient jusqu'alors régné sur le drame, et que des traditions, encore respectées, ne lui permettaient pas d'en bannir. Par déférence pour la coutume et pour l'ordre public, il montrait encore aux spectateurs leurs simulacres consacrés; il les prodiguait même plus qu'on n'avait encore fait; mais la divinité n'y était plus, et la présence de ces froides idoles ne pouvait produire cette *sainte horreur* que leur idée seule excitait autrefois. Qu'est-ce, en effet, le plus souvent, que les dieux d'Euripide? un personnage de prologue, une machine de dénoûment. Cet office les ravale presque au niveau de ces subalternes du théâtre qui lèvent et baissent le rideau. En vain l'on nous dit, l'on nous répète que leur volonté préside à l'action et la mène à son gré; nous voyons trop qu'il n'en est rien, et que cette merveilleuse influence est ajoutée après coup à des accidents tout fortuits. La foule peut s'y tromper et se payer de ce mensonge littéraire, de ce politique ménagement; mais de plus habiles, pénétrant la pensée du poëte, ne prendront sa mythologie que pour ce qu'il la prend lui-même, pour un cadre convenu, pour une forme commode, tout au plus pour un symbole scientifique, une allégorie morale; ce sera pour eux comme le souvenir d'Esculape à la dernière scène du Phédon.

Qu'Euripide ait fait du merveilleux un tel usage; qu'il lui ait donné un sens pour le vulgaire ignorant, et un autre pour quelques spectateurs choisis; qu'il ait de cette sorte voulu concilier le devoir du poëte chargé de concourir par son œuvre à une solennité religieuse, et la conscience du philosophe désabusé des vieilles croyances, c'est ce qui a été remarqué, même dans l'antiquité[2], c'est ce que ne permettent pas de nier, et de nombreux

---

[1]. Voyez *Andromach.*, 1138; *Ion.*, 445; *Herc. fur.*, 1289, 1313, etc.
[2]. Lucian., *Jup. tragœd.*, XLI.

passages de ses tragédies, même de celles où il a voulu
faire profession d'orthodoxie, ses *Bacchantes*[1] par exemple, et quelques anecdotes de sa vie, souvent citées
par les critiques. Le peuple d'Athènes, si indulgent pour
les irrévérences d'Aristophane[2], s'offensa plus d'une fois
des libertés d'Euripide. Ce qui, dans la comédie, cette
vengeance de l'égalité démocratique contre toutes les
supériorités, y compris celle des dieux, ne lui avait paru
qu'un badinage innocent, l'affecta tout autrement dans
la tragédie, où il n'entendait pas qu'on plaisantât des
choses sérieuses. Euripide s'étant hasardé à faire proférer par son *Bellérophon* des discours qui semblaient à
la fois immoraux et blasphématoires, une grande clameur s'éleva dans tout le théâtre, et on se mettait en
devoir de lapider les acteurs, lorsque l'auteur se jeta
tout à coup sur la scène, en s'écriant : « Attendez, attendez seulement, il le payera bien à la fin[3]. » Il lui
fallut défendre à peu près de même, contre le mécontentement des spectateurs, l'impiété de son *Ixion :* « Je
ne lui ai pas, dit-il, laissé quitter la scène, que je ne
l'eusse attaché à sa roue[4]. » Une autre fois il eut à changer le premier vers de sa *Ménalippe*[5], que l'on trouva,
sans doute à la répétition de l'ouvrage[6], peu respectueux
pour Jupiter. Eschyle avait avant lui encouru, à moins
juste titre, l'indignation du dévot peuple d'Athènes.
Soupçonné d'avoir dans quelques-unes de ses pièces,
dans ses *Prêtresses*, ses *Chasseresses*, Τοξότιδες, son *Sisyphe*, son *Œdipe*, son *Iphigénie*, révélé les secrets des
mystères, il s'était vu un jour réduit à chercher un asile
sur le théâtre même, près de l'autel de Bacchus. Réclamé par l'aréopage, il n'eût point échappé à une condamnation, s'il n'eût prouvé qu'il n'était point initié, ou

---

1. *Bacch.*, v. 198.
2. Voyez la dissertation de Bœttiger, *Aristophanes impunitus deorum gentilium irrisor*, 1790. (*Opusc.*, p. 64, sqq.)
3. Senec., *Epist.* 115. Cf. *Bellevoph.* fragm. — 4. Plutarch., *de Audiend. poet.* — 5. Plutarch., *Amator.* Cf. *Menalipp.* fragm. — 6. Ch. Magnin, *De la mise en scène chez les anciens, Revue des Deux-Mondes*, 1839, t. XIX, p. 657.

si, selon d'autres récits, ses juges ne se fussent souvenus qu'il avait reçu d'honorables blessures dans cette même bataille de Marathon, où son frère Cynégire avait si héroïquement péri; si son autre frère Aminias ne fût venu produire pour sa défense le bras qu'avait mutilé le fer des Perses à Salamine[1]. Nous ne sommes pas, nous autres modernes, aussi faciles à scandaliser sur ce sujet que les Athéniens, et nous n'avons pas les mêmes raisons pour prendre contre Euripide la défense de leurs dieux : ces dieux toutefois étaient ceux de la tragédie, et au nom de la religion de l'art il nous est peut-être permis de réclamer contre le rôle insignifiant, équivoque, même dérisoire qu'il leur a donné, supprimant ainsi, avec cette puissance fatale, jusque-là l'âme du drame, l'unité qu'elle imprimait à sa marche et la sombre majesté dont elle l'entourait.

Est-ce donc à dire qu'Euripide ait complétement effacé de ses œuvres la fatalité? Non sans doute, et, pour être juste, il faut se hâter d'ajouter qu'il l'a plutôt déplacée. Eschyle et Sophocle avaient peint les dieux précipitant les mortels dans des malheurs inévitables; Euripide les montra qui leur envoyaient d'invincibles passions. Auparavant, le personnage tragique était mis aux prises avec les obstacles du dehors; il eut désormais à combattre des ennemis intérieurs : c'est dans le cœur même de l'homme que fut transportée la lutte dramatique; les acteurs furent nos facultés elles-mêmes, et le sujet de la pièce cette guerre intestine de la sensibilité et de la raison, aussi ancienne que notre nature, et qui ne finira qu'avec elle.

Ces peintures, qui sont le trait saillant des ouvrages d'Euripide, qui le distinguent de ce qui avait précédé, et lui assurent la gloire d'un génie créateur, ont, je ne sais trop pourquoi, embarrassé les critiques. Ils n'ont pas vu que la liberté morale y est suffisamment attestée, même

---

1. Aristot., *Ethic.*, *Nicom.*, III, 2; *ibid.*, Eustrat.; Elian., *Var. hist.*, V, 19; Clem. Alex., *Strom.*, II, 14.

par une résistance impuissante; ils n'ont pas vu que le poëte, en attribuant aux dieux ces entreprises sur la volonté humaine, avait seulement, avec ses imparfaites idées de la divinité, personnifié sous une forme sensible un phénomène intellectuel. Enfin, il leur a échappé que cette nouveauté hardie avait ouvert la route à l'art des modernes; qu'une *Médée*, emportée par la jalousie à des parricides qu'elle déteste, une *Phèdre*, *malgré soi perfide, incestueuse*, leur avaient révélé le secret de ces admirables développements, où, par l'artifice des situations, par les crises décisives dans lesquelles elle est successivement jetée, la passion se dévoile tout entière; où du combat qu'elle livre au devoir naissent les émotions les plus vives ou les plus nobles, selon qu'elle succombe ou qu'elle triomphe.

De ces deux sortes d'émotions que chez nous se sont partagées Racine et Corneille, Euripide préféra les premières, qui convenaient sans doute davantage à son génie plus pathétique qu'élevé. Il se plut à représenter l'âme abandonnée, presque sans défense, à d'insurmontables penchants, les séductions du désir, le trouble des sens, la défaillance de la volonté, l'ivresse douloureuse de la passion, le remords, le désespoir. Non-seulement sa muse ne recula pas devant ces peintures qu'Aristophane lui a peut-être trop sévèrement reprochées [1], des égarements d'une Phèdre, d'une Sthénobée, d'une Macarée; il ne craignit point d'exprimer, dans son *Chrysippe*, le honteux amour dont, selon lui, Laïus avait donné le premier exemple [2]. Nul enfin ne produisit sur la scène, avec

---

1. *Ran.*, 1056; *Nub.*, 1357, etc. — 2. Ælian., *Hist. an.*, VI, 15; Athen., *Deipn.*, XIII; Cic., *Tusc.*, IV, 33, etc. Cf. Valcken., *D'atr. in Eurip. perd. dram. reliq.*, III. Avant Euripide, Eschyle avait lui-même touché sans réserve à ce déréglement par quelques traits de ses *Myrmidons* que nous ont conservés les anciens (Plutarch., *Moral.;* Athen., *Deipn.*, XIII; Lucian., *Amor.*, 54) et auxquels Ovide a peut-être fait allusion dans ces vers :

> Est et in obscœnos deflexa tragœdia risus,
> Multaque præteriti verba pudoris habet;
> Nec nocet auctori, mollem qui fecit Achillem
> Infregisse suis fortia facta modis.   (*Trist.*, II, 409.)

des traits plus vifs et plus pénétrants, la déplorable et effrayante image de la raison abattue, détruite par le malheur [1] : il fut le peintre de la faiblesse humaine, comme avant lui Eschyle et Sophocle l'avaient été de l'héroïsme.

Ce n'est pas qu'à leur exemple il n'ait quelquefois ennobli l'accent de la plainte par le mélange de la dignité et du courage. On peut même dire que jamais il ne s'est montré plus véritablement pathétique que lorsqu'il a pris soin, comme eux, de tempérer l'attendrissement par l'admiration. Cette *Iphigénie*, cette Polyxène [2], cette Macarie [3], qui, dans la fleur de la jeunesse et de la beauté, se dévouent avec une si pénible constance ou un si généreux entraînement, à un trépas prématuré; cette Évadné [4], qui se précipite dans le bûcher de son époux, à qui elle ne veut pas survivre; cette *Alceste*, qui, pour sauver les jours du sien, s'arrache volontairement à toutes les joies de la vie; cette *Andromaque*, qui se livre pour racheter son jeune fils; cette Électre [5], qui oublie ses propres maux pour veiller, avec la tendresse inquiète d'une mère, au chevet d'un frère souffrant et malheureux : voilà des tableaux aussi nobles qu'ils sont touchants. On ne saurait s'y arrêter sans qu'avec les larmes amères que fait répandre l'aspect du malheur, ne se confondent aussitôt ces larmes plus douces qu'on ne peut retenir devant les représentations du beau moral.

Les impressions que laissent dans l'âme les tragédies d'Euripide ne sont pas toujours aussi pures; plus souvent il la tourmente et la torture par l'insupportable excès des misères et des lamentations. La prétention d'émouvoir se trahit même chez lui par l'emploi facile et vulgaire de moyens tout matériels : ce sont des vieillards, arrivés au dernier terme de la décrépitude, qui se traînent avec peine sur la scène et semblent tout près d'exhaler leur vie avec leurs sanglots; ce sont des malheureux livrés aux

---

1. Longin., *Subl.*, XIII.
2. *Hécube*. — 3. *Les Héraclides*. — 4. *Les Suppliantes*. — 5. *Oreste*.

angoisses du besoin, aux souffrances de la maladie, aux vertiges du délire; ce sont des héros qui croiraient manquer à leur infortune, s'ils ne se présentaient couverts de haillons et de sales lambeaux!

Ce pathétique grossier qui s'adresse aux sens plus qu'à l'esprit, et qui, pour être d'un succès assuré au théâtre, n'en est pas plus digne de l'art, fut souvent tourné en ridicule par Aristophane avec son ingénieuse bouffonnerie. Ainsi, dans ses *Acharniens*, il introduit un pauvre homme, accusé devant le peuple, et qui, cherchant les moyens de toucher son juge, imagine d'aller trouver le peintre des douleurs de *Télèphe*, et de lui emprunter quelque pièce bien déchirée, bien lamentable de cette friperie dramatique tant de fois reproduite aux yeux des Athéniens, et qui n'a pas encore lassé leur sensibilité.

Euripide a rencontré de plus graves, de plus sévères censeurs : c'est à lui probablement que s'en prend Platon, c'est à lui qu'eût dû s'en prendre Cicéron, lorsque, bien différents d'Aristote, qui trouve le héros tragique digne d'indulgence quand il succombe à la douleur en lui résistant[1], ils reprochent à la tragédie d'amollir, d'énerver les courages par la continuelle peinture de héros qui souffrent et se plaignent[2]. Eschyle et Sophocle avaient aussi étalé sur la scène de grandes infortunes, de grandes douleurs; mais c'était pour faire ressortir, par le contraste, l'image d'une constance au-dessus des accidents du sort. Le pathétique n'avait été que leur point de départ; il devint pour Euripide le but même. Ici se découvre dans toute son étendue la révolution que le génie divers des poëtes, le goût changeant des spectateurs, ou plutôt cette marche fatale qui préside au développement des arts, amenèrent alors dans la tragédie. Lorsque, après avoir travaillé à élever les âmes, elle ne se proposa plus que de les remuer, de les attendrir, on vit bientôt succéder dans ses œuvres, à la grandeur impo-

---

1. *Ethic., Nicom.*, VII, 8. — 2. Plat., *de Republ.*, III, X; Cic., *Tusc.*, II, 7-12.

sante des proportions, à l'idéale beauté des formes, la vivacité de l'expression : au lieu des nobles images de l'humanité agrandie, on eut la copie fidèle de la réalité : les demi-dieux, dépouillés de cet éclat fantastique qui les séparait des mortels, descendirent à leur niveau, et, par le partage de nos faiblesses comme de nos misères, se confondirent dans la foule commune ; pour emprunter l'expression du plus exact et du plus ingénieux interprète du théâtre antique[1], « ils quittèrent leur cothurne et marchèrent tout simplement sur la terre. » Sophocle, qui, dans quelques mots profonds qu'on nous a conservés, nous a laissé comme une histoire abrégée de la tragédie grecque, put dire avec vérité : « J'ai peint les hommes tels qu'ils devraient être ; Euripide les peint tels qu'ils sont[2]. » Lui-même aurait été dans cette voie le précurseur d'Euripide, s'il était vrai, comme on le lui fait encore dire[3], qu'après s'être d'abord amusé, en jeune homme, à reproduire la pompe et l'élévation d'Eschyle, après s'être ensuite appliqué à l'artifice de la composition, il eût fini par rechercher surtout, dans des ouvrages d'une troisième manière, la vérité des mœurs, la moralité de la peinture.

Ainsi vont les arts et l'esprit humain qui les produit. On commence par des compositions simples et gigantesques : bientôt leurs traits rudes et démesurés se règlent, s'adoucissent ; elles deviennent des modèles achevés d'élévation et de pureté : enfin arrive, par un progrès inévitable, cette brillante décadence, où la grandeur et la beauté font insensiblement place à la recherche de l'effet, à la vérité de l'imitation. Cela est naturel ; cela est nécessaire. A mesure que les intelligences s'éclairent, elles sont moins capables d'enthousiasme ; elles préfèrent à la poursuite du merveilleux et de l'idéal la

---

1. W. Schlegel, *Cours de littérature dramatique*, leçon V^e. — 2. Aristot., *Poet.*, xxv. Cf. III. — 3. Plutarch., *de Profect. in virtut. sent.*, VII. Voyez, sur le sens de ce passage, les notes de Xylander et de Reiske, dans le *Plutarque* de ce dernier, t. VI, p. 294.

conquête plus prochaine et plus sûre du réel, de l'ordinaire.

Ce temps de l'expression est venu pour la poésie, comme pour la philosophie celui de l'analyse. Sans doute, dans cette Grèce où les beaux-arts étaient nés à la fois et comme d'eux-mêmes; où, soustraits à toute influence étrangère, ils se développaient ensemble par leur propre vertu et selon les lois de l'humanité; où on les voyait marcher de front, du même pas, et se tenant par la main, ainsi que le chœur des Muses dans une peinture célèbre, il en dut être pour tous comme pour la tragédie. Le critique que je citais tout à l'heure, et que, sans le citer toujours, j'ai suivi souvent, parce que, dans un sujet qu'il a tant éclairci, il est souvent impossible de dire mieux, et difficile de dire autrement, a établi entre les divers âges de la statuaire des Grecs et ceux de leur tragédie un rapprochement qu'on ne peut omettre. Phidias, avec ses fortes et sublimes images de la divinité, lui représente Eschyle; Polyclète, par la régularité, par l'harmonie des proportions, lui semble répondre à Sophocle; enfin Lysippe et Euripide complètent ce parallèle; il lui paraît que tous deux, dans leurs *imitations animées*, se sont appliqués à *exprimer le charme du mouvement et de la vie*, plutôt *que le calme pur et solennel des figures idéales*.

Gloria Lysippo est animosa effingere signa[1].

Euripide, en effet, n'oublie rien pour séduire; en même temps qu'il ébranle et trouble les sens par le pathétique, il prend soin de les flatter par la naïveté et par la grâce. Souvent, aux dépens du caractère ou de la situation, il appuie à dessein sur des traits de mœurs; il peint l'âge, le sexe, le pays, la profession, plutôt que l'action et le personnage; le sujet s'efface presque sous cette brillante broderie, qui le cache en le parant.

---

1. Propert., *Eleg.*, III, ix, 9. Cf. Cic., *de Clar. orat.*, xviii; Quintil., *Inst. orat.*, XII, 10.

Son penchant le portait visiblement vers ces peintures générales : il semble qu'Horace lui ait emprunté, autant qu'aux drames de Térence et à la Rhétorique d'Aristote, les traits sous lesquels il trace, pour servir de modèle aux poëtes dramatiques, le portrait des quatre âges. Une chose fort remarquable, c'est qu'il y laisse paraître le plus souvent une intention satirique, assez étrangère à l'esprit de la tragédie, et même quelquefois contraire à l'effet particulier qu'il veut produire. Ainsi aux nobles images de la vieillesse il mêle complaisamment celles de la caducité, avec ses animosités et ses bravades, sa raison défaillante et ses longs discours. Une matière sur laquelle la verve amère et moqueuse du poëte ne s'épuise pas, ce sont les défauts du sexe. Même dans ceux de ses ouvrages où il le représente sous le plus noble et le plus touchant aspect, il se montre encore, par quelques traits, comme on l'appelait, et comme l'a représenté Aristophane [1], l'ennemi des femmes [2]. On a cru que des chagrins domestiques l'avaient aigri contre elles [3]. Il est certain que ces invectives déclaraient à leur égard un ressentiment profond, si elles ne témoignaient encore plus, comme il est arrivé quelquefois, d'un cœur trop sensible à leur attrait [4], et qui s'indigne de sa faiblesse. Rousseau leur a dit bien des injures, pour se punir de les aimer ou plutôt pour s'en empêcher. Il en était de même d'Euripide : « Euripide, disait Sophocle, hait les femmes, mais dans ses tragédies [5]. »

Cette disposition d'Euripide à saisir les caractères généraux de la nature humaine et à la prendre de préférence

---

1. Voyez, entre autres, *Thesmophor.*
2. Μισογύνης. Voyez cependant, fragments du *Phryxus* et de la *Ménalippe*, certains passages où cette aversion semble se démentir ; un surtout, publié pour la première fois en avril 1832, dans le *Journal des Savants*, par M. Rossignol, où, selon la traduction du savant éditeur, *Ménalippe* s'exprimait ainsi : « C'est en vain que la censure des hommes lance ses traits impuissants contre les femmes, et cherche à les décrier; les femmes sont meilleures que les hommes, c'est moi qui vous le dis. »
3. A. Gell., XV, 90. — 4. Athen., *Deipn.*, XIII. — 5. Id., *ibid.;* Stobée, *Serm.*

par ses mauvais côtés, l'amenait à son insu, en dépit de la tragédie, vers un genre qui n'existait pas encore, et qui dut beaucoup à ses exemples. On peut le regarder comme le précurseur et presque comme le créateur de la comédie nouvelle, de celle qui, à la satire des personnes, substitua décidément la satire des mœurs. Ceci n'est point une conjecture : c'est Quintilien[1] qui nous apprend que Ménandre, quoique dans une carrière différente, suivit les traces d'Euripide. Diphile et Philémon, comiques de la même école, ne l'admiraient pas moins : l'un l'appelait « un poëte d'or », l'autre disait ou faisait dire à un de ses personnages, peut-être à cet admirateur fanatique d'Euripide, à ce *Phileuripide*, souvent montré sur cette scène, et dans des pièces de ce titre[2] : « Si j'étais sûr que les morts, comme certaines gens le prétendent, eussent encore du sentiment, j'irais me pendre aussitôt, afin de voir Euripide[3]. » Cet enthousiasme a une teinte d'extravagance qui peut en rendre la sincérité suspecte. Mais le fait général de l'admiration reconnaissante des poëtes de la nouvelle comédie pour Euripide, leur modèle et leur maître, n'en est pas moins évident[4]. Ainsi de ses fautes mêmes est sortie une inspiration féconde à laquelle se sont renouvelées la tragédie et la comédie, et qui s'est fait sentir jusqu'aux modernes. *Heureuses fautes*, pouvons-nous dire, auxquelles nous devons quelque chose de Racine et de Molière !

Toutes n'ont pas cette excuse, et il en est, au contraire, que nous aurions le droit de blâmer doublement,

---

1. *Inst. orat.*, X, 1.
2. Voyez Meineke, *Hist. crit. com. græc.*, p. 287, 341, 417, 474.
3. Thom. Magist., *Vit. Eurip.*
4. Les rapports de la tragédie d'Euripide avec la nouvelle comédie ont souvent attiré l'attention de la critique. Voyez, dans ces dernières années, une dissertation de M. Moncourt : *De parte satyrica et comica in tragœdiis Euripidis*, 1851, et, plus récemment, les deux Mémoires sur Ménandre, couronnés en 1853 par l'Académie française, et publiés, l'un, celui de M. Benoît, en 1854, sous ce titre : *Essai historique et littéraire sur la comédie de Ménandre*; l'autre, celui de M. G. Guizot, en 1855, sous ce titre : *Ménandre, étude historique et littéraire sur la comédie et la société grecques*.

puisque, altérant la beauté des compositions d'Euripide, elles ont encore servi, non pas assurément de modèle, mais du moins de prétexte et d'autorité au système antidramatique de Sénèque, et que, transmises par cette voie à notre indiscrète imitation, elles ont exercé sur les premiers développements de notre tragédie une fâcheuse influence. On comprend que je veux désigner ici cette funeste manie de discourir et de moraliser, qui porte Euripide à faire de ses personnages, quelquefois contre toute convenance [1], des philosophes et des sophistes, et, dans ses meilleures pièces, à remplacer le débat animé des passions par les formes de l'argumentation et du plaidoyer, à l'interrompre par de longues digressions oratoires [2], à partager symétriquement son dialogue, tantôt en harangues prolongées qui se suivent et se répondent, tantôt en répliques rapides et concises, où, comme dans une sorte d'escrime, la maxime pare et repousse la maxime. Sénèque, qui offre la charge de cette manière, peut servir du moins à faire comprendre combien elle est contraire à l'art. Euripide n'avait pas impunément écouté les leçons du fameux Prodicus; il n'écrivait pas impunément pour un peuple épris des luttes de la parole, et qui retrouvait volontiers sur la scène les artifices de la tribune et du barreau, les subtilités de l'école, ses orateurs,

1. C'est le mot d'Aristote (*Poet.*, xv) au sujet de discours philosophiques prêtés à une femme sans lettres, Ménalippe (voy. *Menalipp.*, fragm. xxii. Cf. Dionys. Hal., *Rhet.*, IX, ii); c'est celui d'un scoliaste (*Alcest.*, 780) sur des développements de ce genre attribués à Hercule et à Hercule ivre ! On en pourrait dire autant de quelques passages du rôle d'*Hécube*, dans la pièce de ce nom (Theon., *Progymn.*), de l'argumentation de Jocaste sur les avantages de l'égalité dans les *Phéniciennes*, v. 535 sqq., et surtout de cette scène fameuse et souvent citée (Plat., *Gorg.*; Cic. *ad Herenn.*, II, 27; *de Invent.*, I, 50; *de Orat.*, II, 37; *de Republ.*, I, 18; Horat., *Epist.* I, xviii, 41; A. Gell., X, 22; D. Chrys., *Orat.*, LXXIII, etc.) de l'*Antiope*, où Amphion et Zéthus passent d'une dispute sur la musique à une autre sur la philosophie. (Voyez la restitution de ce morceau singulier, chez Valckenaer, *Diatr. in Eurip.*, vii, viii. Consultez aussi J. A. Hartung., *Euripid. restitut.*, 1844, t. II, p. 415 sqq.; F. G. Wagner, *Eurip. fragm.*, éd. F. Didot, 1847, p. 661 sqq.; H. Weill, articles sur l'*Antiope* d'Euripide, insérés en 1847 dans le *Journal général de l'instruction publique*, t. XVI, p. 850, 858 et suiv.)

2. Dionys. Hal., *de Vet. Script.*

ses avocats, ses sophistes. Sans doute les discours prêtés par lui à des personnages de l'âge héroïque sont quelquefois la satire de l'abus que faisaient du raisonnement et de la parole, pour corrompre les esprits, quelques-uns de ses contemporains ; mais il n'échappe pas toujours lui-même à la contagion de ce qu'il censure. Sans doute il montre, dans ces hors-d'œuvre d'éloquence et de philosophie, une grande dextérité d'esprit, un art ingénieux, et qu'il met constamment au service des plus nobles doctrines morales ; il a mérité, j'en conviens, d'être appelé le *Philosophe du théâtre*[1], et d'y attirer parfois, soit, comme on l'a cru[2], à ce que nous appellerions les répétitions de ses pièces, soit aux représentations dans les jeux dramatiques d'Athènes et même dans ceux du Pirée[3], Socrate, qui d'ailleurs ne se souciait guère de tragédies ; Socrate, qu'on a quelquefois dit son maître, mais qui, plus jeune que lui d'environ douze ans, ne pouvait guère être que son condisciple à l'école d'Anaxagore, que son ami, et dont la malignité des poëtes comiques se plaisait à faire, par des insinuations au fond fort honorables,

---

1. Vitruv., VIII, 1; Athen., *Deipn.*, IV, XIII; Sext. Emp., *Adv. Gramm.*, I; Clem. Alex., *Strom.*, V; Euseb., *Præparat. evang.*, X, etc. Dion Chrysostome, dans un de ses discours (*Orat.*, XVIII, *de dicendi exercitio*), explique par cette raison sa préférence pour Euripide.
2. Bœttiger, *Quid sit docere fabulam*, Weimar, 1795; *Opusc.*, p. 294; Ch. Magnin, *De la mise en scène chez les anciens* (*Revue des Deux-Mondes*, 1840, t. XXII, p. 285). Cf. Cic., *Tusc.*, IV, 29.
3. Ælian., *Var. hist.*, II, 13. Xénophon (*Hist. græc.*, II, IV, 32; cf. Thucyd., VIII, 93) nous apprenant d'autre part l'existence d'un théâtre au Pirée, précisément à cette époque Démosthène, (*in Mid.*) parlant des fêtes de Bacchus célébrées annuellement au Pirée par des spectacles et comiques et tragiques, Valckenaer était peu fondé à prétendre (*Diatrib. in Eurip.*, II) que les représentations dramatiques mentionnées par Élien ne le sont par aucun autre auteur, et à contester la correction du passage. Ajoutons que ce n'est point là un fait isolé. Certains bourgs de l'Attique avaient leur théâtre : nous aurons occasion de parler de celui de Colyttus, où Eschine mérita le titre que lui donna Démosthène (*de Cor.*; cf. Hesych.), « d'Œnomaüs de village ». Sur ces théâtres, qui n'étaient pas les seuls, on représentait des tragédies, lors des Dionysiaques appelées rurales, dont le babillard des Caractères de Théophraste (*Charact.*, III) fixe l'époque au mois de Posidéon. Voyez, plus haut, page 12, note 2.

presque son collaborateur [1]. J'ajoute qu'il n'a pas moins mérité que Quintilien [2] le proposât à l'étude des jeunes orateurs comme un excellent modèle de l'art de convaincre et de persuader. Ces éloges toutefois renferment une censure : ce qu'approuvent la philosophie, la dialectique et la rhétorique, la poétique du théâtre peut justement le condamner; des beautés qui ne sont point dramatiques, ne sont dans le drame que des défauts; et quoi de moins dramatique que de plier aux lois du raisonnement, à la méthode oratoire, la passion de sa nature si involontaire et si libre, qu'il faut abandonner, au contraire, à sa fougue et à ses écarts?

Les moralités d'Euripide, dont un si grand nombre, au sens, au tour frappants, nous sont parvenues avec les pièces qu'elles décoraient, ou même sans elles; qui attestent une si grande connaissance de la société, de la nature humaine, une philosophie, une religion si élevées; pour lesquelles Plutarque a dit de lui, qu'il était habile à connaître les maladies du corps politique [3]; à qui il a dû l'honneur d'être déclaré, par la Pythie, plus *sage* que Sophocle et moins *sage* seulement que Socrate, le premier des hommes en *sagesse* [4]; que saint Clément d'Alexandrie, avec d'autres auteurs chrétiens, a louées plus encore, en les rapprochant du langage des Écritures, en y

---

1. *Vit. Eurip.*; Diog. Laert., II, 18. On a pensé cependant que, lorsque Platon fait dire à Socrate, dans le *Ménon*, d'une pensée plus spécieuse que juste : « Elle a je ne sais quoi de tragique, » ce pouvait être une allusion à certaines sentences d'Euripide (voyez *Œuvres de Platon*, trad. par V. Cousin, t. VI, p. 157). Ailleurs, dans le *Théagès*, dans le livre VIII de la *République*, Socrate, par une méprise qu'il n'eût peut-être pas commise lui-même, reproche avec sévérité à Euripide une sentence dont Sophocle est réellement l'auteur (voyez *ibid.*, t. V, p. 247; IX, 179, 180). On peut penser que la fameuse distinction de l'*Hippolyte*, entre le serment de la langue et celui de l'âme, n'est pas oubliée dans ces citations, ces allusions malignes, qui, malgré l'amitié de Socrate pour Euripide, ne manquent pas de vraisemblance. Elle est rappelée par trois fois, dans le *Thééthète*, dans le premier *Alcibiade*, dans le *Banquet* (voyez *ibid.*, t. II, p. 72; V, 49; VI, 291.
2. *Inst. orat.*, X, I.
3. *Vit. Syll.*, IV. — 4. Suid., v. Σοφός. Cf. schol. Aristoph., *Nub.*, 144; Xenoph.; Plat., *Apolog. Socrat.*

voyant comme un pressentiment de la foi nouvelle, au sein du paganisme [1] ; ces moralités, une des meilleures parts de sa gloire littéraire, alors même que la vérité dramatique n'en avoue pas l'introduction trop fréquente, ont été l'objet d'un reproche fort sérieux : on les a accusées d'être quelquefois contraires à la morale. Je crois qu'on peut les défendre et les justifier. Ce n'est pas la faute du poëte si la forme sentencieuse de quelques maximes perverses leur fait attribuer un sens absolu qu'il n'a point prétendu leur donner. Où en serait-il, si on le rendait responsable des mauvais principes de ses personnages ? On pourrait donc aussi lui demander compte de leurs méchantes actions. Il suffit que ces traits d'une morale condamnable dont se sert la logique ordinaire des passions, et qu'on ne peut, par ce motif, interdire à l'imitation dramatique, soient d'ailleurs corrigés par l'esprit général de l'ouvrage. Or, c'est ce qu'on peut dire en faveur d'Euripide, et ce que lui-même eut occasion de faire valoir pour sa défense, lorsqu'un certain Hygiénor l'accusa juridiquement d'impiété [2] pour ce vers sentencieux de son *Hippolyte* :

La bouche a juré, mais non pas l'âme [3].

Cette espèce de réserve, de restriction mentale, que Pascal se fût applaudi de rencontrer dans les tragédies de collége des Jésuites, est sans doute, quoi qu'en ait dit Cicéron [4], d'une bien mauvaise morale. Mais Hippolyte, à qui elle échappe dans un mouvement d'impatience contre d'importunes sollicitations, se réfute lui-même, à la fin de la pièce, en mourant pour garder son serment.

---

1. Clem. Alex., *Strom.*, V ; *Protreptic.* Cf. Euseb., *Præparat evang.*, etc. — 2. Arist., *Rhet.*, III, 15.
3. *Hipp.* 608. Balzac, qui cite en le condamnant ce vers d'Euripide (*le Prince*, ch. xxv), le traduit ainsi :

J'ai juré de la langue et non pas de l'esprit.

4. *Off.*, III, 29. Bayle (art. *Euripide*) préfère avec raison la manière dont le scoliaste explique ce que le poëte fait dire à Hippolyte, l'entendant de son ignorance quant à l'objet du serment qu'on lui a surpris, et par suite, de la nullité de ce serment.

César, au rapport de Cicéron[1], avait sans cesse à la bouche ce passage des *Phéniciennes* :

Si l'on peut violer la justice, c'est pour régner : en tout le reste, il faut être juste[2].

« Coupable Etéocle, s'écrie Cicéron ; ou plutôt, coupable Euripide, qui excepte précisément le plus grand de tous les crimes ! »

Mais n'en déplaise à l'auteur des *Offices*, qui fait cette exception ? Est-ce Euripide ou plutôt Etéocle[3]? Cette criminelle ambition n'est-elle pas blâmée dans tout le cours de la pièce ? Ne trouve-t-elle pas, au dénoûment, sa punition ? Et s'il arrive au poëte dramatique, qui doit et peut tout exprimer, de produire sur la scène la morale des méchants, ne poursuit-il pas sans relâche, comme Socrate, ceux qui en usent, et notamment ces orateurs sans conscience, fléaux de la place publique et du barreau, qui corrompent le peuple[4] et pervertissent la justice[5]?

On ne peut donc, je pense, appliquer à Euripide cette règle posée par Bayle[6] : « Il est bien certain que l'auteur d'une tragédie ne doit point passer pour croire tous les sentiments qu'il étale ; mais il y a des affectations qui découvrent ce qu'on doit mettre sur son compte. » Je ne trouve point chez l'auteur de l'*Hippolyte* et des *Phéniciennes* trace de ces affectations ; mais je conviens aussi que W. Schlegel n'a pas tout à fait tort de dire au sujet de la citation de César : « Celui qui citait une pareille

---

1. *Off.*, III, 21. — 2. *Phœniss.*, 524. Cf. Plutarch., *Vit. Nic. Crass. compar.*
3. Cicéron lui-même serait de cet avis si on lisait, par une transposition bien facile et bien naturelle, qu'a proposée M. Boissonade : « Capitalis Euripides, vel potius Eteocles. » D'autres critiques ont voulu effacer ces mots « vel potius Euripides » qui sont peut-être la réflexion de quelque lecteur, de quelque copiste.
4. *Hec.*, 252 ; *Orest.*, 890 ; *Hippolyt.*, 487 ; *Troad.*, 967 ; *Bacch.*, 266 ; *Suppl.*, 413 ; fragm. *Pirith.*, VI ; *Rhadamanth.*, I, 5.
5. *Hec.*, 1164 ; *Phœniss.*, 526 ; *Ion*, 831 ; *Med.*, 577.
6. Art. *Eschyle*. Voyez encore l'article *Euripide*, où il est dit : « Il est absurde d'imputer à l'auteur d'une tragédie les sentiments qu'il fait débiter par ses personnages. »

maxime, prouvait assez combien elle pouvait être dangereuse. » Il n'est point, en effet, sans danger de prêter à une pensée coupable, par un tour sentencieux, l'apparente autorité d'une vérité générale, et de préparer ainsi des axiomes commodes aux apologies du crime.

Ces apologies ne manquent point chez Euripide, et quand la morale les absoudrait toujours, elles seraient quelquefois condamnées par la vraisemblance dramatique. Il a des personnages qui étalent assurément avec trop de complaisance et proclament avec trop d'orgueil leur bassesse et leur méchanceté. L'égoïsme et le vice ont aussi leur pudeur, et les secrets honteux du cœur n'arrivent pas si facilement sur les lèvres. Ces personnages montrent en outre une scélératesse qui n'est pas toujours nécessaire, et c'est ce qu'Aristote appelle des mœurs gratuitement mauvaises[1]. Il est rare qu'on soit plus méchant qu'on n'a besoin de l'être.

Si Euripide manque trop souvent dans ses scènes aux convenances théâtrales, ce défaut devait surtout se montrer dans ses chœurs, d'une belle poésie sans doute, mais faiblement rattachés à l'action et qui lui restent même quelquefois complétement étrangers[2]. Le chœur, ce fondateur de la tragédie grecque, qui en était dans l'origine l'unique acteur, qui longtemps s'était maintenu au rang des principaux personnages, qui, lors même qu'il n'agissait pas, était encore sur la scène l'interprète des pensées secrètes du poëte et comme le démonstrateur de son œuvre, le chœur était bien déchu de son antique importance : ce n'était plus qu'un témoin incommode, dont la présence continuelle nuisait à la vraisemblance du drame; on l'y souffrait par habitude, comme ces fa-

---

1. *Poet.*, xv, xxv. Cf. Dionys. Hal., *de Vet. script.*
2. Arist., *Poet.*, xviii. Un critique un peu partial pour Euripide, l'auteur de l'*Euripides restitutus*, J. A. Hartung, t. II, p. 369, de son livre, efface de ce passage d'Aristote la différence qui y est marquée entre Euripide et Sophocle quant au bon emploi du chœur, et, au moyen d'une correction qu'on peut trouver arbitraire, oppose la pratique de l'un et de l'autre à celle d'Agathon et des poëtes tragiques qui ont suivi.

miliers disgraciés, qu'on ne renvoie pas, mais auxquels, par un froid accueil et des manières indifférentes, on fait sentir qu'ils sont de trop.

Une chose fort ordinaire à Euripide, et que Sophocle ne se permit que fort rarement, par exemple dans son *Hipponoüs* [1], c'est de se servir du chœur, comme les poëtes comiques dans leurs parabases, pour entretenir le public, non pas du sens caché de ses tragédies, ainsi qu'on faisait avant lui, mais de sa personne et de ses affaires. Il le chargeait familièrement de ses commissions, et cela avec si peu de mystère, qu'il lui est une fois arrivé, dit-on [2], dans sa *Danaé*, faisant parler une troupe de femmes, d'employer, par inadvertance, des terminaisons masculines, parce qu'en effet c'était alors lui qui parlait.

En plus d'une occasion, il ne s'est pas fait scrupule d'introduire dans ses tragédies, particulièrement, nous le verrons, dans ses *Phéniciennes*, dans son *Électre*, la satire et même la parodie de ses rivaux; il les a aussi, comme eux, très-souvent [3] tournées à la louange de sa patrie, et mêlées d'allusions aux conjonctures présentes, mais d'une manière moins indirecte, et par là moins ingénieuse. Ses *Héraclides*, ses *Suppliantes*, sont trop visiblement, avec des sujets fabuleux et sous des noms anciens, des tragédies de circonstance, et l'on trouve des intentions de ce genre jusque dans son *Andromaque*.

Des productions où se confondaient tant de desseins différents, qui se mélangeaient de politique, de critique littéraire, de morale, de philosophie, de rhétorique, ne pouvaient échapper à quelque incohérence; brillantes par les détails, elles devaient pécher par l'ensemble. Ce n'est pas que, sous le rapport de la composition, Euri-

---

1. Poll., IV, c. 16, § III. — 2. Id., *ibid.*
3. Trop souvent pour en rappeler ici les exemples qui s'offriront à nous dans l'analyse de presque toutes ses tragédies. Le plus frappant est peut-être une tirade, d'ailleurs fort belle, de son *Érechthée*, insérée par l'orateur Lycurgue dans le discours contre Léocrate (Cf. Plutarch., *de Exsil.*); la suite de ce chapitre nous offrira l'occasion de la citer.

pide ne mérite que des éloges : en cela, comme en tout le reste, il a cherché à innover. L'épuisement des sujets, bornés dans leur nombre, et tant de fois traités, l'y eût forcé, quand il n'y aurait pas été poussé par son génie. On voit qu'il veut sortir de la simplicité primitive : il multiplie les personnages, les incidents, les tableaux; il cherche à éveiller la curiosité, à frapper l'imagination, à ébranler les sens; il a même inventé une sorte de fable toute nouvelle, en réunissant, comme dans son *Hécube* et ses *Troyennes*, ses *Phéniciennes* et son *Hercule furieux*, dans un même cadre et sous un même aspect, par l'unité d'un personnage principal et d'une idée dominante, plusieurs actions diverses. Mais on doit dire aussi que la répétition monotone des mêmes moyens et des mêmes effets, la disposition arbitraire, fortuite, invraisemblable, imprévoyante de l'intrigue, les prologues postiches, les dénoûments à machine qui viennent à point nommé sauver l'auteur avec ses personnages, tant de défauts trop visibles et trop fréquents chez Euripide, justifient, plus qu'il ne faudrait, cet arrêt d'Aristote, « qu'il n'est pas toujours heureux dans la conduite de ses pièces [1]. »

Aristote aussi l'a proclamé *le plus tragique des poëtes* [2], et par cette expression, qu'il faut entendre dans un sens restreint, mais assez vaste encore, il a loué dignement ce pathétique admirable qui efface toutes les imperfections d'Euripide, et suffirait à sa gloire.

Son style eut naturellement les vices et les mérites de la pensée qu'il traduisait. Aristophane y a relevé, sans doute avec justice, quoique avec malignité, une mollesse trop efféminée, trop de parure et en même temps trop de négligence. Quelques modernes, très-bons juges, se sont plaints des mêmes défauts, plus peut-être que des modernes n'en ont le droit [3]. Quoi qu'il en soit de ces cri-

---

1. *Poet.*, XIII. — 2. *Ibid.* — 3. W. Schlegel, *Cours de Littérat. dram.*, leç. V, trad. franç., t. I, p. 239; God. Hermann, *Præfat. ad Euripid. Hecub.*, Lipsiæ, 1800, p. LVI, LXII; *Animadvers. ad Hecubam*, p. 143; Bœckh., *Græc. trag. princ.*, XXIV, p. 307, etc.

tiques, on ne peut méconnaître dans sa poésie le caractère même que nous avons attribué à ses ouvrages et que nous résumons ici en deux mots, une expression touchante et noblement familière [1].

Cette poésie ravissait les Grecs ; elle balançait dans leur admiration l'incontestable supériorité des tragédies de Sophocle. Le récit plaisant que fait Lucien, au début de son traité sur la manière d'écrire l'histoire, de la maladie d'Abdère, en serait tout seul une preuve. Il raconte que, sous le règne de Lysimaque, un comédien fameux de ce temps, nommé Archélaüs, joua devant les Abdéritains l'*Andromède* d'Euripide. La tragédie était touchante, l'acteur véhément et pathétique ; de plus, on était au cœur de l'été, et il faisait grand chaud. Tout le public fut saisi, au sortir du théâtre, d'un mal violent dont le principal symptôme était des plus bizarres : ils se promenaient à grands pas, gesticulant et déclamant ; toute la ville était pleine d'acteurs maigres et pâles qui s'écriaient comme Archélaüs dans la tragédie :

« Amour, tyran des hommes et des dieux ! »

leur imagination était obsédée du souvenir enchanteur d'Andromède et du fantôme ailé de Persée. Cette folie tragi-comique ne finit, dit Lucien, qu'au retour de l'hiver.

On n'est pas, en conscience, obligé d'ajouter foi à cette histoire, quoiqu'elle ait pour garant, outre l'autorité de Lucien, un récit d'Eunape, assez récemment découvert et publié en Italie [2] ; mais il nous est permis de la recueillir comme un témoignage favorable à Euripide. Cette *tragédomanie*, cette *euripidomanie*, Lucien les prête, dans d'autres ouvrages [3], au roi des dieux Jupiter, au philosophe Ménippe, à lui-même, attestant ainsi, par cet usage bouffon des vers du grand poëte, le long empire qu'il garda sur les imaginations.

Il ne manque pas, du reste, de témoignages plus sé-

---

1. Arist., *Rhet.*, III, 2.
2. Eunap., XXIX, *Scriptorum veterum nova collectio*, etc., A. Maï, 1827, t. II, p. 274. — 3. *Jupit. tragœd.; Necyomant.; Piscat.*

rieux, et dans le nombre je choisis comme les plus intéressants les anecdotes suivantes rapportées par Plutarque [1].

Un vaisseau de la ville de Caunus en Carie, poursuivi par des corsaires, s'était réfugié dans un port de la Sicile. Les habitants refusèrent d'abord de le recevoir ; mais, ayant demandé aux passagers s'ils savaient des vers d'Euripide, sur leur réponse affirmative, ils laissèrent entrer le vaisseau.

Quelque temps après la déroute des Athéniens en Sicile, cette déroute sur laquelle nous avons d'Euripide quelques vers élégiaques [2], des soldats de l'armée vaincue, de retour dans leur patrie, vinrent remercier le poëte de leur avoir conservé la vie et la liberté. Errants dans la campagne, sans nourriture, ou réduits en esclavage, ils avaient obtenu, les uns des secours, les autres leur affranchissement, en récitant aux passants et à leurs maîtres quelques vers des tragédies d'Euripide.

Il fut donné à ce grand poëte de sauver, quelque temps après sa mort, sa patrie elle-même. Lorsque Athènes fut prise par Lysandre, on proposa dans le conseil des alliés de réduire en servitude ses habitants, de raser ses édifices, et de faire de tout le pays un lieu de pâturage pour les troupeaux. Ce conseil fut suivi d'un festin où se trouvèrent tous les généraux : or il arriva qu'un musicien de Phocée, qui y fut appelé, y fit entendre, soit par hasard, soit à dessein, quelques vers où Euripide avait retracé l'abaissement d'*Électre*, réduite par Égisthe à la condition des esclaves et précipitée d'un palais dans une chaumière [3]. Les convives, émus par cette peinture touchante du malheur, par son rapport frappant avec l'humiliation d'Athènes, enfin par la gloire de cette ville qui avait produit de si beaux ouvrages et de si grands hommes et qu'ils allaient détruire, renoncèrent à user si cruellement du droit de la victoire [4].

---

1. *Vit. Nic.*, XXIX ; *Vit. Lysand.*, XV. — 2. Plutarch., *Vit. Nic.*, XVII.
3. *Électr.*, v. 166. — 4. Philostrate, *Vit. Sophist. Crit.*, accuse d'a-

Ainsi, dans cette contrée toute poétique, dont les fabuleux législateurs avaient bâti les premières villes au son de la lyre, et les avaient policées par des chansons, où l'historique Solon avait parlé en vers sur la place publique [1], la poésie se mêlait aux intérêts les plus sérieux de la vie et s'asseyait dans les conseils mêmes de la politique et de la guerre. La poésie d'Euripide n'était point belliqueuse comme celle d'Eschyle; elle ne remplissait pas les âmes de la fureur de Mars, selon l'expression d'Aristophane [2]; elle ne servit de rien aux conquêtes et à la défense d'Athènes : mais si, par une douceur mélancolique, elle désarma ses farouches vainqueurs et la préserva de l'asservissement et de la ruine, jamais poésie fut-elle couronnée d'une gloire pareille ?

Peu de temps avant, deux tombeaux avaient été successivement élevés : le premier à Euripide, dans la Macédoine, où il était allé mourir, par le roi Archélaüs, protecteur de ses derniers jours, et qui, refusant ses restes aux instances du peuple athénien, le condamnant, par ce refus, à ne les honorer que d'un cénotaphe, que des regrets, des protestations d'une inscription funèbre, les avait lui-même fait ensevelir dans un magnifique monument [3]; le second à Sophocle, sur la terre de sa patrie, qu'il ne lui avait pas fallu, comme à Euripide, comme à Eschyle, abandonner; dans le bourg de Décélie, où reposaient ses pères et où Lysandre, qui l'occupait et s'y était fortifié, averti dans un songe par Bacchus lui-même, dit la légende du poëte, avait laissé paisiblement transporter sa dépouille [4]. Ces deux tombeaux, objets de si

---

voir poussé Lysandre à cet acte de barbarie Critias, que nous rencontrerons bientôt lui-même parmi les poëtes tragiques d'Athènes.
1. Plutarch., *Vit. Solon.*, VIII. — 2. *Ran.*, 1029 sqq.
3. A. Gell., XX, 20; Vitruv., VIII, 3; Th. Magist., *Vit. Eurip.*, etc.
4. *Vit. Soph.* Cf. Pausan., *Att.*, XXI; Plin., *Hist. nat.*, VII, 30. Le récit du biographe de Sophocle offre, on l'a remarqué, plus d'une difficulté : Décélie n'était point, comme il le dit, à onze stades d'Athènes, mais à cent vingt, et le général lacédémonien qui commandait à cette époque n'était point Lysandre, mais le roi de Lacédémone lui-même, Agis, fils d'Archidamus (voyez Thucyd., VII, 19).

éclatants hommages de la part d'étrangers et même d'ennemis, étaient ou du moins sont pour nous, avec un autre plus ancien que notre souvenir leur associe, avec celui qu'avaient élevé, en Sicile, les habitants de Géla à Eschyle, comme les tombeaux mêmes de la tragédie grecque. Trois hommes nous la représentent en effet tout entière, trois hommes seulement, Eschyle, Sophocle, Euripide, dont les longues vies, dont les nombreux chefs-d'œuvre ont rempli un siècle entier, le ve avant notre ère. En effet, la naissance d'Eschyle se place en 525[1]; celle de Sophocle en 495[2]; celle d'Euripide en 480[3] : ils sont morts, le premier en 456[4]; les deux autres presque en même temps, savoir, le troisième en 406[5], le second en 405[6]. Leur existence contemporaine, marquée par les dates voisines de quelques-uns de leurs ouvrages, l'est surtout par un fait éclatant auquel se rattache diversement leur souvenir. Euripide naquit dans l'île de Salamine, où depuis il alla composer quelques-unes de ses tragédies, au fond d'une caverne sombre et sauvage, que dit avoir vue Aulu-Gelle[7]; il y naquit de parents qui s'y étaient réfugiés, comme beaucoup d'autres Athéniens, pour échapper aux Perses, le jour même où se livra la fameuse bataille navale à laquelle elle donna son nom. Sophocle avait alors quinze ans, Eschyle en avait quarante-cinq, et l'un, bel adolescent, à la tête des enfants d'Athènes, chanta et dansa autour du trophée[8], que l'autre, déjà vétéran de Marathon et futur vainqueur de Platée, avait contribué à conquérir. Ces trois grands hommes se rencontrèrent à une époque où des prodiges d'héroïsme, exaltant les esprits, les rendaient le plus capables qu'il fût possible du sentiment et de la production

---

1. Bœckh., *Græc. trag. princip.*, v, p. 47-50 ; God. Hermann. *Opusc.*, t. II, p. 159 sqq.; Clinton, *Fast. hellenic.*, p. 15.
2. *Vit. Sophocl.* Cf. Clinton, *ibid.*, p. 25. — 3. Diog. Laert., II, 45; Plutarch., *Sympos.*, VIII, 1; Suid., v. Εὐριπίδης, etc. Cf. Clinton, *ibid.*, p. 31.—4. *Marm. Par.*, n° 60; schol. Aristoph., *Acharn.*, 10. Cf. Clinton, *ibid.*, p. 49. — 5. Apollodor. apud Diod. Sic., XIII, 103, etc. Cf. Clinton, *ibid.*, p. 87. — 6. Diod. Sic., *ibid.*; *Marm. Par.*, n° 65. Cf. Clinton, *ibid.*, p. 89. — 7. XV, 20. — 8. *Vit. Sophocl.*; Athen., *Deipn.*, 1.

du beau dans les arts et dans les lettres ; où le progrès de la fortune publique et des fortunes privées, accrues par les fruits de la victoire, par les produits du commerce, permit à l'État et aux particuliers de défrayer les dépenses du théâtre avec un excès de munificence qui, en ruinant les ressources et par suite l'indépendance du pays, servit puissamment à y développer l'art dramatique ; où la solennité de luttes sans égales dans la Grèce excita aux plus grands efforts les tribus, les choréges les acteurs, les poëtes, qui, sur la première des scènes, se disputaient la victoire [1] : par eux trois, la tragédie athénienne, rapidement portée à sa perfection, a changé trois fois de forme, et ainsi accompli, s'il est permis de l'affirmer, le cercle complet de ses destinées : ce ne sont pas seulement trois poëtes, ce sont trois chefs d'écoles distinctes, au sein desquelles se sont perpétuées, conservées, épurées, corrigées et probablement multi-

---

1. Dans un ouvrage moins exclusivement consacré à l'histoire et à l'appréciation littéraires de la tragédie grecque, il y aurait beaucoup à dire sur la constitution de ces concours dramatiques entre les tribus athéniennes, sur les fonctions, les devoirs de leurs représentants, les choréges, sur la manière dont ceux-ci entraient en partage avec l'État dans les frais de la représentation, sur l'énormité d'une dépense dont Plutarque a dit (*de Glor. Athen.*) : « Si on faisait le compte de ce qu'a coûté aux Athéniens chacune de leurs tragédies, on trouverait qu'ils ont plus dépensé pour jouer les *Bacchantes*, les *Phéniciennes*, les *Œdipes*, les infortunes de *Médée* et d'*Électre*, que pour obtenir par la guerre la liberté et l'empire. » Sur les voies et moyens du théâtre athénien alimenté aux dépens des tributs payés au trésor par les alliés ; sur les distributions *théoriques* qui mettaient le peuple à même de payer sa place au spectacle, distributions établies par Périclès dans l'intérêt de sa popularité, protégées contre toute révocation par les menaces de la loi, timidement et vainement attaquées dans des circonstances bien pressantes, où elles devenaient une charge bien lourde et bien incommode, par le patriotisme de Démosthène ; sur tous ces points, qui seraient ici imparfaitement traités, et l'ont été souvent ailleurs d'une manière spéciale et complète, voyez surtout Barthélemy (*Voyage du jeune Anacharsis*, XI, XXIV, LXIX, LXXI) ; Bœttiger (*Opusc., passim*) ; Bœckh (*Économie politique des Athéniens*, II, 3, 7, 12, 13 ; III, 22 ; t. I, p. 257, 299, 344, 356 ; II, 243 de la traduction française) ; Grysar (*de Græc. trag. circum tempora Demosthenis*; Cologne, 1830) ; Ch. Magnin (*Origines du théâtre moderne*, 1838, Introduction, t. I ; *De la Mise en scène chez les anciens.*— Revue des Deux-Mondes, 1839, 1040, t. XIX, p. 649, XXII, 254).

pliées les œuvres si nombreuses qu'on leur attribue[1].

Ils ont eu, comme les poëtes épiques, leurs rhapsodes et, si on peut le dire, leurs *diascevastes*[2] quelquefois officiels. Les Athéniens, faisant judicieusement la part du temps qui vieillit tout et du génie qui ne doit pas vieillir, avaient permis que les tragédies d'Eschyle, retouchées, retravaillées, fussent de nouveau admises au concours avec celles de ses successeurs[3], et nous savons que sa mémoire fut honorée par plus d'une victoire posthume[4]. Autour de ce père de la tragédie, se groupent donc comme ses éditeurs, et peut-être aussi ses collaborateurs, ses continuateurs[5], avec d'autres, dont les noms ont péri, ses fils Bion et Euphorion[6], et son neveu Philoclès[7], qui fit aussi souche de poëtes tragiques : car il eut pour fils le glacial[8] Morsimus, peut-être le glouton Mélanthius[9],

---

1. De ce que les trois grands tragiques d'Athènes ont été contemporains, on n'en doit pas conclure, selon moi, qu'ils n'ont pu représenter trois systèmes distincts de tragédie, comme semble le faire M. Mich. Vlangali à la fin de son érudite et élégante dissertation *De tragœdiæ græcæ principibus*, Paris, 1855.
2. Une pièce ainsi refaite et reproduite s'appelait, on le voit souvent chez les scoliastes, διεσκευασμένη. Voyez Bœckh, *Trag. græc. princ.*, III; Meineke, *Fragm. comic. græc.*, t. I, p. 31, 32, etc.
3. *Vit. Æschyl.*; Schol. Aristoph. *Acharn.*, 10, *Ran.*, 892 ; Quintil., *Inst. orat.*, X, 1, 66 ; Philostr., *Vit. Apollon.*, VI, 6 ; Suid., v. Εὐφορίων.
4. *Vit. Æschyl.*; Suid., *ibid.*; Arg. *Med.* Eurip. — 5. C'est le sentiment de Bœckh, *ibid.*, mais non de God. Hermann, qui l'a combattu, *Dissert. II, de chor. Eumen. Æschyl. Opusc.*, t. II, p. 155. En 1840, Gust. Exner l'a appuyé dans un ouvrage spécial, *de Schola Æschyli et trilogiarum ratione*. Plus récemment, en 1845. Fr. G. Wagner, *Poet. trag. græc. fragm.*, édit. F. Didot, p. 61 sqq. ; W. C. Kayser, *Hist. crit. trag. græc.*, p. 40-70, se sont appliqués à établir la réalité d'une *école* d'Eschyle dans sa propre famille, et en ont retracé l'histoire fort en détail. — 6. Suid., vv. Ἀισχύλος, Εὐφορίων.
7. Suid., v. Φιλοκλῆς; schol. ad Aristoph. *Av.*, 281. — 8. Schol. Aristoph. *Ran.*, 151.
9. On l'a conclu (Fabric., *Biblioth. græc.*, t. II, p. 311 ; Bœckh, *ibid.*, III, etc.) d'un passage d'Aristophane (*Pax.*, 807) que cependant le scoliaste entend autrement. Il peut y être en effet question d'un frère de Mélanthius, autre que Morsimus. Sur la gloutonnerie reprochée à Mélanthius par les comiques, voyez Athénée (*Deipn.*, I, VIII, XII). C'était, selon les mêmes autorités, le vice d'un autre tragique du temps, Nothippus, et d'un tragédien plus ancien, Myniscus. Un tragédien de la même école, Simus ou Simylus, avait écrit sur l'art de la cuisine. On

pour petits-fils et arrière-petits-fils les deux Astydamas[1] et un nouveau Philoclès[2], tous auteurs, mais quelques-uns assez méchants auteurs de tragédies.

Les enfants de Sophocle, Jophon et Ariston, qui ont eu le malheur de flétrir eux-mêmes leur plus beau titre, le fils d'Ariston, Sophocle le jeune, dont le nom est resté plus pur, ont aussi continué, non sans succès, ni même sans gloire, le genre où s'était illustré leur père et leur aïeul. Jophon, il est vrai, qui avait vaincu au théâtre de son vivant[3], et s'y était même mesuré, non sans gloire, contre Euripide[4], a été soupçonné de s'être paré de ses dépouilles[5]. Pour Ariston, on sait, ou du moins on croit savoir et c'est tout, qu'il a fait des tragédies[6]. Mais Sophocle le jeune, l'amour du grand Sophocle[7], qu'il promettait de recommencer, dans une carrière dramatique ouverte la première année de la XCVI^e olympiade, en 396, et qui, selon quelques-uns, n'a pas compté moins de quarante ouvrages[8], a remporté jusqu'à sept ou même douze victoires[9]. On a cru[10], non sans vraisemblance, qu'il fallait lui faire sa part, comme peut-être aussi à Jophon, dans le nombre prodigieux de tragédies que l'antiquité attribue au seul Sophocle[11].

Peut-être le catalogue, à peu près aussi long, des tragédies d'Euripide, doit-il être de même diminué de quel-

---

trouvera, au sujet de ces habitudes gastronomiques si peu d'accord avec le culte de Melpomène, de piquants détails chez Meineke, *Fragm. comic. græc.*, t. I, p. 66, 88, 95, 137, 186, 205, 206, 217, 392, 425.

1. Suid., v. Ἀστυδάμας. — 2. Athen., *Deipn.*; Suid., v. Φιλοκλῆς; schol. Aristoph., *Av.* 281. M. Kayser, *Hist. crit. trag. græc.*, p. 47 sqq., n'admet point comme poëte tragique ce second Philoclès, admis par M. Wagner, *Poet. trag. græc. fragm.*, éd. F. Didot, p. 63.
3. Schol. Aristoph., *Ran.*, 73. — 4. Argum. *Hippolyt.* Euripid.
5. Aristoph., *Ran.*, 73,'75, 78; schol. Aristoph., *ibid.*; Suid., v. Ἰοφῶν.
6. Diog. Laert., VII, 164.
7. *Vit. Sophocl.*
8. Suid., v. Σοφοκλῆς. — 9. *Id., ibid.*; Diod. Sic., XIV, 53. Cf. Bœckh, *Græc. trag. princip.*, VIII; Clinton, *Fast. hellenic.*, p. XXXVI, 101. — 10. Bœckh, *ibid.*, VIII, IX, etc. — 11. Suid., v. Σοφοκλῆς; *Vit. Sophocl.* Sur les poëtes tragiques de la famille et de l'école de Sophocle, voyez encore Fr. G. Wagner, *Poet. trag. græc. fragm.*, éd. F. Didot, p. 74 sqq.; W. C. Kayser, *ibid.*, p. 73-81.

ques-unes appartenant soit à un Euripide plus ancien
que lui[1], auteur, dit-on[2], de douze pièces, et deux fois
couronné ; soit, ce qui est plus vraisemblable, à son fils[3]
ou son neveu[4], Euripide le jeune. Peut-être, parmi celles
où l'on ne peut méconnaître l'œuvre du grand maître,
s'en trouve-t-il auxquelles ce poëte, qui lui tenait de si
près, a mis la main. Aristophane, dans ses *Grenouilles*[5],
faisait dire par Eschyle à Euripide : « Ma poésie, comme
la tienne, n'est pas morte avec moi. » Euripide le jeune
donna à cet arrêt insultant du comique, dans l'année
même ou dans l'année suivante[6], un éclatant démenti,
en remettant au théâtre, quatre ans avant que l'*Œdipe à
Colone* y parût, ou y reparût, par les soins de Sophocle
le jeune[7], l'*Iphigénie en Aulide*, l'*Alcméon*, les *Bacchantes*[8], non sans avoir pris sur lui d'y faire les corrections indiquées par la critique, et qui autorisaient ces
sortes de reprises[9]. Ainsi, la première de ces trois tragédies avait primitivement, comme toutes les autres, un
prologue dont Élien a conservé quelque chose[10], et dans
lequel Diane, après avoir expliqué le sujet de la pièce, en
annonçait le dénoûment. Son nouvel éditeur, la ramenant à la manière plus dramatique de Sophocle,
fondit les explications dans la première scène et supprima l'annonce. Avant ce collaborateur posthume, Euripide en avait, dit-on, trouvé d'autres, et même pour ce
qui semblait la partie la plus difficile, la plus importante
de l'œuvre tragique, pour la composition des chœurs[11] ;

---

1. Son aïeul, selon la conjecture de M. W. C. Kayser, *Hist. crit.
trag. græc.*, p. 80.
2. Suid., v. Εὐριπίδης.
3. Schol. Aristoph., *Ran.*, 67; Moschopul., Thom. Mag., *Vit. Eurip.*
4. Suid., v. Εὐριπίδης. Sur cette difficulté, fort controversée, voyez Fr.
G. Wagner, *ibid.*, p. 79, 80; W. C. Kayser, *ibid*., p. 81 sqq.
5. *Ran.*, 877. — 6. Clinton, *Fast. hellenic.*, p. 95. — 7. Argum. III
Œd. Colon. Cf. Clinton, *ibid.*, p. 95.
8. Schol. Aristoph., *Ran.*, 67.
9. Aristoph., *Nub.*, 537; Argum., etc. Voyez Eichstadt, *de Dramat.
græc. com. satyr.*; Bœckh, *Græc. trag. princ.*, XVII, XVIII, XIX, XXII,
XXIII, XXIV. — 10. *Hist. anim.*, VII, 39.
11. *Vit. Eurip.*, ed. Elmsley.

un surtout, dont il a été beaucoup parlé, son esclave [1] Céphisophon, malignement accusé par les comiques d'avoir été chez lui quelque chose de plus encore qu'un collaborateur littéraire [2]. Ces grands poëtes, du reste, ne peuvent rien perdre à la découverte de coopérations obscures, qui disparaissent aux yeux de la postérité, comme le travail des manœuvres dans la gloire du monument. Phidias n'a pas seul mis la main au Parthénon, ni Raphaël au Vatican; mais seuls ils y ont attaché leurs noms.

Tant qu'ils vécurent, il leur fallut, auprès d'archontes quelquefois partiaux ou sans goût, qui n'ouvraient pas la scène aux plus dignes, devant un public souvent distrait, ignorant, prévenu, dont le Bacchus des *Grenouilles*, si embarrassé de prononcer entre Eschyle et Euripide, peut être considéré comme une personnification bouffonne, au tribunal de juges à qui la même comédie dit en face d'assez dures vérités [3], de juges choisis par le sort, comme tous les juges à Athènes, et qui n'étaient pas toujours les plus éclairés [4], les plus indépendants, les plus intègres [5], disputer leurs succès et leur gloire à une

---

1. Ainsi, selon Hésychius (voyez Meineke, *Fragm. com. græc.*, t. I, p. 37), le vieux comique athénien Ecphantides s'était fait aider dans la composition de ses pièces par son esclave Chérilus.
2. Aristoph., *Ran.*, 944, 1451 sq.; *Id.*, Fragment inédit, publié par M. Rossignol dans le *Journal des Savants*, avril 1832. Cf. God. Hermann, *Opusc.*, t. V, p. 202; voyez aussi Diog. Laert., II, 18; Suid., v. Μονῳδεῖν.
3. *Ran.*, 814 sqq.
4. « Ils faisaient bien serment d'être justes, mais non d'avoir du goût, » dit fort bien Lévesque (*Considérations sur les trois grands tragiques de la Grèce*). Combien l'assemblée entière pouvait-elle compter de véritables juges? Peut-être six ou sept, répond le joueur de flûte Timothée chez Lucien (*Harmonid.*, II). Un Simylus auquel M. Meineke (*Hist. crit. com. græc.*, p. 425; *præfat.*, p. XIII-XVI) a tour à tour accordé et refusé une place dans l'histoire de la moyenne comédie, comptait parmi les difficultés semées sur la route du poëte le plus favorisé des dons de la nature, le mieux préparé par les préceptes de l'art, celle de trouver des juges capables de saisir au vol les vers récités (Simyl. ap. Stob., LX, 4; Cf. E. Egger., *Histoire de la critique chez les Grecs*, p. 43; G. Guizot, *Ménandre*, etc., p. 134).
5. Ces juges du théâtre d'Athènes manquaient quelquefois de qualités morales aussi nécessaires à l'exercice de leur charge que le goût

médiocrité suffisante et jalouse. Varron[1] rapportait que, sur soixante-quinze pièces composées par Euripide, cinq seulement avaient été couronnées. Au lieu de ces cinq victoires, dont la dernière, remportée, comme les autres peut-être, non pas par un seul ouvrage, mais par trois, *Iphigénie en Aulide*, *Alcméon*, les *Bacchantes*[2], aurait été postérieure à sa mort[3], d'autres[4] lui en accordent plus généreusement quinze. Les Marbres de Paros datent la première de l'année 441 avant notre ère[5]; il avait alors quarante et un ans, et depuis sa dix-huitième année[6] travaillait pour le théâtre. Sophocle, plus promptement, plus souvent, plus constamment heureux, éprouva cependant aussi, on doit le croire, plus d'une injustice, puisque, selon Suidas[7], dont le chiffre est le plus considérable, auteur de cent vingt-trois pièces, ou du moins de cent treize, il n'obtint que vingt-quatre fois le prix[8]. Eschyle, victime

lui-même, comme on peut le conclure encore de ce que dit Platon au livre II des *Lois* : « ... La raison pour laquelle j'exige de la vertu de ceux qui doivent prononcer sur ces matières, est qu'outre les lumières ils ont encore besoin de courage. Il ne convient pas, en effet, à un vrai juge de juger d'après les leçons du théâtre, de se laisser troubler par les acclamations de la multitude et par sa propre ignorance; il convient encore moins qu'il aille contre ses lumières, par lâcheté et par faiblesse, de la même bouche dont il a pris les dieux à témoin de dire la vérité, se parjurer en trahissant indignement sa pensée : car ce n'est pas pour être l'écolier des spectateurs, mais leur maître, que le juge est assis apparemment et pour s'opposer à ceux qui n'amuseraient pas le public convenablement... » (*Œuvres de Platon*, trad. par V. Cousin, t. VII, p. 88.) Voyez, au sujet de ces juges, Du Resnel, *Sur les combats et sur les prix proposés aux poëtes et aux gens de lettres parmi les Grecs et les Romains*, t. XIII, p. 331 et suiv. des *Mémoires de l'Académie des inscriptions et belles-lettres*.
1. A. Gell., XVII, 4. Cf. Suid., v. Εὐριπίδης.
2. Aristoph. schol. *Ran.*, 67. — 3. Moschopul., *Vit. Euripid.*
4. Thom. mag., *Vit. Euripid.*
5. Clinton, *Fast. hellenic.*, p. 59.
6. A. Gell., XV, 20.
7. V. Σοφοκλῆς. Cf. Diod. Sic., XIII, 103; Carystius ap. Auct. *Vit. Sophocl.* Sur le calcul très-incertain des pièces de Sophocle, comme des autres tragiques, on peut consulter Bœckh, *Græc. trag. princip.*, VIII, qui les réduit à tout au plus soixante-dix.
8. Le nombre des victoires remportées par Sophocle serait moins disproportionné avec celui de ses ouvrages, si la récompense s'était appliquée, non pas à une seule pièce, mais aux quatre pièces d'une tétralogie, comme l'ont pensé quelques critiques.

aussi d'injustes préférences, consacrait ses ouvrages au temps, qui devait les remettre à leur place[1]. Comme Racine, ces grands hommes ont eu leurs Pradons qui les ont vaincus, et dont en revanche ils ont immortalisé les ridicules victoires. Les Pradons de l'antiquité, c'est Cléomaque ou Gnésippe, fils de Cléomaque[2], qu'un archonte, justement raillé avec le poëte lui-même par Cratinus[3], admit à un concours tragique, dont il excluait Sophocle[4] : c'est Philoclès, le neveu d'Eschyle, que nous avons déjà nommé; c'est Xénoclès, le poëte aux machines, comme l'appelait Platon[5], l'un qui emporta le prix sur Sophocle[6], l'autre qui, non moins heureux ou non moins malheureux, triompha d'Euripide[7]; c'est Nicomaque, qu'Euripide compta aussi, nous le savons[8], parmi ses étranges vainqueurs. Leurs illustres rivaux eussent pu leur dire plus justement encore

1. Athen., *Deipn.*, VIII.
2. Sur ces deux poëtes et l'interprétation des passages assez obscurs qui les concernent, voyez Fr. G. Wagner, *Poet. trag. græc. fragm.*, ed. F. Didot, p. 88; W. C. Kayser, *Hist. crit. trag. græc.*, p. 278 sqq.
3. Athen., *Deipn.*, XIV. Cf. Meineke, *Fragm. poet. com. græc*, t. II, p. 27 sq.
4. Chaque tribu fournissait un chœur attribué par l'archonte à un poëte. De là ces expressions *donner, obtenir un chœur*, pour dire Admettre, Être admis au concours. Aristoph., *Equit.*, 513; *Ran.*, 94; Plat., *Leg.*, VII; Aristot., *Poet.*, v; etc.
5. Suid., vv. Καρκίνος, Σφυράδες.
6. Arg. gr. *Œd. Reg.* Cf. Aristid., *Orat.*, XLVI. Sophocle avait présenté au concours l'*Œdipe Roi*. Pour expliquer la disgrâce étrange d'un tel chef-d'œuvre, on a conjecturé ingénieusement (Grysar, *de Græc. trag.*, etc.; p. 4 et 5) que l'ouvrage préféré était quelque tragédie posthume d'Eschyle, montée par son neveu Philoclès.
7. Ælian., *Var. hist.*, II, 8. Cf. Diod. Sic., XII, 82. La collation des deux passages donne la date de cette victoire que Xénoclès, avec des pièces dont il est inutile de rappeler les titres, remporta sur une tétralogie d'Euripide, composée de son *Alexandre*, son *Palamède*, ses *Troyennes*, son *Sisyphe*. Cf. Clinton, *Fast. hellenic.*, p. 79.
8. Suid., v. Νικόμαχος. Une inscription agonistique, rapportée par Bœckh, *Corp. inscript. græc.*, V, n° 217, contient le nom de Nicomaque et consacrait, on peut le supposer, cette victoire. Sur la distinction, peut-être erronée, que fait Suidas de deux poëtes tragiques du nom de Nicomaque, voyez, particulièrement, Meineke, *ibid.*, t. Ier, p. 497; Fr. G. Wagner, *ibid.*, p. 101; W. C. Kayser, *ibid.*, p. 316.

que Ménandre à Philémon[1] : « N'êtes-vous pas honteux de l'emporter sur nous? » Ajoutons à cette liste un poëte qui semble bien digne d'y avoir figuré, Alcestis, connu seulement par une réponse piquante qu'il s'attira de la part d'Euripide. Ce grand homme, se plaignant de n'avoir pu faire, malgré beaucoup d'efforts, en trois jours, que trois vers seulement, l'autre se vanta d'en avoir fait cent avec une grande facilité, dans le même espace de temps. « Cela se peut, reprit Euripide, mais ils ne vivront que trois jours[2]. » Quand Pausanias[3] visita le théâtre d'Athènes, il eut quelque peine à y démêler les portraits des maîtres de la scène parmi ceux d'une foule de poëtes, déjà obscurs et ignorés, qu'un engouement passager avait autrefois gratifiés de cet honneur, comme eux, et quelquefois avant eux[4]. En passant par cette rue des Trépieds[5], qui conduisait au théâtre, et où l'on voyait, comme on l'a dit, les *trophées... auprès du champ de bataille*[6], il dut rencontrer dans les nombreuses inscriptions qui expliquaient ces offrandes, bien des noms que des victoires d'un jour n'avaient pas sauvés de l'oubli.

Ces surprises faites au goût du public ne restaient cependant pas impunies, même de la part des contemporains. Aristophane ne passait rien à Euripide : ce n'était pas pour épargner Philoclès, Xénoclès, toute cette menue tragédie qui disputait insolemment le terrain à la grande. Il les poursuit impitoyablement dans leurs œuvres et dans celles de tous les leurs; car ils avaient,

---

1. A. Gell., XVII, 4.
2. Val. Max., III, 7. Au lieu d'Alcestis, on a proposé, sans égard à la chronologie, de lire Alexis, le poëte comique; d'autres (Voyez Bode, *Hist. de la poésie grecque, tragédie*, t. III, p. 471), le poëte tragique Acestor.
3. *Attic.*, I, 21.
4. On verra plus loin qu'Astydamas, un poëte de la famille et de l'école d'Eschyle, fut honoré d'une statue d'airain bien avant Eschyle, comme le rapporte Diogène Laërce, II, 5. Cela s'accorde avec ce qui sera également dit plus loin, que les images des trois grands maîtres de la scène athénienne y furent placées tardivement, en vertu d'une loi de l'orateur Lycurgue.
5. Pausan., *Att.*, I, 20. — 6. Barthélemy, *Voyage du jeune Anacharsis*, XII.

comme Eschyle, comme Sophocle, comme Euripide, des écoles, des maisons tragiques. Nous avons donné tout à l'heure celle de Philoclès; pour Xénoclès, il était de la race tristement féconde des Carcinus[1], sur laquelle ne tarit pas la verve bouffonne d'Aristophane. Et que de noms encore dérobe à l'oubli, mieux que l'exactitude des compilateurs et des lexicographes, sa gaieté vengeresse! Morychus, Hiéronyme, Pythangélus, Acestor, Cléénète, Dorillus et tant d'autres! Nous savons presque par lui seul qu'ils ont fait des tragédies, comme nous savons par Boileau que *Cotin a prêché*[2].

A Théognis, qu'il ne mentionne pas plus honorablement, qu'il raille souvent pour sa froideur[3], et qu'en effet on surnommait plaisamment *la Neige*[4], joignons le beau, le docte, l'éloquent, mais implacable et cruel Critias, son collègue en 404, dans la tyrannie des Trente[5], et de plus

---

[1]. Voyez sur ces Carcinus, qui n'ont pas été tous cependant des poëtes méprisables, Fr. G. Wagner, *Poet. trag. græc. fragm.*, éd. F. Didot, p. 80 sqq.; W. C. Kayser, *Hist. crit. trag. græc.*, p. 84-105.

[2]. Voyez encore, sur ces divers poëtes, Fr. G. Wagner, *ibid.*, p. 88, 89, 90, 92, 136; W. C. Kayser, *ibid.*, p. 193, 275, 281, 289, 322.

[3]. Aristoph., *Thesm.*, 170. — [4]. Schol. ad Aristoph. *Acharn.*, II, 140; Suid., vv. Θέογνις, Ψυχροῦ βίου. Cf. *ibid.*, v. Νικόμαχος.

[5]. Xénoph., *Hellen.*, II, 3; Harpocrate, v. Θέογνις. A l'époque de cette tyrannie Suidas place un tragique athénien, auteur, dit-il, de huit pièces, dont d'autres (Athen., *Deipn.*, XIV; Clem. Alex., *Strom.*, II) citent quelque chose; d'un *Hercule* particulièrement qui a été connu de Tertullien (*Apolog.*, XIV). Ce tragique, qui ne paraît pas avoir été sans mérite, à part l'obscurité que lui reproche Mélanthius chez Plutarque (*de Aud. poet.*), s'appelait Diogène Œnomaüs. Le premier de ces deux noms a fait attribuer ses pièces à Diogène de Sinope (Diog. Laert., VI, 73, 80); le second l'a fait confondre avec un Œnomaüs de Gadara, également philosophe cynique, qui, au temps d'Adrien, a composé des tragédies (Julian., *Orat.*, VII). Sur les doutes et les disputes de la critique à cet égard, voyez, en dernier lieu, Fr. G. Wagner, *ibid.*, p. 103; W. C. Kayser, *ibid.*, p. 253 sqq. Peut-être doit-on aussi une mention à Archestrate, si toutefois les pièces que ce poëte fit jouer, et même avec succès, pendant la guerre du Péloponèse, au rapport de Plutarque (*Vit. Aristid.*, I, II) et non pas, comme paraît l'insinuer, contrairement à Plutarque, Barthélemy (*Anach.*, XII), au temps du célèbre Aristide et de Thémistocle, étaient des tragédies. Voyez encore chez Bœckh (*Corpus inscript. græc.*, V, n° 211), l'inscription relative à une victoire d'Archestrate.

son confrère en tragédie. Critias avait certainement plus de mérite que Théognis, puisqu'on lui a quelquefois attribué le *Pirithoüs* d'Euripide [1], et que, par compensation, son *Sisyphe*, dont une tirade fort irréligieuse s'est conservée [2], a été confondu [3] avec le drame satyrique de même titre donné par Euripide en compagnie de l'*Alexandre*, du *Palamède*, des *Troyennes*, la deuxième année de la XCI[e] olympiade [4], en 415. La liberté avec laquelle Critias empruntait au grand poëte [5], a peut-être aussi été pour quelque chose dans ces méprises de l'érudition qui recommandent aujourd'hui ses ouvrages dramatiques. Au reste, ce n'est pas par eux qu'il a mérité un nom dans l'histoire, mais par le drame plus réel de la mort de Théramène. Un autre écrivain de ce temps, que son traité sur l'être [6] et ses froides tragédies bafouées, ainsi que ses mauvaises mœurs et son excessive maigreur, par les comiques [7], auraient laissé fort obscur [8], et qui s'assura en 399, comme homme politique, une tragique immortalité, c'est l'accusateur de Socrate, Mélitus [9], celui qui, dans cet odieux procès, où s'étaient ligués contre le sage les

---

1. Athen., *Deipn.*, XI. Cf. *Vit. Eurip.*
2. Sext. Empiric., *Adv. mathem.*, IX, 54.
3. Plutarch., *de Placit. philosoph.*, I. Cf. Valcken., *Diatrib. in Eurip.*, etc., xx. Contrairement à Valckenaer, Bayle, art. *Critias*, qui retire les vers du *Sisyphe* pour les donner à Euripide. W. C. Kayser, *Hist. crit. trag. græc.*, p. 231 sqq., a débattu, après beaucoup d'autres qu'il rappelle, ces questions, et s'est prononcé pour l'attribution du *Pirithoüs* et du *Sisyphe* à Critias. Il ne contredit pas en cela Fr. G. Wagner, qui croit lui-même Critias auteur de tragédies de ce nom, mais admet en même temps l'existence d'un *Pirithoüs* d'Euripide. Voyez, dans la Bibliothèque grecque de F. Didot, *Euripid. fragm.*, p. 763; *Poet. trag. græc. fragm.*, p. 93 sqq.
4. Ælian., *Var. hist.*, II, 8. Cf. Clinton, *Fast. hellenic.*, p. 79.
5. Clem. Alex., *Strom.*, VI.
6. S'il est bien l'auteur de cet ouvrage que lui attribue Suidas, peut-être par confusion avec un philosophe du nom de Mélissus. Voyez W. C. Kayser, *ibid.*, p. 284, 286.
7. Ælian., *Var. hist.*, X, 6. Voyez à ce sujet d'intéressants détails chez Meineke, *Frag. comic. græc.*, t. Ier, p. 6, 173, 263.
8. Plat., *Eutyphr.*; schol. Aristoph., *Ran.*, 1302; Suid., v. Μέλιτος.
9. Ou Mélétus, comme d'autres préfèrent de l'écrire, d'après des autorités auxquelles se rangent Fr. G. Wagner, *ibid.*, p. 72; W. C. Kayser, *ibid.*, p. 284.

démagogues, les faux dévots, les mauvais poëtes, représenta particulièrement ces derniers.

Les hommes qui mêlaient de si méchantes, de si cruelles passions avec cette culture de l'art, à laquelle n'importent pas moins le calme contemplatif de la raison et la pureté, l'élévation des sentiments, que le feu de l'imagination, n'étaient pas dignes d'en approcher : ils l'auraient dégradé par leur contact, s'il avait pu l'être. Réhabilitons la tragédie de cette époque, en rappelant des souvenirs plus honorables. Peu s'en fallut qu'elle ne pût se glorifier d'un adepte tel que Platon; Platon, qui, plus tard, révolté des couleurs trop humaines dont elle peignait les dieux, de ses maximes trop favorables à la tyrannie et à la démocratie, de ses appels trop exclusifs à la partie sensible de notre être, devait, tout en l'appelant divine, l'assimiler à la rhétorique condamnée dans son *Gorgias*, la soumettre à la censure dans ses *Lois*, l'exiler de sa *République*[1]. Ce grand philosophe fut tenté, dans son extrême jeunesse, de la gloire poétique. Il essaya de l'épopée, mais bientôt brûla ses vers, les jugeant trop au-dessous de ceux d'Homère; il écrivit ensuite une tétralogie[2], qui éprouva le même sort, bien que déjà entre les mains des acteurs et sur le point de disputer le prix au concours de la fête de Bacchus. Dans l'intervalle, Socrate avait eu ce songe que rapporte, pour ainsi dire, sa légende. Il avait vu, en dormant, sur ses genoux, un jeune cygne et bientôt, vérifiant le présage, Platon s'était donné à lui[3]. Qui protesta contre la condamnation du maître de Platon? Ce fut, non pas, comme on l'a dit quelquefois, Euripide[4], — il était mort depuis quelques années, — mais son *Palamède* remis au théâtre, peut-

---

1. *Leg.*, VII; *Republ.*, II, III, VIII, X.
2. Diogène Laërce, III, 56, rapporte, d'après Thrasylle, que plus tard Platon fit paraître ses dialogues sous forme de tétralogies, c'est-à-dire quatre par quatre.
3. Diog. Laert., III, 5; Ælian., *Var. hist.*, II, 30; Pausan., *Att.*, XXX; A. Gell., XIX, 11; Olympiod., *Vit. Plat.*; Suid., v. Πλάτων, etc.
4. Argum. *Busirid. Encom.* Isocrat.; Diog. Laert., II, 44. Cf. Bayle, art. *Euripide*.

être par Euripide le jeune[1] et avec additions, quand les Athéniens repentants éclatèrent en pleurs à ce passage qui leur semblait adressé : « Vous avez tué, ô Grecs! vous avez tué l'innocent rossignol des Muses, le plus sage, le meilleur des hommes. » On a contesté[2], avec ce retour des Athéniens, dont il y a tant d'autres exemples dans l'histoire de ce peuple aux impressions mobiles, aux emportements passionnés et contradictoires, avec leurs réparations à la mémoire de Socrate, cette anecdote touchante. Pour moi, j'aime à y croire, et m'appuie de l'autorité de Lucien, qui paraît l'avoir voulu rappeler, quand il a représenté, conversant ensemble, Socrate, d'ailleurs maltraité par lui, et Palamède[3]. Les allusions faites par Socrate lui-même au milieu de ses disciples ou devant ses juges, peut-être d'après l'ouvrage d'Euripide, au sort du héros grec[4], me la rendent aussi fort vraisemblable.

Ces tragiques, dont le souvenir s'est conservé, dont nous savons les noms, n'étaient pas tous d'Athènes. Sur le modèle du théâtre de Bacchus, des théâtres s'étaient bientôt élevés dans toutes les autres villes de la Grèce. De bonne heure, par exemple, vers la XC^e olympiade, environ 420 ans avant notre ère, le célèbre Polyclète, espèce de Michel-Ange antique, architecte et peintre aussi bien que sculpteur, avait construit celui d'Épidaure, si admiré par Pausanias[5]. Partout des scènes s'étaient ouvertes à la tragédie, qu'à l'appel d'Hiéron, d'Archélaüs, Eschyle et peut-être avant lui Phrynichus[6] avaient por-

---

1. Valcken., *Diatrib. in Eurip. fragm.*, XVIII; Bœckh, *Græc. trag. princ.*, XIV. Cf. Ælian., *Var. hist.*, II, 8.
2. Voyez *Biogr. univ.*, t. XLII, p. 565; LI, 378, les belles notices sur Socrate et sur Xénophon par MM. Stapfer et Letronne.
3. *Var. hist.*, I, 117. Cf. *Mort. dialog.*, XXI. — 4. Xenoph., *Memorab.*, IV, II, 33; *Defens. Socrat.*, XXVI.
5. *Corinth.*, XXVII.
6. L'auteur anonyme d'un des morceaux sur la comédie qui nous sont venus des grammairiens grecs et que Meineke, entre autres, a réunis à la fin du premier volume de ses *Fragm. comic. græc.*, fait mourir en Sicile Phrynichus, le poète tragique très-probablement. Voyez Meineke, *ibid.*, p. 147, 536; Clinton, *Fast. hellenic.*, procem., p. 31.

tée en Sicile, Euripide et Agathon, en Macédoine ; qui, de Sicile, avait passé dans les provinces méridionales de l'Italie, où devaient un jour la prendre, pour aller l'établir à Rome, Livius Andronicus et Ennius. De là beaucoup de tragiques, étrangers, je le répète, à Athènes, mais qui, Platon nous l'a dit[1], et nous le savons d'ailleurs par plus d'un exemple, quand ils avaient quelque mérite, étaient fort jaloux de produire leurs œuvres, d'établir leur réputation dans les concours de cette métropole de la tragédie.

Mégare, où Susarion avait été chercher la comédie, donna, selon Suidas, au théâtre tragique d'Athènes un poëte nommé Alcimène[2]. On se moquait chez les Athéniens, avec quelque ingratitude, du *Rire de Mégare*. On n'y traitait pas mieux les *Larmes de Mégare*[3]. Si, comme on l'a pensé[4] assez légèrement[5], les pièces d'Alcimène avaient donné lieu à la seconde de ces expressions proverbiales, il n'aurait mérité que par le ridicule un souvenir de l'histoire littéraire.

Une épigramme de l'alexandrin Dioscoride[6], conforme à l'opinion, dont il a été question plus haut, qui réclamait pour les Doriens, les Sicyoniens, l'invention de la tragédie, fait dire à la statue de Bacchus placée sur le tombeau de Sophocle : « J'arrivais de Phlionte ; j'étais encore un dieu grossier, fabriqué de bois de chêne ; il me para d'or, me revêtit de fine pourpre.... » Deux anciens tragiques, sinon la tragédie elle-même, étaient Phliasiens, Pratinas et son fils Aristias, antagonistes, l'un d'Eschyle[7], l'autre de Sophocle[8], et particulièrement célèbres dans le genre du drame satyrique[9], fondé par le premier[10]. Le monument d'Aristias se voyait encore, au temps de Pausanias, sur la place publique de Phlionte[11]. On peut dire

---

1. *Laches*. — 2. M. J. Girard ne l'oublie pas dans sa dissertation *De Megarensium ingenio*, Paris, 1854. — 3. Hesychius, vv. Γέλως, Μεγαρέων δάκρυα. — 4. O. Müller, *Dor*., II, p. 367. — 5. Voyez Meineke, *Fragm. comic. græc.*, t. Ier, p. 21. — 6. *Anthol. Pal.*, VII, 37. — 7. Suid., v. Πρατίνας. — 8. *Vit. Sophocl.* — 9. Pausan., *Corinth.*, XIII. — 10. Suid., *ibid.* Cf. Horat., *ad Pison.*, v. 220. Schol. Acron. — 11. Pausan., *ibid.*

que le monument de Pratinas était le théâtre même d'Athènes, primitivement construit en bois et reconstruit en pierres à la suite d'un écroulement survenu pendant la représentation d'une des cinquante pièces attribuées au poëte, et dont une, dit-on, ou la tétralogie dont elle faisait partie, fut couronnée[1].

La liste des anciens tragiques étrangers à Athènes s'honorerait de noms bien illustres, si le témoignage de Suidas[2] suffisait pour établir que Simonide de Céos, que le grand lyrique de Thèbes, Pindare, ont fait des tragédies, et le dernier particulièrement au nombre de dix-sept; si le caractère de leur pensée et de leur style, quelquefois qualifié par l'épithète « tragique », ne leur avait fait attribuer faussement des ouvrages de cette sorte[3]; si ces ouvrages, en supposant qu'ils aient existé, ne devaient pas être, comme on l'a pensé[4], renvoyés à cette tragédie lyrique des Doriens qui n'avait rien de dramatique, et précéda l'invention du drame chez les Athéniens.

Citons, en leur place, avec Achæus d'Érétrie et Ion de Chio, auxquels nous reviendrons, un autre tragique de la même époque, Aristarque de Tégée[5] qui, dans ses cent ans de vie, a pu être le contemporain d'Eschyle, aussi bien que de Sophocle et d'Euripide[6], et assister ainsi à l'histoire entière de la tragédie grecque. Inventeur du cothurne, dit-on[7], il paraît ne l'avoir pas lui-même

---

1. Suid., vv. Πρατίνας, Ἰκρία.
2. Suid., vv. Σιμωνίδης, Πίνδαρος. God. Hermann (*De trag. comœdiaque lyrica; Opusc.*, t. VII, p. 214), d'après une leçon d'un des manuscrits de Suidas et le témoignage du scoliaste d'Aristophane, *Vesp.*, 1402, réduit à une seule tragédie, qui pouvait être un simple exercice littéraire sans conséquence, les prétendus ouvrages tragiques de Simonide; quant à ceux de Pindare, il ne se croit pas suffisamment autorisé à y croire, et l'on ne peut mieux faire que d'imiter sa réserve.
3. W. C. Kayser, *Hist. crit. trag. græc.*, p. 17.
4. Bœckh, *Corpus inscript. græc.*, t. I, p. 765. Voyez plus haut, p. 6.
5. Voyez Suid., v. Ἀρίσταρχος.
6. Eusèbe le rapporte à la LXXIe olympiade, qui vit la mort d'Eschyle et le début d'Euripide. Cf. Clinton, *Fast. hellenic.*, p. 49 et 51.
7. D'après un passage de Suidas, qui peut vouloir dire simplement

chaussé sans gloire, et s'être placé, par ses soixante-dix pièces, par ses deux victoires, dans un rang assez honorable, puisqu'il n'était pas encore oublié du temps d'Ennius et de Plaute, comme l'attestent chez l'un les fragments d'une imitation de son *Achille*, et, dans un des prologues de l'autre, un innocent trait de parodie lancé contre la même pièce [1]. Une anecdote, rapportée par Suidas, nous fait connaître le titre d'un autre de ses ouvrages : il l'aurait intitulé *Esculape*, en l'honneur du dieu de la médecine, qui l'avait guéri d'une grave maladie, et avait réclamé de lui une marque de reconnaissance [2]. A qui eût révoqué en doute ce commerce merveilleux du poëte avec le dieu, les Athéniens eussent montré la chapelle érigée à Sophocle après sa mort, pour lui avoir donné l'hospitalité [3].

De toutes les colonies, pour ainsi dire, qu'alla fonder par le monde l'art athénien de la tragédie, celle de Sicile fut assurément la plus prospère. Elle trouva en cette île, où la comédie était déjà ancienne, un sol tout dramatique préparé pour la recevoir, et elle y fut établie, je l'ai déjà rappelé plus haut, par Eschyle lui-même. On a dit que ce grand homme, réduit, dans la force de l'âge et du génie, à partager, avec le jeune Sophocle, la scène où il régnait seul, aima mieux la lui céder tout entière ; qu'il voulut échapper au déplaisir, toujours si sensible, de voir

---

qu'Aristarque de Tégée donna le premier à la tragédie l'étendue qu'elle a conservée depuis. Voyez W. C. Kayser, *Hist. crit. trag. græc.*, p. 210.

1. *Pœnul.*, prol., I.
2. M. Welcker, *Trag. gr. p.*, III, p. 927, pense que l'*Esculape* d'Aristarque de Tégée a bien pu inaugurer ce théâtre d'Épidaure, dont nous avons plus haut, p. 78, rappelé l'établissement. Selon M. W. C. Kayser, *ibid.*, p. 208, le poëte y avait probablement représenté le demi-dieu, dont l'art menaçait d'interrompre les lois de la mort, puni, comme Prométhée, de ses bienfaits envers la race humaine, par la foudre de Jupiter.
3. Plutarch., *Vit. Num.*, VI ; *in Epicur.* ; Etym. Magn., v. Δεξίων. Cf. Philostrat., *Vit. Apollon.*, III, 17 ; VIII, 7 ; *Imag.*, XIII ; *Vit. Sophocl.* On peut ajouter aux deux pièces citées d'Aristarque de Tégée un *Tantale* dont il est question chez le scoliaste de Sophocle, *OEdip. Col.*, 1320, et Stobée, *Florileg.*

le public lui donner, de son vivant, un successeur [1], en se retirant à cette cour de Syracuse où la faveur d'Hiéron attirait tant d'illustres hôtes ; où en jouissaient ensemble, parmi des entretiens semblables à celui que Xénophon a

---

1. A ce motif qu'allèguent, avec vraisemblance, Plutarque (*Vit. Cim.*, VIII) et l'auteur grec de la vie d'Eschyle, ce dernier en ajoute un autre, du même genre, le chagrin d'avoir été vaincu par Simonide dans un concours élégiaque en l'honneur des guerriers morts à Marathon. On a encore attribué la détermination d'Eschyle au mécontentement excité contre lui, soit par un écroulement du théâtre survenu pendant qu'on y jouait une de ses pièces (Suid., v. Αἰσχύλος), soit par les désordres dont la représentation des *Euménides* fut accompagnée (*Vit. Eschyl.*). Musgrave (*Chronol. scen.*) l'a rattachée, d'après Élien (*Var. hist.*, V, 19) et Apsine (c. Περὶ ἀντιπιπτόντων) à des persécutions politiques et religieuses que lui aurait attirées cette même tragédie des *Euménides* (voyez plus haut, p. 46). Cherchant à concilier quelques-unes de ces opinions, Bœckh (*Græc. trag. princ.*, IV) a supposé que les *Euménides*, couronnées, avec les deux autres pièces qui formaient l'*Orestie*, la deuxième année de la LXXXe olympiade (*Arg. Agamemn.*), l'avaient été en son absence, lorsqu'il était déjà définitivement établi en Sicile, et qu'il les avait données sans succès auparavant, peut-être quand Sophocle remporta sa première victoire, la quatrième année de la LXXVIIe olympiade. Ce système, quelque peu hasardé, a été combattu par God. Hermann, qui (*Dissert.* II *de choro Eumenid. Æsch.* ; *Opusc.*, t. II, p. 139 sqq.), admettant comme Bœckh, mais bien plus que lui, qu'Eschyle a fait en Sicile plusieurs voyages : un, la première année de la LXXe olympiade, après l'écroulement du théâtre dont parle Suidas à l'article d'Eschyle comme à celui de Pratinas, et qui peut avoir eu lieu en effet lorsque ces deux poëtes s'y disputaient le prix ; un autre, la première année de la LXXIIIe olympinde, après la victoire de Simonide ; un autre encore, après celle de Sophocle, la quatrième année de la LXXVIIe olympiade ; un autre enfin, la deuxième année de la LXXXe olympiade, après, et malgré le succès des *Euménides*, est arrivé par une conciliation plus complète que celle de Bœckh, peut-être trop complète, en prêtant à Eschyle une existence singulièrement troublée par la malveillance, et une grande susceptibilité de caractère, à ne rejeter aucune des traditions accréditées sur les motifs de son séjour en Sicile. Welcker (*Tril. d'Esch.*, p. 516 et suiv.), discutant à son tour cette question obscure, n'a reconnu comme incontestables que deux voyages d'Eschyle en Sicile : l'un antérieur au jugement qui lui préféra Sophocle, jugement sur lequel, selon lui, a pu influer le mécontentement qu'il avait donné aux Athéniens en devenant le commensal et le poëte d'un tyran étranger ; l'autre, qu'amena la représentation des *Euménides*, et dont, comme Musgrave, suivi en cela par Bœttiger et W. Schlegel, il penche à chercher la véritable cause dans les désagréments que dut lui attirer la hardiesse politique d'une pièce où étaient indirectement censurées les entreprises de Périclès et du parti populaire contre l'autorité de l'Aréopage. (Voyez plus loin, liv. II, chap. VII.)

raconté[1], Épicharme et Bacchylide, Simonide et Pindare ; où lui-même, on l'a supposé, pour expliquer certaines difficultés de sa biographie[2], s'était déjà montré avant de venir s'y fixer pour toujours ; d'où peut-être il s'éloigna de nouveau, malgré ses résolutions, mais pour y revenir encore. Quoi qu'il en soit, jusqu'à la fin de sa longue carrière, terminée, selon les Marbres de Paros, la première année de la LXXXIe olympiade, en 456, à Géla[3], sa première résidence probablement, quand y régnait encore Hiéron, et qui le recueillit honorablement après la mort de ce prince et le règne rapide de son successeur au trône de Syracuse, Thrasybule, il passa dans la Sicile, soit à diverses reprises, soit continûment, un temps assez long pour que l'influence de ce séjour ait pu se faire sentir par des locutions siciliennes dans certains de ses ouvrages[4], et qu'un critique ancien[5] se soit cru en droit de l'appeler Sicilien. Ses chefs-d'œuvre, nous le savons des *Perses*[6], reparurent avec un grand éclat sur la scène de Syracuse, non toutefois sans que les applaudissements se mêlassent de quelques épigrammes, comme à Athènes, et qu'Épicharme fît écho à ses comiques[7]. Le *Prométhée*, dans lequel la description du volcan de la Sicile forme un si magnifique hors-d'œuvre[8], y fut joué, je m'imagine, avec cette addition ; et lorsque la première année de la LXXVIe [9] olympiade, en 476 avant notre ère, Hiéron fit de Catane, repeuplée par lui d'une colonie dorienne, une nouvelle ville qu'il appela du nom d'Etna, le poëte donna ce nom[10] à une tragédie, où en même temps que Pindare, dans sa première Pythique[11], il célébrait cette fondation[12]. Ce ne

---

1. *Hier.* — 2. Bayle, art. *Eschyle;* Bœckh et surtout God. Hermann, *ibid.* — 3. Plutarch., *de Exsil.* — 4. Athen., *Deipn.*, IX. — 5. Macrob., *Sat.*, V, 19.
6. *Vit. Æschyl.*; Schol. Aristoph., *Ran.*, 1060. — 7. Schol. Æschyl., *Eumenid.*, 629. — 8. *Prom.*, v. 374. — 9. Diod. Sic., XI, 49.
10. D'autres disent qu'il l'appela les *Etnéens*, ou encore les *Etnéennes*. Voyez, sur ces titres divers et sur les rares fragments de la pièce, God. Hermann (*de Æschyli Ætnæis*, 1837; *Opusc.*, 1839, t. VII, p. 315; E. A. J. Ahrens(*Æschyl. fragm.*, édit. F. Didot, 1842, p. 242 sqq.).
11. V. 58 sq., 116 sq. — 12. *Vit. Æschyl.* Cf. Macrob., *Sat.*, V, 19 ; Steph. Byzant., v. Παλική, etc.

fut pas probablement la seule qu'il écrivit en Sicile, pour ses nouveaux ou pour ses anciens concitoyens. Son exemple ne pouvait manquer d'être fécond et de produire tout un théâtre tragique. Le tombeau que lui avaient élevé les habitants de Géla, et sur lequel se lisait la belliqueuse épitaphe qu'il s'était composée lui-même, était, raconte-t-on, visité par des poëtes, qui y venaient rendre hommage au fondateur de l'art, et y faisaient jouer, en son honneur, des tragédies [1]. Or ces poëtes, si le tombeau dont il s'agit était véritablement celui de Géla, et non pas un cénotaphe à Athènes, devaient, pour la plupart, appartenir à la Sicile. Parmi les tragédies qu'y firent naître en grand nombre l'inspiration d'Eschyle et plus tard l'influence des vers récités à leurs vainqueurs par les captifs athéniens, on doit surtout mentionner les quarante-trois, ou, selon un autre calcul, les vingt-quatre composées à Agrigente, soit, du temps d'Euripide, par le grand philosophe, et, quoi qu'en aient dit Aristote [2] et Plutarque [3], le grand poëte Empédocle ; soit, un peu plus tard, par un neveu, un petit-neveu du même nom ; soit, enfin, par tous les trois successivement [4]. On sait quelle monomanie tragique mêlait, comme notre Richelieu, aux soins du gouvernement, Denys l'Ancien, ce terrible acteur que la fortune, disait Timée, avait introduit sur le théâtre de la tragédie réelle [5] le jour même où elle retirait au théâtre de la tragédie fictive son pathétique interprète Euripide [6]. Il portait, pour s'inspirer, le costume de tragédien [7], et sur les tablettes d'Eschyle, qu'il avait achetées [8] fort cher,

---

1. *Vit. Æschyl.* — 2. *Poet.*, I. — 3. *De Audiend. poet.*
4. Diog. Laert., VIII, 58; Suid., v. Ἐμπεδοκλῆς. Voyez Sturz. *Commentat. de Empedoclis vita et philosophia*; Harles ad Fabricii *Biblioth. græc.*, t. II, p. 297. Cf. W. C. Kayser, *Hist. crit. trag. græc.*, p. 15 sq.
5. Il faut entendre cela, non pas comme Plutarque, par une erreur manifeste (voyez Fr. G. Wagner, *Poet. trag. græc. fragm.*, éd. F. Didot, p. 108), du jour de naissance de Denys le Tyran, mais de son avénement à la tyrannie.
6. Plutarch., *Sympos.*, VIII, 1. — 7. Athen., *Deipn.*, XIII. — 8. Lucian., *Advers. indoct.*, XV.

ainsi que celles d'Euripide, et même que la lyre de ce dernier [1], pensant apparemment que le génie du poëte serait compris dans le marché, il écrivait, non sans l'aide, par exemple, de l'auteur tragique Antiphon [2], celui dont Aristote cite quelquefois le *Méléagre* [3], des tragédies qu'il n'était pas toujours sûr, même pour ses amis, pour ses collaborateurs, de ne pas estimer autant qu'il les estimait lui-même. Ce fut le crime sévèrement expié par la prison, par l'exil, par la mort, et du peu repentant Philoxène [4], et de Philiste, et de Leptine [5], et même, selon quelques récits [6], d'Antiphon. Ils eussent mieux pensé de ses drames, gonflés d'un vain luxe de paroles [7], et de paroles fort étranges [8], s'ils y eussent retrouvé quelque chose de l'invention originale dont fit preuve leur auteur dans la scène par laquelle il guérit le flatteur Damoclès de son admiration pour les prospérités, pour le bonheur de la tyrannie [9]. Athènes, si délicate, fut de plus facile composition que les courtisans de Denys, lorsque, après lui avoir donné, dans ses concours, le troisième et le second rang, elle couronna, la deuxième année de la CIII^e olympiade, en 367, non sans quelques réclamations de la part des poëtes comiques [10], sa tragédie de *la Rançon d'Hector* [11]. Le royal concurrent, que ce succès

---

1. *Vit. Eurip.*
2. Confondu quelquefois à tort avec l'orateur de ce nom, qui avait aussi fait des tragédies, mais était mort bien avant cette époque. Cf. Plutarch., *Vit. x, Rhet., Antiph.*
3. *Rhet*, II, I, 23.
4. Diod. Sic., XV, 6; Lucian., *Advers. indoct.*, xv; Amm. Marcell., XV, 5.
5. Diod. Sic., XV, 7.
6. Philost., *Vit. Sophist. Antiph.* Sur la confusion quelquefois faite par les anciens du poëte Antiphon avec l'orateur de ce nom, voyez Fr. G. Wagner, *Poet. trag. græc. fragm.*, éd. F. Didot, p. 105.
7. Melanthius apud Plutarch., *de Aud. poet.*
8. Voyez celles que cite et explique W. C. Kayser, *Hist. crit. trag. græc.*, p. 271 sqq. Cf. Athen., *Deipn.*, III; Hellad. apud Phot. cod. 279, p. 532. Bekk, passages rapportés par Fr. G. Wagner, *ibid.*, p. 109.
9. Cic., *Tusc.*, V, 21.
10. Voyez Meineke, *Fragm. comic. græc.*, t. I, p. 361 et suiv.
11. Diod. Sic., XV, 71, 74; Tzetzes, *Chiliad.*, V, 178-181. Cf. Clinton, *Fast. hellenic.*, p. 125.

consolait de ses digrâces aux jeux olympiques [1], le célébra par des excès qui causèrent sa mort [2], si, comme d'autres le prétendent, il ne mourut pas de sa joie, à l'exemple de Sophocle [3]. Plus tard, un de ces petits tyrans dont Timoléon délivra la Sicile, en même temps que de Denys le Jeune, le roi de Catane, Mamercus, se piqua à son tour d'exceller dans la tragédie [4]. Aucun de ses drames sans doute n'égala, pour le pathétique et la terreur, celui qu'il joua lui-même dans le théâtre de Syracuse, lorsque, tombé entre les mains des Syracusains, il plaida devant eux pour sa vie, et, désespérant de s'en faire écouter, tenta vainement, pour échapper à un supplice infamant, de se donner la mort [5]. C'est une chose singulière que l'intervention perpétuelle de la tragédie d'Athènes dans les scènes de l'histoire sicilienne. Des vers d'Euripide, je l'ai rappelé plus haut, avaient conservé la liberté et la vie à quelques-uns des malheureux soldats de Démosthène et de Nicias. Il en fut autrement quand les Corinthiens, amenés en Sicile par Timoléon, immolèrent un des plus braves généraux du parti ennemi, Euthyme, en souvenir d'un vers d'Euripide, le vingt-quatrième de la *Médée*, que, dans une harangue aux Léontins, il leur avait malignement appliqué [6].

1. Diod. Sic., XIV, 109 ; XV, 7. Cf. Schol. ad Aristot *Rhet*. III, 2, 11.
2. Diod. Sic., XV, 74. — 3. Diod. Sic., XIII, 103 ; Plin., *Hist nat.*, VII, 54. Cf. Val. Max., IX, 12.
4. Plutarch., *Vit. Timol.*, xxxi. — 5. *Ibid.*, xxxiii.
6. *Ibid.*, xxxvii. Parmi les tragiques siciliens, on doit citer un homonyme d'Achæus d'Érétrie : il était de Syracuse (Suid., v. Ἀχαιός) et florissait, pense-t-on, vers la fin du IVe siècle. C'est à tort que, d'après Suidas, on distingue d'un Carcinus d'Athènes, qui passa quelque temps près de Denys le Jeune (Diog. Laert., II, 7), et dont Diodore de Sicile (V, 5) cite des vers sur le mythe de Cérès, que ce séjour paraît avoir inspirés (nous parlerons bientôt de ce poëte), un Carcinus d'Agrigente. (Voyez Fabric., *Bibliothec. græc.*, t. II, p. 290, Harles. Cf. Meineke, *Fragm. comic. græc.*, t. I, p. 506 sqq.) Peut-être faut-il faire remonter cette dernière qualification à un autre poëte tragique du nom de Carcinus, grand-père de celui qui a le plus illustré ce nom, soit qu'il fût originaire d'Agrigente, comme l'a pensé M. Welcker et après lui M. Wagner (*Poet. trag. græc. fragm.*, édit. Didot, p. 81) ; soit, selon le sentiment de M. Kayser (*Hist. crit. trag. græc.*, p. 98), qu'appelé comme d'autres poëtes en Sicile par Denys le Tyran il se fût, après sa mort, retiré à Agrigente.

C'est assez longtemps après la Sicile, que la Macédoine, tenue jusque-là pour barbare par les Grecs et restée en dehors de leur littérature aussi bien que de leurs affaires, connut enfin les plaisirs du théâtre. Elle dut seulement à son roi Archélaüs, dont Thucydide a vanté l'administration[1], outre des jeux institués sur le modèle de ceux d'Olympie, la première institution de jeux scéniques qui devaient, comme les Dionysiaques d'Athènes, revenir tous les ans et durer neuf jours, en l'honneur des neuf Muses[2]. Euripide, qu'Archélaüs avait su enlever à l'oublieuse et négligente Athènes, de même qu'autrefois Hiéron lui avait enlevé Eschyle, put présider à la représentation de ses ouvrages sur la scène macédonienne, et, outre son *Chrysippe*[3], écrivit pour elle ses *Téménides*, son *Archélaüs*[4], les uns pris dans la fabuleuse histoire des descendants d'Hercule, ancêtres de Caranus, le fondateur du royaume de Macédoine, l'autre qui de plus reproduisait dans son titre le nom du roi régnant[5]. Ainsi fit très-probablement Agathon, qui se rencontra avec Euripide et lui succéda à cette cour littéraire d'Archélaüs. Qui sait même si le scandaleux ami d'Agathon, qui fut de ce voyage, comme semble l'attester, avec d'autres témoignages plus évidents, ce titre d'une comédie de Strattis : *Les Macédoniens ou Pausanias*, ne composa pas lui-même en Macédoine les tragédies qu'on lui attribue[6] ? Depuis, la tragédie athénienne, sinon toujours avec ses poëtes, du moins avec ses acteurs, ne cessa d'avoir sa place dans les divertissements publics de la Macédoine, dans les fêtes données par ses rois, et elle se trouva quelquefois mêlée, bien

---

1. *Hist.*, II, 100.
2. Diod. Sic., XV I, 16.
3. Ælian., *Var. hist.*, II, 21.
4. *Vit. Eurip.*
5. Sur les *Téménides*, voyez Hartung, *Eurip. restitut.*, t. II, p. 39 sqq.; Fr. G. Wagner, *Eurip. perdit. fabul. fragm.*, éd. F. Didot, p. 793 sqq.; sur l'*Archélaüs*, les mêmes, *ibid.*, t. II, p. 558 sqq.; *ibid.*, p. 673 sqq.
6. Voyez Meneke, *Fragm. comic. græc.*, t. I, p. 231. Cf. Fr. G. Wagner, *Poet. trag. græc. fragm.*, éd. F. Didot, p. 54.

dramatiquement, à leur histoire. Elle amusait Philippe au moment où il reçut la nouvelle de la prise d'Olynthe [1]. Lorsque en 536 cet heureux vainqueur des Grecs, devenu leur généralissime, célébrait par avance si magnifiquement, si orgueilleusement, la conquête de la Perse, à laquelle il pensait devoir bientôt les conduire, et en même temps les noces de sa fille Cléopâtre, la tragédie athénienne, conviée à ses fêtes, lui donna involontairement, et sans être comprise, par la voix d'un de ses plus illustres interprètes, le grand tragédien Néoptolème, un sinistre avertissement de sa fin prochaine. Prié par Philippe, à la fin d'un banquet somptueux, prélude des solennités qui allaient s'ouvrir, de faire entendre des vers qui pussent s'appliquer à la circonstance et répondre aux pensées du moment, Néoptolème en récita de bien conformes, en apparence, aux intentions du monarque, mais dont l'application fut détournée le lendemain même, par un événement inattendu, de la fortune du roi de Perse, qu'ils semblaient menacer, à celle du roi de Macédoine.

« Votre orgueilleuse pensée plane en ce moment au plus haut du ciel et sur les vastes et fertiles plaines de la terre. Vous ne songez qu'à entasser maisons sur maisons, reculant toujours follement la borne de votre vie, et voilà que, cachant dans les ténèbres sa course rapide, arrive, sans être vu, auprès de vous, pour ravir vos longues espérances, le triste dieu de la mort [2]. »

Le sens prophétique de ces paroles, assez semblables à l'apostrophe dont, chez Homère [3], le devin Théoclymène trouble le festin joyeux des amants de Pénélope, échappa à l'enivrement de Philippe et de ses convives : elles devaient bientôt s'expliquer, comme sans doute dans la tragédie à laquelle on les avait empruntées, par une catastrophe imprévue et terrible. Le lendemain, au point du

---

1. Æsch. Demosth., *de Falsa legat*. Cf. Diod. Sic., XVI, 55.
2. Voyez, sur la disposition métrique de ces vers, God. Hermann (*De trag. comœdiaque lyrica; Opusc*., t. VII, p. 235).
3. *Odyss.*, XX, 350 sqq.

jour, le peuple était déjà rassemblé au théâtre où Néoptolème allait représenter devant le roi une tragédie dont le sujet seul indique, pour le dire en passant, quels progrès avait faits, depuis la passion incestueuse et adultère de Phèdre, tant reprochée à Euripide, la licence dramatique ; cette tragédie portait le nom de *Cinyras*, le père de Myrrha[1] ! Elle devait, bien des années après, les anciens eux-mêmes ont fait ce rapprochement, servir de programme à la pantomime jouée par le célèbre acteur Mnester, devant Caligula, le jour où cet empereur trouva la mort au théâtre[2], comme avant lui Philippe. Tout le monde était dans l'attente ; une pompe religieuse s'avance et découvre successivement aux regards les images travaillées par les plus habiles artistes, et magnifiquement parées, des douze grands dieux, puis une treizième, celle du roi lui-même, bientôt placée comme les autres sur un trône, au sein du céleste conseil. Enfin se montre l'objet de cette apothéose, Philippe, vêtu de blanc ; et tandis que, loin de ses gardes dont il ne s'est pas fait suivre, voulant paraître gardé par le seul amour des Grecs, il prête avidement l'oreille aux acclamations qui éclatent de toutes parts autour de ce mortel heureux, il tombe frappé d'un coup subit sous le poignard de Pausanias[3]. On demandait à Néoptolème laquelle il admirait le plus des tragédies d'Eschyle, de Sophocle et d'Euripide : « Je n'en admire plus aucune, » répondit-il. Il avait vu, sur une scène plus haute que la leur, la tragédie de la mort de Philippe[4]. La Macédoine, dont le théâtre, drames, poètes, acteurs, était tout athénien, n'en a pas, que je sache, produit d'autre ; elle n'augmentera pas d'un seul nom notre liste d'auteurs tragiques étrangers à Athènes. La Thrace du moins lui en fournira un, sauvé, il est vrai, par le ridicule, celui d'Acestor, qui prétendait fort aux grâces de l'atticisme, et à qui les comiques[5], et particu-

---

1. Joseph., *Antiq. Jud.*, XIX, 1. — 2. Suet., *Calig.*, LVII. 3. Diod. Sic., XVI, 92, 93. Cf. Justin., *Hist.*, IX, 6. — 4. Clitomach. apud Stob. — 5. Voyez Meineke, *Fragm. comic. græc.*, t. II, p. 739.

lièrement Aristophane[1], avaient soin de rappeler qu'il était du pays des Saces.

Je ne sais si, dans la Grande-Grèce, dans ses villes où la philosophie était si subtile, les mœurs si énervées et si molles, le goût des plaisirs si vif, le théâtre si suivi ; où la comédie, mais non pas probablement la plus relevée, occupait tant les esprits, où Rhinton devait bientôt créer le genre, imité et continué par Plaute, à ce qu'on croit, dans son Amphitryon, de l'*hilarotragédie*, la tragédie elle-même obtint jamais grande faveur. On ne le peut guère conclure du vague souvenir qui a transmis jusqu'à nous le nom resté bien obscur d'un certain Patrocle de Thurium, auteur comme tant d'autres, dans tous les lieux où se parlait le grec, de tragédies[2] : celui d'Archias, tragédien, qui forma le célèbre Polus[3], et était également de Thurium, prouverait davantage.

Homère, faisant le dénombrement de l'armée des Grecs, disait qu'il ne pouvait retenir ni répéter tous les noms. Comme lui, laissons là cette multitude presque anonyme qui échappe au souvenir et fatigue l'attention. Arrêtons-nous aux chefs peu nombreux que, dans leurs classifications, leur ont donnés les grammairiens d'Alexandrie[4], à Ion, Achæus, Agathon, selon eux les premiers de tous, après, mais bien après sans doute, les trois grands maîtres de la scène tragique d'Athènes. Longin[5] l'a dit d'Ion, dont il place la médiocrité soutenue fort au-dessous du sublime, quelquefois inégal, d'un Sophocle; dont tous les ouvrages, pris ensemble, ne valent pas à ses yeux, avec les grâces discrètes, l'élégance, l'agrément qu'il leur reconnaît, le seul *Œdipe roi !*

Ion connut Eschyle[6], et, comme Achæus et Agathon, un peu plus récents que lui, fut contemporain de Sophocle et d'Euripide[7]. A dater de la deuxième année de

---

1. *Av.*, 31, schol. Cf. *Vesp.*, 1246.
2. Clem. Alex., *Protrept.* — 3. Plutarch., *Vit. Demosth.*, XXVII. — 4. Schol. Hephæst., etc. Voyez Fabric., *Bibl. græc.*, t. II, p. 318, Harl. — 5. *Subl.*, XXVII. — 6. Plutarch., *Vit. Pericl.; de Profect. virtut.; de Audiend. poet.*
7. Suid., vv. Ἴων, Ἀχαιός, Ἀγάθων.

la LXXXIIᵉ olympiade, c'est-à-dire de 451, il s'illustra par des tragédies, sur le nombre desquelles on varie, au théâtre d'Athènes[1] ; mais il était de Chio[2]. Athénée[3] et Suidas[4] rapportent qu'après un de ses succès dramatiques, il fit distribuer à tous les Athéniens, soit des vases de terre fabriqués dans son île natale[5], soit, ce qui semble plus vraisemblable, une certaine mesure du vin célèbre qu'on y recueillait[6]. Nous savons par lui-même, grâce aux extraits que nous a transmis Athénée[7] d'un de ses ouvrages en prose[8], qu'il y soupa avec Sophocle, devenu, comme son devancier Phrynichus[9], par son mérite littéraire, général des Athéniens, lors de son expédition de Samos, et nous lui devons de nous avoir montré le collègue de Périclès et l'auteur d'*Antigone*, alors âgé de cinquante-cinq ans (c'était en 440, la première année de la LXXXVᵉ olympiade[10]), dans des scènes plus que familières, où ce divin génie, fort ami de la joie, comme l'historien de ce souper, s'humanisait sans trop de retenue.

Pour Achæus, quelquefois confondu avec un tragique syracusain du même nom, il était d'Érétrie. On place sa

1 Suid., *ibid.*; schol. Aristoph., *Pax*, 835; Clinton, *Fast. hellenic.*, p. 51. On a les titres et quelques fragments de douze, recueillis par Bentley, *Epist. ad Jo. Mill.*
2. Strab., XIV; Athen., *Deipn.*, I; Diog. Laert., I, II, 7; II, v, 7; VIII, 1, 5; Suid., v. Ἴων, etc.
3. *Deipn.*, I. — 4. Suid., v. Ἀθήναιος.
5. C'est le sentiment de Barthélemy, *Anacharsis*, chap. LXIX.
6. Bentley, *Opusc.*, p. 494, entend ainsi les mots grecs qu'on lit dans les passages allégués d'Athénée et de Suidas Χῖον κεράμιον, et cette interprétation s'accorde avec la manière dont le scoliaste d'Aristophane, *Pax*, 835, rapporte le même fait : φασὶ.... Χῖον οἶνον πέμψαι....
7. *Deipn.*, XIII. Cf. Val. Max., IV, III, 1.
8. Celui peut-être auquel Plutarque emprunte quelques détails, *Vit. Cim.*, IX, XVI; *Vit. Pericl.*, v, XXVIII.
9. Ælian., *Var. hist.*, III, 8. Bentley, *Respons. ad C. Boyl.*, XI, conteste l'anecdote et croit qu'Élien a confondu avec le poëte tragique Phrynichus un général du même nom et d'une époque postérieure (Thucydide, VIII, raconte sa mort arrivée la deuxième année de la XCIIᵉ olympiade), qu'en distingue quelque part le scoliaste d'Aristophane.
10. *Vit. Sophocl.*; Arg. *Antig.*; Strab., XIV. Cf. Clinton, *Fast. hellenic.*, p. 59.

naissance l'année même de la première victoire d'Eschyle, la première de la LXXIVe olympiade, en 484[1], et on le fait fleurir quatre ans après Ion, vers la deuxième année de la LXXXIIIe olympiade, en 447. Auteur de tragédies dont le nombre est aussi fort diversement rapporté, il ne fut qu'une fois honoré du prix[2]; mais ce sont ses drames satyriques, souvent cités, entre autres par Athénée[3], qui l'ont surtout illustré[4].

On peut le croire, les trois tragédies que nous avons décrites, et dont la succession compose l'histoire complète de l'art chez les Grecs, les deux dernières surtout, retrouvèrent tour à tour, dans chacun des tragiques de second ordre, classés par les Alexandrins, une expression nouvelle. Agathon d'Athènes, qui y remporta le prix de la tragédie, la première année de la XCIe olympiade[5], en 416, au plus fort des succès d'Euripide, eut les défauts de son illustre contemporain, et, comme il était naturel, y ajouta. Aristote, recommandant[6] ce qu'Horace[7] semble avoir prescrit d'après lui, que le chœur tienne à la pièce, y ait son rôle, en soit un des acteurs, ajoute : « comme chez Sophocle, et non comme chez Euripide; » puis il accuse Agathon, qu'il cite au reste souvent et honorablement[8], d'avoir donné le fâcheux exemple de chœurs sans rapport aucun avec le sujet, s'y ajoutant arbitrairement, capricieusement, comme des espèces d'intermèdes. Ailleurs[9], il lui reproche d'avoir altéré l'unité du drame par l'introduction de trop nombreux épisodes, plus, apparemment, qu'Euripide, dont il ne parle pas, et que sans cela il eût dû citer; car cette nouveauté dangereuse venait originairement de lui. Agathon a certainement, par la mollesse, la recherche, l'afféterie de sa pensée et de son langage, modelés sur les exemples de Gorgias, par

---

1. *Marm. Par.* Suid., v. Ἀχαιός. Cf. Clinton, *Fast. hellenic.*, p. 29, 55.
2. Suid., *ibid.* — 3. *Deipn.*, IV, VI, X, XI, XIV. Cf. Casaub., *de Poes. satyr.*, I, 5. — 4. Diog. Laert., II, 133.
5. Athen., *Deipn.*, V. Cf. Clinton, *Fast. hellenic.*, p. 79. — 6. *Poet.*, XVIII.
7. *Ad Pison.*, v. 193. — 8. *Poet.*, XV, XVII. — 9. *Poet.*, XVIII.

le goût de l'antithèse et d'autres agréments auxquels il tenait beaucoup, et qui, de son aveu, étaient tout Agathon[1], précipité la décadence du style tragique, commencée en quelque chose par Euripide. Aristophane nous le fait comprendre, lorsque, avec cette exagération bouffonne qui chez lui cache un sens si délicat et si juste, il le représente « gazouillant une marche de fourmis[2] ». Sans le témoignage d'Aristote, la postérité aurait pu douter si ses pièces, celle surtout qu'il a intitulée la Fleur, Ἄνθος[3], pièce toute d'invention, sujet et personnages, étaient bien précisément des tragédies; si ce n'étaient pas plutôt des ouvrages de caractère indécis, dans lesquels, plus encore que dans ceux d'Euripide, se marquait le passage de l'art vers cette forme encore inconnue, qui devait bientôt venger et Euripide et Agathon des épigrammes d'Aristophane, en remplaçant l'ancienne comédie par la nouvelle[4].

La critique, en accusant ce poëte d'avoir consommé la ruine de l'art tragique, craint de se montrer bien sévère; elle se sent comme désarmée par ces grâces trop séduc-

---

[1]. Ælian., *Var. hist.*, XIV, 13; Plutarch., *Sympos.*, III, 1; Philostrat., *Vit. Sophist.*; Athen., *Deipn.*, V. Athénée cite du *Télèphe* d'Agathon certain passage bien étrange. Un personnage, qui sans doute ne sait pas lire, y décrit, lettre par lettre, le nom de Thésée, ΘΗΣΕΥΣ : « Parmi ces caractères, on voyait d'abord un cercle avec un trait au milieu; venaient ensuite deux lignes accouplées; la troisième figure ressemblait à un arc de Scythie; puis c'était un trident obliquement placé; ensuite deux lignes se réunissaient au sommet d'une troisième; enfin, la troisième revenait à la dernière place.... » Les sentences que cite d'Agathon Aristote (*Ethic. Eudem.*, III, 1; V, 1, 4), bien que sous cette forme antithétique qu'il affectionnait, lui font plus d'honneur que ce puéril jeu d'esprit, dont au reste Euripide (Athen., *Deipn.*, *ibid.*; *Thes.*, fragm. V) lui avait donné le modèle, et que renouvela après lui Théodecte (Athen., *Deipn.*, *ibid.*). Achæus aussi avait montré sur la scène des satyres qui épelaient le nom de Bacchus (Athen., *Deipn.*, XI), mais c'était dans un drame satyrique.

[2]. *Thesmoph.*, v. 99. Cf. Suid., v. Μύρμηξ. Dans la même comédie d'Aristophane, v. 52 et suiv., l'esclave d'Agathon décrit très-plaisamment les peines que se donne son maître en quête des petites grâces de sa poésie.

[3]. Aristot., *Poet.*, IX.

[4]. Quelques auteurs, dont Bayle, article *Agathon*, le donnent pour poëte comique aussi bien que poëte tragique, d'après des textes où il semble ainsi désigné. Voyez Schol. Aristoph., *Ran.*, 83; Philostrat., *Vit. Sophist.*, 1.

trices du corps[1], ces agréments de l'esprit, qui brillaient en lui d'un si doux éclat le lendemain du jour où les suffrages de trente mille Grecs avaient accueilli au théâtre ses premiers vers et sa voix[2]; elle le revoit toujours célébrant sa victoire avec ses amis, et quels amis! par les aimables et ingénieux entretiens de ce banquet fameux, où parlait Socrate, et que Platon, bien jeune alors (on était dans la quatrième année de la cx⁰ olympiade, en 417, et il n'avait que quatorze ans), devait un jour raconter[3].

Agathon passa bientôt de là « au banquet des bienheureux, » comme a dit Aristophane dans ses *Grenouilles*[4], parlant soit de sa mort[5], soit encore, le scoliaste du poëte comique donne cette seconde interprétation qui paraît la véritable[6], de sa retraite à la cour d'Archélaüs[7]. Il y avait trouvé[8], et probablement vu mourir[9], en 406, Euripide, auquel ne survécut que quelques mois son illustre rival, Sophocle, mort en 405[10]. Ces grandes pertes que la tragédie venait de faire coup sur coup, inspirèrent, cette année même, la comédie. Le comique Phrynichus, dans une pièce qui obtint un second prix[11], et dont le titre était les *Muses*, fit, à ce qu'on croit[12], comparaître devant leur tribunal, pour s'y disputer le premier rang, Euripide et Sophocle, et il y rendit à la vie si longue, si illustre, si prospère de ce dernier, un éloquent hommage qui s'est en partie conservé[13]. Une pièce d'Aristophane, moins heureuse, puisqu'elle ne fut point couronnée, plus heureuse en même temps, puisqu'elle devait

---

1. Plat., *Protagor.*; Lucian., *Rhetor. præcept.*, II; Ælian., *Var. hist.*, II, 21; XIII, 4. Cf. Athen., *Deipn.*, V, etc. — 2. Plat., *Sympos.* Cf. Suid., vv. Χορικός, Μύρμηξ. — 3. Athen., *Deipn.*, V. — 4. *Ran.*, v. 85.

5. Ainsi l'entend Bayle, entre autres, article *Agathon*.

6. M. W. C. Kayser s'y range, par des raisons fort plausibles, dans le chapitre étendu qu'il a consacré au poëte tragique Agathon, *Hist. crit. trag. græc.*, p. 141-176. Voyez particulièrement p. 144 sqq.

7. Ælian., *Var. hist.*, II, 21; V, 13. — 8. *Id., ibid.*, XIII, 4.

9. Apollod. ap. Diod. Sic., XIII, 103, etc. Voyez Clinton, *Fast. hellenic.*, p. 87. — 10. *Id., ibid.* Cf. Bœckh, *Græc. trag. princip.*, XVI. — 11. Argum. *Ran.* — 12. Meineke, *Quæst. scenic.*, II, p. 10; *Fragm. comic. græc.*, t. I, p. 157; t. II, p. 592. — 13. Arg. tert. *Œdip. Col.*

survivre à sa défaite et arriver à la postérité, la comédie des *Grenouilles* offrit, on le sait, sous une forme toute pareille, un sujet à peu près semblable : c'était encore le procès d'Euripide, non plus contre Sophocle, mis, en raison de sa supériorité, hors de cause, mais contre Eschyle[1], objet constant des louanges de l'ancienne comédie, qui se servait de sa vieille gloire pour attaquer des gloires plus récentes ; Eschyle, que déjà un des prédécesseurs d'Aristophane, Phérécrate, avait évoqué des enfers, et fait magnifiquement parler de lui-même[2]. Dans les *Grenouilles*, cette histoire à la fois si bouffonne et si vraie de la tragédie grecque, Aristophane cherchait en vain, parmi les tragiques encore vivants, encore présents à Athènes, récemment quittée par Agathon, quel serait le successeur des grands poëtes, perdus désormais pour le théâtre. Déjà, à une époque que de savants critiques[3] font partir de la LXXXIX° olympiade, c'est-à-dire de l'an 420, la fureur toujours croissante des Athéniens pour la tragédie avait précipité vers ce genre la multitude de jeunes et aventureux discoureurs[4] dont Aristophane compare le babil tragique au gazouillement d'une volée d'hirondelles[5] ; elle avait amené, pour la versification et le style particulièrement, une négligence à laquelle parti-

---

1. Aristophane les avait déjà opposés l'un à l'autre dans une espèce de querelle des anciens et des modernes, engagée entre deux de ses plus comiques personnages, Strepsiade et son fils Phidippide. Voyez *Nub.*, 1347 sqq.
2. Schol. Aristoph., *Pax*, 748. Cf. Meineke, *Fragm. comic. græc.*, t. I, p. 85 ; t. II, p. 289.
3. God. Hermann, *Element. doct. metric.*, p. 88, 125 ; *Opusc.*, t. III, p. 148, 273, 287, etc. ; Bœckh, *Græc. trag. princip.*, XX, p. 260.
4. Ce que nous savons des débuts assez hâtifs de quelques-uns des meilleurs tragiques d'Athènes, et l'expression dont se sert Aristophane en parlant de la jeunesse de leurs successeurs, μειρακύλλια, donnent à penser qu'un auteur de tragédies n'était pas obligé d'attendre, pour se produire, l'âge de trente ou de quarante ans, exigé de celui qui entrait dans la carrière, regardée sans doute comme plus politique, de la comédie. Voyez Schol. Aristoph., *Nub.*, 530, et ce que disent à ce sujet, principalement Clinton, *Fast. hellenic.*, prœm., p. LIX ; Meineke, *Fragm. comic. græc.*, t. I, p. 104, etc.
5. *Ran.*, 93.

cipèrent même, dans quelques-uns de leurs derniers ouvrages, Sophocle et beaucoup plus Euripide. Eux morts et Agathon parti, qui pouvait arrêter l'art sur cette pente où l'entraînaient vers le métier l'ambition indiscrète, la facilité expéditive et routinière de tant de poëtes, sans vocation et sans conscience, fort épris des couronnes dionysiaques, mais indignes d'y prétendre et incapables de les mériter? Aucun de ceux, assurément, dont nous avons emprunté la longue liste à Aristophane, et que, par une autre comparaison, fort convenable au personnage qu'il fait parler, le dieu de la tragédie qui était aussi le dieu du vin, il appelle des grappillons oubliés dans la vigne tragique[1]. Les hommes manquaient et plus encore les choses : la tragédie avait fait son temps. Cette mythologie, sur laquelle elle vivait depuis plus d'un siècle, avait été enfin épuisée par tant d'écrivains empressés de reproduire incessamment les mêmes sujets dans des drames qui se comptaient par centaines : en outre, une infatigable parodie tendait depuis bien des années à la chasser du théâtre, comme une audacieuse philosophie à l'exiler du monde réel. L'histoire à laquelle la tragédie avait par exception touché deux ou trois fois[2] eût pu renouveler heureusement les tableaux de la scène : mais Athènes, abaissée plus encore par elle-même que par la fortune, ne suffisait plus à une tâche trop forte pour son patriotisme expirant, et que lui eussent d'ailleurs prudemment interdite les ombrages de tant de tyrannies diverses, aristocratiques et démocratiques, lacédémoniennes et macé-

---

1. *Ran.*, 92.
2. Dans les *Phéniciennes* de Phrynichus, dans les *Perses* d'Eschyle, on l'a vu plus haut; dans le *Mausole* de Théodecte, on le verra plus loin, p. 102; peut-être dans le *Thémistocle* de Moschion, où Meineke (*Fragm. comic. græc.*, t. I, p. 522), et Fr. G. Wagner (*Poet. trag. græc. fragm.*, éd. Didot, p. 138) voient avec vraisemblance, comme depuis W. C. Kayser (*Hist. crit. trag. græc.*, p. 94 sqq.), une tragédie. Meineke (*ibid.*, p. 424) attribue un autre *Thémistocle* dont a parlé Suidas comme d'une comédie de Philiscus, à un poëte tragique du même nom. Enfin il croit, avec Niebuhr, que les Κασσανδρεῖς, comptés par Suidas parmi les tragédies de Lycophron, avaient un sujet historique.

doniennes, qui se la disputaient. Quand le génie et l'ascendant de Philippe et d'Alexandre, triomphant de tant de libertés qui ne pouvaient vivre en paix sur le même sol, eurent violemment ramené à l'unité grecque, pour les employer à la conquête de l'Orient, toutes ces républiques turbulentes et insociables, Athènes, par trop pacifiée, n'eut plus de goût que pour les élégants désordres d'une vie toute sensuelle et les ingénieuses comédies, où en riaient, sans les corriger, les Antiphane et les Alexis, les Diphile, les Philémon, les Ménandre.

Jusque-là et même après, la tragédie, tout épuisée, toute déchue qu'elle était, ne laissa pas que d'exister : elle trouva encore, ce qui manqua plus tôt à la comédie, mais dont celle-ci pouvait plus facilement se passer, des chorèges pour faire les frais de ses chœurs ; elle ne manqua jamais de poëtes pour défrayer d'ouvrages nouveaux les représentations solennelles de son principal théâtre, le théâtre de Bacchus, et de tous ceux qu'il avait suscités, dans ce que nous pourrions appeler la *banlieue* et la *province* d'Athènes, dans toutes les villes grecques, dans la Macédoine, dans la Sicile, dans la Grande-Grèce et les îles.

Il serait infini et fastidieux de reproduire ici tous les catalogues, du reste bien peu d'accord entre eux, bien peu dignes de foi, qui nous sont parvenus des innombrables drames fournis sans relâche, des victoires dramatiques incessamment remportées par les tragiques du IVe siècle, faibles et maintenant obscurs successeurs des maîtres du Ve. Bornons-nous à indiquer, autant que la chose est possible en l'absence de tout monument, l'esprit général de leurs œuvres, et pour cela, mettons principalement à profit les témoignages précieux d'un grave contemporain, qui, ne traitant que des principes de l'art, a, sans dessein, retracé quelques traits de son histoire à l'époque où il écrivait.

Aristote nous apprend, par exemple, que la tragédie, au lieu de se rajeunir, comme il eût été naturel, en cherchant de nouveaux sujets, soit dans l'histoire, nous le disions tout à l'heure, soit dans les traditions les moins usées, les moins rebattues de la mythologie, ne s'occupait plus, au contraire, que d'un petit nombre de familles, tragiques par excellence, il est vrai, mais dont il eût peut-être été temps de laisser en paix la mémoire trop célébrée, celles des Alcméon, des Œdipe, des Oreste, des Méléagre, des Thyeste, des Télèphe [1]. Comment ramener encore sur la scène des personnages qu'on y avait vus tant de fois, sans rencontrer la trace des chefs-d'œuvre, ou, si on voulait l'éviter, sans s'égarer dans de fausses voies? Aussi les tragédies nouvelles, comme on les appelait, quand elles n'étaient point un remaniement servile d'ouvrages connus, n'offraient-elles que l'exagération indiscrète de quelques nouveautés dangereuses, autorisées, nous l'avons vu, par de grands exemples. On multipliait les intermèdes, les épisodes, sans trop se soucier de l'antique unité [2] ; on cherchait le succès dans l'intérêt seul de l'action, et non plus, comme autrefois, dans la peinture des mœurs [3]. Le haut style d'Eschyle et de Sophocle qu'Euripide déjà, avec un art, un bonheur qu'a justement vantés Longin [4], s'était appliqué, en quelque sorte, à humaniser par un mélange d'expressions empruntées aux plus pures et aux plus élégantes de l'usage ordinaire [5]; qu'à la même époque un poëte, certes moins habile, Sthénélus, un autre, Cléophon, nommé avec lui par Aristote [6], et probablement son contemporain, ou peu s'en faut, avaient réduit au mérite assez humble de la propriété, de la clarté, ce haut style, ainsi abaissé, descendait de plus en plus vers la prose [7]. L'idéal, longtemps chassé des choses mêmes par le réel, l'était maintenant des mots, son dernier retranchement. Ces drames, dont la complication, le mouvement, probablement aussi le spectacle, plaisaient à la foule, ces drames sans mœurs et sans poésie, sortes de livrets auxquels la représentation

---

1. *Poet.*, XIII. — 2. *Ibid.*, XVIII. — 3. *Ibid.*, VI. — 4. *Subl.*, XV, XXXIX. — 5. Aristot., *Rhet.*, III, 2. — 6. *Poet.*, XXII. Cf. *Ibid.*, III. — 7. Id., *Rhet.*, III, I.

devait donner la vie, étaient du goût des comédiens, qui par leur jeu en devenaient comme les poëtes. C'était pour eux, à leur goût, à leur fantaisie [1], qu'on les faisait ; c'étaient eux qui les commandaient en quelque sorte [2] ; à eux appartenait désormais, et c'est là partout le dernier terme de la décadence du théâtre, le premier rôle dans l'œuvre dramatique [3].

Sans doute il y eut à cette époque des tragiques qui ne manquaient pas de mérite. On doit le croire de ceux auxquels Aristote a fait l'honneur de les citer, non pas seulement en compagnie d'Agathon, mais d'Euripide, mais de Sophocle, mais d'Eschyle.

Tel est parmi les plus anciens Chérémon, qu'Aristote traite comme un bon poëte, en dépit du mélange indiscret des mètres qu'il lui reproche [4], de l'exactitude, digne de la prose, et convenable aux ouvrages écrits seulement pour la lecture, dont il le loue [5]; Chérémon, rangé quelquefois à tort parmi les comiques [6], mais appelé tragique, entre autres par Théophraste [7], et à qui feraient seuls donner ce nom le caractère de ses fragments, et les titres de ses ouvrages [8].

Tel est un Carcinus, qu'il a fallu aussi retirer de la liste des poëtes comiques, où on l'avait porté à tort [9]; qu'on a dû distinguer [10], malgré de graves autorités [11], du

---

1. Aristot., *Poet.*, IX. — 2. Id., *Rhet.*, III, 12. — 3. Id., *ibid.*, III, I.
4. *Poet.*, I, XXIV.
5. *Rhet.*, III, 12. Sur les interprétations diverses auxquelles a prêté ce passage, voyez en dernier lieu Fr. G. Wagner, *Poet. trag. græc. fragm.*, éd. Didot, p. 122, 123; W. C. Kayser, *Hist. crit. trag. græc.*, p. 215 sqq.; 221 sq.
6. Voyez à ce sujet Meineke, *Fragm. comic. græc.*, t. I, p. 517 sqq.
7. Athen., *Deipn.*, XIII.
8. Voyez-en la liste chez Suidas, dans le recueil de M. Wagner, p. 122 sqq., et dans le chapitre consacré à Chérémon par M. Kayser, p. 211 sqq. Il n'y est pas question du passage cité par Aristote, *Rhet.*, II, 23, et qu'il faut sans doute, puisqu'on y parle de Penthée et de son nom de mauvais augure, rapporter au Διόνυσος.
9. Meineke, *ibid.*, t. I, p. 505-517. — 10. Id., *ibid.*; Bœttiger, *de Med. Euripid. cum priscæ artis operibus comparata*, Weimar, 1802, 1803; *Opusc.*, p. 371. — 11. Bentley, *Dissert. ad Phalarid.*, p. 278; Schweighæuser, ad Athen., t. I, p. 178, etc.

Carcinus tant bafoué, avec son fils Xénoclès, comme lui poëte tragique, avec ses deux ou trois autres fils choristes et danseurs du théâtre tragique, par Aristophane et les comiques du temps; qui peut-être, s'il faut se fier à l'arbre généalogique où l'on a savamment cherché à rendre plus claire la filiation de cette race si pleine aujourd'hui d'obscurité[1], doit y être rattaché comme petit-fils de Carcinus, comme fils de Xénoclès, et qui vient encore par lui-même, par son fils également nommé Xénoclès, et fidèle à la constante vocation de la famille, l'augmenter d'un troisième et quatrième rameau tragique : poëte d'une fécondité aussi grande que fut sans doute sa longévité; qui put, dit-on[2], composer cent soixante pièces, dont plusieurs[3] lui valurent des victoires rappelées par Plutarque, à côté de celles d'Eschyle et de Sophocle[4]; dont quelques-unes aussi furent moins heureuses : car Aristote, qui va chercher des exemples dans son *Thyeste*, dans sa *Médée*, dans son *Œdipe*, etc.[5], et par cela seul en atteste le succès et la réputation, raconte et explique aussi la chute, que peut-être il avait vue, de son *Amphiaraüs*[6].

Tel est Astydamas, plus encore que Carcinus, de souche tragique, qui, par Morsimus son père, par son grand-père Philoclès, neveu d'Eschyle, remontait, nous l'avons déjà dit plus haut, jusqu'au créateur de la tragédie, et transmit l'exercice de son art à ses deux fils, à un second Astydamas, avec lequel on a fort bien pu le confondre, à un second Philoclès[7]. Il est difficile de croire aux deux cent quarante pièces qu'à partir de son début dramatique, la troisième année de la xcv[e] olympiade[8], lui attribue généreusement Suidas[9]. L'imagination est moins effrayée des

---

1. Meineke, *Fragm. comic. græc.*, t. I, p. 516; Fr. G. Wagner, *Poet. trag. græc. fragm.*, éd. Didot, p. 81. — 2. Suid., v. Καρκίνος. — 3. Suidas, *ibid.*, dit une seule. — 4. *De Glor. Athen.*, VII. — 5. *Poet.*, XVI; *Rhet.*, II, 23; III, 16; *Ethic. ad Nicomach.*, VII, 1, 8. — 6. *Poet.*, XVII. — 7. Sur ce second Philoclès, voyez la page 69.

8. Diod. Sic., XIV, 43; *Marm. Par.*, n° 68. Cf. Clinton, *Fast. hellenic.*, p. 99.

9. Peut-être a-t-on réuni dans un même total les pièces du père et du fils.

quinze victoires qu'il remporta, selon le même auteur, et dont une, due à son *Hector*, est notée par Plutarque dans le même passage, où il parle si favorablement de celles de Carcinus[1]. Le succès de son *Parthénopée* dut être fort éclatant; il lui valut ce qu'Eschyle lui-même ne devait obtenir, avec Sophocle et Euripide, qu'un peu plus tard, sur la proposition de l'orateur Lycurgue[2], une statue au théâtre. Il lui coûta davantage. Le poëte avait osé dire de lui-même, dans des vers gravés au-dessous de sa statue :

« Que n'ai je vécu de leur temps, ou que n'ont-ils vécu du mien, ces hommes qui passent pour les premiers par le charme de la parole! J'aurais certes été jugé leur égal. Plus heureux que moi, ils échappent, par leur ancienneté, à la poursuite de l'envie. »

Les Athéniens, justement choqués, firent effacer l'orgueilleuse inscription, non sans avoir préalablement condamné l'auteur à une amende. Un monument moins anonyme, et peut-être plus durable[3], ce fut l'expression proverbiale, « se louer comme Astydamas[4] ». Ce poëte si fécond, si heureux et si vain, n'a guère conservé, auprès de la postérité, qu'un seul titre de gloire, la courte mention faite par Aristote[5] de son *Alcméon*, en compagnie de l'*Œdipe roi*.

Un tragique de ce temps qu'Aristote cite volontiers, et quelquefois dans des occasions où il eût été plus naturel de citer ses illustres prédécesseurs[6]; dont nous connaissons par lui le *Philoctète*, l'*Hélène*, l'*Œdipe*, l'*Alcméon*, l'*Ajax*, le *Tydée*, mais surtout le *Lyncée*[7] ; qui, selon Suidas, avait composé jusqu'à cinquante ouvrages de ce

---

1. *De Glor. Athen.*, vii. L'une de ces victoires est rapportée par la chronique de Paros à la 4ᵉ année de la cIᵉ olympiade.
2. Diog. Laert., II, 43; Plutarch., *Vit.* x *Rhet.*; Pausan., *Att.*, xxi. Cf. God. Hermann, *Dissert. II de Choro Eumenid. Æschyl.*; *Opusc.*, t. II, p. 156 sq.; Fr. G. Wagner, *Poet. trag. græc. fragm.*, éd. Didot, p. 68, 69.
3. Voyez Philem., *Fragm. incert.*, xcv; Julian., *Epist.*, 12, 59.
4. Zenob., V, 100; Apostol., xvii, 129; Suid., in Σαυτὸν ἐπαινεῖς, etc.
5. *Poet.*, xiv. — 6. *Ethic. ad Nicomach.*, VII, 8. — 7. *Politic.*, I, I, 6; *Rhet.*, 11, 23 passim; *Poet.*, x, xvi, xviii.

genre, et qui, d'après son épitaphe, ayant disputé treize fois le prix de la tragédie, l'avait remporté huit fois[1], c'est Théodecte de Phasélis. Passant par cette ville de Lycie, la première année de son expédition en Asie, en 333, le royal disciple d'Aristote, Alexandre, y visita et y couronna de sa main[2] la statue de Théodecte, mort récemment, assez jeune encore, à Athènes, où Pausanias[3] nous dit avoir vu son tombeau près du Céphise, non loin de celui du grand tragédien Théodore. Alexandre honorait en lui non-seulement le célèbre poëte tragique, mais aussi l'ami de son maître[4]. Théodecte, à qui Aristote paraît avoir donné, pour le publier sous son nom, ou simplement adressé[5], un de ses ouvrages sur la rhétorique, avait lui-même traité, et traité en vers[6], d'un art qu'il exerçait; il était à la fois poëte et orateur, ce que révéleraient toutes seules ces controverses oratoires dont les éloges d'Aristote[7] nous apprennent que ses tragédies étaient remplies. Il semblerait, d'après un récit d'Aulu-Gelle[8], que, lorsque la reine de Carie, Artémise, célébrant, en 352, l'érection du magnifique tombeau consacré par elle à son époux, ajouta aux pompes de cette cérémonie funèbre un concours entre d'illustres panégyristes de ce prince, et peut-être aussi des luttes poétiques, des jeux dramatiques, Théodecte y serait venu disputer le prix doublement, en vers aussi bien qu'en prose, et que sa tragédie de *Mausole*, encore existante au temps d'Aulu-Gelle, à ce qu'il assure, aurait eu plus de succès que son discours[9].

---

1. Steph. Byz., v. Φασηλίς. — 2. Arrian., *Expedit. Alex.*, I, 24, 25; Plutarch., *Vit. Alex.*, XVII. Cf. Clinton, *Fast. hellenic.*, p. 163.
3. *Att.*, XXXVII. — 4. Suid., *ibid.*
5. Val. Max., VIII, XIV, 3; Quintil., *Inst. orat.*, II, xv, 10; III,1,15. Barthélemy (*Voyage du jeune Anacharsis*, LXXI) a judicieusement choisi Théodecte pour lui faire exposer, en compagnie de son contemporain l'acteur Polus, la théorie de la tragédie, d'après la Poétique d'Aristote.
6. Suid., *ibid.* Cf. v. Σιθύντιος. — 7. Voyez les passages cités plus haut.
8. X, 18. Cf. Suid., v. Θεοδέκτης.
9. L'orateur fut vaincu par Théopompe, qui s'est vanté lui-même de sa victoire, selon Porphyre, cité par Eusèbe, *Præp. evang.*, x, 3. Mais le poëte tragique l'emporta sur ses rivaux. Que pouvait être cette tragédie de *Mausole*? Selon la conjecture d'Ot. Müller (*Hist. de la litt.*

D'autres [1], entendant autrement ce passage assez obscur, ont pensé, mal à propos je crois, qu'il y était seulement question d'un concours de tragédies, et ont mis au nombre des poëtes tragiques les rivaux eux-mêmes de Théodecte, ou du moins quelques-uns, Isocrate, soit Isocrate d'Athènes [2], soit Isocrate d'Apollonie, le disciple et le successeur du célèbre rhéteur de ce nom [3], Naucrate d'Érythrée, sorti de la même école. Théodecte en venait lui-même [4], comme aussi Astydamas [5], dont il a été question tout à l'heure, comme d'autres tragiques de ce temps, parmi lesquels nous ne devons pas omettre Apharée, beau-fils et fils adoptif du maître [6], auteur, avec quelques discours, de trente-sept ou trente-cinq tragédies, composées de la première année de la CIII[e] olympiade à la quatrième de la CIX[e], de 368 à 341 [7], et pour plusieurs couronné, deux fois aux Dionysiaques, deux fois aux Lénéennes [8] : des unes et des autres, au reste, rien ne s'est conservé, pas même les titres [9].

Revenons à ceux des tragiques du IVe siècle qu'a cités

---

grecque, t. II, p. 191), Théodecte en avait emprunté le sujet, non pas à la vie du prince dont on honorait la sépulture, mais aux antiquités de la Carie, qui comptait plus d'un Mausole. C'est ainsi qu'Euripide avait composé, en l'honneur d'Archélaüs, une tragédie de ce nom, mais dont quelque autre Archélaüs, des anciens temps de la Macédoine, était sans doute le héros. Voyez plus haut, p. 87.

1. Voyez Fabric., *Biblioth. græc.*, t. II, p. 309, 311. Harl. — 2. Théopompe, ap. Euseb., *Præparat. evang.*, X, 13. — 3. Suid., v. Ἰσοκράτης.
4. Id., Θεοδέκτης. Cf. Plut., *Vit. x Rhet.*
5. Id., v. Ἀστυδάμας.
6. Selon Suidas, v. Ἀφαρεύς, il était fils du célèbre sophiste Hippias, dont on doit penser qu'Isocrate avait épousé la veuve. Voyez Fr. G. Wagner, *Poet. trag. græc. fragm.*, éd. Didot, p. 113.
7. Plutarch., *Vit. x Rhet.*, *Isocrat.* Cf. Clinton, *Fast. hellenic.*, p 123, 155.
8. Plutarch., *ibid.* Le passage mal entendu par Fabricius, comme l'a remarqué l'abbé Vatry (*Mémoires de l'Académie des belles-lettres*, t. XIII), lui a fait compter au nombre des tragiques Isocrate lui-même.
9. M. W. C. Kayser, *Hist. crit. trag. græc.*, p. 106 et suiv., a donné à ses notices sur Apharée et sur Théodecte le titre commun de *De Isocratis schola*. Le principal caractère de cette école tragique lui paraît avoir dû être l'usage plus fréquent encore que chez Euripide de ces actions oratoires, semblables à celles de l'école et du barreau, qui d'ailleurs plaisaient tant au public d'Athènes. Voyez encore à ce sujet Fr. G. Wagner, *ibid.*, p. 112, 113.

honorablement Aristote, et terminons-en la liste en y inscrivant Dicéogène, qu'en 392 Aristophane paraît avoir parodié [1]; et par conjecture, bien que sa date soit inconnue [2], Polyidus. L'auteur de la Poétique leur a emprunté [3] des exemples de reconnaissance, dont un surtout, singulièrement ingénieux, frappant, a été depuis bien des fois cité : je veux parler de cette scène, sur laquelle j'aurai occasion de revenir [4], où le sophiste Polyidus, ainsi l'appelle Aristote (et beaucoup, en ce temps, comme déjà l'Hippias, mis en scène par Platon [5], mêlaient à l'art sophistique, ce qui lui ressemblait fort, la composition des tragédies), où, dis-je, Polyidus avait renouvelé et surpassé la belle reconnaissance de l'*Iphigénie en Tauride*.

Faut-il pousser plus loin cette histoire ? Nous rencontrerions, au temps de Philippe et d'Alexandre, un poëte placé à tort par Suidas dans la pléiade alexandrine, qu'il a devancée, le Syracusain Sosiclès, ou Sosiphane, fils de Sosiclès, auteur, sept fois couronné, de soixante-treize tragédies [6]; peut-être aussi, mais la chose est regardée maintenant comme bien douteuse, un autre poëte, ami du philosophe Callisthène, avec lequel il fut condamné à mourir, Néophron, de Sicyone, que n'ont pas dû fatiguer beaucoup ses cent vingt tragédies, si elles ressemblaient toutes à l'espèce d'édition, quelquefois corrigée, quelquefois gâtée, mais surtout misérablement abrégée, qu'il donna de la *Médée* d'Euripide [7]. Un peu plus tard, s'offrirait à nous

---

1. Schol. ad Aristoph., *Eccles.*, I.
2. Diodore de Sicile, XIV, 46, fait fleurir en l'année 396 un Polyidus, poëte dithyrambique, et de plus musicien et peintre. Etait-ce notre poëte tragique ? Barthélemy l'a pensé (*Voyage du jeune Anacharsis*, XXVII), et aussi W. C. Kayser (*Hist. crit. trag. græc.*, p. 318 sqq.).
3. XVI, XVII. — 4. Voyez plus loin, liv. IV, chap. XVI. — 5. *Hipp. min.* Cf. Cic. *Orat.*, III, 32. — 6. Suid., v. Σωσιφάνης. Cf. Fabric., *Biblioth. græc.*, t. II, p. 322. Harl.
7. Voyez plus loin, liv. IV, chap. V, la traduction et l'examen d'un morceau de la *Médée* de Néophron, conservé par Stobée. Le scoliaste d'Euripide, *Med.*, 647, 1384, en donne deux autres passages. La manière équivoque dont s'expriment, à l'égard de cette pièce et de celle d'Euripide, Suidas, v. Νεοφρῶν, Diogène Laërce, II, 134, ce que semble dire, au moyen de corrections spécieuses, l'argument grec de la *Médée* d'Euripide, ont fait penser à quelques éditeurs et commentateurs d'Euripide,

Euphantus, d'Olynthe, précepteur du roi de Macédoine, Antigone, qu'on sait avoir donné avec succès bon nombre de tragédies [1]. Enfin une inscription d'Orchomène [2] nous présenterait, parmi les noms de poëtes dramatiques et de comédiens qui furent couronnés en cette ville de Béotie, à la fête des Grâces, dans l'olympiade CXLV[e], c'est-à-dire de 200 à 197, un nom par lequel nous serions heureux de clore notre énumération, celui d'un troisième Sophocle, Athénien comme les deux autres, et probablement leur descendant, tragique connu de Suidas [3], qui lui attribue quinze tragédies. Mais, je le répète, et ces poëtes, et ceux de leurs prédécesseurs qui ont été rappelés plus haut, s'effaçaient devant les véritables représentants de l'art, à cette époque, quelques grands tragédiens.

Dans l'origine, dit Aristote [4], « les poëtes eux-mêmes représentaient leurs tragédies. » En présence du chœur qui leur était échu et qu'ils avaient instruit, complétement instruit, et pour le chant et pour la danse, — car c'était là leur fonction principale, que rappela toujours, même après qu'elle eut en partie cessé, la langue du théâtre, cette expression surtout *enseigner* une pièce [5], dont on se servait et chez les Grecs et chez les Romains leurs traducteurs, leurs imitateurs, pour dire *monter* une pièce, — en présence donc du chœur instruit par eux, ils

---

Beck, Matthiæ, Elmsley, à Ménage, dans ses notes sur Diogène Laërce, à Clinton, *Fast. hellenic.*, prœm., p. XXXII, etc., plus récemment à I. A. Hartung, *Eurip. restitut.*, t. II, p. 345, W. C. Kayser, *Hist. crit. trag. græc.*, p. 302 sqq., Fr. G. Wagner, *Poet. trag. græc. fragm.*, éd. Didot, p. 20 sq., que Néophron n'était pas l'abréviateur d'Euripide, mais qu'Euripide, au contraire, avait développé, s'était en quelque sorte approprié, par le parti qu'il en avait tiré, l'œuvre de Néophron. Quant à la difficulté de placer avant Euripide un poëte que Suidas avait fait mourir avec Callisthène, ils y ont répondu par un autre passage du même Suidas, qui, dans son article *Callisthène*, substitue à Néophron un tragique du nom de Néarque.

1. Diog. Laert., II, 100.
2. Bœckh, *Corp. inscrip. græc.*, vol. I, n° 1584. Cf. n°ˢ 1583, 1585.
3. Suid., v. Σοφοκλῆς.
4. *Rhet.*, III, I. Cf. Athen., *Deipn.*, I; *Vit. Sophocl.*, etc.
5. Voyez la dissertation, déjà citée, de Bœttiger, *Quid sit docere fabulam; Opusc.*, p. 284 sqq.

jouaient eux-mêmes cet unique personnage dont l'introduction, presque fortuite, avait produit le drame, et qui fut quelque temps le drame tout entier. Plus tard, quand le progrès de l'action amena sur la scène un second, puis un troisième personnage, ils durent s'adjoindre deux autres acteurs, mais auxquels ils apprirent, bien entendu, eux déjà les maîtres du chœur, les rôles dont ils les chargeaient. Auteurs, acteurs, chefs de troupe tout à la fois, les poëtes accomplissaient ainsi, pour ainsi dire à eux seuls, l'œuvre dramatique tout entière. On peut suivre assez longtemps, dans quelques-uns des faits trop rares et quelquefois malheureusement trop contradictoires et trop obscurs dont se compose l'histoire de la scène antique, la trace de cet ordre de choses primitif. Un passage d'Aristophane [1] nous représente Agathon occupé de former, de dresser dans sa maison le chœur d'une de ses tragédies; un autre passage de Platon, auquel il a été renvoyé précédemment [2], nous fait connaître que, malgré l'exemple donné par Sophocle, qui cependant remplit encore, nous le savons, au temps de sa jeunesse, les rôles de son *Thamyris* et de sa *Nausicaa* [3], de ne plus jouer soi-même ses pièces [4], Agathon, dans une grande circonstance au moins de sa carrière dramatique, la représentation d'une pièce qui fut honorée d'un prix, contribua de sa personne au succès de son ouvrage : enfin il est à supposer, car nul témoignage ne l'établit, que ce poëte considérable n'était pas sans avoir quelques comédiens attachés à sa fortune par les mêmes liens qui paraissent avoir lié Télestes, Cléandre et Myniscus [5] à Eschyle, Clidémide et Tlépolème à Sophocle [6], Céphisophon à Euripide [7]. A quelle

---

1. *Thesmophor.*, 101. — 2. *Sympos.* Voyez plus haut, p. 94.
3. Athen., *Deipn.*, I, XIV; *Vit. Sophocl.* Une peinture du Pœcile le représentait, comme dans le rôle de *Thamyris*, une lyre, κιθάρα, à la main (*ibid.*).
4. *Vit. Sophocl.* — 5. Aristot. ap. Athen., *Deipn.*, I; *Vit. Æschyl.*
6. Schol. ad Aristoph., *Ran.*, 803; *Nub.* 1267. L'auteur de la Vie de Sophocle nous dit, d'après Ister, qu'il composait les rôles de ses pièces pour certains comédiens.
7. Aristoph., *Ran.*, passim ; Thom. Magist., *Vit. Euripid.*

époque et dans quelles limites cette constitution, cette organisation primitive du spectacle tragique se modifiat-elle, de sorte que le poëte, quand il allait entrer en lice, reçût du sort [1] ses divers agents pour ainsi dire, non-seulement le chœur, mais un fonctionnaire spécialement chargé de son instruction, quant à la partie orchestique du moins [2], un *Chorodidascale;* mais les trois acteurs principaux, qui, selon une loi de l'art, peut-être formulée par Horace [3], comptaient seuls au théâtre comme dans la tragédie, et concouraient inégalement, hiérarchiquement [4], selon les proportions variées de leur talent et l'importance de leurs rôles, à l'ensemble, à l'unité de l'expression scénique, sous les noms de protagoniste, deutéragoniste, tritagoniste, en latin, *actores primarum, secundarum, tertiarum partium?* Le choix libre des acteurs fut-il, comme beaucoup l'ont pensé, une dérogation exceptionnelle à l'usage antérieur de les tirer au sort, et cela en faveur, soit de poëtes [5], soit de comédiens [6], déjà couronnés, et d'une réputation faite? ou bien, au contraire, ce que je croirais plus volontiers, la distribution par la voie du sort de ces acteurs fut-elle un moyen, assez tardivement trouvé, de rendre les chances égales entre les concurrents, de mettre un terme à leurs manœuvres, de prévenir leurs réclamations? Il me paraît difficile de se prononcer avec certitude sur toutes ces questions, que les textes anciens ont laissées bien obscures. Ce qui est plus clair, c'est que le domaine du poëte, d'abord sans limites, se restreignit progressivement; c'est que, la composition et la représentation devenant par degrés des départements distincts, le poëte finit par n'être plus chargé, au théâtre même, que d'une surveillance générale sur l'exé-

---

1. Hesych.; Suid., v. Νεμήσεις ὑποκριτῶν.
2. Demosth. *in Mid.;* Anonym., *Vit. Æschin.* Cf. Bœttiger, *Quid sit docere fabulam; Opusc.*, p. 287; Grysar, *De græc. trag.*, etc., p. 22.
3. *Ad. Pison.*, v. 192. — 4. Plutarch., *Præcept. politic.*, xxi; Cic., *Divin. in Cæcil.*, xv. — 5. Barthélemy, *Anacharsis,* lxx; Grysar, *ibid.*, p. 25.
6. Bœttiger, *De Act. prim., secund. et tertiarum partium; Opusc.*, p. 314 sqq.

cution de son œuvre. Dès lors il y trouva des collaborateurs, et quelquefois plus, dans de grands artistes qui marquaient certains rôles de leur empreinte personnelle, et, comme nos auteurs permettent qu'on le dise aujourd'hui, les créaient. Ainsi, à la *Niobé*, aux *Epigones*, soit d'Eschyle, soit de Sophocle, on ne sait, à l'*Ajax*, à l'*Antigone* de ce dernier, au *Phœnix* d'Euripide, attachèrent leurs noms Œagrus [1], Andronicus [2], Timothée [3], Molon [4], Théodore [5], Aristodème [6]. Je ne parle pas d'Hégélochus, acteur distingué toutefois, qui attacha le sien d'une tout autre manière, par un accident ridicule, sur lequel Aristophane et les comiques ne tarissent pas, à l'*Oreste* d'Euripide [7]. Les acteurs furent désormais de moitié dans la gloire du succès, et il n'est pas téméraire de croire que, plus d'une fois, ils se l'attribuèrent tout entière. Il avait autant de vanité que de talent, cet illustre tragédien dont il nous est parvenu tant d'éloges, qui, selon l'historien Duris de Samos, commandait, en habit de théâtre, les rameurs du vaisseau sur lequel Alcibiade rentra dans sa patrie, semblant lui-même prendre sa part de ce retour triomphal [8], et à qui Agésilas, choqué de ses grands airs et de son abord familier, dit un jour, en langage lacédémonien : « N'es-tu pas le *décéliste*, c'est-à-dire le bouffon Callipide [9] ? » Quelques années plus tard, un autre tragédien, dont on ignore le nom, au moment de paraître dans un rôle de reine, demandait au chorége, qui s'appelait Mélanthius, un cortége de femmes richement vêtues, et, ne l'obtenant pas, insistait avec emportement, sans s'occuper du public qui attendait. Le chorége, qui y songeait davantage, perdit patience et le poussa par les épaules

---

1. Schol. ad Aristoph., *Vesp.*, 592. — 2. Athen., *Deipn.*, XIII. — 3. Schol. ad Sophocl., *Ajac.*, v. 863. — 4. Demosth., *de Falsa legat.* — 5. *Ibid.* — 6. *Ibid.*

7. Schol. ad Euripid., *Orest.*, 269, 376. Cf. Meineke, *Fragm. comic. græc.*, t. I, p. 224, 264.

8. Plutarch., *Vit. Alcib.*, XXXII.

9. Plutarch., *Vit. Agesil.*, XXI; *Apophtheg. Lacon.* Une comédie de Strattis était intitulée *Callipide*; peut-être les ridicules du fameux tragédien en avaient-ils fourni le sujet. Voyez Meineke, *Fragm. comic. græc.*, t. I, p. 226.

sur la scène en lui criant : « Ne vois-tu pas tous les jours la femme de Phocion aller par la ville avec une seule suivante ? et tu viens faire ici le glorieux et donner de mauvais exemples à nos femmes ! » Ces paroles, entendues des spectateurs, furent couvertes d'applaudissements, nous dit Plutarque, qui raconte le fait à la gloire de la vertueuse compagne de Phocion [1]. De telles leçons étaient rares, et la modestie des comédiens ne pouvait guère résister à l'idolâtrie d'un peuple qui ne se contentait pas de les contempler au théâtre, pour qui il fallait reproduire leurs traits sur la toile, sur le marbre, sur l'airain [2], dont ils recevaient, comme les poëtes eux-mêmes, des statues et des monuments. Ajoutez qu'outre la gloire ils avaient encore la fortune ; je ne dirai plus comme les poëtes, qui en aucun temps n'ont coutume d'y arriver. Les grands tragédiens d'Athènes, largement rétribués par l'État, tiraient bon parti de ce que nous pourrions appeler leurs congés, dans l'intervalle des fêtes où se jouaient les tragédies. Ils contractaient au dehors, avec les magistrats des autres villes grecques, avec les chefs des Etats monarchiques, de riches engagements [3], et, s'adjoignant une troupe d'acteurs secondaires rassemblés et soldés par eux, ils allaient jouer à leur profit, sur des scènes étrangères, le sublime répertoire de la scène athénienne devenu leur propriété. Ainsi Théodore [4] joua avec sa troupe les *Troyennes* ou la *Mérope* [5] d'Euripide à la cour du roi de Phères, Alexandre, et, comme on sait, par le pathétique de son jeu, d'accord avec celui de la pièce, attendrit sur des malheurs fictifs ce tyran sans pitié, confus de son trouble, et se dérobant, par une prompte retraite, à l'étonnement des spectateurs. Ainsi Aristodème, Néoptolème [6], fréquemment appelés, avec l'acteur

---

1. *Vit. Phoc.*, xix. Voy., sur les difficultés que présente ce récit, Bœckh, *Écon. polit. des Athén.*, xxii ; t. II, p. 244 de la traduction française. — 2. Bœttiger, *Quid sit docere fabulam*, ii ; *Opusc.*, p. 299 sq. — 3. Plutarch., *Vit. x Rhet.*, vii ; *Vit. Alex.*, xxix ; A. Gell., XI, 9, etc. — 4. Plutarch., *de Fort. Alex.*, ii ; *de Glor. Athen.*; Ælian., *Var. hist.* XIV, 40. — 5. Valcken., *Diatr. in Euripid.*, xviii. — 6. Demosth., *de Falsa legat.*; *de Pace.*

comique Satyrus[1] en Macédoine, étaient, eux et leurs troupes, qui probablement concouraient ensemble, comme les troupes rivales des tribus d'Athènes, le principal ornement des représentations données par Philippe sur cette espèce de théâtre athénien qu'avaient établi ses prédécesseurs. Ils jouissaient au plus haut degré de son intime faveur, et plus heureux, grâce à l'indépendance de leur profession cosmopolite, que d'autres citoyens perdus par le seul soupçon de relations pareilles, ils n'en étaient pas plus mal reçus des Athéniens. La république et le roi mettaient même à profit leurs nombreux voyages d'Athènes en Macédoine, de Macédoine à Athènes, pour les charger réciproquement de missions diplomatiques[2]. Une raison de ce genre fit confier une fois à un de leurs confrères, Thessalus, qui allait donner des représentations en Asie, le soin de négocier, par la même occasion, le mariage d'Alexandre avec la fille d'un satrape de Carie[3]. C'étaient là, dans nos idées, d'étranges ambassadeurs : mais en Grèce, à Athènes, où l'art du comédien avait été d'abord exercé par les poëtes eux-mêmes, et était comme associé, par le caractère religieux des représentations théâtrales, à la dignité du culte public ; à Athènes, où l'égalité démocratique mettait de niveau toutes les conditions, et appelait quelquefois les plus humbles au partage de la puissance et des honneurs, il ne s'attachait à cet art, dignement exercé[4], aucune défaveur, aucune idée d'infériorité, de dégradation sociale[5]. Ce n'est pas le comédien que Dé-

---

1. Diod. Sic., XVI, 55. — 2. Æschin., Demosth., *de Falsa legat.*; Demosth., *de Pace; de Corona*. — 3. Plutarch., *Vit. Alex.*, xx.

4. Il fallait cependant que quelques comédiens l'eussent compromis par leurs mœurs, pour qu'Aristote posât à leur sujet, et résolût, comme il l'a fait, l'injurieux *problème* dont parle Aulu-Gelle, xx, 4.

5. Cornélius Népos le remarque comme une des différences qui séparaient les idées grecques et les idées romaines : « In scenam prodire, et populo esse spectaculo, nemini in eisdem gentibus fuit turpitudini, quæ omnia apud nos partim infamia, partim humilia, atque ab honestate remota ponuntur. » *Præfat.* Cf. La Bruyère, *Caract.* xii, *des Jugements*; J. J. Rousseau, *Lettre à M. d'Alembert* sur les spectacles.

mosthène poursuit de ses railleries dans son rival Eschine, mais le comédien de troisième ordre, le tritagoniste, jouant humblement sous Ischandre, lui-même médiocre acteur, sous Similus et Socrate, entrepreneurs d'une sorte de tragédie foraine dans les bourgs de l'Attique, sur le petit théâtre de Colyttus, les derniers rôles, et les jouant mal, faisant siffler Œnomaüs, Cresphonte, Atrée, Créon, l'ombre de Polydore[1]. Le même Démosthène[2] estimait fort Satyrus, Andronicus, Aristodème, Néoptolème, ses maîtres la plupart, maîtres quelquefois chèrement payés, pour l'action oratoire : il n'eût pas traité avec mépris ces grands artistes qui étaient en même temps des citoyens considérables par leur richesse, par leur crédit, par leur importance politique, en qui il pouvait rencontrer, comme au reste dans Eschine, de mauvais comédien devenu bon orateur, des rivaux à la tribune, des collègues dans les magistratures et les ambassades, à qui lui-même fit voter des couronnes civiques[3] comme celle que lui contesta Eschine. Quand on songe à l'importance qu'avaient acquise au théâtre les comédiens, et à celle qu'il leur était permis d'y joindre hors du théâtre, on ne s'étonne pas que quelques-uns d'entre eux, doués d'un grand talent, du génie de leur art, se soient fait, dans la décadence de la tragédie, au IVe siècle, un nom qui balance et quelquefois surpasse celui des tragiques du temps[4]. C'est d'ailleurs partout le caractère de ces époques où l'art s'épuise et s'affaiblit, que ce déplacement de la poésie qui passe du drame lui-même à l'action théâtrale, des auteurs à leurs interprètes; où les vrais tragiques, ce sont les tragédiens. Telle était l'époque dont nous venons d'esquisser l'histoire dramatique, et où parurent à la fois, particulièrement dans l'Attique, patrie de la tragédie, un si grand nombre de tragédiens consommés; tous ceux qui viennent d'être

---

1. *De Falsa legat.; de Corona;* Apollon., *Vit. Æschin.* — 2. Plutarch., *Vit. Demosth.*, VII ; *Vit.* x *Rhet., Demosth.* — 3. Æschin., Demosth., *De Falsa legat.* — 4. Aristote semble le dire, *Rhet.*, III, I.

nommés, Théodore, Aristodème, Néoptolème, et un encore qui les égalait pour le moins, Polus. Mais ce n'est pas assez de savoir leurs noms, leurs succès, quelque chose de leur vie ; on souhaiterait d'être éclairé sur ce qui laisse si peu de traces après soi, et survit si rarement au comédien, sur le caractère de leur talent, sur celui même de leur art, tel qu'il se produisait chez les Grecs, sur les changements que le cours du temps y dut introduire. Ces changements, je le suppose, répondirent à ceux qui firent passer la tragédie elle-même du grandiose à la beauté idéale, et de celle-ci à l'expression, par une imitation à la fois plus pathétique et plus familière de la réalité. Callipide, qui se proposait surtout de faire couler les larmes[1], était bien, par cette prétention, autant que par sa date, le contemporain d'Euripide. Après lui, poursuivirent le même genre d'effet, et, de son aveu[2], Théodore, qui remuait jusqu'aux tyrans; et ce Polus, qu'un récit célèbre d'Aulu-Gelle[3], auquel nous reviendrons[4], représente mettant sa douleur réelle, celle d'un père resté sans enfant, au service d'une douleur de théâtre, et, dans le rôle d'*Électre* où il reparaissait, après son malheur, pleurant, sur l'urne de son fils, la mort d'Oreste. La condition du pathétique, c'est, dans le drame, ce qu'il avait reçu d'Euripide, des situations, des sentiments, un langage, plus rapprochés du cours ordinaire des choses; dans l'action scénique, ce que les mêmes artistes dont nous parlions tout à l'heure semblent avoir surtout recherché, un jeu, une parole plus voisins de la manière habituelle de rendre ses affections. Il se fit alors, dans l'art du tragédien, une révolution assez semblable à celle que nous avons vue s'y faire de nos jours, lorsqu'un grand artiste, Talma, par une reproduction plus exacte de l'histoire et de la nature, par une plus grande vérité de gestes et d'intonation, une sorte de compromis entre la régularité, la

---

1. Xénoph., *Conv.*, III, 11. — 2. Plutarch., *De sui laude*. — 3. VII, 5.
4. Voyez, plus loin, liv. III, chap. VII.

noblesse, la grâce traditionnelles et le désordre, l'emportement, l'abandon familier de la passion, renouvela l'ancienne tragédie ; qu'au lieu de la réciter, de la déclamer, comme auparavant, il en vint presque à la parler. Seulement cette révolution s'accomplit chez nous sur la scène avant d'être tentée dans le drame lui-même : chez les Grecs, ce fut tout le contraire ; elle commença par les poëtes et finit par les acteurs. C'est d'Euripide que releva cet art nouveau, dont quelques mots d'Aristote encore nous permettent de nous former une idée. L'auteur de la Rhétorique, dans un chapitre [1] où il recommande à l'orateur une élocution qui ne soit ni trop noble ni trop basse, mais qui, sans que l'artifice paraisse, se proportionne constamment au sujet, compare précisément à l'art pratiqué et enseigné par Euripide de se servir des mots le plus en usage, un art tout pareil de Théodore, cet excellent comédien, dit-il, dont la voix est si naturelle et si trompeuse, qu'il ne semble pas que ce soit un comédien qui parle, mais la personne même dont l'action est représentée, tandis que celle des autres paraît forcée et contrefaite. On voit chez Plutarque [2] que le même Théodore changea quelque chose à cette hiérarchie sévère, qui voulait que l'importance relative des rôles fût marquée dans la représentation par l'élévation de la voix [3]. Tout protagoniste qu'il était, si l'action l'amenait en présence de l'acteur subalterne et mercenaire qui jouait le tyran, paré du diadème et du sceptre, alors il baissait la voix pour ne le point effacer. La recherche de l'expression pathétique et de la vérité familière, caractère général de l'art de la scène à cette époque, dut conduire, comme cela s'est vu aussi chez nous, les comédiens, que ne défendaient pas contre ses dangers une noblesse naturelle et le sentiment du beau, à des exagérations dont la trace s'est conservée. Les anciens comédiens, dit Aristote [4], le reprochaient aux nouveaux, et, depuis longtemps déjà, Myniscus, soit

---

1. III, 2. — 2. *Præcept. politic.* — 3. Cic., *Divin. in Cæcil.*, xv. 4. *Poet.*, xxvi.

celui qui avait joué Eschyle[1], soit son petit-fils de même nom que lui[2], car il faudrait faire vieillir beaucoup le premier pour qu'il pût avoir été l'objet des plaisanteries de Platon le comique[3]; depuis longtemps donc Myniscus avait traité de singe, non pas seulement un tragédien resté bien obscur, Pindare ou Tindare, mais l'expressif et pathétique Callipide[4]. Quand Démosthène appliquait la même épithète[5] à Eschine, ce n'était pas probablement sans raison; et on doit croire qu'Eschine, dont la belle voix n'avait pu faire un bon comédien, trop fidèle à de vicieuses traditions et les outrant encore, s'abandonnait à un genre d'imitation d'une vérité triviale, sans dignité, sans beauté, à une action bruyante et désordonnée. Il en porta la peine au théâtre même. Jouant sous Ischandre, acteur du second ordre, à Colyttus, bourg de l'Attique, l'*Œnomaüs* de la tragédie d'Euripide, il fit, dans une scène où il devait poursuivre Pélops, une chute ridicule, de laquelle vint le relever Sannion le chorodidascale[1]. Si l'on en croit Démosthène, qui n'a pas dédaigné de plaisanter sur le faux pas d'*Œnomaüs* et de son malencontreux représentant, il ne fut pas plus heureux à Athènes même, et les sifflets, les clameurs, le soulèvement du public ne lui permirent pas de garder son humble place dans la troupe de Théodore, dans celle d'Aristodème[7] : disgrâce heureuse qui lui fit chercher et trouver le succès sur un autre théâtre, celui-là même où parlait si dédaigneusement de son talent dramatique son rival d'éloquence, Démosthène.

Cependant les ouvrages des trois grands maîtres de la

1. God. Hermann, in Aristot. *Poet.*, ibid. — 2. Meineke, *Fragm. comic. græc.*, t. I, p. 186; t. II, 2, p. 668. — 3. Athen., *Deipn.*, VIII.
4. Arist., *Poet.*, XXVI. Grysar, *de Græc. trag.*, etc., p. 28, cf. 38, relève Barthélemy pour avoir (*Anacharsis*, LXX) attribué à ce Callipide ce qui doit s'appliquer à un acteur du même nom, mais postérieur. Or le Callipide dont parle Aristote étant contemporain de Myniscus, et celui-ci de Platon le comique, il en résulte que Barthélemy n'a nullement fait erreur.
5. Τραγῳδοπίθηκος, *de Cor.* Cf. Harpocrat. et Suid., v. Τραγικὸς πίθηκος.
6. Anonym., *Vit. Æschin.*; Apollon., *id.* — 7. Demosth., *de Cor.; de Falsa legat.*

scène tragique, élevés enfin par le temps, qui met chaque chose à sa place, au-dessus de toutes les rivalités, consacrés dans de nouvelles et fréquentes épreuves par une constante admiration, étaient devenus des monuments dont la conservation, l'intégrité, l'authenticité, intéressaient la gloire nationale. On pouvait redouter pour eux ces altérations de toutes sortes, falsifications, suppressions, interpolations, suppositions apocryphes, que font trop souvent subir aux chefs-d'œuvre dramatiques le caprice des comédiens[1] et l'industrie des arrangeurs. Comme ce Néophron de Sicyone, auteur d'un méchant extrait de la *Médée*, rappelé plus haut[2], et que nous retrouverons[3]; comme ce Denys d'Héraclée, qui prêta à Sophocle un *Parthénopée* de sa façon[4], dont fut plaisamment dupe Héraclide de Pont, disciple d'Aristote; comme ce dernier, qui, plus discrètement faussaire, n'osa s'attaquer qu'à Thespis, et para de ce nom antique ses propres tragédies[5]; comme d'autres, qui plus tard, quand se formèrent les grandes bibliothèques d'Alexandrie et de Pergame, firent pour elles ce que font pour nos musées les fabricateurs de fausses antiquités; sans doute déjà plus d'un poëte, maladroitement sacrilége, avait osé toucher aux compositions, à la gloire d'Euripide, de Sophocle et d'Eschyle, lorsque l'orateur Lycurgue, dans le cours d'une administration marquée, comme celle de Pisistrate, par le culte de la gloire littéraire, et en particulier par le tardif achèvement du théâtre de Bacchus[6], fit passer[7], non sans opposition[8], une loi qui, en leur décernant des statues d'airain, ordonnait en même temps

---

1. Schol. Euripid., *Phœn.*, 271; *Orest.*, 1372; *Med.*, 84, 357, 380; Argum. *Rhes.*; Plutarch., *Vit. Alex.*, XL.
2. Page 104, avec l'expression d'un doute très-fondé sur l'époque véritable où Néophron a composé sa pièce avant ou après celle d'Euripide.
3. Voyez, plus loin, liv. IV, chap. v. — 4. Ou Spintharus, voyez Diog. Laert., V, 92. — 5. Id., *ibid.*
6. Pausan., *Att.*, I, 29; Plutarch., *Vit. x Rhet.* Commencé, dit-on, dans la LXXe olympiade, le théâtre de Bacchus ne fut achevé que dans la CX^e.
7. Entre 350 et 330, selon Clinton, *Fast. hellenic.*, p. 161. — 8. Harpocrat., v. Θεωρικά.

qu'une copie exacte et authentique de leurs tragédies[1] resterait déposée aux archives de l'État. C'est abuser bizarrement des expressions, au reste équivoques et probablement corrompues, de l'historien de Lycurgue, que d'y trouver en outre, comme ont fait Samuel Petit, et d'après lui Barthélemy[2], Lévesque[3], l'absurde défense de représenter à l'avenir les chefs-d'œuvre tragiques d'Athènes. Une telle disposition, a-t-on dit spirituellement[4], eût été le digne pendant de celle qui, après le règne de l'excellent roi Codrus, abolit la royauté; seulement elle eût eu moins de puissance, puisqu'on peut établir, par plus d'un témoignage, qu'Euripide, Sophocle et même Eschyle, ne cessèrent, en dépit d'elle, de régner sur la scène athénienne[5]. Citons des faits voisins de l'époque à laquelle on peut rapporter la loi de Lycurgue : ce sont des vers de Sophocle et d'Euripide, vers souvent répétés au théâtre bien évidemment et présents à toutes les mémoires, que, dans un intéressant récit de Plutarque[6], le comédien Satyrus fait déclamer à Démosthène, après sa première disgrâce de tribune, pour le former à l'action; c'est dans leurs ouvrages, dans l'*Antigone*, par exemple, dans l'*Hécube*, fréquemment représentées, dit-il, par de célèbres tragédiens du temps, Théodore et Aristodème, qu'il se complaît, avec une inépuisable ironie, à faire jouer par Eschine, ancien comédien, et comédien de troisième ordre, les derniers rôles, le tyran Créon, l'ombre de Polydore[7]; c'est à un de ces mêmes personnages tra-

---

1. Plutarch., *Vit. x Rhet.* Cf. Petit, *Leg. Att.*, p. 68. — 2. *Voyage d'Anacharsis*, LXX. — 3. *Considérations sur les trois grands tragiques de la Grèce.* — 4. Bœckh, *Græc. trag. princip.*, p. 327. Cf. Bœttig., *Opusc.*, p. 295.

5. Il y avait des jours spéciaux pour les tragédies nouvelles, recherchées avec passion par les Athéniens; il y en avait aussi qui appartenaient spécialement aux anciennes tragédies. Bien plus, les acteurs se partageaient entre ces deux sortes de tragédies, les uns se consacrant aux nouvelles, Καινοί, les autres aux anciennes, Παλαιοί (Bekk., *Anecdot. gr.*, t. I, p. 309). C'est dans une représentation de tragédies nouvelles, devant un public très-nombreux, par conséquent, que Démosthène devait être couronné sur le théâtre, d'après la loi de Ctésiphon (Liban., *Argum. II, ad Demosth. de Corona*).

6. *Vit. Demosth.*, VII. — 7. Demosth., *de Cor.*; *De Falsa legat.*, etc.

giques qu'il fait allusion dans la belle scène de sa mort, lorsqu'il dit au chef des satellites d'Antipater, Archias, qui, comme Eschine, comme Aristodème et tant d'autres hommes publics de la démocratie athénienne, avait commencé par le théâtre : « Tu peux reprendre ton rôle de Créon, et faire jeter ce corps où tu voudras, sans sépulture[1]. » Archias, selon Plutarque[2], avait été le maître du célèbre Polus d'Égine, l'acteur le plus parfait de la Grèce ; or c'est précisément ce qu'on a raconté de l'effet extraordinaire produit par ce grand artiste à Athènes, dans une représentation de l'*Électre* de Sophocle[3], qui a fait venir son nom jusqu'à nous. Ces faits comprennent un assez long période de temps, pendant lequel l'interdiction de Lycurgue serait demeurée sans effet. Il faut comprendre qu'il interdisait seulement de s'écarter, dans la représentation de la tragédie classique d'Athènes, du texte désormais immuable de l'exemplaire officiel[4]. C'est cet exemplaire, on n'en peut guère douter, que dans la suite, vers l'an 250 avant notre ère, Ptolémée Évergète emprunta aux Athéniens, pour faire corriger, d'après son autorité, les éditions plus ou moins fautives que possédait Alexandrie, et dont, la révision terminée, il ne renvoya à ses propriétaires qu'une copie, consentant, pour garder le précieux original, au sacrifice d'un gage de quinze talents, et même, tant ce disciple d'Aristarque[5] aimait les lettres, de sa parole de roi[6].

Transportée dans l'Athènes des Ptolémées, la tragédie athénienne y devint, pour ses poëtes érudits, un sujet de doctes études, de curieux pastiches, plutôt que l'objet d'une émulation féconde, ou tout au moins d'une heureuse imitation : ils refirent hardiment les tragédies déjà faites tant de fois et si bien faites, croyant les renouveler

---

1. Plut., *Vit. Demosth.*, XXIX. Cf. *Vit.* x *Rhet.*, *Demosth.* — 2. *Ibid.*, XXVIII. — 3. A.-Gell., VII, 5.
4. C'est l'opinion, entre autres, de Grysar, qui lui a donné un haut degré de probabilité dans sa dissertation *de Græc. trag.*, etc.; c'est celle de W. C. Kayser, *Hist. crit. trag. græc.*, p. 33-39.
5. Athen., *Deipn.*, II. — 6. Galen., *in Hippocr. Epidem.*, III, *Comm.*II.

par la recherche de certaines raretés philologiques, de certaines obscurités mythologiques, une vaine profusion de détails empruntés à la géographie, à la physique, à l'astronomie, l'étalage d'une science bien inutile au théâtre, où il suffit de connaître le cœur humain et le langage qui s'en fait entendre. Il est bien vrai que, dans cette ville improvisée par le génie d'Alexandre, sur les confins de l'Occident et de l'Orient, dans ce mélange confus de races, de cultes et de langues, sans autre lien que le despotisme des conquérants et les intérêts du commerce, la poésie dramatique put bien retrouver des théâtres[1] et des acteurs, des tragédiens comme ce Gorgosthène que peignit Apelles[2], comme cet Hégésianax qui plus tard devint historien[3]; mais il dut lui manquer longtemps un public qu'elle pût intéresser à ses représentations et confondre comme autrefois dans l'unité d'une émotion commune. Bien que Théocrite, dans son panégyrique de Ptolémée Philadelphe[4], parle de combats dionysiaques, où nul poëte de talent ne pouvait se présenter sans recevoir un digne prix de ses vers, et que dans la pompe dionysiaque aussi, par laquelle ce prince inaugura son règne, un auteur de tragédies, Philisque, entouré de musiciens, de danseurs, de comédiens, eût figuré comme prêtre de Bacchus[5]; bien qu'une ambassade solennelle eût été envoyée à Ménandre et à Philémon pour les engager à venir exercer leur art en Égypte[6], il est douteux que les institutions dramatiques d'Athènes aient pu passer avec les œuvres de son théâtre à Alexandrie[7], et que la tragédie alexandrine, simple exercice d'école, œuvre de cabinet, passe-temps commandé à des poëtes sans inspiration

---

1. Athen., *Deipn.* XIV. — 2. Plin., *Hist. nat.*, XXXV, 36. — 3. Athen., *Deipn.*, III. — 4. *Idyll.*, XVII, 112. — 5. Athen., *Deipn.*, V. — 6. Plin., *Hist. nat.*, V, 30; Alciphr., *Epist.* 1, 4, 5.
7. Dans la lettre ingénieuse où le Ménandre d'Alciphron, annonçant à Glycère la flatteuse proposition du roi d'Égypte, se montre en même temps peu disposé à l'accepter, une de ses raisons, c'est que sa nouvelle patrie ne pourrait lui offrir un véritable public et de libres suffrages comme à Athènes. Voyez l'élégante traduction qu'a donnée de cette lettre M. G. Guizot dans son ouvrage sur Ménandre p. 68 et suiv.

libre, enfermés, disait alors un satirique, Timon le Sillographe, dans le Musée des Lagides, « comme des oiseaux dans une volière, » ait eu, longtemps du moins, de plus nombreux auditoire qu'un cercle de lettrés et de courtisans, de plus vaste scène qu'une salle du palais. Ce n'était pas de la tragédie : toutefois Alexandrie, qui aimait les pléiades, eut sa pléiade tragique; constellation ignorée, perdue dans quelque coin du ciel poétique de la Grèce, et où la postérité ne distingue plus guère que l'astre nébuleux de Lycophron[1].

Pergame, autre héritière d'Athènes, qui avait comme Alexandrie sa bibliothèque, ses grammairiens, peut-être ses théâtres et ses poëtes, s'occupa comme elle, sinon de continuer la tragédie grecque, du moins de la conserver et de la commenter. Carystius et Cratès y rivalisèrent avec les Callimaque, les Dicéarque, les Aristophane, dans tous ces travaux critiques, récensions, révisions, interprétations et autres, dont les trois grands tragiques

1. La pléiade des poëtes tragiques, formée, comme celle des poëtes en général, selon Quintilien (*Inst. orat.*, X, 1, 54), par Aristarque et Aristophane, comprenait en outre, dit le scoliaste d'Hephæstion, les noms suivants : Æantides, Alexandre (d'Étolie), Homère (d'Hiérapolis en Carie), Dionysides ou Dionysiades (de Tarse), Sosithée (d'Athènes, ou de Syracuse, ou d'Alexandrie en Troade), Philisque (d'Égine). Le même, en un autre endroit, à Dionysiades substitue Sosiphane, placé aussi par Suidas dans la Pléiade. L'antiquité attribue à ces poëtes de nombreuses pièces, dont il s'est conservé quelques titres. Plusieurs d'entre eux ont joui, en leur temps, d'une grande renommée. On en peut juger, pour Sosithée, par une épigramme de Dioscoride où il est dit qu'en lui est revenu au monde Sophocle; pour Philisque, par ce que nous apprend Pline (*Hist. nat.*, XXXV, 36, 42), que le grand peintre Protogène l'avait représenté méditant. A cette liste des tragiques de l'époque et de l'école d'Alexandrie, il faut ajouter Callimaque, qui s'était, au rapport de Suidas, exercé dans la tragédie comme dans tant d'autres genres, et Timon le Sillographe, auteur, d'après Diogène Laërce (IX, 10), de soixante tragédies. Si l'on en croit le scoliaste d'Aristophane (*Thesmophor.*, 1059), le sujet d'*Adonis*, sur lequel s'était déjà exercé Denys le Tyran (Athen., *Deipn.*, IX), a été traité en tragédie par Ptolémée Philopator, qui n'honore guère la liste des tragiques alexandrins. De tout ce théâtre il est resté un très-petit nombre de fragments, parmi lesquels plusieurs ne sont pas sans quelque beauté poétique, par exemple celui des *Pélopides* de Lycophron (Stob., CXIX, 13), et le second des *Incertarum fabularum fragmenta* (Stob., XXII, 3). Voyez le Recueil de Fr. G. Wagner, éd. F. Didot, p. 153, 157.

étaient, après Homère, l'objet principal; dans ces didascalies dont Aristote[1] avait donné le modèle, et d'où sont venus jusqu'à nous, au moyen des scolies, le peu de détails traditionnels que nous possédons sur la composition et la représentation de leurs chefs-d'œuvre[2].

A dater de cette époque, ces belles productions du génie occidental commencèrent à se répandre dans l'Orient par une voie plus rapide que celle des éditions et des commentaires; elles y voyagèrent avec les troupes de comédiens dont l'industrie particulière avait succédé chez les Grecs, lors du déclin de leurs institutions, aux formes publiques, à la munificence civique des représentations solennelles, et qui, courant le pays, transportant de ville en ville leur scène errante et leur répertoire immortel, n'avaient pas tardé à aller chercher fortune dans les nouveaux États fondés sur les débris de l'empire d'Alexandre. Alexandre lui-même, fort épris de la tragédie grecque, qu'il citait souvent dans ses discours, et à qui était venue la singulière idée de lui faire construire, à Pella, une scène en airain[3], avait montré le chemin de l'Asie et aux pièces et aux acteurs. Plutarque nous apprend qu'il s'y était fait envoyer, par Harpalus, un grand nombre d'ouvrages d'Euripide, de Sophocle, d'Eschyle; qu'à son retour d'Égypte, dans des jeux célébrés par lui en Phénicie, le prix de la tragédie avait été disputé comme à Athènes. Les juges, c'étaient les plus illustres généraux de l'armée macédonienne; les chorèges, c'étaient les rois de Chypre, particulièrement ceux de Salamine et de Soli, Nicocréon et Pasicratès, luttant de magnificence; les acteurs, enfin, c'étaient Thessalus et Athénodore, les deux plus célèbres d'alors, faisant, ainsi que les troupes rivales dont ils étaient les chefs, assaut de talent. Athénodore l'emporta, au grand déplaisir d'Alexandre, protecteur de son rival, et qui aurait donné,

---

1. Diog. Laert., V, 26.
2. Voyez Fabric., *Biblioth. græc.*, t. II, p. 288, Harles; Casaub., *ad Athen.*, VI, p. 413 sqq. Ranke, *de Aristoph. vita*, etc. — 3. Plutarch., *Non posse suaviter vivi secundum Epicurum*.

disait-il, la moitié de son royaume, pour le voir triompher ; il ne s'en montra pas moins généreux envers le vainqueur, et paya de bonne grâce l'amende à laquelle l'avaient condamné les Athéniens, pour ne s'être pas trouvé aux fêtes de Bacchus[1].

Tous ces détails sont précieux à recueillir. Ils nous montrent la tragédie grecque encore florissante vers la fin du IV° siècle. Mais à l'importance des poëtes semble avoir succédé celle des comédiens, auxquels a passé la palme tragique, qui ont leurs factions de rois, que se disputent la Grèce et l'Asie. On retrouve plus tard Athénodore et Thessalus en compagnie d'un troisième tragédien, Aristocrite, à Suse, aux noces du conquérant, où les fait figurer, dans les divertissements de toute sorte qui en signalèrent la fête, un minutieux récit de l'historien Charès[2]. Sans doute qu'ils firent encore leur rôle, avec beaucoup d'autres, parmi les trois mille artistes qui vinrent de Grèce, quelque temps après, prendre part aux magnifiques jeux d'Ecbatane[3]. Nous avons vu nous-mêmes un autre Alexandre, promenant à la suite de ses armés victorieuses, dans les capitales de l'Europe, et jusqu'aux confins de l'Asie, notre tragédie et ses acteurs. Au Macédonien succédèrent sur les trônes asiatiques des souverains grecs ou d'origine grecque, qui dans leurs villes nouvelles, peuplées en partie par la Grèce et faites sur le modèle de ses villes, dans leurs Antiochies, leurs Séleucies, leurs Antigonies[4] et tant d'autres imitations de la patrie, dont ils couvraient leur empire étranger, attiraient près d'eux, par l'appât des honneurs et du gain, la foule aventureuse de leurs compatriotes. Ces colonies d'ambitieux accueillaient, on doit le croire, avec plaisir, dans leur exil, les interprètes d'une poésie qu'ils oubliaient au pays des barbares. « Douce parole ! » durent-ils s'écrier plus d'une fois, en

---

1. Plutarch., *Vit. Alex.*, IV, VIII, XXIX. Cf. *De fort. Alex.*; Arrian., *Expedit. Alex.*, VIII, 7.— 2. Athen., *Deipn.*, XII ; Ælian., *Var. hist.*, VIII, 7. — 3. Plutarch., *Vit. Alex.*, LXXII. Cf. LXVII ; Arrian., *Expedit. Alex.*, VII, 14. — 4. Diod. Sic., XX, 108.

les écoutant, avec le *Philoctète* de Sophocle. Quand les Romains conquirent l'Asie, ils y rencontrèrent partout, comme dans la Grèce elle-même, le théâtre grec. Lucullus, vainqueur de Tigrane, trouva Tigranocerte toute remplie de comédiens grecs, rassemblés à grands frais par ce prince, pour la décoration de sa nouvelle capitale, et qui ne servirent qu'aux jeux scéniques par lesquels ses ennemis y célébrèrent sa défaite[1]. Plus tard, comme pour venger Tigrane, un autre roi d'Arménie, roi lettré, qui avait composé en grec des histoires, des harangues et même des tragédies dont il subsistait encore quelque chose au temps de Plutarque, Artabaze, fêtait de même, avec son hôte, le roi des Parthes, Hyrodes, qui n'était pas non plus étranger à la langue ni à la littérature des Grecs, la victoire de ce dernier sur les Romains[2]. Les deux rois étaient à table, et un acteur tragique de la ville de Tralles, nommé Jason, jouait devant eux, avec un grand applaudissement, quelques scènes des *Bacchantes* d'Euripide, celles entre autres où paraît Agavé, portant orgueilleusement la tête sanglante de son fils, qu'elle prend dans son égarement pour la dépouille d'un jeune lion. Tout à coup les portes s'ouvrent, et des envoyés du Suréna parthe, se prosternant devant Hyrodes, jettent à ses pieds la tête de Crassus. Au milieu des transports confus qui éclatent de tous côtés, l'acteur rejetant le masque de Penthée qu'il tenait à la main et ramassant à terre l'affreux trophée, récite, comme inspiré de la fureur des Bacchantes, ce passage du rôle d'Agavé[3] : « Nous apportons des montagnes dans ce palais cette victime nouvellement égorgée, cette heureuse proie. — Qui lui porta le premier coup? s'écrie le chœur. — Moi, moi, dit Jason, c'est ma gloire. — C'est la mienne, » reprend un acteur imprévu qui lui arrache cette tête et prétend achever le rôle, un des envoyés du Suréna, nommé Pomaxaithres, celui-là même qui avait tué Crassus.

---

1. Plutarch., *Vit. Lucull.*, xxix. — 2. Plutarch., *Vit. Crass.*, xxxiii; Appian., *Parthic.*; Polyæn., *Strat.*, VIII, 41. — 3. Eurip., *Bacch.*, 1159.

Étrange et terrible aventure, où la tragédie réelle se mêlait à la fiction, et souillait de sang la pure et noble muse d'Euripide ! Triste abaissement du génie grec, réduit à amuser les loisirs des barbares, et chargé par eux, comme un bouffon cruel, du soin d'humilier la gloire de Rome !

Environ deux siècles avant cette époque, introduite à Rome par le tarentin Livius Andronicus, la tragédie grecque y avait reçu, en quelque sorte, le droit de cité : elle y avait appris des successeurs de ce vieux poëte, de Névius, d'Ennius, de Pacuvius, d'Attius, la langue de sa nouvelle patrie, et dans un style rude encore, mais énergique et hardi, qui mêlait quelque emphase à sa naïveté, elle avait reproduit, devant un peuple ignorant et charmé, toutes ces belles compositions d'Eschyle, de Sophocle, d'Euripide, destinées à plaire par leur exquise et profonde vérité, partout où elles peuvent s'expliquer, fût-ce imparfaitement, à des hommes assemblés : elle s'était même hasardée, fort rarement, il est vrai, à quitter son costume étranger, à revêtir la toge, à se faire toute romaine, à entretenir les Romains de leurs souvenirs nationaux, de leurs gloires domestiques, de Romulus, de Brutus, de Décius, de Paul-Émile, de celui peut-être dont le triomphe, changé en funérailles[1], lui offrait un exemple contemporain de ces catastrophes fatales, dans l'expression desquelles elle se complaisait. Mais la vie nouvelle qu'elle avait reprise sur une autre scène, expirait déjà avec les derniers accents de la voix pathétique d'Æsopus, avec les derniers applaudissements de Cicéron. Déjà le peuple, et même les chevaliers, les sénateurs, devenus peuple, ne se plaisaient plus qu'aux magnificences inouïes, insensées, d'un spectacle décoré, surchargé des dépouilles de l'univers; ils ne lui demandaient plus que des distractions toutes sensuelles[2]. Le temps approchait où la tragédie grecque,

---

1. Horat., *Od.*, I, xxxv, 4. — 2. Cic., *Famil.*, VII, 1; Horat., *Epist.* II, 1, 182 sqq.; Tit. Liv., *Hist.*, VII, 2.

retrouvant à Rome, non plus Athènes, mais Alexandrie, réduite de nouveau aux succès de la récitation publique, ou même de la lecture solitaire, n'aurait plus guère d'autre emploi que d'offrir dans ses fables un thème à l'industrie littéraire des poëtes amateurs, des Pollion, des Varius, où Ovide lui-même pourrait dire qu'il n'écrivait point pour le théâtre [1].

Ce n'est pas impunément que le drame quitte la scène; il perd bientôt par là tout caractère dramatique. La tragédie, que nous continuons d'appeler grecque, bien qu'on l'écrivît en latin, avait sans doute acquis quelque élégance depuis le temps d'Attius; mais à mesure qu'elle avait cessé de prétendre à l'illusion, à l'émotion, à la vérité, qui les produit seule dans les représentations du théâtre; qu'elle avait borné ses prétentions à ces applaudissements que provoque, le plus souvent, dans les cercles lettrés, le faux éclat des détails, elle était insensiblement devenue une simple forme, prêtée aux jeux du bel esprit, à l'érudition, à la science, un cadre convenu pour la dissertation philosophique, la déclamation morale et politique. Ce n'était plus qu'un genre faussé, plus exposé qu'aucun autre à l'invasion de tous ces excès du mauvais goût que devaient bientôt amener l'épuisement littéraire, la satiété des esprits et la dégradation des mœurs. De là, dans les pièces qui portent le nom de Sénèque, et qui représentent seules, à la place de celles de Pomponius Secundus, de Curiatius Maternus et d'autres encore qui ne se sont pas conservées, la poésie prétendue dramatique de ce temps, une transformation complète et véritablement monstrueuse de la tragédie grecque. Les Grecs recherchaient l'ordre, la progression, l'intérêt; il n'y a rien, chez Sénèque, malgré la régularité extérieure et même la distribution symétrique de ses ouvrages, qui ressemble le moins du monde au développement d'une action ou d'un caractère : les Grecs du fonds le plus simple savaient tirer des trésors de

---

1. *Trist.*, V, vii, 27.

passion ; Sénèque appauvrit la matière par une stérile abondance de lieux communs de toute sorte, poétiques, mythologiques, géographiques, scientifiques, philosophiques, politiques, par un maladroit et grossier placage qui cache mal, ou plutôt décèle l'indigence de sentiment qu'il recouvre : les Grecs avaient une naïveté d'expression qui, se pliant à toutes les affections du drame, atteignait sans effort au sublime ou au familier ; le style de Sénèque, tout artificiel, trahit la perpétuelle prétention d'étonner par la multiplicité fatigante des formes sous lesquelles se répète sans relâche et sans fin une même pensée, par une exagération et en même temps une subtilité, un raffinement, poussés quelquefois jusqu'aux extrêmes limites du ridicule : les Grecs, enfin, savaient ramener à la nature, réduire à la terreur et à la pitié ce que leurs fables consacrées leur offraient de plus incroyable et de plus atroce ; rien peut-être ne caractérise autant la tragédie de Sénèque que la recherche, la poursuite passionnée de l'inouï et de l'horrible, la peinture complaisante d'objets repoussants, rapprochés brutalement de l'imagination, quand ils ne le sont pas des yeux; une préférence dépravée pour les images du laid moral, telles que pouvait les lui fournir la société corrompue au sein de laquelle et pour laquelle il écrivait. C'est là l'explication et aussi l'excuse de tableaux qui nous semblent calomnier la nature humaine, mais qui avaient leur modèle, modèle trop réel, sur le trône même de Rome, dans ces prodiges de folie et de crime qu'avait enfantés, à cette malheureuse époque, l'ivresse du pouvoir absolu. Que si, dans ces ouvrages, la vertu elle-même sort à tout instant des bornes légitimes de la raison et du devoir, par les saillies d'un héroïsme extravagant, par une forfanterie de gladiateur, ce n'est pas seulement pour se conformer littérairement aux lois du contraste et de l'équilibre poétique, mais pour reproduire cette exagération vers laquelle les bons sentiments eux-mêmes sont inévitablement poussés par l'excès de l'oppression. Il est fâcheux seulement que, dans ces espèces de satires et de pamphlets politiques, les héros de la fable, dont le génie des poëtes grecs avait fait autant de types généraux des affections humaines, se trouvent les représentants des monstruosités morales de l'Empire, de ses tyrannies délirantes, de ses vertus guindées et factices; qu'on n'y voie pas paraître tout simplement, tout franchement, comme dans l'*Octavie*, Néron et Sénèque. C'est Sénèque, en effet, qui parle seul dans ces productions déclamatoires et fausses d'un art étranger au théâtre, où presque rien ne rappelle la vérité dramatique d'Euripide et de Sophocle; mais où, il faut le dire aussi, brillent du plus vif éclat certains traits singulièrement spirituels, hardis, énergiques, qui, à la renaissance des lettres classiques, frappèrent les modernes autant que les plus pures beautés de la véritable tragédie grecque; qui même, chose étrange, mais qu'explique l'espèce d'éblouissement produit par l'apparition de l'antiquité, leur parurent absolument de la même nature, et dignes d'être confondus avec elles dans le même enthousiasme, la même imitation.

Ici se présente une question que je me contenterai de poser, ne pouvant la résoudre avec certitude. L'an de Rome 566, M. Fulvius Nobilior, célébrant, par des jeux publics, ses succès dans la guerre d'Étolie, y fit paraître des artistes grecs, *artifices*, dit Tite Live, qui semble traduire ainsi le terme général, τεχνίτας, par lequel les Grecs désignaient leurs acteurs[1]. Un peu plus tard, en 585, L. Anicius, triomphant de l'Illyrie, en montra à son tour un fort grand nombre, et des plus célèbres, sur un vaste théâtre qu'il avait fait élever dans le Cirque. Polybe, dont Athénée nous a conservé le récit[2], décrit fort en détail, avec la malignité d'un Grec qui s'amuse de la grossièreté romaine, comment la représentation fut troublée, tout d'abord, par un ordre mal compris du général. Les joueurs de flûte, produits

---

1. Tit. Liv., *Hist.*, XXXIX, 22.
2. *Histor.*, XXX, 13; apud Athen., *Deipn.*, XIV.

les premiers devant le public, étaient rangés sur le devant de la scène ainsi que le chœur, et, invités à commencer, ils parcouraient avec leurs doigts, selon les règles de leur art, toute l'échelle des sons. Anicius, qu'ennuie ce prélude, leur crie qu'ils feront bien d'attaquer. Comme ils n'entendaient pas, un des licteurs, s'entremettant officieusement, leur fait signe de marcher les uns contre les autres, en figurant une sorte de combat. Les joueurs de flûte d'obéir et de s'abandonner, avec un zèle bouffon, à mille folies. Soufflant tous ensemble dans leurs instruments de la façon la plus discordante et la plus étrange, ils couraient sur le chœur, l'enfonçaient, le refoulaient, puis semblaient se retirer devant lui, poursuivis eux-mêmes à grand bruit. Mais lorsqu'un choriste, serré de trop près et se retournant tout à coup contre son assaillant, leva le poing pour se défendre, alors on éclata de toutes parts en applaudissements, en acclamations. L'arrivée dans l'orchestre et sur la scène, au milieu d'une telle mêlée, de deux danseurs et de quatre athlètes, avec force trompettes et clairons, mit le comble à une confusion, à un tumulte que Polybe désespère de pouvoir rendre. Il termine en disant, et c'est pour cela que je le cite, que, s'il entreprenait de parler des tragédiens qui parurent ensuite, il aurait l'air de se moquer. Marius, nous dit Plutarque[1], après son second triomphe, célébra la dédicace d'un temple par des spectacles grecs, auxquels, dans son mépris pour la Grèce et sa littérature, il ne daigna paraître qu'un moment. Dans les jeux magnifiques que donna Pompée, en 698, pour l'ouverture de son théâtre, il y eut aussi, nous le savons par Cicéron[2], des spectacles grecs. Il y en eut, c'est Cicéron encore qui nous l'apprend[3], aux jeux apollinaires de 709. Brutus, qui devait, en sa qualité de préteur, présider à cette fête, mais qui, forcé, après le meurtre de César, de quitter Rome, fut suppléé, dans cette fonction, par son suc-

---

1. *Vit. Mar.*, II. — 2. *Ad Fam.*, VII, I. — 3. *Ad Attic.*, XVI, 5.

cesseur désigné, frère de son ennemi, C. Antonius, d'assez mauvaise grâce, on le conçoit; qui eut, par exemple, le déplaisir d'apprendre que les spectacles qu'il avait préparés, avaient été indiqués, avec une affectation évidente, pour les nones juliennes, et non pas, selon l'usage récemment changé par la flatterie, du mois Quintilis; qu'au *Brutus* d'Attius on avait substitué, pour dérouter, par la mythologie, des allusions auxquelles l'histoire se serait mieux prêtée [1], le *Térée* du même poëte; Brutus, au rapport de Plutarque [2], avait pris antérieurement beaucoup de peine pour engager des comédiens grecs, un entre autres, célèbre alors, qui se nommait Canutius. Dans les mentions fréquentes que fait Suétone de jeux donnés sous l'Empire, il est quelquefois question de représentations scéniques où figurent des acteurs de toutes langues, *omnium linguarum histriones* [3], c'est-à-dire, comme l'on croit, jouant en latin, en osque et en grec. Une inscription romaine qu'on rapporte à l'année vingt-cinquième de notre ère, est destinée à conserver la mémoire de jeux latins et grecs donnés par treize affranchis [4]. D'autres inscriptions font mention de la scène grecque [5], une entre autres fort gracieuse, fort touchante, que je ne puis me défendre de rapporter tout entière, l'épitaphe d'une jeune fille, prématurément enlevée à cette scène, où, sous le règne de Néron, comme on l'a pensé [6], à la fête des Juvénales, instituée par cet empereur, elle avait fait l'essai de ses talents [7] :

« Eucharis, affranchie de Licinia, jeune fille instruite, savante dans tous les arts, a vécu quatorze ans.

« O toi, qui parcours du regard cette demeure de la mort, arrête un peu tes pas, et lis jusqu'au bout l'inscription que l'amour d'un père a consacrée à sa fille, dans ce lieu où devait être placée ma dépouille. Hélas ! quand ma verte jeunesse se

---

1. *Ad Attic.*, XVI, 1, 4, 5. — 2. *Vit. Brut.*, XXI. — 3. *Cæs.*, XXXIX; *Aug.*, XLII. — 4. Orelli, *Inscript. lat. select.*, n° 2546. — 5. Id., *ibid.*, n°ˢ 2608, 2614, etc. — 6. Visconti, *Iconograph. græc.*, t. I, p. 413.
7. Orelli, *ibid.*, n° 2602. Cf. *Anthol. lat.;* Burmann, IV, 353; Meyer, n° 1437.

parait de la fleur des arts, et qu'avec les années elle montait vers la gloire, mon heure fatale s'est hâtée, et m'a ravi l'espoir d'une plus longue existence. Moi qui, naguère, élevée, instruite, par les Muses elles-mêmes, formée presque de leurs mains, ai, dans les jeux de la noblesse, fait l'ornement du chœur, et paru la première devant le peuple sur la scène grecque, je ne suis plus qu'un peu de cendre que, par un arrêt cruel, les Parques ennemies ont enfermé dans ce tombeau. Les soins, l'amour, la gloire de ma patronne, tout cela est maintenant enseveli, avec mon corps consumé, dans le silence de la mort. J'ai laissé à mon père une fille à pleurer; par lui introduite dans la vie, je suis arrivée avant lui au jour du trépas. Quatorze jours, heureux anniversaires de ma naissance, sont ici à jamais plongés dans les ténèbres de la demeure de Pluton. Ne t'éloigne pas, je t'en prie, sans avoir souhaité que la terre me soit légère. »

On me pardonnera d'avoir étendu au delà du nécessaire cette citation. Des faits divers qu'elle complète, il est peut-être permis de conclure, sans trop de témérité, que, non-seulement la comédie, mais la tragédie grecque, s'expliquait, en certaines circonstances, dans sa propre langue, devant le peuple romain ; avec peu de succès, il est vrai, à en juger par les expressions dédaigneuses de Polybe et de Cicéron. Les Romains l'estimaient plus, ce semble, hors de Rome. Lucullus, je l'ai dit plus haut, en amusait, dans la capitale conquise de Tigrane, son armée victorieuse, et elle avait sa place dans les divertissements de toutes sortes par lesquels Antoine, avec sa Cléopâtre, dans l'île de Samos, à Athènes[1], s'étourdissait sur les graves chances de la guerre qui allait décider, entre Octave et lui, de l'empire du monde.

Cette tragédie, l'un des plaisirs les plus universels, les plus constants, les plus vifs du monde grec et du

---

1. Plutarch., *Vit. Lucull.*, XLIII; *Vit. Ant.*, LXI, LXII. Velleius Paterculus (II, 88) raconte qu'à un dîner d'Antoine son complaisant Plancus figura dans un spectacle dramatique, sous le personnage et avec le costume du dieu marin Glaucus; et le commentateur de l'historien, Ruhnken, soupçonne qu'on représentait devant le triumvir le *Glaucus Pontius*, tragédie, ou, selon d'autres (voyez God. Hermann, *de Æschyl. Glaucis*; *Opusc.*, t. II, p. 59), drame satyrique d'Eschyle,

monde romain, s'était bien fortement emparée des imaginations, et, devenue pour tous un langage que tous entendaient, des citations, des allusions fréquentes, à la tribune, au barreau, dans les écoles, dans les relations et les conjonctures diverses de la vie publique et privée, la transportaient, pour ainsi dire, sur autant de scènes nouvelles, où il n'est pas sans intérêt de la chercher.

Un orateur athénien, aux goûts littéraires et particulièrement dramatiques, dont le nom s'est rencontré plus d'une fois déjà dans cette histoire de la tragédie grecque, qui, nous l'avons vu, acheva son théâtre, érigea des statues à ses grands poëtes, assura, par des dispositions législatives, l'intégrité, la perpétuité de ses chefs-d'œuvre[1], Lycurgue, par exemple, lui fit jouer, vers l'année 329, une sorte de rôle politique. Il accusait, dans un éloquent discours qui nous est parvenu, Léocrate de s'être, après la défaite de Chéronée, lâchement séparé du malheur et du dévouement communs, en allant vivre, pendant huit ans, chez les étrangers. A ce calcul égoïste, il opposa le patriotique sacrifice que, d'après de chères traditions, Euripide avait peint dans son *Érechthée*. Au lieu de l'orateur, on entendit tout à coup, dans une longue suite de beaux vers, un des personnages du poëte, la fille du fleuve Céphise, la femme de l'antique roi d'Athènes Érechthée, la fabuleuse Praxithée, s'enivrant en quelque sorte de son amour pour sa patrie, et, afin de lui assurer la victoire, mise par les oracles à un tel prix, lui abandonnant, non sans une sorte de joie, plus citoyenne que mère, la vie de ses enfants, de ces héroïques filles attestées chez Lucien[2], avec Codrus, par Démosthène mourant. Ce morceau, que la citation de Lycurgue a conservé, rapportons-le quoique bien long. Sans doute il n'est pas toujours exempt des prétentions sophistiques d'un poëte qui se substituait trop volontiers aux acteurs de ses tragédies ; mais ce qui peut

---

1 Voyez plus haut, p. 115 et suiv. — 2. *Demosth. Encom.*, XLVI.

lui manquer de vérité dramatique, était bien compensé pour les auditeurs athéniens, ceux du théâtre, ceux de l'agora, par des élans de vertu civique auxquels devaient répondre toutes les sympathies. Nul peut-être n'est plus propre, et par lui-même et par l'emploi qu'on en a fait, à enseigner quel était, chez ce peuple épris des arts, la place attribuée, même parmi ses institutions politiques, aux productions du théâtre, et particulièrement à la tragédie, ce magnifique accessoire du culte rendu aux dieux de l'État, cette commémoration solennelle des grands souvenirs nationaux, cet enseignement public de vertu républicaine.

« Un bienfait généreusement offert charme les hommes; celui qui se fait attendre leur paraît sans générosité. Pour moi, je suis prête à donner la vie de ma fille, et voilà mes motifs. D'abord, où retrouver une patrie telle que la nôtre? Nous ne sommes pas un peuple venu d'ailleurs; nous sommes enfants du sol. Les autres villes, jetées sur la terre comme par le hasard d'un coup de dés, reçoivent de villes étrangères leurs habitants; patries d'emprunt.... peu dignes en effet de ce beau nom! S'il est permis, en passant, de rappeler d'autres avantages, nous jouissons d'un climat tempéré, où ne dominent avec excès ni la chaleur ni la froidure. Ce que la Grèce, ce que l'Asie portent de meilleur, contents des productions de notre terre, nous ne l'allons pas chercher. Une chose que je considère encore, c'est que nous mettons au jour des enfants surtout pour défendre les autels des dieux et de la patrie. La patrie! elle n'a qu'un nom ; mais ce nom comprend bien des concitoyens ; et dois-je les laisser périr quand je puis les sauver par le sacrifice d'une seule vie? Le petit nombre, je le sais, est inférieur au plus grand, et l'intérêt d'une maison ne peut pas balancer celui de l'État tout entier. Si, au lieu de jeunes filles, de mâles rejetons fleurissaient autour de moi, et que la flamme ennemie menaçât nos murailles, est-ce que, par crainte de leur mort, je n'enverrais pas mes fils au combat? J'aurais des fils pour combattre, pour se signaler parmi les guerriers, et non pour être d'inutiles membres de l'État, la vaine parure de leur mère. Les larmes des mères ont souvent amolli, au moment du départ, le cœur des jeunes soldats. Je hais les femmes qui à la gloire de leurs enfants préfèrent leur vie et leur conseillent le mal. Tombés sur le champ de bataille, ils auraient partagé avec leurs concitoyens la tombe et la gloire communes. La couronne de ma fille sera d'être offerte seule en sacrifice pour le salut de tous, de sauver par sa mort et toi, et mon époux, et sa mère, et ses sœurs. Faut-il refuser cette gloire? Non : ma fille n'est à moi que par la nature ; je la donne à la patrie. Eh ! si Athènes est détruite, que me serviront mes enfants? Dois-je, quand je puis l'empêcher, laisser tout périr? D'autres gouverneront, moi je sauverai l'État. Les lois antiques de nos ancêtres, notre propriété commune, je ne consentirai pas à leur ruine : cette lance de Pallas qui s'élève au sommet de notre ville, je ne laisserai pas Eumolpe et ses Thraces la parer insolemment de couronnes en horreur à la déesse[1]. O mes concitoyens ! prenez mes enfants, je vous les abandonne, et par eux sauvez-vous, soyez vainqueurs : une seule vie ne fera pas obstacle à votre salut. O mon pays ! si tous tes habitants t'aimaient comme je le fais, nous serions plus sûrs de te posséder, et tu ne redouterais aucun malheur[2]. »

Des appels de ce genre aux souvenirs du théâtre tragique n'étaient pas, ne devaient pas être rares chez un peuple devant qui Sophocle, nous le verrons[3], repoussa victorieusement, par la seule lecture de quelques vers de son *Œdipe à Colone*, une étrange et odieuse accusation d'imbécillité; à qui Aristophane fait dire, par la bouche d'un de ses comiques représentants : « Si l'acteur Œagrus est cité en justice, nous ne le renverrons pas absous, qu'il ne nous ait récité quelque beau passage de *Niobé*[4]. » Ses orateurs, qui le connaissaient bien, faisaient sans cesse intervenir, dans leurs discours, Homère, Hésiode, Solon, dont ils lisaient, ou même faisaient lire par le greffier, comme des actes politiques, comme des pièces judiciaires, les vers toujours bien venus. Comment Eschyle, Sophocle, Euripide n'eussent-ils pas fait quelquefois les frais de ces espèces d'intermèdes?

Quand Eschine, accusé par Timarque de prévarication dans son ambassade auprès de Philippe, l'accusa lui-même de désordres qui, aux termes des lois, devaient lui interdire l'accès de la tribune, il emprunta au *Phœnix* d'Euripide[5], vantant fort la sagesse du poëte, des maximes d'après lesquelles, disait-il, les Athéniens devaient juger son adversaire[6]. Quand, après la condamnation et

---

1. Voyez Musgrave. — 2. Lycurgue, *Orat. in Leocrat.* Cf. Plutarch., *de Exsil.*, XIII. — 3. Liv. III, chap. v. — 4. *Vesp.*, 592. Voyez plus haut, p. 108. — 5. Cf. Diod. Sic., XIII, 14 — 6. Æschin. *In Timarch.*

le suicide de Timarque, Démosthène poursuivit seul l'accusation qui leur était commune, il retourna contre Eschine sa propre citation, et lui reprocha malignement d'avoir perdu le souvenir d'autres vers qu'il avait bien souvent déclamés, lorsqu'il jouait en troisième ordre les rôles de tyran, et qui eussent pu le rappeler à ses devoirs de citoyen. Ce sont des vers de l'*Antigone* de Sophocle, où Créon fait parade de maximes patriotiques, en elles-mêmes fort belles, et que Démosthène cita à son tour pour en accabler Eschine [1].

Quelquefois les orateurs rappelaient moins directement les souvenirs de la tragédie. Lysias, prononçant l'oraison funèbre des guerriers athéniens morts dans la guerre de Corinthe; Isocrate [2], faisant l'éloge d'Athènes, réclamant pour Athènes le partage de cette primauté que s'arrogeait Sparte, n'oubliaient pas, parmi les titres antiques de leur patrie, le secours généreux prêté par elle à Adraste, aux enfants d'Hercule : c'était citer en quelque sorte deux tragédies d'Euripide, ses *Suppliantes*, ses *Héraclides*. Plus tard, suivait leur exemple, avec addition de beaucoup d'autres traits fameux dans l'histoire héroïque d'Athènes, avec mention générale des poëtes qui les avaient célébrés, l'auteur d'un éloge funèbre des guerriers morts à Chéronée, placé mal à propos, pense-t-on, parmi les œuvres de Démosthène ; là se trouvaient implicitement des allusions à de nombreuses tragédies, telles que les deux d'Euripide qui ont été tout à l'heure nommées, telles que l'*Ajax* de Sophocle. Antoclès, voulant obliger Ménexide à plaider devant l'aréopage dont il déclinait la juridiction, argumentait de l'exemple des *Euménides* qui s'étaient soumises elles-mêmes à ce tribunal.

---

1. Demosth., *de Falsa legat.* Cf. Soph., *Antig.*, 175 sqq. Un tragique du second ordre, Carcinus (voyez plus haut, p. 99), fut cité dans un discours de Lysias, selon Harpocration (v. Καρχίνος).
2. *Panath.; Panegyr.* On raconte (Plutarch., *Vit. x Rhet., Isocrat.*) que lorsque Isocrate se laissa mourir de faim pour ne pas survivre à la bataille de Chéronée, il répéta plusieurs fois trois vers d'Euripide où étaient rappelés les trois asservissements d'Argos par Danaüs, du Péloponèse par Pélops, de Thèbes par Cadmus.

Pouvait-il ne pas penser, ne pas faire penser à un des chefs-d'œuvre d'Eschyle ?

On trouve ce dernier fait dans la *Rhétorique* d'Aristote [1], remplie elle-même de citations empruntées aux tragiques, et qui par là nous fait connaître que si leurs vers trouvaient quelquefois place dans les discours des orateurs, les rhéteurs en faisaient le principal ornement de leurs leçons d'éloquence.

Ce genre d'agrément n'était pas dédaigné même dans les écoles philosophiques. On le devinerait rien que par ce grand nombre d'allusions à des vers, à des situations, à des rôles de tragédie qui se rencontrent dans l'histoire anecdotique des philosophes. Socrate, leur père commun, ne s'en faisait pas faute dans ces entretiens qu'a redits ou imités Platon [2], et, en mainte occasion, ils faisaient comme Socrate.

Ainsi Aristippe, jeté par un naufrage sur les côtes de la Sicile, près de Syracuse, s'appliquait les premiers vers de l'*Œdipe à Colone* [3], ceux où l'illustre exilé demande en quels lieux il se trouve, qui va l'accueillir, de qui il recevra les secours nécessaires à ses besoins. Ainsi, entre le même Aristippe et Platon, l'un remplaçant, pour complaire à Denys, son manteau de philosophe par une robe de pourpre, l'autre, s'y refusant, avait lieu cet échange de deux passages des *Bacchantes* :

« Je ne pourrais vraiment me résoudre à revêtir des habits de femme. »

« Même dans le désordre des fêtes de Bacchus, l'âme du sage se conservera pure [4]. »

---

1. II, 23. Cf. Cic., *Tusc.*, I, 48.
2. Voyez dans l'*Apologie de Socrate*, le *Phédon*, le *Théétète*, le *Gorgias*, l'*Ion*, l'*Euthydème*, les deux *Alcibiade*, le *Théagès*, le *Phèdre*, le *Banquet*, la *République*, II, III, VII, VIII; l'*Axiochus*; t. I, p. 85, 86, 301; II, 72, 78; III, 296, 298, 307, 316, 360; IV, 250, 401; V. 49, 163, 247; VI, 63, 106, 246, 253, 291; IX, 110 sq., 136 : X, 81, 138, 168, 179, 188; XIII, 134 des *Œuvres de Platon*, traduites par V. Cousin. Plusieurs passages précieux d'Eschyle et d'Euripide nous ont été conservés par ces citations prêtées à Socrate, notamment dans le *Gorgias* et la *République*, II.
3. Galen., *Protreptic. ad artes*.
4. V. 826, 315. Voyez Diog. Laert., II, 78; Sext. Empir., *Pyrrhon*,

Ainsi Aristote, lorsqu'il se disposait à traiter lui-même de la rhétorique après Isocrate, témoignait, prétend-on [1], de son dédain pour le célèbre rhéteur, en s'écriant avec Ulysse, dans le *Philoctète* d'Euripide :

« Il serait honteux de se taire et de laisser parler.... »

le poëte avait dit : « Les barbares ; » le philosophe disait : « Isocrate. »

Ainsi, la vue du *Télèphe* d'Euripide, avec ses haillons et sa besace de mendiant, tant raillés par Aristophane, décidait Cratès, qui y trouvait sans doute, comme depuis d'autres philosophes [2], une noble image de Diogène, à embrasser la vie cynique [3].

Ainsi la tragédie des *Bacchantes*, dont on retrouve sans cesse la trace dans l'antiquité, était, pour un philosophe de la même école, que Lucien [4] nomme Démétrius, l'occasion d'une assez impertinente plaisanterie. Trouvant un jour, à Corinthe, un ignorant qui lisait cet ouvrage, il le lui arracha, et lui dit, l'ayant mis en pièces : « Il vaut mieux, pour le pauvre Penthée, être déchiré une fois pour toutes par moi, que par toi si souvent. »

Ainsi, quand Arcésilas venait se donner à Crantor, qui l'acceptait pour son disciple, ce pacte se traduisait dans leur entretien tout poétique par un dialogue d'Euripide, celui de Persée offrant ses services à *Andromède* qui lui en promet le prix :

« Jeune fille, quand je t'aurai sauvée, m'en témoigneras-tu quelque reconnaissance ? — Je te suivrai, ô étranger! comme ta servante, si tu le veux, ou bien comme ton épouse [5]. »

---

hypot., III, 24; Athen., *Deipn.*, XII; Stob., *Serm.*, V; Suid., v. Ἀρίστιππος; et sur la manière diverse dont les vers d'Euripide sont rapportés par ces auteurs, et la conséquence qu'on peut tirer de cette diversité pour établir qu'il y a eu deux éditions des *Bacchantes*, Bœckh, *Græc. trag. princip.*, XXIII.

1. Cic., *de Orat.*, III, 5; Quintil., *Inst. orat.*, III, 1. — 2. Maxim. Tyr., VII, 45.

3. Diog. Laert., V, 87. Cratès avait lui-même composé des tragédies, dont on peut voir un remarquable échantillon, *ibid.*, VII, 98.

4. *Advers. indoct.*, XIX. — 5. Diog. Laert., IV, 29. Cf. 35.

Polémon, par sa prédilection pour Sophocle, s'était fait donner le surnom de Φιλοσοφοκλῆς [1] ; un surnom du même genre eût convenu à Crantor, passionné pour Euripide, et qui, le citant sans cesse, répétait surtout ce trait de son *Bellérophon :*

« Hélas ! mais pourquoi dire hélas ? Ce que je souffre est d'un mortel [2]. »

Aux représentants de l'Académie, on pourrait ajouter ceux du Portique, Zénon, Cléanthe, Chrysippe [3], non moins enclins à s'exprimer en vers de tragédie, les adoptant comme l'expression la plus vive de leur propre pensée, ou, selon Plutarque [4], en changeant, pour les y accommoder, le tour et le sens. Un philosophe de cette école, Denys d'Héraclée, dit Cicéron [5], qui avait appris la constance sous Zénon, reçut d'un nouveau maître, de la douleur elle-même, un tout autre enseignement. Tourmenté d'une colique néphrétique, il gémissait, criait, répétant par intervalles que ce qu'il avait jusque-là pensé de la douleur était bien faux. Survint Cléanthe, son condisciple, qui lui demanda ce qui l'avait amené à changer ainsi de sentiment. « Ce raisonnement, répondit-il : s'il arrivait qu'après avoir longtemps philosophé, on ne pût cependant supporter la douleur, ne serait-ce pas une preuve suffisante qu'elle est un mal ? Or il est vrai qu'après tant d'années d'étude je ne le puis : c'est donc un mal. » A ces mots, Cléanthe, frappant du pied la terre, cita, dit-on, cet endroit des *Épigones* d'Eschyle ou de Sophocle : « Entends-tu cela, sous la terre, Amphiaraüs ? » Il voulait dire Zénon, dont il était fâché de voir le disciple dégénérer.

De ces traits divers et d'autres que j'oublie, on aurait le droit, je le répète, de conclure *a priori*, ce que l'on sait d'ailleurs par des témoignages positifs ; ce que l'on a dit de Chrysippe, qui remplissait ses ouvrages de cita-

---

1. Diog. Laert., IV, 20. — 2. *Id.*, IV, 26 ; Plutarch., *De fortitud.* — 3. Diog. Laert., VII, 23 ; Plutarch., *De Stoicorum repugnantiis.* — 4. *De Aud. poet.* — 5. *Tusc.*, II, 25.

tions poétiques, et y avait transcrit presque toute la *Médée*[1] ; ce que rapporte Cicéron[2] de quelques philosophes, tels que Denys, tels que Philon, qu'il avait entendus; ce que l'on voit pour ainsi dire en action chez Épictète[3], chez ses historiens, ses commentateurs Arrien[4] et Symplicius[5], chez Maxime de Tyr[6], chez Marc Aurèle[7] et même chez le stoïcien imaginaire que met en scène Lucien dans son *Banquet*, sous le nom d'Hétœmoclès[8] : c'est que l'enseignement philosophique dans toutes les écoles, mais surtout dans celles des stoïciens, demandait volontiers ses exemples, ses textes d'argumentation à la tragédie appelée, selon Philostrate[9], par Nicagoras, « la mère des sophistes; » qu'il lui empruntait d'heureuses, de frappantes images pour exprimer le caractère de nos diverses affections, la lutte du devoir contre la passion, de la liberté morale contre la fatalité, l'indifférence du sage à l'égard des inconstances et des rigueurs de la fortune, sa résignation au cours nécessaire des choses, son intelligence ou du moins son interprétation pieuse des vues cachées de la Providence, la dignité et le bonheur de celui qui sait accepter, pour le jouer avec convenance, le rôle, quel qu'il puisse être, qui lui échoit dans ces drames de la vie dont Dieu[10] est le poëte et le chorége.

Faut-il s'étonner que la tragédie revienne sans cesse dans les discours prêtés par l'histoire aux hommes célèbres de l'antiquité grecque? Que, par exemple, elle fasse presque entièrement les frais de la lettre qu'on suppose écrite par Dion, partant pour l'exil, à Denis le Jeune.

---

1. Quintil., *Instit. orat.*; Galen., *de Hippocrat. et Plat. dogm.*, III; Diog. Laert., VII, 180. — 2. *Tusc.*, II, II. Cf. *De Nat. Deor.*, III, 38. — 3. *Enchirid.*, LII, fragm. 174. — 4. *Epicteti dissert.*, I, 4, 19, 24, 28; II, 1, 16, 17, 22. — 5. *In Epictet. Enchirid.*, 17, 31. — 6. *Philosophic. dissertat.*, 7, 13, 41. — 7. *Commentar.*, XI, 6. — 8. *Conviv.*, 24. — 9. *Vit. Sophist. Hippodrom.*
10. La fortune, selon le *Ménippe* de Lucien. Voy. *Necyomant.*, 16, dans une piquante comparaison de la vie humaine avec une représentation dramatique.

« …. Je crois pouvoir te dire, avec Euripide, que, dans d'autres circonstances,

Tu souhaiteras d'avoir près de toi un homme tel que moi.

Rappelle-toi encore que la plupart des autres poëtes tragiques, quand ils font mourir un roi sous les coups d'un traître, ne manquent pas de lui mettre ces mots dans la bouche :

Malheureux ! je meurs parce que je n'ai point d'amis. »

Voici encore un passage qui a toujours été goûté des hommes sensés :

« Ni l'or éblouissant, si rare dans cette vie dépourvue, ni le diamant, ni les tables d'argent qui ont tant de prix aux yeux des hommes, ni les plaines riches et fertiles d'une vaste terre, n'ont autant d'éclat que l'union des gens de bien [1]. »

Nul n'a fait plus d'usage de la tragédie grecque qu'Alexandre, qui la savait par cœur, et en répétait quelquefois de longues tirades [2] ; il la citait à tout propos, et son exemple était suivi en cela aussi bien qu'en d'autres choses. Il l'aurait rendue complice d'un grand crime, si, comme on le raconte [3], il s'était réellement servi d'un vers de la *Médée* [4] pour exciter à la vengeance le meurtrier de Philippe. C'est par des vers, également empruntés à son tragique de prédilection, Euripide [5], qu'il témoigna, dit-on encore [6], pour Callisthène, une aversion trop tôt traduite en arrêt de mort. En revanche, quand il tua Clytus, cet acte de violence, que réparèrent de si nobles larmes, avait été provoqué par l'injurieuse application que, dans le désordre d'un repas, ivre de vin et de colère, son impétueux et im-

---

1. Voyez *Œuvres de Platon*, traduites par V. Cousin, t. XIII, p. 55.
2. Athen., *Deipn.*, XII. — 3. Plutarch., *Vit. Alex.*, x. — 4. *Med.*, 291.
5. Il s'agit d'un vers souvent cité, entre autres, par Cicéron. *Famil.*, XIII, 15, et de vers de la tragédie des *Bacchantes*, les v. 264, 265.
6. Plutarch., *Vit. Alex.*, LIII.

prudent ami lui avait faite, de ce passage de l'*Andromaque*[1] :

« Les Grecs ont un bien injuste usage. Qu'une armée dresse un trophée, l'honneur ne sera pas pour ceux qui ont pris la peine, qui ont travaillé à la victoire, mais seulement pour le général. Parmi tant de milliers d'hommes, également armés de la lance, il n'a pas plus fait qu'un autre, il recueille plus de gloire. »

Cette intervention de la tragédie grecque dans les scènes de la vie réelle n'est pas moins fréquente sous les successeurs d'Alexandre. S'agit-il pour Démétrius Poliorcète d'un mariage politique dont s'effraye sa jeunesse, son père Antigone l'y détermine par la parodie d'un vers d'Euripide. Est-il vaincu après tant de victoires, Eschyle lui prête d'éloquentes paroles pour se plaindre de la fortune qui l'a élevé, et semble maintenant vouloir le perdre. Un Thébain qui le voit arriver dans sa ville, en modeste équipage, sans l'appareil fastueux qu'il affectait naguère, le salue d'un vers, où l'auteur des *Bacchantes*[2] avait peint Bacchus cachant, sous une apparence mortelle, sa divinité. De fausses manœuvres ayant placé son armée entourée, affamée, dans une position fort critique, un de ses soldats se permet de l'en railler gaiement par un écriteau, où on lit, comme au début de l'*Œdipe à Colone*, mais avec un léger changement[3] :

« Enfant de l'aveugle vieillard Antigone, en quels lieux sommes-nous venus[4] ? »

Du moment où Rome, devenue lettrée, connaît, par les

---

1. *Androm.*, v. 684 sqq. Voyez Plutarch., *Alex.*, LI; Q. Curt., VIII, 1; Julian., *Cæsar.*, etc. — 2. Euripid., v. 4.
3. Ἀντιγόνου au lieu de Ἀντιγόνη. Quant à l'épithète τυφλοῦ, ce qui pouvait en justifier l'application à Antigone, c'était, je crois, qu'il était borgne, comme nous le savons par les éloges donnés à Apelles (Quintil., *Inst. orat.*, II, 18 ; Plin., *Hist. nat.*, XXXV, 36) pour avoir dissimulé ce défaut en le peignant de profil.
4. Plutarch., *Vit. Demetr.*, XIV, XXXV, XLV, XLVI.

originaux aussi bien que par les traductions, par les imitations de ses poëtes dramatiques, le théâtre des Grecs, il ne manque pas davantage dans son histoire de citations, d'allusions de ce genre. En voici deux exemples remarquables :

Pompée, passant de sa galère dans la barque d'où le perfide Achillas lui tendait la main, se retourna vers Cornélie effrayée, et, inquiet lui-même, cita des vers où Sophocle avait dit, non peut-être sans quelque allusion maligne à la situation de son rival Euripide chez le roi de Macédoine, Archélaüs :

« Qui se rend à la cour d'un tyran, est déjà, bien que libre encore, devenu son esclave [1]. »

Un autre vaincu de la guerre civile, fuyant le champ de bataille où avait succombé la liberté, Brutus, éleva ses regards vers le ciel étoilé, et, avec la *Médée* d'Euripide, s'écria, Antoine s'en souvint plus tard :

« O Jupiter, qu'il ne t'échappe pas, l'auteur de nos maux [2] ! »

Il ajouta, peut-être d'après le même Euripide, ce blasphème contre la vertu, qui lui a été tant reproché :

« Misérable vertu ! je me suis attaché à toi comme à une réalité, et tu n'es qu'un vain mot, tout au plus l'esclave de la fortune [3] ! »

La correspondance de Cicéron, ce vif et piquant journal, n'offre que vers de tragédie tournés à l'expression de l'événement, de la passion de chaque jour, et avec l'aisance d'un homme sûr d'être entendu à demi-mot de correspondants aussi familiers que lui-même avec ce qu'il leur rappelle. Que de fois, par exemple, fatigué de

---

1. Plutarch., *Vit. Pomp.*, LXXVIII; *de Audiend. poet.*; Sophocl., *Fragm. incert.*, LIV.
2. *Med.*, 336; Plutarch., *Vit. Brut.*, LIX; Appian., *Bell. civil.*, IV, 130.
3. Florus, IV, 7; Dion., XLVII; Zonar., X, 29. Cf. Volt., *Œdipe*, acte V, scène dernière.

la guerre civile et de ses héros, il souhaite d'être en lieu

« où il n'entende plus parler des Pélopides ; où ne parvienne pas même leur nom[1]. »

Il se sert, pour le dire, de paroles latines ; car, par une sorte de patriotisme littéraire, il croit la gloire du nom romain[2] intéressée à ce qu'il transcrive, plus souvent que les Grecs eux-mêmes, leurs énergiques, mais rudes interprètes, Ennius, Pacuvius, Attius, dont bientôt, chez les générations nouvelles, Horace, Perse, Martial, l'auteur du *Dialogue des orateurs*, parleront avec si peu de révérence[3]. La dignité romaine ne lui permet pas, comme il en paraît quelquefois tenté[4], de porter à la tribune publique, dans le Forum, dans le Sénat, cette érudition étrangère ou semi-étrangère, qui y fut plus tard de mise, et que n'épargnèrent point Asinius Pollion et ses autres successeurs dans la carrière de l'éloquence[5] ; mais il s'en dédommage amplement, à l'exemple des rhéteurs et des philosophes grecs, comme il le dit lui-même[6], dans ses traités de toute sorte. Là se rencontrent les débris les plus intelligibles, les plus frappants de la vieille, de la véritable tragédie latine, cette image, imparfaite sans doute, de la tragédie grecque, qui aujourd'hui nous rend quelque chose de tant d'originaux perdus : là brillent, dans le nombre des fragments de traduction plus entiers, dont on peut lui faire honneur à lui-même, les belles plaintes surtout d'Hercule mourant, de *Prométhée* attaché au Caucase[7].

---

1. *Famil.*, VII, 28, 30 ; *ad Attic.*, XIV, 12 ; XV, 11. — 2. *De Fin.*, I, 2. — 3. Horat., *Epist.*, II, I, 57 ; *ad Pison.*, 258 ; Pers., *Sat.*, I, 76 ; Martial., *Epist.*, XI, 90 ; *Dial. de Orat.*, xx, xxi.
4. Voyez *pro Rosc. Amer*, xxiv ; *pro Sext.*, lv sqq. ; *in Pison.*, xix, xxxiii, etc.
5. Nous le savons par Quintilien (*Inst. orat.*, 1, 8), dont les paroles sont remarquables : « Nam præcipue quidem apud Ciceronem, frequenter tamen apud Asinium etiam et cæteros, qui sunt proximi, vidimus Ennii, Attii, Pacuvii.... et aliorum inseri versus, summa non eruditionis modo gratia, sed etiam jucunditatis ; quum poeticis voluptatibus aures a forensi asperitate respirent.... »
6. *Tusc.*, II, II. — 7. *Ibid.*, II, 10.

De son temps, un grand poëte, au début d'une œuvre admirable[1], retraçait, comme exemple des crimes de la superstition, le sacrifice d'*Iphigénie*, avec des traits d'un pathétique quelquefois demandé au souvenir d'Eschyle et d'Euripide[2]. Ainsi fit plus tard Horace, non-seulement dans ces scènes, on peut leur donner ce nom, où argumentent, à grand renfort de citations tragiques, selon la méthode de leurs maîtres, des écoliers stoïciens[3]; mais partout, dans ses satires, dans ses épîtres, dans ses odes, où il introduit la tragédie, pour son propre compte, comme symbole, tantôt plaisant, tantôt sérieux, de ses idées, de ses sentiments, où il peint, je ne cite que quelques traits parmi tant d'autres, Bacchus bravant les menaces, insultant aux fers de Penthée, Amphion disputant avec son frère Zéthus, Teucer partant pour aller chercher, à travers les mers, une autre Salamine, Ajax cédant à l'attrait de sa captive Tecmesse, Hypermnestre sauvant Lyncée de la mort, Diane regrettant de ne pouvoir rien pour Hippolyte mourant, Télèphe implorant sa guérison d'Achille qui l'a blessé, Prométhée attaché au rocher du Caucase[4]. Ainsi firent les poëtes élégiaques, d'une inspiration toute personnelle, qui, comme lui, à cette même époque, intéressèrent le public romain à la confidence de leurs sentiments intimes et des accidents de leur vie : non pas Tibulle, trop exclusivement occupé de sa passion, trop abandonné à ses goûts de médiocrité paresseuse et de loisir champêtre, pour s'en distraire par des épisodes littéraires; mais Catulle, qui se détourne des amours de Manlius et des siens[5] pour s'étendre poétiquement, peut-être d'après Euripide[6], sur l'histoire de *Protésilas* et de Laodamie; mais Gallus, pour qui le Grec Parthé-

---

1. Lucret., *de Nat. rer.*, I, 85 sqq. — 2. *Agamemn.*, 179 sqq.; *Iphig. Aulid.*, 1209. — 3. *Sermon.*, II, III, 131 sqq., 187 sqq., 303 sqq. — 4. *Epist.*, I, XVI, 74 sqq ; XVIII, 41; *Carm.*, I, VII, 21 sqq.; II, IV, 5 sqq ; III, XI, 25 sqq.; IV, VII, 25; *Epod.*, XVII, 8 sqq., 67 sqq., etc.
5. *Carm.*, LXVII, 73 sqq. — 6. Euripid., *Protesil.*, fragm. Cf. Hygin., *Fab.* CIII.

nius rédige, sous forme d'arguments et de matières que développera incidemment le poëte dans ses élégies, un recueil d'aventures de ce genre[1], dont plusieurs viennent des tragiques ; mais Properce, éloquent imitateur de la passion érudite des Callimaque, des Philétas, des Euphorion, qui comme eux, dans ses vers brûlants, admet trop souvent en tiers, entre sa maîtresse et lui, les héros de la fable, se souvient, quelque ému qu'il soit, à tout propos, de l'épopée, de la tragédie, se possède même parfois assez pour raconter des drames tout entiers, entre autres l'*Antiope* d'Euripide[2]; mais enfin Ovide, chez qui il ne faut pas s'étonner de retrouver le même procédé de composition, bien naturel au poëte qui, dans ses Métamorphoses, ses Héroïdes, a reproduit, sous une forme nouvelle, presque tout le théâtre tragique, et, s'inspirant d'Eschyle, de Sophocle, d'Euripide, même de leurs imitateurs latins, a fait aussi, dans de dramatiques récits, lui l'auteur d'une *Médée* applaudie au théâtre, son Io, son Phaéton, son Penthée, son Athamas, son Andromède, sa Niobé, son Térée, son Méléagre, ses Trachiniennes, son Ajax, son Hécube, son Memnon, son Romulus (je me sers, pour désigner ses fables, de titres consacrés sur le théâtre grec et latin); qui antidatant, comme au reste se le permettent souvent les tragiques grecs, l'invention de l'écriture et du commerce épistolaire, s'est constitué le secrétaire, souvent trop spirituel, de Phèdre, d'Œnone, d'Hypsipyle, d'Hermione, de Déjanire, de Canacé, de Médée, de Laodamie, d'Hypermnestre. Veut-on savoir combien il était rempli de la tragédie grecque, et porté, par conséquent, à la laisser se répandre et déborder en toute occasion dans ses vers, même dans ceux dont le sujet se rapportait le plus directement à lui, à ses affections, à ses plaisirs, à ses malheurs? Qu'on relise, dans l'apologie de poésies amoureuses, si cruellement punies par l'exil de leur

---

1. *De Amatoriis affectionibus.* — 2. Propert., *Eleg.*, III, xv, 15 sqq. Cf. Valcken., *Diatrib. in Euripid.*, II.

auteur, ce qu'il dit[1], peu d'accord en cela avec les critiques modernes, de la grande place qu'avait l'amour même dans la tragédie :

« Est-il un genre que ne surpasse en gravité la tragédie ? Elle aussi cependant emprunte à l'amour tous ses sujets. Que voit-on dans l'Hippolyte ? l'aveugle passion d'une belle-mère. Par quoi est illustre Canacé ? par son commerce avec son frère. Et ce fils de Tantale, à l'épaule d'ivoire, l'amour ne poussait-il pas le char, les coursiers phrygiens, qui emportaient avec lui la princesse de Pise ? Quand une mère rougit son poignard du sang de ses enfants, un ressentiment amoureux conduisit son bras. L'amour a changé en oiseaux un roi et sa maîtresse, avec cette mère qui pleure aujourd'hui encore le sort de son fils Itys. Si le coupable frère d'Atrée n'eût été l'amant d'Œrope, on ne nous dirait pas que les chevaux du Soleil se sont un jour détournés de leur route. Jamais Scylla n'eût chaussé le cothurne tragique, si sa main impie n'eût dépouillé la tête de son père du cheveu fatal[2]. Vous qu'intéressent Électre, Oreste privé de sa raison, c'est le crime d'Égisthe, de la fille de Tyndare, que vous lisez. Parlerai-je du vainqueur de la Chimère, du triste Bellérophon, que faillit conduire à la mort la calomnie d'une femme perfide, l'épouse de son hôte ? Rappellerai-je Hermione; et toi, fille de Schœnée, et toi, prêtresse d'Apollon, qu'aima le roi de Mycènes ? et Danaé, et la bru de Danaé, et la mère de Bacchus, et le jeune Hémon, et cette femme pour qui la nuit doubla son cours, et le gendre de Pélias, et Thésée, et ce Grec dont le vaisseau toucha le premier au rivage troyen ; ajoutons encore Iole, la mère de Pyrrhus, l'épouse d'Hercule, Hylas, le royal enfant de Troie. Si je voulais passer en revue tous les feux allumés dans la tragédie, le temps me manquerait ; les titres seuls des ouvrages, mon livre ne pourrait les contenir. »

Que de souvenirs accumulés, soit de tragédies que nous possédons, de l'*Agamemnon*, des *Trachiniennes*, de l'*Antigone*, de l'*Électre*, de l'*Oreste*, de l'*Hippolyte*, de la *Médée*, de l'*Alceste*, de l'*Andromaque*, soit d'autres perdues pour nous, telles que l'*Œnomaüs*, de Sophocle ou d'Euripide, le *Térée*, l'*Atrée* du premier, l'*Éole*, le *Protésilas*, la *Sténobée*, la *Danaé*, l'*Andromède*, la *Sémélé*, l'*Alcmène* du second! Il s'en rencontre beaucoup de cette sorte dans ses *Tristes*, dans ses Élégies datées du Pont, et qui s'y produisent quelquefois d'une manière

---

1. *Trist.*, II, 381-408. — 2. Voyez plus haut, p. 12, not. 1.

touchante. Son exil, loin de tous les siens et de sa patrie, dans un pays barbare, le fait songer à *Philoctète* dans sa solitude de Lemnos[1]. La fidélité ou l'abandon de ses amis lui rappellent ce triomphe de l'amitié dont, au dire des poëtes, les contrées voisines du lieu qu'il habite furent autrefois le théâtre[2]. Son imagination transforme la fable de l'*Iphigénie en Tauride* en tradition historique; il se la fait raconter par un vieillard qui l'a apprise de ses pères, et dont il entend le récit ; car, hélas! le gète, le sarmate, sont maintenant sa langue.

« Nous aussi, séparés de vous par les froides eaux de l'Ister, nous connaissons la beauté, la gloire de l'amitié. Il est dans la Scythie, non loin des Gètes, un pays dès longtemps nommé Tauride ; j'y suis né, et n'en rougis pas. La divinité du pays fut toujours la sœur de Phébus, dont le temple antique se voit encore avec ses hautes colonnes et ses nombreux degrés. Il s'y trouvait jadis une image de la déesse, venue du ciel, prétendait-on, et la chose est sûre, car le piédestal existe. Pour l'autel, le marbre blanc dont il était construit a changé de couleur, incessamment rougi du sang des sacrifices. Les victimes qu'immole une femme non soumise à l'hymen, et supérieure en noblesse à toutes les filles de la Scythie, ce sont, ainsi l'ont institué nos ancêtres, les étrangers, condamnés à tomber sous le couteau de la prêtresse. Au temps où ce pays était gouverné par Thoas, le plus illustre des princes qui aient régné sur les rivages méotides, près des eaux de l'Euxin, il y vint, à travers les airs, je ne sais quelle Iphigénie. Apportée par les vents, Phœbé, dit-on, lui donna un asile dans son temple, dont elle devint la prêtresse. Déjà depuis de longues années elle prêtait à regret ses mains à un cruel ministère, quand un vaisseau déposa sur nos bords deux jeunes gens. Ils avaient même âge, même amour mutuel : l'un était Oreste, l'autre Pylade ; la renommée a conservé leurs noms. On s'empare d'eux et, sans tarder, on les conduit vers le terrible autel de Diane, les mains liées derrière le dos. La prêtresse grecque répand l'eau lustrale sur leurs têtes blondes que va ceindre le sacré bandeau. Tandis qu'elle s'occupait de ces apprêts et cherchait à les prolonger, elle disait aux deux infortunés : « Pardonnez-moi, je suis sans cruauté, et forcée à ces actes plus barbares que le pays même. Ainsi le veulent les usages de ce peuple. Mais vous, d'où êtes-vous venus ici ? où alliez-vous sous de si malheureux auspices ? » Leur réponse lui

---

1. *Trist.*, V, IV, 12 ; *Ex Ponto*, III, I, 54. — 2. *Trist.*, V, IV, 25.

fait connaître qu'ils sont ses compatriotes. « Il faut, reprend-elle, qu'un de vous deux soit offert en victime à la déesse ; l'autre, je le chargerai d'un message pour sa patrie et la mienne. » Pylade veut qu'Oreste parte, Oreste refuse ; ils se disputent à qui mourra ; c'est là le seul désaccord qui les ait jamais séparés. Tandis que continue cette noble lutte, la prêtresse écrit pour son frère une lettre, et celui qui doit la porter, celui à qui elle la remet, admirez les coups du sort, c'était son frère ! C'en est fait : ils s'empressent de ravir la statue de la déesse, et le vaisseau les emporte au loin, à travers la mer immense. Cette merveilleuse amitié est restée, après bien des années, célèbre dans la Scythie [1]. »

Ce morceau, écrit chez les Scythes, équivaut presque à une représentation de la pièce d'Euripide dans le pays barbare où le poëte en a placé la scène. Je ne puis mieux finir que par lui une revue qu'il me serait facile de poursuivre ; car jamais n'ont cessé, dans l'antiquité, ces échos de toutes sortes, qui répétaient sur tant de tons divers, en tant d'occasions, en tant de lieux, les accents partis de la scène tragique.

Les arts eux-mêmes, inspirés d'abord par la grandeur d'Homère, par la variété des poëtes cycliques, avaient fait pour ainsi dire de l'épopée, quand naissaient du génie de Phidias ces images divines de Jupiter ou de Minerve qui semblaient ajouter à la religion [2] ; quand sous le ciseau de ses maîtres, de ses émules, de ses élèves, se déroulaient sur les frontons et les frises des temples, à Athènes, à Olympie, à Tégée, à Phigalie, dans toute la Grèce, quand étaient reproduits par la peinture, sur leurs murs intérieurs, les combats des Centaures et des Lapithes, la guerre de Thésée et des Amazones, la lutte d'Œnomaüs et de Pélops, la chasse de Calydon [3], le cercle entier des aventures héroïques; quand le pinceau de Polygnote et de Panénus couvrait les murs de la Lesché de Delphes et du Pécile athénien, des mille personnages engagés dans l'action, ou de la prise de Troie, ou de la descente d'Ulysse aux enfers, ou de la

---

1. *Ex Ponto*, III, II, 43-96. — 2. Quintil., *Inst. orat.*, XII, 10.
3. Pausan., *Att.*, XVII; *Elid.*, X; *Arcad.*, XLV, etc.

bataille de Marathon[1]. Depuis, se réduisant à des compositions de moindre dimension, de proportions plus arrêtées, plus précises, d'une plus sensible unité, d'un mouvement, d'un intérêt passionnés, dramatiques, les arts firent souvent, à l'imitation du théâtre, en concurrence avec lui, de la tragédie. Eschyle, au début d'une pièce sublime dont on doit bien regretter la perte, avait montré l'inconsolable *Niobé*, assise depuis trois jours, la tête voilée, la bouche muette, sur la tombe de ses enfants[2], et de son corps immobile, *couvant*[3], c'était l'énergique expression du grec, toute sa postérité ensevelie. On croirait que Praxitèle, ou Scopas, car dès les temps anciens on hésitait sur l'auteur de cette tragique sculpture, dont Florence possède probablement la copie[4], on croirait, dis-je, que l'un ou l'autre de ces deux artistes entreprit de lutter contre la grande image d'Eschyle, lorsqu'il représenta Niobé, au milieu de ses enfants, de toutes parts frappés, recueillant dans son sein, pour le protéger contre les flèches vengeresses, le dernier, le plus jeune, et par un regard douloureux, désespéré, cherchant à désarmer la main impitoyable des dieux. Le temps nous a également ravi une pièce où Eschyle avait introduit Ajax et Ulysse se disputant les armes d'Achille[5]. Ce sujet, traité tant de fois et sous tant de formes diverses, avant et après le grand tragique[6], fut reproduit par le célèbre peintre Parrhasius, lorsque, dans l'île de Samos, il disputa, sans succès, le prix au non moins célèbre Timanthe. On a conservé le mot par lequel cet artiste, glorieux autant qu'habile, se vengea de sa défaite : « Je plains, dit-il, le sort d'Ajax, une seconde fois vaincu par un adversaire indigne de lui[7]. » Panénus, parmi les peintures dont il

1. Pausan., *Att.*, xv; *Phoc.*, xxv, xxxi; Plin., *Hist. nat.*, XXXV, 34, 35.
2. Schol. Aristoph., *Ran.*, 922; schol. Æschyl., *Prometh.*, 433; *Æschyl. Vit.*, etc. — 3. Hesych., v. Ἐπώζειν. Voyez God. Hermann., *de Æschyl. Niobe*, 1823; *Opusc.*, 1828, t. III, p. 37. — 4. Plin., *Hist. nat.*, XXXVI, 4; Auson., *Epitaph.*, 28; *Anthol. gr.*, IV, 9.
5. Ὅπλων κρίσις, *Armorum judicium*, Pacuv., Att. fragm. — 6. Voyez plus loin, liv. III, ch. I. — 7. Athen., *Deipn.*, X; Ælian., *Var. hist.*, IX, II; Plin., *Hist. nat.*, XXXV, 10.

orna le trône sur lequel son frère Phidias avait assis le Jupiter d'Olympie, représenta, encore d'après une pièce aujourd'hui perdue d'Eschyle[1], Hercule venant délivrer *Prométhée* enchaîné sur le Caucase[2]. Aux tragédies de Sophocle on peut rapporter, comme inspirées par elles, d'autres productions de l'art ; à son *Térée*, par exemple, pièce alors célèbre[3], dont il ne reste que des fragments, un groupe qu'on voyait à la citadelle d'Athènes, et où l'émule de Phidias, Alcamène, avait exprimé la tragique situation de Progné, recevant dans ses bras Itys au moment où elle médite de se venger d'un époux sur un fils[4] ; à son *Philoctète*, qui, demeuré vainqueur des deux ouvrages célèbres où Eschyle et Euripide ont traité le même sujet[5], devait surtout préoccuper l'imagination des artistes, peut-être cette statue de Pythagore de Rhégium, qu'on ne pouvait regarder sans croire ressentir, dit Pline[6], les douleurs du héros boiteux, et ce tableau de Parrhasius, où sa souffrance intérieure était attestée seulement par une larme s'échappant d'un œil enflammé[7]. C'est un vers d'Euripide[8] qui suggéra à Timanthe l'idée tant célébrée[9], de couvrir d'un voile la figure d'Agamemnon dans son pathétique tableau du sacrifice d'Iphigénie. Sculpteurs et peintres, à cette époque, où, nous l'avons dit plus haut, Euripide faisait de l'expression l'objet principal de l'art tragique, s'appliquaient eux-mêmes à exprimer dramatiquement, tragiquement, par la forme, par la couleur, les affections de l'âme. En même temps qu'Euripide le leur enseignait par ses exemples, Socrate leur en donnait le conseil ; c'est le sens des discours que Xénophon[10] lui fait tenir à

---

1. Voyez plus loin, liv. II, ch. IV. — 2. Pausan., *Elid.*, II. — 3. Aristoph., *Av.*, 100. — 4. Pausan., *Att.*, XXIV. Cf. *Ter.* Att. Fragm. ; Ovid., *Metam.*, VI, 619 sqq. — 5. Voyez plus loin, liv. II, ch. III. — 6. *Hist. nat.*, XXXIV, 19.

7. *Anthol. græc.*, IV, 8. Voyez aussi Pline, *Hist. nat.*, XXXV, 36, où l'on a proposé de lire, au lieu de *Philiscum*, *Philocteten*. Cf. Plutarch., *de Aud. poet.* — 8. *Iphig. Aulid.*, 1529. — 9. Cic., *Orat.*, XXII ; Val. Max., VIII, XI, 6 ; Quintil., *Inst. orat.*, II, 13 ; Plin., *Hist. nat.*, XXXV, 36, etc.

10. *Memorabil.*, III, 10.

deux d'entre eux, à Parrhasius et au statuaire Citon. Il était naturel qu'ils cherchassent des sujets d'exercice, des occasions de lutte, dans les personnages, les situations déjà rendus par les poëtes tragiques, et popularisés par les succès du théâtre. De là cette statue d'Aristonidas, qui, en mémoire de l'*Athamas* d'Eschyle, ou d'un des deux *Athamas* de Sophocle [1], peut-être aussi de l'ouvrage d'Euripide, auquel l'épouse d'Athamas, la plaintive *Ino* [2], avait donné son nom, voulant représenter, chez le terrible roi d'Orchomène, le repentir qui succède à la fureur, après qu'il a précipité son fils Léarque, s'avisa d'un moyen qui semble assez étranger au caractère, aux procédés de son art, et mêla ensemble l'airain et le fer, afin que la rouille de l'un, sortant à travers le luisant de l'autre, exprimât la rougeur de la honte [3]. De là tant d'autres reproductions en airain, en marbre, par le pinceau surtout, des scènes les plus connues du théâtre tragique (on en trouvera la mention fréquente chez Pausanias, Pline et autres; il serait long et fatigant d'entrer ici dans ce détail), jusqu'à l'époque où Jules César acheta si chèrement, pour en orner le temple de Vénus Génitrix [4], deux morceaux fameux d'un grand artiste du temps, de Timomaque de Byzance, son *Ajax*, sa *Médée*. Timomaque avait encore fait un *Oreste*, une *Iphigénie en Tauride*, qui n'étaient pas d'un moindre prix [5]. Les épigrammes de l'Anthologie grecque, piquantes archives, bien souvent, du génie dramatique des sculpteurs et des peintres de l'antiquité, font ressortir, dans ces ouvrages d'un émule de Sophocle et plus encore d'Euripide, l'exquise vérité de l'expression, et d'une expression qui ne s'attaque pas seulement à une passion, mais, avec une hardiesse nouvelle, entreprend de rendre le combat de deux passions contraires [6]. Parmi ces innombrables statues

---

1. Voyez Attius, *Atham.*, Fragm. — 2. Hor., *ad Pison.*, 123.—3. Plin., *Hist. nat.*, XXXIV, 40. — 4. Plin., *Hist. nat.*, VII, 39; XXXV, 9, 40. — 5. Id., *ibid.*, XXXV, 40. Cf. Plutarch., *de Aud. poet.* — 6. *Anthol.*, IV, 6, 8, 9. Cf. Auson., *Epigr.* CXXIX, CXXX. Voyez plus loin, liv. III, ch. 1; liv. IV, ch. IV.

dont la victoire avait depuis longtemps rempli les temples, les basiliques, les portiques et les places de Rome, dont les rapines des proconsuls ou le luxe éclairé de quelques amateurs avaient formé dans cette ville de riches galeries, il s'en trouva sans doute bon nombre qui interprétaient aux Romains, mieux encore que les traductions, les imitations de leurs poëtes, les chefs-d'œuvre de la tragédie grecque. Nous connaissons par Properce[1] et par Ovide[2], par les scoliastes d'Horace et de Perse[3], la magnifique décoration de la place où, en l'an de Rome 726, Auguste avait consacré le temple d'Apollon Palatin. Des portiques l'entouraient, formés de colonnes en marbre de Numidie. Devant les colonnes étaient les statues équestres des cinquante fils d'Égyptus; dans leurs intervalles les statues pédestres des cinquante filles de Danaüs, et, auprès d'elles, leur barbare père, l'épée à la main, les nombreux personnages de cette trilogie d'Eschyle que nous représente aujourd'hui sa tragédie des *Suppliantes*[4]. Pline, qui parle assez fréquemment de la collection rassemblée par Asinius Pollion, nous dit qu'on y voyait, parmi d'autres morceaux précieux, un groupe immense d'un seul bloc, apporté de Rhodes. Apollonius et Tauriscus, qui en étaient les auteurs, y avaient reproduit le dénoûment de l'*Antiope* d'Euripide, Zéthus et Amphion attachant l'ennemie, la persécutrice de leur mère, Dircé, à un taureau furieux[5]. C'est ce même monument qui, trouvé sous Paul III, dans les thermes d'Antonin, a passé du palais des Farnèses ses restaurateurs, desquels il a pris son nom de *Taureau Farnèse*, dans le musée de Naples. A d'autres artistes de Rhodes, Agésandre, Polydore, Athénodore, était dû aussi ce groupe de Laocoon et de ses enfants, ornement du palais de Titus, dans les ruines duquel on l'a retrouvé, au temps de Jules II, avec de tels transports d'enthousiasme, et que les vicissitudes de la guerre ont fait voyager, pour sa

---

1. *Eleg.*, II, xxiii, 1-4. — 2. *Amor.*, II, ii, 4-5; *Trist.*, III, i, 60-62. — 3. *Sat.*, II, 56. — 4. Voyez livre II, ch. i. — 5. *Hist. nat.*, XXXVI, 4.

plus grande gloire, du Vatican au Louvre, et du Louvre au Vatican. Ce groupe n'est peut-être pas, comme le disait Pline[1], de toutes les productions de la peinture et de la sculpture la plus excellente, mais c'est assurément la plus expressive, la plus tragique, et peut-être remonte-t-il, par l'imitation, de modèle en modèle, à travers la description de Virgile, si toutefois, ce dont on doute[2], elle lui est antérieure, à travers celles de la poésie alexandrine, dont avait pu profiter l'auteur de l'Énéide[3], jusqu'au *Laocoon* de Sophocle. Parmi des tableaux de grands maîtres que regarde, sous un portique de Naples, le héros de Pétrone[4], il en est un que lui explique en vers son compagnon de promenade, poëte communicatif, et qui retrace avec d'autres scènes de la prise de Troie, le sujet si pathétiquement rendu par les sculpteurs rhodiens. Les tableaux dont Lucien a orné cette splendide maison si curieusement décrite dans une des compositions sophistiques de sa jeunesse, offrent, selon son expression[5], des drames en peinture, que Sophocle et plus encore Euripide ont dessinés d'avance : un Oreste tuant Égisthe près du cadavre de Clytemnestre déjà immolée, et, par ce dernier acte de justice, seul offert aux spectateurs, effaçant en partie l'idée de son parricide[6]; une Andromède, regardant avec effroi et non sans mélange de pudeur virginale, Persée qui combat pour sa délivrance et va la conquérir[7]; une Médée, comme celle de Timomaque, le poignard levé sur ses enfants qui lui sourient[8]. Il y a beaucoup de tableaux de ce genre, parmi ceux que se sont également complu à décrire les deux Philostrates[9], qui citent quelquefois à ce propos Sophocle et Euripide, et, sans remonter si haut, auraient pu trouver des autorités dans leur famille; ils avaient pour père et pour grand-oncle un sophiste du même nom, que ses quarante-trois tragédies, sans parler de ses trois livres

---

1. *Hist. nat.*, XXXVI, 4. — 2. Voyez Lessing, *Laocoon*. — 3. Voyez Heyne, *Excurs.* v, vi ad *Æn.*, II. — 4. *Satir.*, LXXXIX. — 5. *De OEco*, XXIII. — 6. Voyez plus loin, liv. III, ch. vii. — 7. Voyez plus haut, p. 135. — 8. Voyez plus loin, liv. IV, ch. iv. — 9. *Imagines*.

sur la tragédie[1], nous commandent d'ajouter, par forme de supplément, à notre liste de poëtes tragiques. Callistrate, sophiste d'époque inconnue, dont on joint ordinairement les statues[2] aux tableaux des Philostrates, se souvient aussi d'Euripide, à l'occasion d'une figure où nous retrouvons encore la *Médée* de ce poëte, avec ce conflit tumultueux de passions contraires, proposé par lui comme un problème à l'émulation des arts. Il est bien vrai qu'on peut justement soupçonner et statues et tableaux d'être des ouvrages imaginaires, dans la description desquels s'est jouée, faute de sujets plus sérieux, la fantaisie de ces écrivains. Mais, dans leurs inventions, ils se sont certainement conformés aux habitudes de composition des artistes leurs contemporains. Nous le savons par tout ce que nous a rendu, et nous rend encore, de la peinture, de la sculpture antiques, à l'époque romaine, le sol de l'Italie ; et, sans en recueillir les preuves, ce qui serait infini, dans les galeries qui se sont formées par toute l'Europe de ces précieux débris, dans les recueils qui les ont reproduits par le dessin et expliqués par la science archéologique, nous en trouvons de suffisantes dans le livret seul de notre Musée. Là nous rencontrons encore Sophocle et Euripide dans des bas-reliefs qui nous offrent tantôt une scène détachée, comme par exemple celle d'*Oreste* vengeant son père, d'*Antiope* réconciliant ses fils[3] ; tantôt se déroulant sur les faces d'un sarcophage, des drames entiers, distribués comme par actes, selon la division romaine, toute la fable de *Méléagre*, d'*Hippolyte*, de l'*Iphigénie en Tauride*, de l'éternelle *Médée*[4]. Des représentations de ce genre ne sont pas rares dans ce qui s'est conservé et se retrouve chaque jour des produits si nombreux de la toreutique, de la plastique, de la céramique chez les anciens. Or, au

---

1. Suid., v. Φιλόστρατος. — 2. *Expositiones*.
3. Si ce n'est pas plutôt, selon une autre interprétation, Eurydice, entre Orphée qui la perd une seconde fois et Mercure qui la reprend. Voyez Guignaut, *Religions de l'antiquité*, t. IV, 1ʳᵉ part., p. 328 ; IIᵉ part., pl. CCLIII.
4. Voyez nᵒˢ 16, 212, 219, 270, 388, 478 du Musée des Antiques.

nombre de celles qui se voient si délicatement, si élégamment tracées sur les vases peints de l'Étrurie, il y en a qui semblent bien anciennes, qu'on peut supposer à peu près contemporaines de ce qu'elles expriment. La Grèce, qui avait envoyé aux Étrusques, à la suite de Démarate, le père du premier Tarquin, ces artistes au nom symbolique, Euchir et Eugramme, en qui se personnifie l'art de mouler et de peindre l'argile[1], les fournit ensuite, pour l'exercice de cet art, en abondance, de sujets empruntés à sa poésie épique et dramatique, et, par cette voie, la tragédie grecque, que Rome devait ignorer longtemps, s'approcha d'elle bien avant l'époque où le consul M. Livius Salinator l'y amena de Tarente, avec son captif Andronicus. Peut-être même s'était-elle déjà montrée, ou se montra-t-elle plus tard sur la scène des Étrusques, qui eut, nous le savons par Varron[2], mais il ne nous apprend pas en quel temps, des tragédies, des poëtes tragiques, dont un nommé Volnius.

Nous voilà revenus, par un long détour, au théâtre. Qui nous y fera suivre jusque dans le moyen âge la trace de la tragédie grecque? Ce sera la pantomime, le dernier spectacle, le dernier drame du monde ancien, qui enchanta si longtemps et Rome, et Byzance, et toutes les villes occidentales, orientales qui relevaient d'elles; la pantomime, qu'au VIe siècle de notre ère le ministre de Théodoric, Cassiodore, s'occupait de relever, par ses règlements, avec autant de sollicitude que les autres ruines de la civilisation romaine et de l'administration impériale[3]. Cette poésie, au muet langage, comme disait Simonide[4], n'avait pas été étrangère à l'art dramatique des Grecs; elle l'avait même précédé, sous un autre nom, celui qui désignait la danse dans ces espèces de représentations lyriques dont il était sorti : le tétramètre trochaïque, mètre orchestique, dit Aristote[5], avait été long-

---

1. Plin., *Hist. nat.*, XXXV, 43. — 2. *De Ling. lat.*, V, 55. — 3. Cassiod., *Epist.*, I, 20; IV, 51. — 4. Plutarch., *Sympos.*, IX, 15. — 5. *Poet.*, IV. Cf. *Problem.*, XIX, XXXI.

temps, par cette raison, celui de la tragédie; les antiques fondateurs de l'art tragique, Thespis, Pratinas, Cratinus, Phrynichus, par l'attention particulière qu'ils avaient donnée, comme auteurs, comme chefs de troupe et acteurs, à l'accompagnement mimique de leurs œuvres, avaient mérité ce même nom d'orchestiques [1]; enfin, s'il en faut croire une anecdote piquante d'Élien [2], l'un d'eux, Phrynichus, avait été élu général au théâtre même, pour des vers de tragédie, dont le rhythme militaire convenait aux mouvements de la danse pyrrhique. Aristophane s'égaye quelquefois sur les agréments un peu grossiers, les grâces un peu rudes de leurs gestes et même de leurs pas, dont on pourrait presque, au besoin, retrouver le dessin dans ses vers [3]; une autre fois, descendant jusqu'à ses contemporains, et jouant sur le nom de Carcinus, il représente follement toute cette famille dramatique de poëtes et de danseurs [4], sous la figure bouffonne d'un ballet de crabes [5]. Dans l'intervalle, l'art orchestique n'avait pas été négligé, il s'en faut bien, par les maîtres de la scène. Eschyle l'avait pratiqué et y avait lui-même exercé ses acteurs [6], dont l'un qu'on peut regarder comme son disciple en ce genre, Télestès, y avait excellé, au point que, dans la tragédie des *Sept chefs*, ses gestes rendaient visibles aux yeux les tableaux si vifs retracés par les vers du poëte [7]. Sophocle, qui, dans la fleur de son adolescence, l'éclat de sa beauté, avait dansé autour du trophée de Salamine, n'avait pas dédaigné, plus tard, de faire son rôle parmi les jeunes compagnes de sa *Nausicaa*, qu'une scène naïve et familière représentait jouant ensemble à la balle comme dans l'*Odyssée*, et sans doute avec cette grâce, cette harmonie de mouvements que les

---

1. Athen., *Deipn*. I. (Voyez plus haut p. 6, note 1re.) Cf. Plutarch., *Sympos.*, VIII, 9. — 2. *Var. hist.*, III, 8. (Voyez plus haut, p. 91.) — 3. *Vesp.*, 1512 sqq. — 4. Voyez plus haut, page 99 sq.
5. *Vesp.*, 1523 sqq. Par une erreur bouffonne, Dalechamps a fait d'un crabe, dont il est question chez Athénée, XV, le poëte Carcinus. Voyez Valcken, ad *Euripid. Phœniss.*, 815. Meineke, *Fragm. comic. græc.*, t. Ier, p. 512, attribue à Meursius et à Gesner la même inadvertance.
6. Aristoph., *Ran.*; Athen., *Deipn.*, I. — 7. Athen., *ibid.*

Grecs, artistes en tout, mêlaient à cet exercice, et dont Athénée a emprunté à leurs poëtes de si agréables peintures[1]. La danse, le geste, l'expression mimique occupaient donc, chez les Grecs, une place fort importante dans les représentations théâtrales. Aristote leur en accorde une dans sa *Poétique* : seulement il semble les attribuer spécialement à la partie la plus musicale et la plus rhythmique du drame, c'est-à-dire au chœur[2]. Les Romains, qui avaient pour la danse et pour cette gesticulation animée qui en dépend, et qu'on n'en distinguait point, une passion peu digne de leur gravité, dont s'indignait Scipion Émilien[3], en avaient fait de fort bonne heure l'élément principal du spectacle tragique et comique. Dès le temps de Livius Andronicus[4], ils en étaient venus, dans certains morceaux d'élite, qui, détachés du dialogue et soutenus d'un accompagnement plus musical, s'appelaient *cantica*, à séparer les gestes des paroles prononcées, à la place de l'acteur, par un chanteur placé, pour cela, près du joueur de flûte. Leur Roscius excellait par l'action; ils en parlaient, comme ils parlèrent depuis des pantomimes[5], et il ne lui manquait, pour mériter complétement ce nom, que de renoncer complétement, comme les pantomimes, à la parole. Ce que n'avait pas fait Roscius, Pylade et Bathylle le firent au temps d'Auguste, et après eux, les Hylas, les Mnester, les Pâris, toute cette longue suite de comédiens du même genre, qui avaient, dit Sénèque[6], leurs écoles, leurs maisons, leurs clients, et dont l'histoire des Césars, qui est souvent la leur, dont les épigrammes flatteuses des Anthologies grecque et latine, nous ont conservé tous les noms, jusqu'à celui de la danseuse Helladia, qui se faisait homme comme les autres se faisaient femmes, et à laquelle Byzance, qui lui vit danser le rôle d'Hector, éleva des statues. Les témoignages de l'antiquité sont una-

---

1. *Odyss.*, VI, 100; Athen., *Deipn.*, I. — 2. Arist., *Poet.*, I. — 3. Macrob., II, 10; Cf. Sallust., *Cat.*, xxv; Hor., *Od.*, III, vi, 21. — 4. Tit. Liv., VII, 1, 2; Val. Max., IV, 2. — 5. Voyez Cic., *pro Archia*, VIII, XVII; *de Orat.*, III, 26, 102, etc. — 6. Senec., *Nat. Quæst.*, VII, 32.

nimes dans ce qu'ils nous disent de vraiment merveilleux sur l'art des pantomimes, qui, justifiant leur nom, suffisaient, par l'éloquente vérité de leurs attitudes et de leurs gestes, à l'expression de tous les sentiments et de toutes les idées; qui, passant par les rôles divers d'une même pièce, faisaient à eux seuls l'office d'une troupe entière [1] : car ce ne fut qu'assez tard, à ce qu'il semble, que dans les représentations des pantomimes chaque personnage eut son représentant [2]. On sait avec quelle passion emportée, effrénée jusqu'au scandale, les Romains de l'empire, dans leur sensualité, s'attachèrent à cette poésie du corps, la seule qui leur restât et dont ils fussent dignes. Qu'était devenue l'autre cependant? Quelque chose de bien humble, de bien subalterne, le programme, le livret de la pantomime. Stace vendait, pour vivre, au pantomime Pâris les prémices de son *Agavé* [3]. Euripide, Sophocle, Eschyle, ne vivaient non plus, j'entends de la vie des poëtes, que par la grâce des histrions qui voulaient bien *danser* leurs vers, dans ce temps où on *dansait* toutes choses, jusqu'aux récits de l'épopée, jusqu'aux plaidoyers et aux panégyriques [4]. C'est par cette dernière traduction que finissait la tragédie grecque [5], traduction plus fidèle que bien d'autres, quoique cependant, réduite à un seul genre d'expression qu'il lui fallait souvent forcer pour se faire entendre, elle ne pût échapper elle-même à l'exagération. Pylade, jouant *Hercule furieux*, lançait des flèches sur le peuple, et il répéta impunément cet insolent jeu de théâtre dans l'appartement d'Auguste, qui ne trouva pas mauvais que l'acteur en usât avec lui sans cérémonie, comme avec le peuple [6]. Un autre comédien,

---

1. Manil., *Astron.*, V, 476; Lucian., *de Saltat.*, LXVI, etc. — 2. Apul., *Metam.*, X. — 3. Juven., *Sat.*, VII, 87. — 4. Suet., *Ner.*, LIV; Plin., *Panegyr. Traj.*, LIV, etc.

5. C'est ce que dit des *Trachiniennes* de Sophocle, Arnobe, *Adv. nation.*, IV, 35; des *Troyennes* et de l'*Ion* d'Euripide une inscription en l'honneur d'un pantomime du nom de Pylade, peut-être du fameux Pylade, qui avait, à ce qu'il semble, introduit sur la scène mimique ces deux tragédies. Voyez Orelli, *Inscript. lat. select.*, t. 1, p. 460, n° 2629.

6. Macrob., *Sat.*, II, 7.

dont Lucien raconte, avec sa grâce ordinaire, la plaisante histoire[1], représenta de même, plus qu'au naturel, la folie d'*Ajax*. On le vit tout à coup déchirer les vêtements du batteur de mesure, troublé, à l'improviste, dans l'exercice de ses modestes fonctions, arracher la flûte du musicien étonné et la briser sur la tête d'Ulysse, encore tout orgueilleux de sa victoire, puis, s'élançant dans l'orchestre, aller s'asseoir entre deux graves consulaires, peu charmés de cette incartade tragique, et qui craignaient fort d'être traités par le terrible acteur comme dans la pièce de Sophocle *Ajax porte-fouet* traite les troupeaux de l'armée. La tragédie grecque, on le voit, retrouvait quelquefois chez les pantomimes de nouveaux Sénèques.

Sortons du théâtre, et arrêtons-nous, en passant, dans cette société nouvelle, qui anathématisait en lui tous les désordres du monde ancien, dont il était le commun réceptacle. Là encore nous rencontrons la tragédie grecque et Euripide, dont Apollinaire d'Alexandrie[2], dont Grégoire de Nazianze, ou l'auteur quel qu'il soit de cette *Passion du Christ* qui nous est venue sous son nom, dérobaient les formes, les vers même, pour les tourner, avec un zèle ingénieux, à la louange des croyances proscrites, en dépit, dit-on, de la jalouse intolérance de Julien, qui en interdisait l'étude aux chrétiens. Ainsi plus d'une fois se bâtirent, avec les débris des temples du paganisme, les églises de la religion naissante. Dans l'ouvrage attribué à Grégoire de Nazianze, Hécube, Andromaque, Médée même, prêtent l'expression de leurs douleurs maternelles à la douleur inouïe de la mère d'un Dieu fait homme, qui, tandis que son fils succombe comme les hommes à la mort, succombe elle-même, malgré sa foi, à la douleur humaine. La tragédie grecque pouvait fournir aux pieux larcins du saint auteur des traits mieux en rapport avec le caractère d'un tel sujet, dans le drame

---

1. *De Saltat.*, LXXXIII. — 2. Sozom., V, 18, etc. Cf. Fabric., *Biblioth. græc.*, t. II, p. 285, Harles.

sublime de *Prométhée*, où Tertullien apercevait une image confuse du mystère de la rédemption[1]. Au reste, l'industrie d'un poëte érudit, qui assemble laborieusement les pièces au moins profanes, parfois païennes, de son centon chrétien, les préoccupations d'un théologien, jaloux d'expliquer le dogme autant que d'intéresser à l'histoire de son merveilleux établissement, beaucoup d'incohérences, de contradictions, de longueurs et de redites souvent textuelles, refroidissent cet ouvrage, dans lequel cependant l'écrivain se maintient, en plus d'un endroit, assez heureusement, au niveau du pathétique d'Euripide, et, chose plus difficile, de celui des Écritures. Ce n'est point un drame que cette *Passion*; c'est un dialogue continu, sans entr'actes, sans divisions d'aucune espèce, où les journées se succèdent, où la scène se déplace, sans qu'on en avertisse, par le seul travail de l'imagination du lecteur[2]. Il en était ainsi dans un autre drame, ou plutôt dans un autre ouvrage de forme dramatique, composé, non pas sur un sujet du Nouveau, mais de l'Ancien Testament, non pas par un chrétien, mais par un juif, à une époque fort antérieure, puisque quelques-uns des fragments qui nous en restent ont été transcrits, avant Eu-

---

1. Tertull., *advers. Marcion.*, I, 1. Cf. *Apologet.*, xviii.
2. Voyez sur cet ouvrage dans le *Journal des Savants*, janvier et mai 1849, p. 12, 275 et suiv., les intéressants articles où M. Charles Magnin en fait connaître, par des analyses et des traductions, le caractère, et rapportant les opinions si nombreuses et si diverses qui le retirent ou le maintiennent, par des raisons tantôt théologiques, tantôt littéraires, à saint Grégoire de Nazianze, les accorde toutes au moyen de cette opinion nouvelle, que le Χριστὸς πάσχων, tel qu'il nous est parvenu, est un amalgame assez indigeste de deux ou trois drames ou fragments de drames écrits entre le ive et le viiie siècle et cousus fort négligemment ensemble par un lettré du Bas-Empire. Il n'est pas éloigné de croire que la plus ancienne des pièces ainsi réunies est l'œuvre de saint Grégoire de Nazianze, soit lors de sa retraite à Azianze, soit pendant son épiscopat à Nazianze et à Constantinople, soit même, et cela lui paraît le plus probable, au temps de ses études à Athènes et de sa préparation au sacerdoce. Il n'admet point du reste qu'il ait voulu, par cette composition de sujet religieux et de forme profane, éluder une loi de Julien qui interdisait aux chrétiens l'étude et la lecture des poëtes païens, loi dont il conteste la réalité. Il n'y cherche pas d'autre intention que celle qui, selon le saint auteur lui-

sèbe[1] et Eustathe[2], par saint Clément d'Alexandrie[3], à la fin du IIe siècle, ou tout au plus au commencement du IIIe, et que des conjectures en ont fait vivre l'auteur dans les temps qui ont précédé la venue de Jésus-Christ, l'ont même donné pour un des Septante. Cet auteur, nommé Ézéchiel, était peut-être un de ces juifs hellénistes qu'on a soupçonnés d'avoir, ainsi que les chrétiens, glissé dans les ouvrages dramatiques des Grecs certains passages étrangers et même contraires aux idées du polythéisme, et qui sembleraient, chez des poètes païens, une révélation du Dieu de Moïse et de Jésus-Christ, si le langage ne déposait de la fraude religieuse qui les leur a prêtés[4]. Dans l'ouvrage d'Ézéchiel, auquel peut-être on peut donner pour antécédent la tragédie de *Suzanne*[5], composée du temps d'Auguste, par Nicolas de Damas, une suite de scènes assez grossièrement imitées, quant au mètre, quant au style, quant à certains détails de composition, de la tragédie grecque, retraçait dramatiquement ce que raconte l'Exode, la sortie du peuple de Dieu hors de l'Égypte, et son long voyage vers la terre promise, sous la conduite de Moïse. Nous avons en entier la scène où Moïse lui-même, chargé du prologue, comme les personnages *protatiques* d'Euripide, reprenait les choses à leur origine, c'est-à-dire à l'émigration de Jacob et de sa famille, et, après un long détail de l'histoire des Hébreux et de la sienne, faisait enfin connaître son arrivée au pays de Madian. Nous

---

même (Carm. xxx, εἰς τὰ ἔμμετρα, Oper., t. II, p. 900 sqq.) lui avait inspiré tant et de si diverses poésies, celle de prêter à la vérité les séductions par lesquelles les païens attiraient au mensonge. Il lui paraît évident que la partie du Χριστὸς πάσχων qu'on peut attribuer à saint Grégoire de Nazianze n'a pu être écrite pour la scène; mais il n'oserait de même affirmer que les parties qu'on y a jointes et dont la forme est plus dramatique, que ces pièces écrites probablement dans des monastères, au VIe et au VIIIe siècle, n'y ont pas été représentées.
1. *Præparat. evang.*, IX, 28, 29. — 2. *Ad Hexameron.* — 3. *Strom.*, I. Voyez Huet, *Demonstrat. evang.*, IV, II, 24; Bayle, art. *Ézéchiel*.
4. Voyez Bœckh, *Græc. trag. princip.*, XII. — 5. Σωσανίς ou Σοσάννης; Eustath., *ad Dionys. perieg.*, 976. Cf. Nic. Damasc., *De vita sua*, inter ejusdem *excerpta*, éd. de J. C. Orelli, Leips., 1814, t. I, page 4.

avons en partie celles où il était représenté rencontrant les filles de Raguel, consultant son beau-père sur un songe prophétique qui lui annonçait sa mission, conversant avec la voix divine du buisson ardent ; celle où un Égyptien, échappé au naufrage de Pharaon et de son armée dans les eaux subitement rapprochées de la mer Rouge, apportait la nouvelle de la miraculeuse évasion ; celle enfin où les éclaireurs de Moïse venaient lui faire d'assez longues descriptions des douze fontaines et des soixante-dix palmiers d'Élim, indiqués si succinctement par l'Ecriture[1], et aussi de ce qui ne s'y voit nulle part, du fabuleux oiseau de l'Arabie[2]. Cette analyse montre assez que la *Sortie d'Égypte* d'Ézéchiel, comme la *Passion* de Grégoire, simples récits en dialogues, n'étaient point destinées à la scène[3]. A cela près, et sauf l'élégance empruntée qui distingue le second des deux ouvrages du premier, ils n'étaient pas l'un et l'autre sans ressemblance avec ces *mystères*, ces chroniques par lesquelles devait recommencer assez péniblement le théâtre chez les modernes, avant que le génie des Grecs leur fût venu en aide.

Au xve siècle reparaît enfin en Italie, après une trop longue éclipse, ce brillant génie, d'abord dans les manuscrits sauvés de Constantinople conquise ou achetés

---

1. *Exod.*, XV, 27.
2. Voyez *Ezechielis tragici judaicarum tragœdiarum poetæ Exagoge, seu eductio Hebræorum*, græce, ex libro IX Eusebii de Præparat. evang. et seorsim latinis versibus expressa et notis illustrata per Fed. *Morellum*, Paris, e typogr. Steph. Prevosteau, 1590. Voyez aussi l'édition critique qu'a donnée récemment de ces fragments ainsi que du Χριστὸς πάσχων, dans ses *Christianorum poetarum reliquiæ dramaticæ*, M. F. Dübner (Scrip. græc. biblioth., Eurip., t. II, F. Didot, 1846).
3. M. Ch. Magnin pense que la *Sortie d'Égypte* a pu être représentée sur ces nombreux théâtres élevés en Judée par Hérode, et où un des familiers de ce prince, Nicolas de Damas, avait donné avec succès des comédies et des tragédies, dont sa *Suzanne* rappelée plus haut. Voyez l'article du *Journal des Savants*, avril 1848, p. 193 et suiv., où M. Ch. Magnin a discuté savamment et judicieusement les questions relatives à la date d'Ezéchiel, au caractère et à la représentation de son drame, accompagnant cette dissertation d'une fidèle et élégante traduction des fragments de l'Ἐξαγωγή.

par les Médicis, puis dans les premiers monuments de l'art des Alde et du savoir des Lascaris, qui devaient en répandre les chefs-d'œuvre dans toute l'Europe lettrée. Bientôt il se montre sur ces doctes scènes que lui consacre pieusement l'érudition dans les colléges, dans les académies, quelquefois à la cour des princes. Pour n'en citer qu'un exemple, le plus mémorable de tous, ce fut par une représentation de l'*Œdipe roi*, ou du moins de la traduction fidèle qu'en avait faite un noble vénitien, Orsalto Giustiniano, qu'en 1585 les académiciens de Vicence inaugurèrent le fameux théâtre olympique, ouvrage de Palladio. Au dénoûment parut, dans le rôle principal, le poëte Louis Grotto, à qui sa cécité avait fait donner le nom de *Cieco d'Adria* : comme cet acteur de l'antiquité qui, dans le rôle d'*Électre*, avait versé sur l'urne de son propre fils des larmes véritables[1], il exprima de même, au naturel, les douleurs de l'aveugle thébain[2]. Il est bien vrai que, près d'un siècle auparavant l'*Hippolyte* de Sénèque, ce Sophocle d'une scène dépravée, avait obtenu à Rome un honneur tout semblable, joué de même par un homme illustre, le savant Inghirami, qui représenta Phèdre et en garda le nom[3] ; de plus, joué dans son texte original, comme l'étaient quelquefois, à cette époque, non-seulement en Italie, mais en France, en Allemagne, en Angleterre, les productions bonnes ou mauvaises, mais également révérées, à titre d'anciennes, de la muse latine. Sénèque fut, avant les tragiques grecs, le maître des modernes ; c'était lui, pour se borner à ce seul exemple[4], qu'imitait déjà au xive siècle l'Italien Mussato ; et, lorsque, après l'*Orfeo* de

---

1. A. Gell., VII, 5. Voyez plus haut, p. 112, 117.
2. Voyez Riccoboni, *Hist. du théât. italien*, t. I, p. 113 ; Ginguené, *Hist. litt. d'Italie*, part. II. 20, qui renvoie à Angelo Ingegnari, dans son traité *della Poesia rappresentativa*, à Tiraboschi, *Stor. della letter. ital.*, t. VII, part. III, p. 135.
3. Voyez Ginguené, *Hist. litt. d'Italie*, part. II, 29.
4. Voyez sur une *Clytemnestre* écrite au moyen âge, on ne sait à quelle date, dans la langue de Sophocle, mais dans le goût de Sénèque, ce qui est dit plus loin, liv. II, ch. v, note 1.

Politien, représenté à Mantoue en 1472[1], au XVe et au XVIe siècle, l'Italie eut enfin adopté de meilleurs modèles, il ne devint point tout à fait étranger au théâtre d'emprunt, tantôt grec, tantôt latin, de Trissino, de Rucellai, de Martelli, d'Alamanni, de Giraldi Cintio, de Dolce, faibles introducteurs, sur la scène italienne, de la forme antique, de cette forme qu'appliquait alors plus heureusement à un sujet moderne, dans son Inès de Castro, où se retrouve véritablement quelque chose de la gravité et de l'élévation morales, de l'élégance passionnée, de l'expression pathétique d'Euripide, le portugais Antonio Ferreira[2]. En Italie, à cette double influence et des Grecs et de Sénèque[3], s'en joignirent deux autres, également contradictoires : celle de la Poétique d'Aristote, avec la sévérité de ses lois, encore accrue par la rigueur judaïque du commentaire et de la jurisprudence ; celle du roman moderne, avec la complication et le libre mouvement de ses aventures. Elles contribuèrent à la formation lente et laborieuse de cette tragédie de caractère indécis, qui put surprendre des succès de vogue, mais ne laissa point de souvenir et, jusqu'à la *Mérope* de Maffei, sembla frappée d'impuissance.

Il n'en fut pas de même de la nôtre, formée cependant des mêmes éléments, par Jodelle d'abord, qui, en 1552, remonta jusqu'au bouc de Thespis, et certainement plus haut que ses vers[4] ; ensuite par Garnier, qui, vers la fin de ce siècle, mêla Sénèque avec Sophocle et Euripide,

---

1. Voyez Tiraboschi, *Lettera al P. Affo*, 1775. Cf. Bonafous, *de Angeli Politiani vita et operibus*, Paris, 1845, c. VII, p. 44 et suiv.

2. Voyez les fragments que M. Sané, à la suite de sa *Grammaire portugaise*, M. Sismondi dans son ouvrage sur la *Littérature du Midi*, M. Raynouard, *Journal des Savants*, juillet 1823, p. 424, ont donnés de cette pièce, regardée comme la première tragédie régulière qui ait paru en Europe après la *Sophonisbe* du Trissin. Voyez aussi l'élégante traduction qu'en a publiée, en 1835, dans le *Théâtre européen*, M. Ferdinand Denis.

3. Cette prédilection pour les exemples de Sénèque est un des faits qui ressortent des recherches curieuses de M. A. Chassang sur les *Essais dramatiques imités de l'antiquité au XIVe et au XVe siècle*, Paris, 1852.

4. Voyez plus haut, p. 20.

dont la simplicité n'eût peut-être pas suffi à relever un style jusque-là si bas et si rampant ; enfin, au commencement du siècle suivant, par Mairet et Rotrou, qui, effaçant la trace grossière de ce mélange, s'efforcèrent en même temps de concilier avec les règles aristotéliques les libertés espagnoles dont avait abusé Hardy. Quand, par ce long travail préparatoire, notre forme tragique eut été, en quelque sorte, assemblée pièce à pièce, à peu près comme chez les Italiens, et probablement à leur exemple, il nous vint ce qui leur avait manqué, des génies originaux, qui donnèrent à une machine inerte le mouvement et la vie. Corneille, Racine, Voltaire, leurs noms suffisent désormais pour les caractériser, créèrent une tragédie qu'on a pu justement nommer française, et qui paraît telle même chez Métastase et Alfieri, nos imitateurs, nos continuateurs, à leur insu, et malgré eux quelquefois ; car ils ont poussé à bout, l'un cette tendresse de sentiments, l'autre cette régularité un peu contrainte qu'on nous reproche ; ils semblent être l'Épicure et le Zénon de notre système. La tragédie française, par son unité féconde, ses proportions harmonieuses, sa vérité choisie, son expression contenue, sa simplicité élégante et noble, se rattache visiblement à la pratique et à la théorie des Grecs ; elle est bien réellement fille de leur tragédie ; mais, plus belle peut-être qu'une mère si belle, elle paraît l'emporter par plus d'étendue, de mouvement, d'éclat, d'intérêt, par un plus savant artifice de composition, par une exécution poétique plus parfaite, par une étude plus curieuse, plus complète du cœur humain. Ces mérites, qui font son originalité, et par lesquels il ne faut pas lui reprocher trop sévèrement d'avoir dénaturé les sujets qu'elle empruntait à l'antiquité, elle les doit à l'inspiration toute moderne d'autres passions, d'autres mœurs, d'un nouvel état social. Par là elle est sœur aussi de ce drame qu'elle a renié et qui la renie à son tour, drame qui n'a rien de grec, il est vrai ; qui est sorti tout entier de la complication et de l'incohérence du moyen âge, telles que les retracent ses longues chroniques, du mélange et de la contradiction profonde des deux natures distinguées en nous par le christianisme ; à qui rien ne pouvait offrir le modèle de la régularité, de la simplicité ; par qui ne sont point séparés les éléments divers de l'humanité pour former des genres à part ; qui les confond, au contraire, et reproduit la vie avec tous ses contrastes, le beau et le laid, le noble et le trivial, le sérieux et le bouffon ; qui ne personnifie point les passions dans les types abstraits d'une beauté idéale, mais les laisse, dans les individus complexes qu'il exprime, à leurs disparates naturelles ; qui ne les saisit pas non plus dans ces crises décisives où elles se dévoilent tout à coup, mais préfère les suivre dans tous les accidents de leur histoire : drame colossal, drame sans limites, à la scène toujours changeante, aux personnages toujours nouveaux, tumultueux, heurté, dissonant ; qui a cependant lui-même son unité, ses règles, ses effets propres ; en Espagne, de l'intérêt le plus romanesque et du coloris le plus poétique ; en Angleterre, profondément moral ; marqué dans les compositions plus artificielles des Allemands d'un sens à la fois historique et philosophique ; drame enfin, qui a trouvé sa plus complète expression dans les œuvres étranges et sublimes de Shakspeare. Finissons par ce nom auquel s'arrête, comme à sa borne naturelle, l'histoire de la tragédie grecque, dont le nom d'Homère est le point de départ : Homère ! Shakspeare ! génies de même hauteur, mais non de même nature, desquels est également descendue l'inspiration, puissante et diverse ; double cime, si on l'ose dire, du Parnasse dramatique !

LIVRE DEUXIÈME.

THÉATRE D'ESCHYLE.

CHAPITRE PREMIER.

Les Suppliantes.

Parmi les sept pièces qui seules nous représentent aujourd'hui le nombreux théâtre d'Eschyle, plusieurs, je l'ai déjà dit, peuvent nous donner quelque idée de cette tragédie primitive qui a été son point de départ. Il en est une, particulièrement, *les Suppliantes*, aussi pauvre d'intérêt dramatique que riche de poésie, où certains caractères, l'excessive simplicité de la fable, la prédominance du chœur sur les autres rôles, l'étendue démesurée de la partie lyrique, rarement interrompue par quelques récits, et plus rarement par quelques dialogues, ces circonstances, enfin, que rien n'y précède l'entrée du chœur, que les trois personnages, en quelque sorte ajoutés à celui du chœur, ne sont jamais plus de deux ensemble sur la scène, et qu'il a pu suffire, pour les jouer, des deux acteurs dont se contenta Eschyle, jusqu'à l'introduction d'un troisième par Sophocle, où, dis-je, tous ces caractères ne permettent guère de méconnaître la tragédie à son berceau, ainsi que le génie tragique du poëte.

Cette pièce paraît antérieure à celles dont se compose l'*Orestie*, puisque le chœur, réduit à douze, à quatorze, à quinze choristes, on ne sait, après la représentation des *Euménides*[1], ou auparavant, selon d'autres, n'y pouvait être convenablement, on va le voir, pas plus que dans la pièce où Phrynichus avait déjà mis en scène le même personnage collectif[2], moindre de cinquante : elle a, on peut le conclure de son imperfection relative comme œuvre dramatique, précédé très-probablement le *Prométhée*, les *Perses*, les *Sept Chefs* : elle devrait ouvrir le recueil qu'elle ferme ordinairement. Je commencerai par elle ces études, heureux de pouvoir m'appuyer sur la double autorité de W. Schlegel qui la croit un des plus anciens ouvrages du poète, de De la Porte-du-Theil qui l'a, sans doute par des raisons pareilles à celles que je viens d'exposer, placée en tête de sa traduction[3].

---

1. *Vit. Soph.;* Suid., v. Σοφοκλῆς; *Vit. Æschyl.* Cf. Bœckh, *Græc. trag. princip.*, vii; schol. Aristoph., *Equit.*, 593; *Ar.*, 300; J. Poll., IV, 19. Voyez, sur les divers systèmes relatifs à la réduction du chœur de la tragédie, M. Ch. Magnin, *de la Mise en scène chez les anciens* (*Revue des Deux-Mondes*, 1840, t. XXII, p. 259).

2. *Les Danaïdes.* Voyez Suidas, Hésychius.

3. Je dois dire que des critiques de grande autorité ont pensé bien différemment. Quelques-uns, remarquant le noble rôle que jouent dans les *Suppliantes* le roi et le peuple d'Argos, ont cherché à quelle époque cette manière honorable de les présenter sur la scène avait pu convenir à la politique d'Athènes. J. de Muller, entre autres, dont le commentaire de Butler fait connaître l'opinion, a cru trouver l'indication de cette époque dans le passage (I, 102) où Thucydide nous apprend que, onze ans environ après les guerres médiques, les Athéniens, mécontents de Lacédémone, conclurent un traité d'alliance avec Argos, son ennemie. Bœckh (*Græc. trag. princip.*, v, vi) a encore rapproché cette date, mais par d'autres considérations. Ayant établi, assez subtilement, que le chœur des *Suppliantes*, qui, selon la fable, aurait dû être composé de cinquante personnes, ne l'avait été que de quinze, il en a conclu que la pièce était postérieure à la représentation des *Euménides*, qui fut l'occasion de la réduction du chœur; qu'elle avait été, par conséquent, composée par le poëte après sa retraite en Sicile. Allant plus loin, et s'autorisant des locutions sinon siciliennes, comme il a paru à quelques-uns, du moins doriennes, dont l'ouvrage abonde plus qu'aucun autre d'Eschyle, il est arrivé à supposer que cet ouvrage, si péloponésien par le sujet et par le style, avait été fait pour la ville d'Etna, fondée assez récemment par Hiéron, et dont ce prince avait grossi la population factice, empruntée à divers lieux, comme le

Les *Suppliantes* d'Eschyle ne sont autres que ces fameuses Danaïdes, dont les aventures fabuleuses, souvent chantées par la poésie, ont été plus d'une fois et de bien des manières, en tragédie, en comédie[1], exposées sur la scène. Ce n'est pas toutefois la catastrophe terrible par laquelle les terminait la tradition qui fait le sujet de l'ouvrage, c'est seulement une des circonstances qui, selon ce poëte, ou ceux qu'il a suivis, l'avaient amenée.

Les filles de Danaüs ont fui les rivages du Nil pour échapper à l'hymen de leurs cousins, les fils d'Égyptus ; soit, comme la plupart des interprètes l'ont pensé, qu'un tel hymen, contracté si près d'elles, dans leur famille, leur ait paru illicite et criminel, scrupule qui peut sembler étrange chez des filles de l'Égypte, où la sœur pouvait épouser le frère[2], soit seulement, c'est le sentiment du scoliaste, et la conséquence qu'on peut tirer de quelques passages de la pièce[3], qu'elles aient pris en horreur des époux imposés par la violence et dans un desquels leur père doit, aux termes d'un oracle, trouver un assassin[4]. Quoi qu'il faille penser de leurs motifs, trop peu marqués peut-être par le poëte, puisqu'il était indispensable à l'intérêt de la pièce que le spectateur y pût entrer, elles ont été chercher un asile en Grèce, dans la ville d'Argos, d'où elles tirent leur origine. La première scène de la tragédie nous les montre, qui viennent de quitter leur vaisseau, et qui, retirées près d'un bois et d'une colline ornés de saintes images, adressent à ces divinités étrangères les prières les plus vives. Survient, à la tête d'hommes ar-

---

rapporte Diodore (XI, 40), de cinq mille Péloponésiens (voyez plus haut, p. 83). Ce sont là des hypothèses ingénieuses, mais des hypothèses, et qui laissent libre de se régler pour le rang qu'il faut donner aux *Suppliantes*, dans la classification chronologique des pièces d'Eschyle, sur les caractères que présente cette tragédie, considérée comme œuvre dramatique.

1. Sans descendre aux facéties des modernes, les anciens ont eu leurs *Petites Danaïdes* dans les *Danaïdes* des poëtes comiques Aristophane et Diphile. Voyez Meineke, *Fragm. com. Græc.*, t. I, p. 439 ; II, 1047 ; IV, 386.
2. Diod. Sic., I, 27. — 3. Voyez M. Boissonade, *Notul. in Supplic.*, v. 37, 119, 336. Cf. 229. — 4. Apollod., *Biblioth.*, II, 1.

més, le souverain du pays, le roi des Pélasges, Pélasgus[1]. Les Danaïdes se font reconnaître de lui comme la postérité de l'Argienne Io, et, à ce titre, réclament son assistance contre les persécuteurs auxquels elles ont échappé et dont elles sont poursuivies. Pélasgus hésite : d'un côté, il craint de manquer aux devoirs sacrés de l'hospitalité; de l'autre, il ne voudrait pas entraîner ses sujets dans une guerre dangereuse. Pour sortir d'embarras, il imagine de s'en remettre à leur décision. Par son ordre donc, le vieux Danaüs porte à la ville les rameaux entourés de bandelettes, symboles sacrés du malheur suppliant, qui viennent de lui être présentés; lui-même annonce qu'il va se rendre à l'assemblée pour appuyer de ses prières les prières du vieillard, et prenant congé des Danaïdes, il les laisse dans le bois sacré sous la garde des dieux. Elles ne tardent point à apprendre de leur père que le peuple d'Argos les accepte comme hôtes et embrasse leur cause. Cependant, au milieu de leurs transports de joie, Danaüs a aperçu, de la colline où il était monté, un vaisseau qui aborde, et d'où sort une troupe d'Égyptiens. Il quitte de nouveau ses filles, qui feraient prudemment de le suivre, et s'en excusent assez mal sur l'accablement où les a jetées la crainte[2], pour leur aller chercher, à Argos, des défenseurs. Quoiqu'elles le retiennent et qu'il s'arrête lui-même sur la scène plus longtemps que ne le permet une situation si critique, il prévient à temps Pélasgus, qui accourt délivrer les *suppliantes* au moment où, sans respect pour le bois sacré qui leur sert d'asile, pour les statues des dieux auxquelles elles s'attachent, les Égyptiens vont les entraîner vers le rivage. Entre le roi des Pélasges et le héraut des fils d'Égyptus s'engage une dispute violente, bientôt suivie d'une déclaration de guerre; et la pièce se termine par des chants, où le chœur exprime à la fois sa reconnaissance pour la générosité de Pélasgus et ses craintes sur l'issue de la lutte qui va commencer.

1. Apollodore, *Biblioth.*, II, 1, et Pausanias, *Corinth.*, xvi, le nomment Gélanor. — 2. V. 737 sqq.

Ce qu'il y a d'équivoque dans un tel dénoûment, mêlé, tout heureux qu'il est, de pressentiments sinistres, semble indiquer que l'ouvrage était suivi d'une autre pièce ou même de deux, où on voyait, à la suite d'événements qu'il n'est guère possible de restituer avec certitude[1], mais qui peut-être plaçaient Danaüs sur le trône d'Argos et le forçaient de traiter avec les fils d'Égyptus, le mariage sanglant de ces derniers, la généreuse désobéissance et les cruelles épreuves d'Hypermnestre. Et en effet, au nombre des pièces perdues d'Eschyle, se trouve une tragédie des *Danaïdes*, qui n'était pas, quoi qu'en ait dit Strabon[2], la même que *les Suppliantes*, qui avait au contraire pour objet de continuer, d'achever leur histoire laissée incomplète. Les fragments qui s'en sont conservés le prouvent. L'un[3] semble avoir appartenu à un récit de la vengeance exercée par les filles de Danaüs sur leurs époux, dans la nuit même des noces; l'autre[4] est composé de quelques beaux vers, où Vénus célèbre elle-même l'empire qu'elle exerce sur la nature[5].

« Amant divin, le ciel, de ses pures eaux, veut pénétrer le sein de la terre; un même amour presse la terre d'accomplir cet hymen. La pluie céleste, tombant sur le sol, la féconde, et il enfante pour les hommes les fruits de Cérès, pour les troupeaux l'herbe nourricière; et les arbres, sous l'humide embrassement, développent leur verdure nouvelle. Tout cela, c'est moi qui en suis la cause. »

Ce second fragment n'est pas lui-même sans rapport avec le sujet d'une pièce dans laquelle une passion brutalement assouvie trouvait un châtiment cruel, dans

---

1. Apollod., *Biblioth*, II, 1; Hyg., *Fab.*, 168; schol. Hom. *ad Iliad.*, I, 42; Pind. *ad Nem.*, X, 10; schol. Æschyl., *ad Prometh.*, 878; Euripid. *ad Hec.*, 870, *Orest.*, 860; Serv. *ad Æn.*, X, 497, etc.
2. V, 2. God. Hermann corrigeant ce texte (*de Æschyli Danaïdibus; Opusc.*, t. II, p. 331), au lieu de « comme dit Æschyle dans *les Suppliantes* ou *les Danaïdes*, » lit « et *les Danaïdes*. »
3. Schol. Pind., *Pyth.*, III, 27. — 4. Athen., *Deipn.*, XIII. — 5. Cf. Euripid., *Hippolyt.*, 448, *Œdip. Chrysipp.*, fragm. XVII, VII; Lucret., *de Nat. rer.*, I, 251; Virg., *Georg.*, II, 324.

laquelle aussi une surprise de l'amour rendait, par
le changement soudain d'une des complices, cet attentat incomplet; il paraît, de plus, s'accorder avec
ce que dit Pausanias[1] d'une statue que consacra à Vénus Nicéphore Hypermnestre, sauvée du châtiment
dont la menaçait son père, par les suffrages de ses
juges, les Argiens. Je dirai toutefois que cette intervention de Vénus et les vers qu'elle prononce ont
semblé rappeler les prologues et les dénoûments à machine d'Euripide, et qu'on y a vu une raison d'accorder
quelque attention au témoignage d'Eustathe[2], qui attribue le second fragment des *Danaïdes*, non pas, comme
Athénée, au grand Eschyle, mais à un poëte alexandrin
du même nom[3]. S'il était vrai, comme l'a ingénieusement
conjecturé W. Schlegel, qu'une autre pièce, également
perdue, de notre auteur, *les Égyptiens*[4], eût représenté
les filles de Danaüs forcées, pour échapper à un hymen
détesté, de s'exiler de l'Égypte, *les Suppliantes* auraient
occupé le milieu d'une trilogie[5], et il serait plus facile de

---

1. *Corinth.*, xix. — 2. Ad Hom. *Iliad.*, XIV.
3. Cette opinion, adoptée par le hardi de Pauw, éditeur d'Eschyle
en 1745, a du reste contre elle de graves autorités : voyez Godl. Hermann, *de Æschyl. Danaïd.; Opusc.*, t. II, p. 324; Boissonade,
Æschyl. notul. in fragm. Danaïd., t. II, p. 279. A l'argument tiré par
Boissonade de l'épithète σεμνότατος qui, dans le passage d'Athénée
(*Deipn.* XIII), désigne évidemment le grand Eschyle, on peut ajouter
cette considération que les vers du fragment sur l'hymen du ciel et de
la terre s'accordent avec l'effroyable image que tire de cet hymen,
dans l'*Agamemnon*, v. 1354 sqq., Clytemnestre s'applaudissant de son
crime « .... Il tombe et rend l'âme; le sang, jaillissant de ses blessures, me couvre d'une noire rosée, qui me réjouit, comme réjouit la
terre, prête à enfanter les fleurs, la pluie féconde de Jupiter. »
4. Il est remarquable que le catalogue des pièces de Phrynichus
contient aussi, avec une tragédie intitulée, nous l'avons dit plus haut,
les Danaïdes, une autre qui a pour titre *les Égyptiens*. Voyez Suidas,
Hésychius.
5. Welcker, après avoir adopté cette opinion, l'a modifiée dans son
nouvel ouvrage, *Sur les tragédies grecques considérées dans leur rapport avec le cycle épique*, Bonn, 1839, t. Ier, p. 48. Conformément à
une observation de Gruppe, *Ariane, ou la Tragédie des Grecs*. 1834,
et de A. Tittler, *de Danaïdum fabulæ Æschyli compositione drama-
tica*, etc., 1838, il a disposé la trilogie dans l'ordre suivant : *les Suppliantes, les Égyptiens, les Danaïdes*. Complétant ces suppositions,
Bellmann, *de Æschyl. Ternione Prometheo*, p. 43, Bode, *Geschichte*, etc.,
Histoire de la poésie grecque, tragédie, t. III, p. 312, ont cru retrouver

concevoir le peu d'événements et d'action d'une tragédie qui se trouverait n'avoir été, en quelque sorte, qu'un des actes d'une pièce plus étendue. Cela expliquerait encore, ce qui nous a tout à l'heure arrêtés, comment on n'y rencontre pas de l'aversion, de l'horreur des Danaïdes pour les époux qu'on veut leur donner, une explication des plus nécessaires, mais déjà donnée sans doute par la pièce d'introduction. Ainsi placés dans le véritable point de vue de l'ouvrage, nous le jugerions, comme le public pour qui il fut fait, assez rempli, tout vide qu'il est, assez animé, malgré son mouvement uniforme et lent, par l'expression de ce qu'on peut appeler la religion des suppliants.

A cette expression d'une élévation, d'un éclat vraiment admirables, répondait la magnificence du spectacle. Qu'on se figure une scène représentant à la fois le rivage de la mer, un bois sacré, une colline, et, dans le lointain, la ville d'Argos; sur cette scène, décorée des statues des dieux, une multitude de personnages divers; les heureux effets qui devaient résulter de la variété et de l'opposition des costumes; les tableaux touchants qu'offraient aux regards ces femmes prosternées devant les autels, ou les tenant embrassés, ou tendant au roi des Pélasges, de leurs mains suppliantes, de verts rameaux ornés de blanches bandelettes, ou luttant contre la violence des ravisseurs égyptiens, ou arrachées de leurs mains par les soldats de Pélasgus.

Mais dans ce spectacle qui attachait les yeux, dans cette poésie qui ravissait l'imagination, résidait tout l'intérêt de l'ouvrage. L'action en était trop simple pour occuper for-

la pièce, qui de la trilogie faisait une tétralogie, dans l'*Amymone*, drame satyrique du même poëte. Eschyle, selon eux, y aurait traité familièrement, ce dont notre J. B. Rousseau a fait une cantate également intitulée *Amymone*, l'aventure de la Danaïde de ce nom avec un Satyre et avec Neptune (Apoll. Rhod., *Argon.*, I, 137; Apollod., *Biblioth.*, II, 1, 4; Hyg., *Fab.*, 169, 170, etc). Cette disposition a été adoptée par E. A. J. Ahrens, qui, dans ses *Æschyl. fragment.*, p. 201 sqq., 252 (ed. F. Didot, 1842), a expliqué, à son tour, avec assez de vraisemblance, la suite et le sujet des quatre pièces dont se composait la tétralogie d'Eschyle.

tement l'esprit. Ce qu'elle présente de bien remarquable, ce qui surtout permet d'y voir un monument curieux de la tragédie primitive, c'est le rôle que le poëte y fait jouer au chœur. Il n'est pas seulement, comme dans beaucoup d'autres ouvrages de ce théâtre, un des personnages principaux mais le premier de tous, mais le héros même de la pièce, comme du temps de Phrynichus et de Thespis, presque la pièce même. L'ensemble de la composition n'offre qu'une ode, pour ainsi dire en action, dont le motif se renouvelle de temps en temps par divers incidents que font connaître des récits.

Cette ode, qui exprime successivement les espérances des Danaïdes réfugiées sur le rivage hospitalier d'Argos et aux pieds de ses dieux protecteurs, les prières ou plutôt la réclamation presque impérieuse que, comme Argiennes d'origine, opprimées et suppliantes, elles adressent au roi des Pélasges, leur reconnaissance quand on leur a promis asile et protection, leur terreur, leur désespoir au moment où elles vont retomber aux mains de leurs ennemis, enfin les sentiments confus de joie et d'inquiétude qu'elles éprouvent après leur délivrance par Pélasgus, cette ode dramatique, tragique, si on peut s'exprimer ainsi, offre une abondance de mouvements et d'images vraiment merveilleuse, et qui, pour les Grecs de ce temps, suppléait à l'indigence de l'action. Quant au tour singulièrement énergique, audacieux, sublime et quelquefois plein de grâce, de cette poésie, je ne puis mieux le faire connaître et le louer que par quelques citations, bien qu'il n'appartienne guère à la prose d'une traduction d'en conserver l'originalité.

Voici, par exemple, comment les Danaïdes expriment leur confiance dans une sorte de providence vengeresse :

« .... Les desseins de Jupiter ne peuvent être surpris. Tout s'illumine même dans la nuit ; seules restent obscures les destinées des mortels [1]. Elles ne chancellent point, ne tombent point,

---

1. Boissonade, *Notul. in Suppl.*, v. 86.

les résolutions arrêtées dans la tête de Jupiter. Par des voies cachées, invisibles, arrivent à leur terme toutes ses pensées. Des célestes remparts d'où il veille, il frappe les méchants : nul ne peut s'armer de violence sans encourir le châtiment céleste. Tranquille en sa haute et sainte demeure, la suprême intelligence accomplit ses décrets [1].... »

L'expression de leur découragement et de leur désespoir n'est pas moins frappante :

« S'il en était autrement, si nous ne devions pas trouver d'appui chez les dieux de l'Olympe, délivrées de la vie par un lacet fatal, nous irions dans le noir séjour où la foudre précipita les enfants de la Terre, présenter au dieu des morts, cet hôte de tous les malheureux, nos rameaux de suppliants [2]. »

Quelle peinture de l'autorité absolue elles opposent, d'après les maximes de l'Égypte [3], aux scrupules de ce roi grec qui consulte ses sujets et veut leur faire partager la responsabilité d'un parti hasardeux !

« Tu es l'État, tu es le peuple; tu juges et tu n'es point jugé : tu présides au foyer commun, à l'autel de la patrie. D'un signe qui seul vaut tous les suffrages, du haut de ce trône, où seul tu portes le sceptre, c'est toi qui toujours décides [4]. »

Veut-on quelque chose d'un autre ton? Périclès, comparant Athènes, privée par la guerre de sa jeunesse, à l'année sans son printemps [5], ne rencontra point une image d'une grâce plus touchante que plusieurs de celles qui se sont offertes à Eschyle dans la scène où les Danaïdes reconnaissantes font des vœux pour la prospérité d'Argos :

« .... Que jamais la contagion ne dépeuple cette ville! Que jamais la discorde n'en rougisse le sol du sang de ses citoyens! Que la fleur de sa jeunesse ne soit point cueillie avant le temps; que le cruel amant de Vénus ne la moissonne point [6].... »

---

1. V. 85-100. — 2. V. 150-157.
3. H. Grotius, citant ces vers, *de Jure belli ac pacis*, I, III, 8, parmi beaucoup d'autres définitions de la royauté absolue que lui fournit l'antiquité sacrée et profane, les applique par erreur au peuple d'Argos, qui, dans la pièce d'Eschyle, historiquement ou non, a part au gouvernement.
4. V. 370-375. — 5. Aristot., *Rhet.*, III, 10. — 6. V. 660-667.

C'est encore par des figures bien vives et bien hardies que sont rendus l'effroi, la détresse des Danaïdes à l'approche des ravisseurs égyptiens :

« .... Que ne puis-je, comme la fumée, monter vers la nue et disparaître ; ou, m'envolant sans ailes, comme la poudre, me dissiper dans l'air[1] !... »

Les récits de Danaüs, par lesquels ce personnage issu du premier acteur qu'avait introduit Thespis, interrompt de temps en temps les chants du chœur et en change le thème, participent eux-mêmes au caractère de l'ode. Danaüs annonce ainsi à ses filles l'approche de Pélasgus et des Argiens :

« .... J'aperçois un tourbillon de poussière, messager muet d'une armée[2]; mais la roue tournant sur l'essieu ne garde point le silence. Je distingue des soldats sous des boucliers, des lances qu'on agite, des coursiers, des chars arrondis.... Hâtez-vous, mes filles, d'occuper cette colline consacrée aux divinités des jeux. L'autel vaut mieux qu'un rempart ; c'est une armure impénétrable[3].... »

Il leur parle le même langage quand, vers la fin de la pièce, il leur fait connaître l'arrivée du vaisseau égyptien, dont il a reconnu de loin les agrès, la forme, les noirs matelots :

« Sa proue, regardant vers le rivage, n'obéit que trop bien, dans son inimitié pour nous, aux ordres que de la poupe lui donne le gouvernail[4].... »

Encore un exemple aussi remarquable, c'est le début du discours dans lequel il leur rend compte de la décision favorable des Argiens :

« Ils ne se sont point partagés, et mon vieux cœur a rajeuni de joie. Par un mouvement unanime de tout le peuple, l'air s'est comme hérissé de mains droites empressées de sanctionner le décret[5].... »

Cependant, au milieu de cette œuvre lyrique, brillent

---

1. V. 780-784. — 2. Cf. *Sept. advers. Theb.*, 81 sqq.
3. V. 182-185; 190-192. — 4. V. 717-719. — 5. V. 606-609.

quelques traits admirables de dialogue et en même temps quelques peintures de caractère qui annoncent déjà le poëte dramatique. C'est une grande et noble figure que celle de Pélasgus, de ce roi des premiers temps, plein d'une générosité toute simple et toute naïve. Il excite une vive émotion lorsque, tenté de rejeter, dans l'intérêt de son peuple, la prière que lui adressent les Danaïdes, il ne peut se défendre de révérer en elles des suppliantes envoyées par Jupiter; lorsque, après de longues hésitations, il cède aux menaces de leur désespoir :

LE ROI.

Mais enfin, qu'attendez-vous de mon amitié ?

LE CHŒUR.

De ne point nous livrer aux fils d'Égyptus, s'ils nous réclament.

LE ROI.

C'est là un parti dangereux qui peut m'attirer la guerre.

LE CHŒUR.

Eh bien, la justice soutient ses alliés.

LE ROI.

Oui, quand on l'a d'abord appelée dans ses conseils.

LE CHŒUR.

Vois la poupe d'Argos, comme elle est couronnée.

LE ROI.

Je frémis à l'aspect de ces rameaux qui ombragent l'autel de nos dieux.

LE CHŒUR.

Jupiter protége les suppliants : sa colère est pesante [1].

. . . .

LE CHŒUR.

Encore une parole après tant de prières.

LE ROI.

Parlez, je vous écoute.

---

1. V. 339-346. Quelques commentateurs, Schultz entre autres, font du dernier vers une réflexion du roi et non une menace du chœur.

LE CHŒUR.

Tu vois ces ceintures qui attachent nos vêtements.... elles seront notre ressource.

LE ROI.

Comment? que voulez-vous dire?

LE CHŒUR.

Si nous n'obtenons de toi une promesse....

LE ROI.

Eh bien! à quoi vous serviront vos ceintures?

LE CHŒUR.

A parer ces images d'un ornement nouveau [1].

LE ROI.

Quelle énigme! Expliquez-vous!

LE CHŒUR.

Tu nous verras bientôt expirer suspendues aux statues de tes dieux.

LE ROI.

Ah! ce discours me perce le cœur [2].

C'est surtout dans la scène où il réprime l'attentat des Égyptiens que Pélasgus déploie toute la noblesse de son caractère. Il y montre la fierté qui appartient à un roi devant un héraut, à un Grec devant un barbare, à un homme libre devant un esclave; il a tout ensemble le légitime orgueil de son rang et de sa patrie. Un contraste fortement marqué fait ressortir l'élévation de ses sentiments et de son langage; c'est la violence aux prises avec la justice, la brutalité et l'insolence avec un noble dédain, une généreuse indignation. De cette opposition frappante, de cette vive situation, naît un dialogue rapide, concis, énergique, tout en saillies et en répliques.

LE ROI.

Que fais-tu? qui te rend si hardi que d'insulter cette terre,

---

1. Allusion aux tableaux votifs, aux dons de diverses sortes qu'on suspendait dans les temples et aux statues des dieux. Cf. Virg., Æn., XII, 768; Hor., Od., I, v. 13; Juven., XIV, 301, etc. — 2. V. 456-467.

la terre des Pélasges? Te crois-tu donc chez un peuple de femmes ? Tu prends, barbare, trop de licence avec les Grecs, et tes actions témoignent de peu de sens et de droiture.

LE HÉRAUT.

Qu'ai-je donc commis que ne permette la justice?

LE ROI.

Tu ne sais pas d'abord te conduire en étranger.

LE HÉRAUT.

Comment? quand, retrouvant mon bien....

LE ROI.

A quel hôte public l'as-tu redemandé ?

LE HÉRAUT.

Au premier des hôtes, au dieu des recherches, à Mercure.

LE ROI.

Tu parles des dieux, toi, pour eux sans respect.

LE HÉRAUT.

Je respecte les dieux du Nil.

LE ROI.

Ceux d'ici ne sont rien, à t'entendre ?

LE HÉRAUT.

Je veux emmener ces femmes; qui me les arrachera[1] ?

LE ROI.

Ose y toucher : tu pourras t'en repentir, et bientôt.

LE HÉRAUT.

Voilà une parole qui n'est point hospitalière

LE ROI.

Je ne traite pas en hôtes des sacriléges.

LE HÉRAUT.

Parlerais-tu ainsi aux fils d'Égyptus?

LE ROI.

Tes paroles m'importunent.

1. V. 923 (texte de Boissonade).

LE HÉRAUT.

Mais enfin, car il faut que je le sache [1], que je puisse rendre, comme doit un héraut, une réponse claire et précise, qui es-tu ? Par qui dirai-je à mes maîtres que leur sont ravies ces femmes de leur sang ? De tels différends, Mars les juge, sans appeler de témoins, sans admettre de composition : mais avant, bien des guerriers tombent palpitants sur la terre.

LE ROI.

Qu'ai-je besoin de te dire mon nom ? tu l'apprendras assez tôt, et toi et ceux qui t'envoient. Pour ces femmes, si elles le veulent, si leur cœur les y porte, si tes discours respectueux les persuadent, elles peuvent te suivre. Mais, par d'unanimes suffrages, Argos a décidé qu'elles ne seraient point livrées. Voilà qui est arrêté, fixé à jamais, scellé par une volonté immuable. Je ne te remets point ce décret gravé sur des tablettes, consigné par l'écriture dans un rouleau d'écorces; mais tu l'entends clairement de la bouche d'un homme libre. Maintenant pars, ôte-toi de mes yeux.

LE HÉRAUT.

Ah ! sachez-le : bientôt vous aurez la guerre. Que la victoire et l'empire soient pour les hommes !

LE ROI.

C'est ici, chez les habitants de cette terre, que vous trouverez des hommes, et qui ne boivent pas un vin fait avec de l'orge [2].

Une chose à noter, c'est que, préoccupé des idées de son temps, Eschyle transporte involontairement, ou peut-être même à dessein, les formes assez récentes de la démocratie, dans cette époque reculée, dont il rend d'ailleurs avec vérité la sauvage rudesse. Le roi des Pélasges n'a osé régler lui-même le sort des Danaïdes; il a remis cette décision aux suffrages de ses sujets, et, quand le décret est porté, il soutient devant l'envoyé d'Égypte, avec l'orgueil d'un républicain, cette expression de la volonté publique. C'est ainsi que, dans un autre ouvrage du même poëte [3], Agamemnon, de retour

---

1. V. 929 (texte de Boissonade).
2. V. 910-952. Les vers 928-936 sont très-diversement distribués par les critiques entre les deux interlocuteurs. J'ai suivi la distribution la plus ordinaire et aussi la plus naturelle. C'est celle de la traduction de De la Porte-du-Theil et de l'édition de Boissonade.
3. *Agamemn.*, 820.

à Argos, annonce l'intention de porter remède, avec le concours de son peuple, convoqué en assemblée générale, aux désordres amenés par sa longue absence. Euripide a fait comme Eschyle, rassemblant, dans son *Oreste*[1], le peuple d'Argos, appelé à juger les meurtriers de Clytemnestre, sur la colline précisément où Danaüs le convoqua autrefois pour décider entre lui et son frère Égyptus, et lui prêtant des formes de délibération tout à fait semblables à celles de la place publique d'Athènes. Il a suivi davantage la tradition qui, selon Aristote, cité par Plutarque[2], faisait honneur à Thésée de l'établissement du gouvernement populaire, quand, dans ses *Suppliantes*[3], il a supposé entre lui et le héraut thébain ce dialogue :

LE HÉRAUT.

Où est le roi de ce pays ? A qui dois-je porter les paroles de Créon, qui commande à Thèbes ?

THÉSÉE.

Tu t'abuses, étranger, dès tes premières paroles, en cherchant ici un roi. Cet État n'obéit point à un seul homme ; il est libre : le peuple y commande.

Il est vrai que, dans ce qui suit, et qui est peu conforme à la vraisemblance dramatique, dans une dispute, fort belle d'ailleurs, où les deux interlocuteurs débattent les avantages respectifs de la monarchie et de la démocratie, bien des détails, tournés à l'éloge ou à la satire de la constitution athénienne, paraissent tout à fait contemporains du poëte. Ce sont là de ces anachronismes de mœurs qui ne manquent à aucune tragédie, pas plus à la tragédie anglaise ou allemande qu'à la nôtre, et qu'on doit regarder comme à peu près inévitables, puisque les Grecs eux-mêmes, qui ne traitaient que des sujets nationaux, n'ont pu s'en préserver entièrement. La peinture d'Eschyle est ramenée, autant que possible, à la réalité, par l'allusion méprisante aux arts de la civilisation égyp-

1. V. 859 sqq. — 2. *Vit. Thes.*, XXIII. Cf. XXII. — 3. V. 402 sqq.

tienne, qui se rencontre dans les dernières paroles du roi des barbares mais libres Pélasges; plus encore par l'injure d'une grossièreté hardie [1], qui termine avec un naturel exquis cette noble et éloquente scène, la première que nous offre à rappeler l'histoire du théâtre antique, et, pour nous, comme le premier cri de la tragédie grecque.

L'auteur d'une pareille scène en avait sans doute tiré de bien belles du tragique sujet offert à son génie dans la pièce par laquelle se terminait la trilogie. L'intérêt collectif, intérêt d'une nature assez froide, que produisent, dans *les Suppliantes*, les sentiments et les actes toujours unanimés des cinquante filles de Danaüs, faisait-il place, dans *les Danaïdes*, où sans doute Hypermnestre, touchée de pitié et d'amour [2] pour Lyncée, se séparait noblement du crime de ses sœurs, à un intérêt plus individuel, plus véritablement dramatique? W. Schlegel le nie par des raisons spécieuses, auxquelles j'opposerai l'espèce d'argument qu'Eschyle semble nous avoir donné lui-même des *Égyptiens*, des *Suppliantes* et des *Danaïdes*, dans la scène du *Prométhée*, où le dieu prophète révèle à Io ses destinées et celles de ses descendants.

« De la race d'Épaphus, ce fils dont le toucher de Jupiter te rendra mère, sortira, à la cinquième génération, tout un peuple de femmes, cinquante sœurs, ramenées malgré elles vers Argos, leur antique berceau, pour y fuir l'hymen odieux des fils de leur oncle. Ceux-ci, emportés par la passion, comme des éper-

---

1. Hérodote (II, 77) parle de la boisson fermentée par laquelle Pélasgus reproche ici aux habitants de l'Égypte de remplacer le vin : bien d'autres auteurs aussi, dont on trouvera les passages curieusement recueillis par Butler dans une note qui devait véritablement être écrite en Angleterre.
2. Apollodore, *Biblioth.*, II, 1, dit qu'Hypermnestre épargna Lyncée parce qu'il n'avait pas attenté à sa virginité. Le scoliaste d'Euripide, *Hec.*, 870, explique sa désobéissance aux ordres de son père d'une manière bien différente, et qui paraît plus conforme, on le verra tout à l'heure, à la fable du *Lyncée* de Theodecte, aux expressions d'Eschyle et à celles d'Horace. Chez Ovide, *Héroïd.*, XIV, 123, 130, Hypermnestre appelle Lyncée simplement son frère, nom intermédiaire entre le nom plus froid qu'autorisait la parenté, et celui auquel elle a des droits qu'elle n'ose réclamer.

viers à la suite d'une troupe de colombes, viendront ravir une proie funeste aux ravisseurs... La terre des Pélasges recevra leurs corps tombés la nuit sous le couteau de femmes furieuses. Chaque épouse privera de la vie son époux, lui plongeant dans le sein un fer à double tranchant. Qu'ainsi Vénus visite mes ennemis ! Une seule ne tuera point le compagnon de sa couche ; l'amour amollira son cœur, émoussera son courage ; forcée de choisir, elle aimera mieux être appelée lâche que sanguinaire [1]. »

N'entrevoit-on pas dans ce passage la situation qu'ont développée depuis, peut-être d'après des souvenirs du théâtre grec, deux poëtes du siècle d'Auguste [2] ; les dramatiques hésitations de l'Hypermnestre d'Ovide, levant sur Lyncée endormi une main tremblante, vainement armée par son père, et qui se refuse au crime [3] ; le touchant discours par lequel l'Hypermnestre d'Horace réveille son jeune époux et l'exhorte à la fuite ?

« Lève-toi..., lève-toi : des mains que tu crois amies rendraient ton sommeil éternel. Trompe la vengeance de ton beau-père, de mes criminelles sœurs. Ah dieux ! en ce moment, comme des lionnes tombant sur de jeunes taureaux, elles déchirent de leurs mains leurs époux ! Je suis moins cruelle, je ne te

---

1. *Prometh.*, v. 873-893. Cf. Pind., *Nem.*, 10.
2. Virgile lui-même a gravé sur le baudrier de Pallas l'aventure des Danaïdes :

......Rapiens immania pondera baltei,
Impressumque nefas : una sub nocte jugali
Cæsa manus juvenum fœde. thalamique cruenti ;
Quæ Clonus Eurytides multo cælaverat auro.
(*Æn.*, X, 496.)

Stace a décoré du même tableau le bouclier d'Hippomédon :

............Perfectaque vivit in auro
Nox Danai : sontes furiarum lampade nigra
Quinquaginta ardent thalami : pater ipse cruentis
In foribus laudatque nefas atque inspicit enses.
(*Theb.*, IV, 133.)

Tous ces poëtes, dans leurs visites à la bibliothèque placée dans les dépendances du temple d'Apollon Palatin, contemplaient en passant un ensemble de statues qui les rappelaient au souvenir de cette tragique aventure. Voyez plus haut, page 150.
3. *Héroïd.*, XIV, 43 sqq.

frapperai point ; je ne te retiendrai point captif dans ces murs. Qu'un père en courroux m'accable du poids de ses chaînes, pour avoir été clémente envers un époux malheureux, pour l'avoir épargné ; que ses vaisseaux m'aillent jeter aux déserts lointains de la Numidie ? Va-t'en où t'emportera la rapidité de ta course, où te poussera l'haleine des vents, tandis que favorisent encore ta fuite la nuit et Vénus. Va, pars sous d'heureux auspices, et qu'un jour notre triste histoire soit gravée de ta main sur mon tombeau [1]. »

L'antiquité parle de deux jugements rendus par les Argiens : l'un sur Danaüs, et ses cruelles filles, accusés devant eux par Égyptus [2] ; l'autre sur Hypermnestre, poursuivie, pour sa noble désobéissance, par Danaüs, devant le même tribunal [3]. D'habiles critiques ont pensé qu'il fallait chercher le sujet des *Danaïdes* d'Eschyle dans le second de ces jugements [4], peut-être même dans tous les deux [5], malgré la difficulté de concilier, par une exposition commune, ce qu'ils ont de contradictoire. La pièce, selon ces opinions, aurait eu assez de ressemblance avec celle qui termine, par le procès d'Oreste, devant l'Aréopage, le terrible enchaînement de malheurs et de crimes que développe l'*Orestie;* Vénus y aurait joué un rôle analogue à celui de l'Apollon des *Euménides*, et, dans une sorte de plaidoyer de la déesse, en faveur très-probablement d'Hypermnestre, auraient trouvé place les vers qu'un des deux principaux fragments autorise à lui attribuer [6] : d'autre part, ce serait à un plaidoyer de

---

1. *Od.*, III, xi, 37. — 2. Euripid., *Orest.*, 861, schol.; *Bellēroph.*, fragm. xxix ; Apollod., *Bibl.*, II, 1. — 3. Pausan., *Corinth.*, xix, xx, xxi.
4. Welcker, *Trilogie d'Eschyle*, p. 390 sqq.; Bode, *Histoire de la poésie grecque, tragédie*, t. III, p. 307, etc. — 5. God. Hermann. *de Æschyl. Danaïdibus; Opusc.*, t. II, p. 319.
6. Klausen (*Theologumena Æschyli tragici*, Berlin, 1829, p. 174 sqq.), expliquant le sens théologique de cette trilogie, rapporte les événements dans la première et dans la dernière pièce, c'est-à-dire, d'une part la fuite des Danaïdes hors de l'Égypte et leur retraite à Argos, de l'autre la désobéissance et le jugement d'Hypermnestre, à l'influence diverse, là de Minerve, ici de Vénus. Il lui semble, en outre, que ces directions opposées, imprimées au cours des choses, trouvaient leur conciliation dans ce que célèbre si magnifiquement la pièce du milieu, dans les secrets conseils, la toute-puissante volonté de Jupiter, qui, par ces voies étranges, conduit à l'établissement de la race royale d'Argos, de la famille d'où doit sortir Hercule.

Danaüs qu'auraient appartenu les vers de l'autre fragment[1]. Quant aux événements si tragiques, si pathétiques de la nuit où ont péri, sous les poignards de leurs épouses, les fils d'Égyptus, où Hypermnestre a épargné, a sauvé Lyncée, ils n'auraient été, à mon grand regret, je l'avoue, que des faits d'avant-scène, que la matière d'un récit[2].

Ils ne pouvaient être rien de plus dans une pièce d'époque bien postérieure, qui se distinguait par un mérite encore étranger à Eschyle, et tardivement, incomplétement obtenu par la tragédie grecque, le mérite de l'intrigue : je veux parler du *Lyncée* de Théodecte. D'après certains témoignages antiques[3], on a pensé[4] que, dans cette tragédie, un fils que Lyncée avait eu d'Hypermnestre, le jeune Abas, tombait entre les mains de Danaüs, qui apprenait ainsi et la désobéissance de sa fille et l'existence de son ennemi, s'emparait de celui-ci et le traduisait, pour le faire condamner, devant un tribunal où il succombait lui-même. Aristote loue cette péripétie dans deux passages qui nous donnent comme l'analyse de l'ouvrage. « .... Lyncée marchait à la mort, Danaüs le suivait pour l'immoler ; et voilà que, quand tout se décide, c'est Danaüs qui meurt, c'est Lyncée qui est conservé...., dans le *Lyncée* de Théodecte, le nœud, c'est la captivité du jeune enfant et ce qui l'amène ; le dénoûment, c'est ce qui suit l'accusation de meurtre, jusqu'à la fin [5].... »

Je franchis un immense intervalle[6] en passant de Théodecte à notre Lemierre, qui, dans l'année 1758, dé-

---

1. Voyez plus haut, p. 169.
2. E. A. Ahrens, dans ses explications de la tétralogie d'Eschyle, précédemment rappelées (voyez p. 170, note 5), a adopté plusieurs de ces suppositions.
3. Hygin., *Fab.*, 170, 273, 244.
4. O. Müller, *Græcorum de Lynceis fabulæ*, Gœtting, 1837, p. II sqq.; Fr. G. Wagner, *Poet. trig. græc. fragm.*, éd. F. Didot, p. 117 ; W. C, Kayser, *Hist. crit. trag. græc.*, p. 121.
5. *Poet.*, XI, XVIII.
6. On y rencontrerait sans doute d'autres ouvrages tragiques sur le sujet inauguré par Phrynichus. Eschyle et Théodecte ; par exemple, en 1646, *les Danaïdes* de Gombaud, qualifiées par l'abbé de Marolles

buta heureusement, sur la scène française, par sa tragédie d'*Hypermnestre*. La nullité d'une action qu'on aperçoit à peine au milieu des infinis et vulgaires développements où elle se perd, a été traitée par Grimm, bien gratuitement, de simplicité grecque. Grimm eût eu besoin lui-même de mieux connaître ces modèles antiques, auxquels du reste, avec grande raison, il renvoie le jeune poëte, pour qu'il apprenne d'eux le secret d'une expression plus vive, plus naturelle et plus vraie. L'auteur d'*Hypermnestre* n'imitait à coup sûr que les modernes, quand il prêtait à son héroïne, l'une de ces jeunes filles qui, chez l'auteur des *Suppliantes*, chantent un hymne sans fin, de longs discours d'esprit fort. Sa pièce ne manque pas de ces vers heureux qu'il a rencontrés dans toutes ses productions; mais quelques jeux de scène, habilement rendus par mademoiselle Clairon, en firent surtout le succès. Le public fut frappé de terreur quand, au milieu des ténèbres où Lyncée pleurait ses frères massacrés, il vit arriver Hypermnestre le poignard à la main ; il s'attendrit quand Hypermnestre se jeta, éperdue, au-devant de Lyncée, pour protéger contre lui son père, dont elle l'avait sauvé ; il éclata en acclamations, lorsque au dénoûment Lyncée venant avec les Argiens, qui avaient brisé ses fers, punir Danaüs, et Danaüs, pour l'arrêter, menaçant d'immoler sa fille, tout à coup, dans le trouble d'une situation si vive, Hypermnestre se trouva sauvée, sans qu'on pût trop savoir comment. Ces tableaux, ces coups de théâtre, dont le dernier est justement appelé par Grimm et par La Harpe un *escamotage*, charmaient la foule, qui, à la même époque, en applaudissait avec transport de tout semblables dans les tragédies de De Belloy. Les spectateurs d'élite eux-mêmes se montraient peuple à cet égard. « M. Lemierre a fait faire un pas à la tragédie, » disait d'Alembert, après la première représentation d'*Hypermnestre*. Le plaisant

---

d'*immortelles Danaïdes*; en 1678, le *Lyncée* de l'abbé Abeille; en 1704, l'*Hypermnestre* de Riupeiroux, reprise en 1726 (voyez sur ces ridicules ou médiocres ouvrages l'*Histoire du Théâtre français*, par les frères Parfait, t. VII, 76; XII, 69; XIV, 323).

qui demandait si c'était en avant ou en arrière, avait une plus juste idée de l'art dramatique, qui recule véritablement quand aux révolutions du cœur se substitue le mouvement matériel et fortuit de la scène. Ce faux progrès avait été celui de la tragédie grecque au temps de Théodecte, que nous rendait Lemierre, peut-être sans le savoir. Depuis, de grands talents lyriques, osant nous montrer, nous faire entendre, au lieu de la solitaire Hypermnestre de Lemierre, le chœur entier des filles de Danaüs, qui, par une orgie sinistre, préludent tumultueusement aux meurtres d'une affreuse nuit, ces talents hardis, énergiques (j'entends les musiciens qui ont donné la vie à de faibles paroles [1]), nous ont peut-être rendu quelque chose d'une pièce où je suppose qu'Eschyle s'était essayé de loin au grandiose terrible de ses *Euménides*.

1. Salieri, Spontini, dans l'opéra des *Danaïdes*, représenté pour la première fois en 1784, et repris, avec additions, en 1817.

CHAPITRE DEUXIÈME.

Les sept Chefs devant Thèbes.

Des *Suppliantes* je crois devoir passer aux *Sept Chefs devant Thèbes*. C'est encore un ouvrage propre à nous montrer comment de l'ode et de l'épopée naquit, chez les Grecs, la tragédie, cette composition de caractère indécis, lyrique et épique tour à tour, et où du rapprochement des deux genres jaillit, pour ainsi dire, le drame. Qu'y voyons-nous en effet? Comme dans ces œuvres de la scène primitive, dont la tradition seule a conservé le souvenir, un long chœur dans lequel sont exprimés le trouble et les alarmes d'une ville assiégée; par intervalles, quelques récits qui font connaître les progrès, les vicissitudes de l'attaque et de la défense; et, enfin, perdue au milieu de cette poésie toute générale, ainsi que les sentiments et les tableaux qu'elle exprime, l'expression plus individuelle, et par là plus théâtrale, de la rivalité des princes de Thèbes, les deux fils d'Œdipe.

Plus tard, quand la tragédie, qui s'ignore et se cherche encore, aura conscience d'elle-même, connaîtra sa nature et ses lois, toutes ces grandes et fortes images de la guerre, que développe si complaisamment le génie d'Eschyle, ne seront plus pour elle qu'un accompagnement et qu'un cadre, et cet épisode terrible et touchant que le chantre des *Sept Chefs* semble rencontrer par hasard, et qu'il marque en passant de quelques traits énergiques et rapides, elle s'y renfermera presque tout entière[1].

La pièce d'Eschyle s'ouvre par un spectacle imposant,

---

1. Voyez plus loin, liv. IV, le chapitre IX sur les *Phéniciennes* d'Euripide, et sur les divers ouvrages, anciens et modernes, où a été traité le même sujet.

qui a pu servir de premier modèle à la magnifique exposition de l'*Œdipe roi*. Tout le peuple de Thèbes y paraît rassemblé, pour recevoir, à l'approche de l'assaut, les ordres de son souverain et de son général ; ne le nommons pas autrement, tant qu'il n'apportera sur la scène que son caractère officiel, et que quelque mouvement passionné n'aura pas fait connaître en lui le frère[1] de Polynice, le superbe et farouche Étéocle. A ce pompeux appareil répond l'élévation, la hardiesse d'un langage qui ne fléchit pas, lors même que le roi thébain cède la parole à un personnage subalterne, à un espion chargé d'observer les assiégeants, et qui en rapporte des nouvelles.

Tout le monde connaît le ton de son début par les éloges de Longin[2], et plus encore par la traduction de Boileau :

> Sur un bouclier noir, sept chefs impitoyables
> Épouvantent les dieux de serments effroyables.
> Près d'un taureau mourant qu'ils viennent d'égorger,
> Tous, la main dans le sang, jurent de se venger ;
> Ils en jurent la Peur, le dieu Mars et Bellone[3].

Eschyle a transporté aux portes de Thèbes et dans son sujet ce qui, selon la tradition, avait eu lieu à Argos. Du temps de Pausanias[4], on montrait dans cette ville un autel de Jupiter, sur lequel les alliés de Polynice avaient, disait-on, juré de perdre tous la vie plutôt que de revenir sans l'avoir rétabli. Ces alliés, nous apprend ailleurs Pausanias[5], la tradition les faisait plus nombreux que n'a supposé Eschyle. Ainsi, à Delphes, les Argiens avaient dédié leurs images au nombre de huit, parmi lesquelles manquait celle de Parthénopée, dont a parlé le poëte, et se trouvaient celles d'Adraste et d'un Alitherse, dont il n'a rien dit. En revanche, ils s'étaient conformés

---

1. Le frère aîné, selon Eschyle (*Arg. Græc.* C'. Eurip., *Phœniss.*, 71, schol.) ; le plus jeune, chez Sophocle (*Œd. Col.*, 366, schol., 1298).
2. *Subl.*, XIII. Aristophane le loue en le rappelant, non sans un mélange, du reste inoffensif, de parodie, dans sa *Lysistrate*, 188 sq
3. V. 42 sqq. — 4. *Corinth.*, XIX. — 5. *Ibid.*, XX. Cf. *Bœot.*, IX.

à sa tragédie dans leur propre ville, où s'élevaient les statues des *Sept Chefs* seulement dont il a consacré la mémoire. De son temps, Pindare[1] en a parlé comme lui. Ses successeurs, Sophocle et Euripide, en ont reproduit la liste désormais arrêtée par l'autorité de son œuvre : le premier, tout entière, dans quelques vers de l'*Œdipe à Colone*[2]; le second, avec quelques variantes, dans une scène intéressante des *Phéniciennes*[3], et une autre scène des *Suppliantes*[4]. Car il ne s'est pas piqué, à cet égard, d'un plus complet accord avec lui-même qu'avec Eschyle et Sophocle.

Revenons à notre texte. Ce qui suit l'admirable serment, si bien rendu par Boileau, a été moins célébré, moins cité, et était aussi digne de l'être. Ces chefs doivent périr sous les murs de Thèbes; ils le savent, et n'en paraissent point ébranlés. Le poëte, par l'organe de son espion, nous les représente plaçant sur le char d'Adraste, le seul qui doive revenir de cette expédition, des gages de souvenir pour leurs parents; « des pleurs dans leurs yeux, mais dans leur bouche nulle pitié[5] : » trait admirable, trait homérique, qui, par la vive et concise expression de deux sentiments contraires, rappelle le sourire, humide de larmes, de la mère d'Astyanax[6].

Ce récit est tout rempli de peintures belliqueuses où brillent l'éclatante imagination d'Eschyle et l'audace figurée de son style. On jugerait mal de ce dernier mérite par les traductions, impuissantes à le reproduire, par les imitations de La Harpe, par celle même de Boileau, élégantes, nobles, pompeuses, je le veux bien, mais aux-

---

1. *Olymp.*, VI, 23. — 2. V. 1309 sqq.
3. V. 119 sqq. — 4. V. 863 sqq. Voyez sur la variété des traditions, à l'égard de ces noms, Apollod., *Bibl.*, III, 6, et le tableau comparatif dressé par Stanley, édition de Butler.
5. V. 50. — 6. *Iliad.*, VI, 484. Stace se souvenait-il de ce beau trait d'Eschyle lorsqu'il a peint le courage de ces chefs argiens amolli, au moment des adieux, par les larmes de leurs proches?

Illi, quis ferrum modo, quis mors ipsa placebat,
Dant gemitus, fractæque labant singultibus iræ.
(*Theb.*, IV, 22.)

quelles la sage réserve de notre langue interdit ces mots de structure gigantesque et bizarre, ces métaphores longuement et hardiment continuées, dont les termes extrêmes se heurtent et s'entre-choquent, au lieu de s'unir et de se fondre comme veut l'usage ordinaire. C'est dans les vers grecs qu'il faut voir « ce flot terrestre de combattants, que soulève à grand bruit le souffle de Mars, contre le gouvernail de Thèbes et son pilote Étéocle [1]. »

Réduit à de telles extrémités, le jeune prince s'adresse pathétiquement aux dieux, et conjure, avec leur courroux, celui de l'implacable furie déchaînée contre les enfants d'Œdipe par la malédiction d'un père [2]. Ainsi s'annonce, pour la première fois, dans cet ouvrage, l'intérêt qui doit plus tard s'y produire, et seul en faire un drame.

Cependant l'épopée, qui jusqu'ici a occupé la scène, s'en retire pour y laisser paraître, à son tour, la poésie lyrique. Les jeunes Thébaines qui forment le chœur, fort naturellement, car les Thébains sont sur les remparts prêts à recevoir l'ennemi, donnent cours aux craintes que leur inspire l'attaque des Argiens [3]. Du haut de la citadelle, c'est le lieu de la scène [4], où elles ont cherché un refuge, elles aperçoivent le tourbillon de poussière qui les précède, « messager muet [5], mais visible et fidèle, de leur approche; » elles croient entendre le sifflement des dards, le choc des lances et des boucliers, le fracas des chars roulant dans la plaine, le bruit des freins et des chaînes secoués par les coursiers, le cri des essieux qui rompent sous le poids. Ces vives images, relevées par le mouvement tumultueux, l'éclat retentissant et imitatif des paroles, et qui rendent d'avance présent aux spectateurs le combat lui-même, sont mêlées d'ardentes supplications à tous les dieux protecteurs de Thèbes. Tel est le

---

1. V. 62-64. — 2. V. 70. — 3. V. 78-164. — 4. V. 225.
5. Voyez plus haut, p. 174, dans une citation des *Suppliantes*, v. 182, la même expression. Dans l'*Agamemnon*, v. 479, l'approche du messager qui apporte à Clytemnestre la nouvelle de la prise de Troie, lui est aussi attestée par la poussière, *sœur de la boue*, ajoute étrangement le poëte, qui ailleurs, dans les *Sept Chefs*, v. 479, appelle la fumée *la sœur du feu*.

dessin de ce beau chœur, dessin habilement caché sous le désordre qu'exigeait la vivacité de la situation. C'est une chose digne de remarque que, chez les Grecs, la fougue de l'imagination en apparence la plus emportée, l'inspiration qui semble la plus abandonnée, la plus capricieuse, ne courent cependant pas sans règle et s'enferment dans une carrière que l'art a pris soin de tracer. N'oublions pas de rappeler que ce qui n'est plus pour nous qu'une ode, des plus vives, il est vrai, et des plus entraînantes, était encore, sur la scène grecque, un spectacle animé par une expressive pantomime. Sans doute ces chants de la terreur et du désespoir devaient produire sur l'âme un effet puissant, quand les sens étaient en même temps frappés par la vue de cette troupe plaintive, courant, dans sa détresse, d'un autel à l'autre, et embrassant, de ses mains suppliantes, les statues des dieux[1].

Au milieu de tout ce mouvement, survenait Étéocle, qui gourmandait la faiblesse des jeunes Thébaines, leur reprochait d'amollir, par leurs lamentations, le courage des citoyens; leur prescrivait, leur enseignait, par son exemple, une manière plus belliqueuse d'invoquer l'aide des dieux. La rudesse de ses paroles choque aujourd'hui, avec raison, notre délicatesse; mais dans le temps où on la supportait, elle était sans doute conforme aux mœurs publiques; et ce passage, avec d'autres semblables, épars dans ce théâtre, est un témoignage historique de l'état de dépendance et d'oppression où la civilisation grecque retenait les femmes.

Toutefois il est difficile, même pour le despotisme le plus dur et le plus menaçant, de réduire tout à fait au silence la frayeur et la plainte. Étéocle, dans une contestation qui ne manque pas de naturel, mais qui paraît bien prolongée, n'y parvient qu'avec peine; et encore, il n'a

---

1. Cette scène, et en général le rôle du chœur qui prévaut dans les *Sept Chefs* sur celui des personnages plus particulièrement intéressés à l'action, ont été, pour M. Saint-Marc Girardin, dans son *Cours de littérature dramatique*, 1843-1855, t. II, p. 268 et suivantes, le sujet de vives et intéressantes analyses.

pas plutôt disparu de la scène, que les sentiments un moment comprimés par sa présence y éclatent de nouveau et avec une force toujours croissante. C'est un appel pressant à la protection des dieux gardiens de Thèbes, et qui ne peuvent trouver ailleurs une demeure plus digne d'eux. C'est le tableau des affreuses calamités qui accompagnent la prise d'une ville : le pillage, l'incendie, le meurtre, les enfants égorgés sur le sein des mères, les femmes livrées à la brutalité du soldat ou partagées comme un butin et entraînées en esclavage, tout ce que la barbarie des temps ajoutait de cruautés et d'outrages aux suites nécessaires de la guerre, ce qui doit frapper avant tout l'imagination effrayée du personnage qu'Eschyle fait parler[1].

En cet endroit se place la scène capitale de l'ouvrage, celle qui lui a donné son titre. Étéocle apprend, de l'espion, les noms des sept guerriers entre lesquels le sort a partagé l'attaque des sept portes de Thèbes, et il leur oppose, pour les combattre, autant de guerriers thébains. De là résulte une longue énumération que le chœur interrompt, à chaque révélation nouvelle de l'espion, à chaque nouvelle décision d'Étéocle, par des imprécations contre l'ennemi de la patrie, par des vœux pour son défenseur. Une telle scène n'a rien que d'épique, et, en lisant toutes ces descriptions de combattants et d'armures, on pourrait croire, comme La Harpe, lire l'*Iliade*, si le langage perpétuellement figuré d'Eschyle avait plus de ressemblance avec la simplicité d'Homère.

Ici encore on est trompé par la timidité des traductions ; et, pour en donner un exemple, le poëte grec ne dit pas prosaïquement, comme on le lui fait dire, que sur le bouclier de Capanée est écrite, en lettres d'or, cette devise : « Je brûlerai la ville. » C'est Capanée lui-même qu'il fait parler, et qui, par l'emblème et les caractères tracés sur ses armes, crie aux Thébains cette terrible menace[2]. Ailleurs, ce sont les globes d'airain dont est bordé l'écu de

1. V. 271-353. — 2. V. 419; même tour, v. 453.

Tydée, qui « sonnent l'épouvante[1] ; » c'est le frein des coursiers de l'Étéocle argien qui « souffle orgueilleusement[2] ». Ces petits détails peuvent faire comprendre quelle hardiesse lyrique Eschyle imprime à son style dans ces morceaux mêmes qu'une analogie de mouvement et de caractère semble d'abord rapprocher de l'épopée.

Eschyle n'avait pas trop de toutes les ressources de son imagination pour animer et varier la matière uniforme et froide que lui offrait le plan de cette scène. Mais aussi, quelle vigueur de dessin, quelle vivacité de coloris dans ces portraits, dont la succession symétrique ressemble à l'ordre d'une galerie ! quelle diversité frappante dans ces figures toutes empreintes d'un même sentiment, la fureur guerrière! qu'ils s'y détachent surtout, en traits caractéristiques, et cet impatient Tydée qui, arrêté sur les bords de l'Ismène par les retardements du devin, l'accuse de flatter lâchement la mort et le combat, s'écrie comme le dragon sifflant aux rayons du soleil, s'agite comme le coursier dont le souffle et les tressaillements hâtent le signal de la trompette[3] ; et cet orgueilleux Capanée, qui, dans son audace, n'a rien d'un mortel, qui veut renverser Thèbes malgré les dieux, sans se plus soucier du courroux de Jupiter tombant sur la terre en traits enflammés, de ses éclairs et de ses foudres, que des chaleurs du midi[4] ; et ce Parthénopée, enfant viril, au visage paré des grâces du premier âge, mais au farouche regard, mais à l'âme cruelle[5] ; et cet Amphiaraüs, sage vieillard, valeureux guerrier, résolu à mourir avec honneur pour une cause qu'il déteste[6]. Que dire enfin de la richesse d'invention qui brille dans tous ces emblèmes[7], toutes

---

1. V. 371. — 2. V. 448-9. — 3. V. 366, 368, 378-9. — 4. V. 410, 412-16. — 5. V. 518-522. — 6. V. 454-5, 574.

7. Un contemporain d'Eschyle, Pindare (*Pyth.*, VIII, 64) en prêtait de semblables aux fils des *sept chefs*, aux Épigones. Il introduisait dans son ode Amphiaraüs, qui s'écriait prophétiquement : « Je distingue.... je vois près des portes de Thèbes, au premier rang des combattants, Alcméon, dont le bras agite le dragon tacheté peint sur son bouclier.... » Les sept chefs ont aussi des boucliers ornés de figures emblématiques dans *les Phéniciennes* d'Euripide (v. 1109 sqq.).

ces devises de guerre, antérieurs de tant de siècles aux ingénieux symboles de notre chevalerie ; de la souplesse, de la promptitude d'esprit avec lesquelles le général thébain les explique à son avantage, et, selon le penchant superstitieux de ces temps reculés, les tourne en présages funestes contre ses ennemis?

On rencontre dans ses réponses une idée et un tour dont les historiens latins, Tite Live, Tacite, et je crois aussi Quinte-Curce, ont orné, sans doute par rencontre accidentelle plutôt que par goût d'imitation, leurs harangues militaires[1]. « Une riche armure n'a rien qui m'effraye, s'écrie Étéocle. Des emblèmes ne font point de blessures. Que peuvent ces aigrettes, cet airain sonore, sans la lance[2]? »

Quelque étincelante de beautés poétiques que soit cette scène, nous ne pouvons nous défendre, accoutumés que nous sommes à la vive allure de notre drame, de la trouver bien longue. Euripide[3] déjà, nous le verrons ailleurs[4], en jugeait comme nous. Ce n'est pas cependant, comme il est visible, sans une raison dramatique qu'Eschyle l'a ainsi prolongée. Par tous ces développements lyriques et épiques il a voulu préparer l'explosion subite, inattendue, terrible, de l'élément tragique que recélait son œuvre. Ainsi, quand les nuages se sont lentement amoncelés, éclate tout à coup la foudre.

L'espion a nommé, comme septième assaillant, Poly-

---

[a] Seulement le poëte, faisant remarquer (v. 751), en critique peu respectueux pour Eschyle, l'inconvenance d'un pareil détail descriptif au moment le plus pressant de l'action, l'a différé jusqu'au récit qui la termine. Macrobe (V. 18) nous a conservé un passage de la tragédie de *Méléagre*, par le même Euripide, où, parmi les héros rassemblés pour la fameuse chasse de Calydon, Télamon est représenté avec un aigle d'or sur son bouclier. Dans le tome II, page 438, des *Mémoires de l'Académie des Inscriptions et Belles-Lettres*, Fraguier, jaloux de trouver consacrée par les usages de la plus haute antiquité une des fonctions principales de sa compagnie, a peut-être accordé aux emblèmes guerriers, aux devises des *sept chefs* argiens et de leurs antagonistes thébains, qu'il commente ingénieusement, dont il explique assez subtilement la diversité chez Eschyle et chez Euripide, un caractère trop historique.

1. Tit. Liv., X, 39; Tac., *Agric.*, XXII. — 2. V. 383-5.
3. *Phœniss.*, 751 sq. — 4. Liv. II, ch. VI.

nice ; à l'instant Étéocle se désigne pour son adversaire, emporté, malgré les représentations, les prières du chœur, par sa haine impie, et se disant, se croyant peut-être poussé par les imprécations paternelles et une irrésistible puissance. Ce poste, que son âme dénaturée eût choisi, il aime à croire que le destin le lui a fait échoir, en gardant, au fond de son urne, les noms maudits des deux frères. Il faut citer l'admirable peinture de ce sombre fatalisme qu'un âge barbare mêlait à ses passions féroces, et dont la tragédie primitive fit le principal ressort du drame.

L'ESPION.

Pour le septième chef, celui qui marche contre la septième porte et qui, il faut bien le dire, n'est autre que votre frère, de quelles fortunes il nous menace ! Franchir nos tours, entrer en roi dans cette ville, y faire retentir l'hymne de la victoire, et puis vous chercher et vous combattre, vous immoler, quand il devrait lui-même périr, ou, s'il faut que vous viviez, vous qui lui avez ravi l'honneur, vous flétrir à votre tour d'un exil déshonorant, voilà ses vœux ! il les proclame, il ose en prendre à témoin les dieux qui présidèrent à votre commune naissance, les dieux de la terre paternelle. Sur son bouclier, d'un travail récent et habile, se voient deux figures : l'une, ciselée en or, est celle d'un guerrier ; l'autre représente une femme qui le conduit majestueusement par la main. « Je suis la Justice, lui fait dire l'inscription ; je ramènerai cet homme ; il rentrera dans sa patrie, dans la maison de ses pères.... »

ÉTÉOCLE.

O race que les dieux égarent, que les dieux détestent ! race déplorable d'OEdipe ! malheureux ! maintenant s'accomplit la malédiction de notre père. Mais ce n'est pas le temps de pleurer ni de gémir ; il ne faut pas par mon exemple donner naissance à d'importunes lamentations.... O Polynice ! On saura bientôt ce que produiront tes emblèmes ; si elles te feront rentrer dans Thèbes, ces lettres d'or que le métal bouillant a tracées sur ton bouclier avec ton insolence. Peut-être ; si cette fille de Jupiter, cette vierge céleste, la Justice, était pour quelque chose dans tes œuvres et dans tes pensées. Mais jamais, ni quand tu t'échappas des ténèbres du sein maternel [1], ni dans ton enfance, ni dans ta jeunesse, ni depuis que la barbe s'est épaissie sur ton menton, la Justice ne daigna t'honorer d'un regard ; et je

---

1. Cf. *Eumenid.*, 657 ; Pind., *Nem.*, I, 53.

ne pense pas que, pour t'aider à opprimer ta patrie, elle réponde aujourd'hui à ton appel. Serait-elle encore justement nommée la Justice, si elle s'alliait à un mortel audacieux et sans frein ? Voilà ce qui fait ma confiance : c'est moi qui te combattrai; oui, moi-même; et quel autre ? Roi contre roi, frère contre frère, rival contre rival, je dois te combattre. Courez, apportez mon armure, ma lance, mon bouclier.

LE CHŒUR.

O cher prince ! ô fils d'OEdipe ! n'imitez pas dans sa rage celui dont tout à l'heure vous détestiez l'attentat. C'est assez que les enfants de Cadmus se mesurent avec les Argiens : le sang d'un ennemi peut s'expier; mais le sang de deux frères, un double fratricide, quelle vieillesse assez longue pour en effacer la souillure ?

ÉTÉOCLE.

Quel que soit mon sort, je l'accepte, s'il est sans honte. Est-il d'autre bien après la mort ? Les lâches, quel renom laissent-ils ?

LE CHŒUR.

O mon fils ! que veux-tu faire ? ne te laisse pas emporter à ces mouvements d'indomptable courroux, de fureur belliqueuse ; rejette, il en est temps encore, une criminelle envie.

ÉTÉOCLE.

Le ciel le veut et presse l'événement. Vogue donc, au vent de sa colère, sur les eaux du Cocyte, toute cette race détestée d'Apollon, la race de Laïus !

LE CHŒUR.

C'est un farouche penchant qui te pousse à consommer un meurtre fécond en fruits amers, à verser un sang interdit à ton épée.

ÉTÉOCLE.

Non, c'est l'imprécation d'un père, cette furie vengeresse qui achève son œuvre; elle est là, l'œil sec et sans larmes, qui me dit : La vengeance d'abord, et après, la mort.

LE CHŒUR.

Garde-toi donc de l'animer encore. Seras-tu un lâche pour vivre avec innocence ? La noire Érinnys n'entre point chez celui dont les mains restent pures, dont les dieux acceptent les sacrifices.

ÉTÉOCLE.

Les dieux ! ils se sont depuis longtemps retirés de nous. Notre ruine est toute leur joie. Le sort qui veut ma perte, pourquoi le flatterais-je encore ?

LE CHŒUR.

Tu peux encore le fléchir. Peut-être avec le temps ce démon domestique perdra-t-il de sa haine; peut-être deviendra-t-il plus doux, son souffle aujourd'hui si brûlant.

ÉTÉOCLE.

Brûlantes aussi sont les imprécations d'OEdipe qui l'ont allumé. Elles n'étaient point mensongères ces visions nocturnes qui m'ont appris dans mon sommeil comment doit se partager l'héritage paternel[1].

LE CHŒUR.

Veux-tu en croire des femmes, malgré ta haine pour leur sexe ?

ÉTÉOCLE.

Vains efforts ; c'est assez.

LE CHŒUR.

Quitte cette voie fatale ; ne va point à cette porte.

ÉTÉOCLE.

Pensez-vous par des paroles émousser le tranchant de ma colère ?

LE CHŒUR.

Une telle défaite est honorée des dieux.

ÉTÉOCLE.

Mais une telle maxime ne peut plaire à un guerrier.

LE CHŒUR.

Tu veux donc avoir le sang d'un frère ?

ÉTÉOCLE.

Si les dieux me secondent, il ne peut m'échapper[2].

Le départ d'Étéocle livre le chœur à des appréhensions qui lui font oublier ses propres dangers. Il ne peut plus s'occuper que de cette malédiction, précipitée par la discorde fraternelle vers son inévitable effet. L'image de la destinée l'obsède, et il repasse avec terreur toutes les cala-

---

1. V. 697. De ce passage, qui se rapporte à un songe dont il n'est point question dans *les Sept Chefs*, on a conclu (God. Hermann, *de Compos. tetral. trag.*; *Opusc.*, II, p. 314) que la pièce avait dû être précédée d'un autre ouvrage ; de même, nous le verrons plus loin, qu'un autre passage, v. 988 sqq., a donné à penser qu'elle se complétait par une troisième tragédie. — 2. V. 618-708.

mités dont elle frappe de génération en génération la maison de Laïus, et qui s'y succèdent sans relâche comme les rejetons d'une souche vivace et fertile, comme les flots d'une mer courroucée [1].

La nouvelle de l'acte sanglant par lequel doit se fermer ce cercle fatal ne se fait point attendre. Un messager vient annoncer, avec la victoire de Thèbes, la mort de ses deux princes. Dans cette annonce d'un double dénoûment, heureux et funeste tout ensemble [2], s'avoue, en quelque sorte soi-même, la duplicité du sujet, le caractère équivoque du poëme. Mais de ce défaut le génie d'Eschyle sait tirer une beauté de plus; il ose mêler les images de la victoire et de la mort, et, par cette dissonance hardie, retrouve et rétablit l'unité.

Toutefois l'expression du deuil domine, et atteint les dernières limites de l'imagination pathétique, quand, au récit de l'attentat, a succédé la vue de ses victimes; quand, auprès de leurs corps sanglants, les jeunes Thébaines, partagées en deux chœurs funèbres, et ensuite les sœurs éplorées des princes, Antigone et Ismène, font retentir, comme dit Eschyle, « l'hymne d'Érinnys [3]. »

C'est chez les Grecs modernes un usage dont le savant et ingénieux interprète de leur poésie populaire [4] nous a retracé les touchants détails, que, dans les funérailles, les parents, les amis du mort se rassemblent autour de sa dépouille, et là, s'abandonnant aux violents transports et à l'inspiration naïve de la douleur, improvisent tour à tour des chants lugubres, appelés *myriologues*. La scène d'Eschyle nous offre quelque chose d'absolument semblable dans le dialogue étrange qui s'établit entre les deux moitiés du chœur, entre les deux princesses. C'est vraiment un *myriologue* antique. Et, en effet, ces pensées, ces images, qui passent d'un interlocuteur à l'autre; qui, dans un échange de rapides répliques, s'achèvent ou

---

1. V. 740-3, 745-8. — 2. V. 800-7.
3. V. 852. — 4. Fauriel, *Chants populaires de la Grèce moderne*, discours préliminaires, t. I, p. 39 et suiv.

se répètent; qui vont s'appelant, se provoquant, se produisant mutuellement, comme sans l'intervention du poëte, ont tout à fait l'apparence d'une création spontanée et soudaine, d'une improvisation. Quel est le thème ainsi livré aux développements imprévus, à l'émulation capricieuse de ces imaginations émues? L'idée du fratricide consommé par le destin. Une verve inépuisable la revêt de formes toujours nouvelles, toujours plus vives et plus frappantes, tantôt touchantes et terribles, tantôt mêlées de je ne sais quelle ironie amère et sublime. Ce double meurtre, commis par la fureur insensée de deux frères, c'est une réconciliation, un traité, un partage; le fer a été leur arbitre; chacun d'eux est vainqueur, chacun d'eux régnera, mais dans le tombeau; ainsi l'avait prédit un père, ainsi l'a voulu le destin. Le destin! c'est vraiment, quoique invisible, l'acteur toujours présent, le héros de la tragédie d'Eschyle. Écoutez comme il célèbre cette victoire qu'il lui fait remporter, au dénoûment, par la passion aveugle, la main égarée des mortels.

O maison, où germe sans cesse et fleurit l'infortune! Enfin, les déesses des imprécations ont poussé leur cri de triomphe, en voyant fuir devant elles toute cette race. Le trophée des furies s'élève à la porte où se sont frappés les deux frères, et vainqueur de tous deux, le destin se repose [1].

Ici je m'estime heureux de pouvoir céder la parole à un meilleur interprète de la pensée antique, à un poëte. Une imitation de Casimir Delavigne fera mieux connaître que ne le pourraient mes traductions et mes commentaires, le dialogue, de forme singulièrement concise et rapide qu'amène, à la fin de cette scène, entre les deux sœurs, le mouvement toujours croissant d'une douleur passionnée; dialogue où le vers si court de l'ode suffit tout seul à la pensée, où souvent même il est brisé par la vivacité des répliques, et auquel la marche parallèle des pensées, l'opposition symétrique des mots et des consonnances, la communauté de sentiments qui les réunit

1, V. 932-41.

dans une même expression, ont fait donner presque unanimement, par les critiques[1], le nom de *duo*.

ANTIGONE.
Éclatez, mes sanglots!

ISMÈNE.
Coulez, coulez, mes pleurs!

ANTIGONE.
Tu frappes et péris.

ISMÈNE.
En immolant tu meurs.

ANTIGONE.
Son glaive te renverse.

ISMÈNE.
Et sous ton glaive il tombe.

ANTIGONE.
Même âge!

ISMÈNE.
Même sang!

ANTIGONE.
Et bientôt même tombe!
O frères malheureux!

ISMÈNE.
Plus misérables sœurs!

ANTIGONE.
Éclatez, mes sanglots!

ISMÈNE.
Coulez, coulez, mes pleurs!

ANTIGONE.
Mes yeux se couvrent de ténèbres;
Mon cœur succombe à ses tourments.

ISMÈNE.
Ma voix, lasse de cris funèbres,
S'éteint en sourds gémissements.

ANTIGONE.
Quoi! périr d'une main si chère!

---

1. Brumoy, Rochefort, La Harpe.

ISMÈNE.
Quoi ! percer le cœur de son frère !
ANTIGONE.
Tous deux vainqueurs !
ISMÈNE.
Vaincus tous deux !
ANTIGONE.
O récit qui me désespère !
ISMÈNE.
O spectacle encor plus affreux !
ANTIGONE.
Où les ensevelir ?
ISMÈNE.
A côté de leur père :
Il fut infortuné comme eux.
ANTIGONE.
O mon cher Polynice !
ISMÈNE.
Étéocle, mon frère !
ENSEMBLE.
Et nous, plus misérables sœurs !
ANTIGONE.
Éclatez, mes sanglots !
ISMÈNE.
Coulez, coulez, mes pleurs[1].

La tragédie semble finie; mais Eschyle la prolonge encore par un de ces suppléments que condamne l'art des modernes, et qui trouvaient, chez les anciens, leur excuse, soit dans les mœurs, soit dans certaines pratiques de théâtre. Nous aurons plus d'une occasion d'en faire la remarque : tantôt c'est l'importance attachée aux honneurs de la sépulture, tantôt c'est le soin de préparer un autre ouvrage, la seconde ou la troisième partie d'une

---

1. Cas. Delavigne, *Poésies diverses.*

trilogie, quelquefois ce sont ces deux motifs ensemble, qui portent les poëtes grecs à pousser un peu plus loin que le dénoûment. On a pu soupçonner qu'il en était ainsi des *Sept Chefs*, jusqu'à la découverte récente[1] de la didascalie qui fixe définitivement la place de cette pièce dans les trilogies, et même les tétralogies, empruntées par Eschyle au cycle thébain. Elle y succédait à deux autres tragédies, le *Laïus*, l'*Œdipe;* elle y précédait le *Sphinx*, drame satyrique. Il est maintenant bien évident que le poëte n'avait pu se proposer de préparer par sa dernière scène à l'intérêt qui devait animer ses *Éleusiniens*, ses *Épigones*, celui des honneurs de la sépulture refusés par Thèbes aux restes des chefs argiens, et que leur font rendre le roi d'Athènes, Thésée, à Éleusis[2], et leurs fils, les Épigones, à Thèbes[3].

Antigone s'apprête avec Ismène à conduire les deux princes au tombeau, lorsqu'un héraut vient, de la part du sénat de Thèbes, ordonner d'ensevelir Étéocle, qui a combattu pour sa patrie, et d'exposer au contraire sans sépulture Polynice, qui lui a fait la guerre. Antigone se soulève noblement contre cette justice impie, et déclare que rien ne l'empêchera de remplir le

---

1. Voyez plus haut, p. 29.
2. Plutarque, *Vit. Thes.*, xxviii, cite les *Éleusiniens* d'Eschyle, et les oppose, sur certains détails controversés de cette histoire, à une autre tragédie où depuis le même sujet fut traité par Euripide, ses *Suppliantes*. Voyez liv. IV, ch. xviii.
3. Parmi les pièces d'Eschyle qui relèvent du cycle thébain on compte encore *les Argiens* et, avec moins de certitude, *Némée*, *les Phéniciennes*. Tous ces ouvrages, les critiques se sont fort exercés à les classer en trilogies, en tétralogies. Voyez les classifications diverses de Bœckh (*Græc. trag. princ.*, xxi); de God. Hermann (*De compositione tetral. trag.; de Æschyli trilogiis thebanis; Opusc.*, t. II, p. 310; VII, 190 sqq. Cf. Bode, *Histoire de la poésie grecque; tragédie*, t. III, p. 304); de Welcker (*Trilogie d'Eschyle*, p. 354 sqq., *Appendice*, 144 sqq.); de Klausen (*Theologumena Æschyli*, p. 173); de Bellmann (*de Æschyli ternione Prometheo*, p. 46 sq.), etc., etc. Depuis, M. A. J. Ahrens (*Æschyl. Fragm.*, éd. F. Didot, 1842, p. 221 sqq.) ne croyant pouvoir s'arrêter, avec une entière confiance, à aucun des systèmes proposés, s'est contenté de rassembler dans un même chapitre, sans d'ailleurs les classer, les tragédies des *Trilogiæ thebanæ*. De tant de conjectures une seule s'est trouvée d'accord avec la nouvelle didascalie, celle qu'avait émise, en 1819, God. Hermann (*Opusc.*, t. II, p. 314).

devoir du sang et de la nature. Après une de ces contestations animées où Eschyle fait déjà briller, dans ce premier âge de l'art tragique et dans ce début de son génie, un grand talent de dialogue, le chœur, d'abord irrésolu, se sépare, ce qui est bien rare, peut-être unique sur la scène grecque, ce qui eût pu fournir un argument à Schiller pour défendre les deux chœurs ennemis de sa Fiancée de Messine, trouvés peu conformes, par cette duplicité même, au caractère moral de ce personnage conventionnel[1]; le chœur, dis-je, d'ordinaire si unanime, se sépare en deux partis opposés, dont l'un s'associe à la belle mais périlleuse révolte d'Antigone, tandis que l'autre, plus prudent et probablement plus nombreux, suit le convoi d'Étéocle, qui après tout, dit-il pour s'absoudre de sa faiblesse, a sauvé la patrie[2]. Les poëtes grecs ne se piquaient pas de donner au chœur, représentant de la foule, des sentiments héroïques, et il me semble qu'Eschyle, dans cette peinture rapide que développera un jour Sophocle[3], a fort ingénieusement caractérisé les commodes apologies de la poltronnerie politique. Ensuite cette mention du salut de Thèbes, au dernier mot de la pièce, ramène adroitement la pensée vers l'intérêt excité d'abord par l'ouvrage, et dont un intérêt plus puissant l'a distraite. C'est une ruse de composition, au moyen de laquelle le poëte veut faire croire à l'unité de son œuvre, peut-être aussi un sophisme pour s'en persuader lui-même.

Cette pièce fournit un document précieux à l'histoire de la tragédie grecque : elle s'y montre, d'une part, avec sa forme primitive, c'est-à-dire son chœur permanent et ses récits qui le réchauffent et le renouvellent par la rare révélation des progrès d'une action invisible; d'une autre part, avec une progression d'images, d'idées, de sentiments, qui est presque du mouvement théâtral, avec un

---

1. Voyez W. Schlegel, *Cours de littérature dramatique*, leçon xvii, et la préface de Schiller intitulée : *De l'emploi du chœur dans la tragédie*.
2. V. 1056-62. — 3. Dans son *Antigone*. Voyez liv. III, chap. vi.

commencement de situations et de dialogue qui bientôt produira le drame. C'est le bloc à peine dégrossi, mais duquel se dégage et va éclore la statue ; c'est l'instrument encore grossier qui, sous une main enfin plus adroite et plus savante, rend un son harmonieux : c'est, tout ensemble, Thespis et Eschyle.

Aujourd'hui qu'une longue habitude nous a blasés sur tous les effets de la scène, nous avons peine à comprendre qu'à une certaine époque, ce peu de combinaison dramatique qui se rencontre dans *les Sept Chefs* ait pu suffire à l'intérêt. Mais qu'on y songe, ce peu lui-même était une nouveauté piquante pour un public qui ne connaissait pas autre chose. Il en a été de même dans tous les arts : ce dessin si roide, ce coloris si terne, ces mélodies si pauvres, ont, au moment de la découverte, enchanté par leur nouveauté les sens et l'imagination ; et puis, avec des moyens bornés, le génie grand et naïf des premiers âges atteignait à des effets souvent hors de la portée d'époques plus raffinées et plus savantes. Tel est Eschyle, dont les œuvres, dans leur rude simplicité, offrent un caractère de force et d'élévation qui jamais ne fut égalé. Quelle sombre majesté dans cette terreur superstitieuse dont il les enveloppe ! quelles proportions colossales chez cette race d'hommes qu'il y fait mouvoir ! que ces passions, ces crimes, ces douleurs excèdent la mesure commune ! et combien le style qui les exprime est lui-même d'une structure étrange et gigantesque ! Par une rencontre qui n'est pas toute fortuite, cette poésie sublime avait pour auditoire un peuple héroïque, digne de la comprendre comme de l'inspirer.

C'est la loi de toute poésie de répondre, par l'esprit qui l'anime, à l'esprit du temps et du pays où elle se montre ; mais il n'est aucun genre pour qui cette loi soit plus obligatoire que pour le genre dramatique, qui appelle à ses représentations la nation tout entière : il doit, par les sujets qu'il célèbre, les passions qu'il met en jeu, les sentiments qu'il exprime, par le langage où il les développe, éveiller à la fois, dans toutes les âmes, cette émotion sympathique qui circule et se propage au sein de la foule, qui s'accroît en se partageant, qui, éclatant enfin par des transports universels, par des cris unanimes d'admiration et de plaisir, fait de l'œuvre merveilleuse, à laquelle il est donné de produire de tels effets, la plus animée, la plus vivante de toutes les œuvres poétiques. La tragédie était née, chez les Athéniens, vers le temps où les lois de Solon réunissaient, en un corps plus régulier, les divers ordres, les diverses fractions de l'État, et formaient ainsi, pour les poëtes dramatiques, un auditoire mieux préparé à goûter en commun les plaisirs du théâtre. Bientôt les esprits se rapprochèrent encore par le soin imposé à tous de défendre, contre la tyrannie des Pisistratides et l'invasion des Perses, la liberté et l'indépendance de la patrie. Or, ce fut précisément à cette époque, où toutes les volontés se confondaient dans une volonté unique, où un seul sentiment, une seule passion agitait les cœurs et les poussait à des actes de dévouement dont la mémoire sera éternelle, que l'art dramatique commença de se perfectionner. On conçoit facilement qu'il ne dut point demeurer étranger à l'enthousiasme patriotique et belliqueux qui se déployait alors avec tant d'énergie et de puissance; on conçoit que ces poëtes, ces spectateurs qui étaient avant tout des citoyens et des soldats, et qui voulaient reproduire ou retrouver au théâtre les affections dont ils étaient pleins, durent faire naturellement du drame une sorte d'hymne à la liberté, un chant de guerre et de victoire.

Voilà, en effet, le caractère avec lequel apparaît la tragédie grecque à la première époque de son histoire. Qu'y a-t-il dans *les Suppliantes* de plus véritablement dramatique? N'est-ce pas la scène où le poëte oppose si heureusement l'un à l'autre le Grec et le barbare, le roi d'un peuple libre et l'esclave d'un despote? Quand Pélasgus exprime avec tant de vivacité et d'éclat le sentiment de la supériorité nationale; quand, avec une confiance que lui donnent la justice de sa cause et la conscience de sa force, il brave les menaces de l'Égypte et lui déclare la guerre, on croit entendre la réponse que firent aux envoyés de Darius et de Xerxès les hommes de Marathon et de Salamine : eux-mêmes se reconnurent sans doute, avec orgueil, dans une si fière peinture; et cet intérêt, tout présent, dut prévaloir, dans leur esprit comme dans celui du poëte, sur les impressions pathétiques et religieuses qui sortaient naturellement du sujet et de l'ouvrage.

Il en fut probablement de même de la pièce des *Sept Chefs*, que la nature de la composition invite à placer, dans le recueil d'Eschyle, immédiatement après *les Suppliantes*, tandis que, d'autre part, sa date la rapproche des *Perses*[1], donnés quatre ans environ auparavant[2]. On était déjà loin de ces temps de Marathon desquels une conjecture ingénieuse[3], mais évidemment fausse, l'a faite à peu près contemporaine. Il n'y avait toutefois nulle nécessité de la reculer ainsi dans le passé pour expliquer ce dont, selon une anecdote rapportée par Plutarque[4] et à laquelle Platon paraît avoir fait allusion[5], elle fut l'occasion, l'hommage éclatant et délicat que reçut à la représentation de ce bel ouvrage Aristide, vivant encore et bien près de sa fin. Tous les regards se portèrent sur lui, dit l'historien, lorsqu'on entendit ces mots du portrait d'Amphiaraüs : « Il n'a sur son bouclier aucun emblème, car il ne veut pas paraître brave, mais l'être en effet, et du fond de son âme, comme d'un sillon fertile, sort une moisson toujours nouvelle de sages conseils[6]. »

Il est bon d'avertir, pour l'intelligence de cette anecdote, qu'une des épithètes données au vertueux Amphia-

---

1. Schol. Aristoph., *Ran.*, 1021, 1026, édit. F. Didot, p. 303.
2. Sous l'archonte Ménon, première année de la LXXVII° olympiade, en 472 (Argum. *Persar.* Voyez Clinton, *Fast. hellenic.*, p. 37). Selon la nouvelle didascalie dont il a déjà été question, p. 29 et 201, *les Sept Chefs* parurent sous l'archonte Théagénis, la première année de la LXXVIII° olympiade, en 468.
3. M. Lebeau jeune, *Mém. de l'Acad. des Inscript.*, t. XXXV, p. 452.
4. *Vit. Aristid.*, III. — 5. *Republ.*, II.
6. V. 577-80. L'image vive et hardie que présentent les derniers vers a été imitée par Aristophane, *Lysistrate*, 407.

raüs, celle qui, outre la bravoure, peut encore exprimer la probité, ἄριστος[1], offrait avec le nom même d'Aristide un rapport auquel Eschyle n'avait probablement pas songé, mais que saisit à l'instant l'imagination vive et prompte des Athéniens.

La longue scène, que remplissent les portraits des généraux ligués contre Thèbes et de ceux que leur oppose Étéocle, dut être féconde en allusions de ce genre aux chefs des troupes athéniennes et persanes, lors de ces batailles de Marathon et de Salamine, si chères au patriotisme des Athéniens, et longtemps présentes à leur souvenir. La peinture si animée de l'ardeur guerrière du roi thébain et des alarmes du chœur à l'approche de l'assaut reproduisait pour tous, sous des noms étrangers, le trouble qui remplit Athènes à la veille de ces grandes et décisives journées, et en même temps l'héroïque dévouement de ceux qui la sauvèrent. Par là, les diverses parties de l'ouvrage, peu liées entre elles et de dimensions fort inégales, semblaient avoir plus de cohérence et de proportion; l'intention particulière que la pensée du public ajoutait à celle du poëte, donnait à la pièce plus d'ensemble et d'unité, et surtout un intérêt plus vif et plus pressant; elle n'offrait pas seulement l'expression générale des sentiments de l'époque, mais presque le tableau des événements contemporains.

Eschyle était digne de servir d'interprète à l'ardeur généreuse qui animait alors le peuple d'Athènes. Il ne faut pas se le représenter comme un barde qui tient la lyre, pendant que d'autres manient l'épée. Frère de ce fameux Cynégire, qui s'illustra entre tant de braves, par son tré-

---

[1]. Ce mot se trouve dans toutes les éditions d'Eschyle, celle de Porson exceptée, qui, d'après Plutarque, donne δίκαιος. Sans doute l'historien grec, qui ailleurs (de Aud. poet.; Apophthegm.) écrit ἄριστος, a voulu, par ce changement, rendre plus frappante et plus naturelle l'allusion au *juste* Aristide; mais il a supprimé en même temps un rapport verbal beaucoup plus clair et plus propre à être saisi par une assemblée populaire. Au reste, les autorités anciennes et modernes, pour chacune des deux leçons, sont assez nombreuses. Blomfield les a réunies et discutées dans une longue note de sa deuxième édition des *Sept Chefs*, Cambridge, 1817, p. 57.

pas désespéré[1], de cet Aminias, qui, dans la seconde journée de la liberté athénienne, mérita, entre tous ses compagnons d'armes, le prix de la valeur[2], Eschyle ne démentit pas le sang généreux qui coulait dans ses veines; il combattit parmi les héros de Marathon, de Salamine et de Platée, et eut sa part des victoires qu'il devait si éloquemment célébrer[3]. Lui-même, faisant deux parts de sa gloire, préféra le titre de soldat d'Athènes à celui de son poëte. Dans l'épitaphe qu'il prépara pour son tombeau, et où il prit soin de recommander son nom à la mémoire des hommes, il oublia de rappeler ses vers, ne les regardant sans doute que comme le délassement et la distraction de ses travaux guerriers.

« Ce tombeau renferme Eschyle, fils d'Euphorion, né dans l'Attique, mort dans les campagnes fécondes de Géla. Le Mède, à la longue chevelure, et les bois fameux de Marathon rendent témoignage à sa valeur[4]. »

Archiloque avait montré moins de désintéressement littéraire, lorsqu'il avait dit :

« Je suis un des enfants du redoutable Mars, mais qui n'est point étranger à l'aimable talent de la poésie[5]. »

Ces productions qu'Eschyle semblait dédaigner, et qui l'ont rendu immortel, étaient cependant des actes de citoyen autant que des œuvres de poëte : elles faisaient naître les vertus qu'elles célébraient; elles donnaient des défenseurs à la patrie. C'est Aristophane qui nous l'atteste dans la satire maligne[6] où il s'est joué à la fois et d'Eschyle et d'Euripide, mais où éclate cependant, au milieu des plaisanteries sans nombre dont il les poursuit tous deux, une grande estime pour le premier. Personne, sans doute, ne s'est moqué plus gaiement de son ton emphatique et de son style ampoulé; mais personne aussi n'a

---

1. Herodot., VI, 114. — 2. *Ibid.*, VIII, 84, 93. — 3. *Vit. Æschyl.*
4. Pausan., *Att.*, XIV; Athen., XIV. — 5. Athen., *ibid.* — 6. *Les Grenouilles.*

loué avec plus d'éloquence la grandeur, la majesté, l'éclat de son génie. Il lui suffit quelquefois d'un seul trait pour produire deux effets si divers ; il prête au père de la tragédie grecque une sorte de langage grotesque et sublime, qui exprime merveilleusement ses défauts et ses beautés, qui élève et égaye tout ensemble, qui provoque le rire et l'admiration. C'est ainsi que Molière a su traduire sur la scène comique la vertu elle-même, sans qu'elle cessât d'être respectable et sainte.

Dans la comédie d'Aristophane, dont je veux citer quelque chose en finissant, pour donner la petite pièce après la grande, Eschyle et Euripide se disputent aux enfers le prix de la tragédie, et ce grand combat se livre en présence de Bacchus, le dieu du genre, qui, mécontent des poëtes qui le cultivent sur la terre, a voulu voir s'il ne trouverait pas mieux chez les morts. « Çà, réponds-moi, dit Eschyle à son rival[1] ; par où un poëte mérite-t-il qu'on l'admire ? — Par son habileté, répond Euripide, par sa sagesse ; lorsqu'il sait rendre meilleurs ses concitoyens. — Et si tu ne l'as pas fait, reprend Eschyle ; si de bons et de braves qu'ils étaient, tu les as rendus pervers, quel châtiment auras-tu mérité ? réponds-moi. — La mort, s'écrie Bacchus, le juge du procès, en interrompant les plaideurs ; ne lui demandez pas cela. — Voyez, dit Eschyle, quels hommes il a reçus de moi, des hommes généreux et braves, des hommes de quatre coudées, toujours prêts à servir l'État. Ce n'étaient pas, comme aujourd'hui, des discoureurs de place, des rusés, des méchants ; ils ne respiraient que pour le javelot, pour la lance.... » Et ici Eschyle entre dans une énumération tout à fait intraduisible ; elle est grossie de ces mots sonores, de ces mots *volumineux*[2], formés péniblement des débris de plusieurs autres, que le vieux poëte grec se plaisait à forger, pour donner à son langage de la dignité et de l'ampleur. Bacchus n'en peut soutenir le bruit ; il

---

1. V. 1021 sqq.
2. Barthélemy, *Voyage du jeune Anacharsis*, LXIX.

en a, dit-il, le cerveau tout ébranlé, et, comme le juge de Racine, il engage l'orateur à se modérer :

> .... Avocat,
> De votre ton vous-même adoucissez l'éclat.

Celui-ci ne tient compte de l'avertissement; car, lorsque Euripide lui a demandé, malignement, comment il s'y est pris pour rendre ses concitoyens si braves, Eschyle répond d'un style qui contraste singulièrement avec ce qu'on vient d'entendre :

« Par une pièce toute pleine de Mars [1]..., par mes *Sept devant Thèbes*. Nul spectateur n'en sortait qu'avec la fureur de la guerre dans le sein.... »

Il faut en rester sur ce magnifique éloge, si semblable à celui que Plutarque[2] fait faire du même ouvrage par le sophiste Gorgias.

---

1. Selon Boissonade (*Notul. in Ran.*, 1034), c'est ce passage, mal compris, qui a fait dire à La Harpe qu'on appelait *les Sept Chefs* d'Eschyle « l'Accouchement de Mars ». Il eût pu ajouter, et à Barthélemy; on lit chez lui (*ibid.*) : « Cette tragédie, qu'on pourrait appeler à juste titre l'enfantement de Mars. »
2. *Sympos.*, VII, 10.

CHAPITRE TROISIÈME.

Les Perses.

Nous n'avons rapporté qu'à moitié[1] le bel hommage que, dans la comédie d'Aristophane, Eschyle rend lui-même au caractère mâle, belliqueux, patriotique, de sa poésie. C'est ici le lieu d'achever la citation :

« .... En outre, par ma tragédie des *Perses*, j'ai inspiré à mes compatriotes l'ambition de vaincre toujours leurs rivaux[2]. »

En traduisant εἶτα et μετὰ τοῦτ', non pas par *depuis*, mais par *en outre*, nous nous conformons au sentiment du scoliaste[3] qui met ainsi les vers d'Aristophane d'accord avec l'ordre chronologique des pièces d'Eschyle, *les Perses*, selon les didascalies[4], ayant précédé et non pas suivi *les Sept Chefs*. D'autre part, en adoptant, dans la disposition de nos études, l'ordre inverse préféré, selon son droit de poëte, par Aristophane, nous faisons notre profit de la gradation qu'il a voulu marquer. Elle nous montre le poëte conduit du langage de l'allusion à un autre plus direct, d'une fable mythologique à un fait de l'histoire, à un fait de l'histoire nationale et contemporaine, celle des victoires récemment remportées par Athènes, pour la cause de la liberté grecque, sur l'oppressive puissance de l'Asie.

Les Grecs, qui prenaient si près d'eux, chez les hommes et les choses du jour, les sujets de leur comédie, n'en usaient de même, pour leur tragédie, que bien rarement et par exception. La raison de cette différence est facile à trouver. Comment montrer sur la scène, avec vraisemblance, des événements auxquels chacun avait pris part,

---

1. Page précédente. — 2. *Ran.*, 1039 sq. — 3. *Ad Ran.*, 1021, 1026, éd. F. Didot, p. 303. — 4. Voyez plus haut, page 205, note 2.

des personnages peut-être assis avec la foule dans l'amphithéâtre? L'art du poëte, le talent de l'acteur eussent été vaincus par le seul souvenir des uns, la seule présence des autres; et puis, il eût manqué à tous deux cette grandeur idéale que donne l'éloignement des temps, et dont la tragédie, plus encore que l'épopée, ne saurait se passer. Si le poëte épique Chérilus, racontant pendant la guerre du Péloponèse, dans sa *Perséide*, la guerre contre les Perses; si Empédocle, traitant, vers la même époque, le même sujet[1], purent sembler trop voisins des héros qu'ils célébraient, Eschyle l'était bien davantage, lui, leur compagnon d'armes, aussi bien que leur poëte, qui chantait devant eux la victoire presque au sortir du combat. Il le sentit, et, par une ruse littéraire qu'on ne saurait trop admirer, bien qu'une fois trouvée elle paraisse bien simple, transportant la scène du drame de Grèce en Asie, et, au lieu des vainqueurs, y faisant paraître les vaincus, il dépaysa, en quelque sorte, son sujet, et lui donna cette perspective lointaine nécessaire à l'illusion tragique. Car, comme l'a dit très-bien Racine[2], qui s'est autorisé de son exemple, lorsqu'il a mis au théâtre la catastrophe récente de Bajazet, dont le récit n'avait encore paru dans aucune histoire imprimée, « l'éloignement des pays répare, en quelque sorte, la trop grande proximité des temps, et le peuple ne met guère de différence entre ce qui est à mille ans de lui et ce qui est à mille lieues. C'est ce qui fait, ajoute Racine, dont on me pardonnera de citer encore les paroles, parce qu'elles sont un excellent commentaire de l'ouvrage dont je m'occupe, c'est ce qui fait que les personnages turcs, quelque modernes qu'ils soient, ont de la dignité sur notre théâtre. On les regarde de bonne heure comme anciens. Ce sont des mœurs et des coutumes toutes différentes. Nous avons si peu de commerce avec les princes et les autres personnages qui vivent dans le sérail, que nous les considérons,

---

1. Aristot., *Problem.*, XXI, 22; Diog. Laert., VIII, 58; Suid., v. Ἐμπεδοκλῆς — 2. Préface de *Bajazet*.

pour ainsi dire, comme des gens qui vivent dans un autre siècle que le nôtre. C'était à peu près de cette manière que les Persans étaient anciennement considérés des Athéniens. Aussi le poëte Eschyle ne fit point de difficulté d'introduire, dans une tragédie, la mère de Xerxès, qui était peut-être encore vivante, et de faire représenter, sur le théâtre d'Athènes, la désolation de la cour de Perse après la déroute de ce prince. » Voilà tout l'artifice de la pièce d'Eschyle, comme l'expose un digne interprète de ce beau génie. C'est plus tard, déjà loin des événements, qu'abordant plus directement le sujet, Moschion et Philiscus purent produire, le premier sur la scène d'Athènes, le second sur celle d'Alexandrie, *Thémistocle* lui-même, et décorer de son nom le titre de leurs tragédies[1].

Est-il besoin de montrer les heureux effets qui devaient résulter de la conception d'Eschyle? Quel tour ingénieux et délicat le poëte donnait à l'éloge de son pays! il le faisait sortir, comme un aveu, de la bouche même des enne-

1. Voyez plus haut, p. 96, 119. W. C. Kayser, qui fait vivre Moschion, si souvent raillé par les poëtes de la moyenne comédie, au temps où fleurissait cette comédie (*Hist. crit. trag. græc.*, p. 291 sqq. Cf. Fr. G. Wagner, *Poet. trag. græc. fragm.*, éd. F. Didot, p. 137 sqq.), pense que quelque événement contemporain, qu'il voulait célébrer par allusion, lui a fourni l'occasion de porter à son tour, dans son *Thémistocle*, par une dérogation bien rare aux traditions de la tragédie grecque, l'histoire sur la scène. Ce fut peut-être, selon sa conjecture, lorsque les Athéniens, affligés par une contagion, ramenèrent de Magnésie dans l'Attique, d'après le conseil d'un oracle, les restes de Témistocle; peut-être aussi lorsque Conon, en détruisant près de Cnide la flotte des Lacédémoniens, et en relevant les murailles d'Athènes rasées par Lysandre, rappela si vivement la mémoire de ce grand homme. Quant au *Thémistocle* de Philiscus, il persiste, malgré l'opinion de Meineke (*Fragm. com. græc.*, t. I, 424), à y voir, avec Suidas, une comédie dirigée, à ce qu'il lui semble, soit contre la tragédie de Moschion, soit contre le parti politique de Conon. D'accord avec Meineke, F. G. Wagner (ouvrage cité, p. 156) retire ce *Thémistocle* au poëte de la moyenne comédie Philiscus, pour le donner au tragique alexandrin du même nom. A toutes ces conjectures je me permettrai d'en ajouter une : c'est qu'il a pu suffire du succès avec lequel Chérilus de Samos avait, dans son poëme sur la défaite de Xerxès, dans sa *Perséide*, introduit le genre nouveau de l'épopée historique, pour provoquer Moschion à revenir, dans son *Thémistocle*, et au genre depuis longtemps négligé de la tragédie historique et au sujet dont, avant la poésie épique, ce genre s'était surtout inspiré, celui des *Phéniciennes* et des *Perses*.

mis d'Athènes et de la Grèce; les terreurs et le désespoir qu'exprimaient les vaincus, ces cris funèbres et lamentables qu'ils poussaient dans leur détresse, formaient, pour l'oreille des vainqueurs, le plus agréable concert. Il n'y avait pas jusqu'au tableau imposant de cet empire des Perses, si étendu, si riche, si redoutable; jusqu'aux témoignages rendus, avec une noble impartialité, à la sagesse de Darius, au courage de Xerxès, aux talents de leurs capitaines, à la bravoure de leurs soldats, qui ne relevassent encore la gloire du peuple héroïque par qui avaient été humiliées tant de grandeur et de puissance. Enfin, au tableau de cette cour barbare, gouvernée par les caprices d'un despote, et que ses entreprises insensées avaient plongée dans le deuil, les Grecs devaient sentir tout le prix des institutions, plus dignes de la nature humaine, qui les avaient sauvés de l'esclavage, qui avaient rendu leur petit nombre terrible et indomptable. Non, je ne pense pas que le légitime orgueil d'une nation qui se sent le droit d'être fière d'elle-même, ait jamais été flatté avec plus d'art et de noblesse, que dans l'œuvre admirable dont nous cherchons à nous former une idée. Cette œuvre honore à la fois et le poëte qui savait si dignement apprêter la louange, et le peuple qu'il fallait louer ainsi. Les Grecs eussent repoussé avec dédain cet encens grossier que de vulgaires talents ont quelquefois offert à la vanité des peuples modernes, et dont l'insipide parfum doit lasser jusqu'à la vanité elle-même.

Chose remarquable et caractéristique! Dans cette pièce d'Eschyle, qui contient tant de noms de rois et de généraux barbares, ou vrais, ou altérés, ou supposés, pas un seul Grec, pas un seul Athénien n'est nommé. L'histoire [1] s'est souvenue de Sicinnus, envoyé secrètement par Thémistocle à Xerxès pour lui donner le faux avis qui amena l'engagement de Salamine; la tragédie le désigne ainsi:

« Un Grec, de l'armée des Athéniens, vint trouver Xerxès, et lui dit [2].... »

1. Herodot., VIII, 75. — 2. V. 359 sq. Il est naturel, a pensé Buri-

La pièce d'Eschyle est bien de ce temps regretté, avec peu de sincérité peut-être, par Démosthène et par Eschine, où la démocratie athénienne ne reconnaissait qu'une gloire collective; où l'on disait : « Le peuple d'Athènes a gagné la bataille de Marathon; le peuple d'Athènes a remporté la victoire de Salamine [1]; » où Miltiade n'obtenait d'autre prix que d'être peint en tête des généraux athéniens et haranguant les troupes, dans le tableau du Pœcile qui représentait la bataille de Marathon, sans que son nom y fût inscrit [2]; où les noms des chefs qui avaient défait les Perses près du Strymon ne se lisaient pas davantage dans les inscriptions de leurs statues, inscriptions qui, toutes générales, ne célébraient que le peuple [3]; où c'était le peuple lui-même qu'on honorait, sans distinction de personnes, par des oraisons funèbres [4]; où, selon l'expression de l'orateur [5], les monuments des grands hommes étaient dans la mémoire reconnaissante de la patrie. Le sentiment d'abnégation patriotique qui, dans ces belles années de l'histoire d'Athènes, portait les plus illustres citoyens à rester confondus avec l'État lui-même, à ne vivre que de sa vie, anime la tragédie d'Eschyle. Il suffirait, à défaut d'autres témoignages, pour en marquer la date. Ce sentiment, vertu des républiques [6], ne pouvait pas durer longtemps; il avait déjà reçu quelque atteinte, quand Thémistocle blessait les Athéniens en leur rappelant trop ses services qu'ils

---

gny (*Mém. de l'Acad. des Inscript.*, t. XXIX, p. 58), que des noms grecs de lieux et de personnes ne se rencontrent pas dans les discours prêtés par le poëte à des Perses qui probablement les ignorent. Sans contester la justesse de cette remarque, je crois qu'elle ne suffit pas à nous expliquer comment, dans l'ouvrage d'Eschyle, la gloire d'Athènes est restée si complétement anonyme.

1. Demosth., *de Republ. ordinand.* — 2. Æschin , *in Ctesiph.*, XCI, 4, 21. Cf. Corn. Nep., *Milt.*, VI; Plin., *Hist. nat.*, XXXV, 8; Pausan., *Att.*, XV. — 3. Æschin., *ibid.*, XC, 4. Cf. Plutarch., *Vit. Cim.*, VII.

4. On peut le conclure du discours prêté à Périclès par Thucydide, *Hist.*, II. Voyez à ce sujet de belles pages de M. Villemain, *Discours et mélanges littéraires*, Essai sur l'oraison funèbre.

5. Æschin., *ibid.*

6. C'est à ce sentiment sans doute que, chez les Romains, obéissait

oubliaient trop aussi[1] : il devait bientôt faire place aux ambitieuses prétentions des particuliers et à cette jalousie de la foule, empressée de s'approprier tous les succès, qui disputait aux artistes eux-mêmes, pour en faire l'œuvre de tous, ce qu'il y a de plus individuel, les productions de leur art. Quelques années encore, et le peuple d'Athènes défendra à Phidias, par un décret, de signer la Minerve du Parthénon, dont il veut seul avoir l'honneur; tandis que Phidias, par une ruse qu'il payera de l'exil ou de la prison, on ne sait, éludera la défense en introduisant furtivement, dans les bas-reliefs du bouclier de la déesse, sa figure et celle de Périclès. Eschyle, frère de deux héros, héros lui-même, n'a pas imaginé de se montrer avec eux[2] dans *les Perses*; il n'y a montré aucun des libérateurs de la Grèce; on n'y voit qu'un peuple héroïque, défendant, sauvant sa liberté!

Au risque d'affaiblir en quelque chose l'éloge que je viens de faire d'Eschyle, j'avouerai qu'il devait à un de ses prédécesseurs et de ses maîtres, au Rotrou de cet autre Corneille, au vieux Phrynichus enfin, la première idée de sa pièce. C'est sous l'archonte Ménon, la première année de la LXXVIIe olympiade, en 472, qu'Eschyle donna,

---

Caton, lorsque, dans son livre des *Origines*, il racontait les guerres sans nommer les généraux. « .... Horum bellorum duces non nominavit, sed sine nominibus res notavit.... » Corn. Nep., *Cat.*, III. « .... Cato, quum imperatorum nomina Annalibus detraxerit, eum (elephantem), qui fortissime præliatus esset in punica acie, Surum tradidit vocatum. » Plin., *Nat. hist.*, VIII, 5.

1. Plutarch., *Vit. Themist.*, XXVIII.
2. Du moins l'a-t-il fait avec beaucoup de discrétion et, en même temps, d'adresse : « Un vaisseau grec, dit-il, v. 413, commença le choc, et fracassa la proue d'un vaisseau phénicien. » Comme les Phéniciens étaient opposés aux Athéniens (Hérodote, VIII, 85), il décerne implicitement à ceux-ci l'honneur que leur disputaient les Éginètes (Id., *ibid.*, 84), d'avoir engagé l'action. Quant au chef du vaisseau athénien, il ne le nomme pas; mais tout le monde le nommait pour lui, lui sachant gré de sa réserve. C'était, Hérodote encore (*ibid.*) nous l'apprend, Aminias, que nous savons, par Diodore (XI, 27), Élien (*Var. hist.*, V, 19), Suidas et le biographe d'Eschyle, avoir été le plus jeune frère du poëte. God. Hermann (*Dissert. II de Eumenidum choro; de Æschyli Persis; Opusc.*, t. II, p. 96, 166) a révoqué en doute cette parenté.

pour la première fois, dans une tétralogie qui lui valut le prix, sa tragédie des *Perses*[1]. Car, ce qu'on raconte[2] de la représentation de cette tragédie en Sicile, devant Hiéron, doit s'entendre, pour parler notre langage actuel, non pas d'une première représentation, mais d'une reprise de l'ouvrage[3], postérieure à son apparition sur le théâtre d'Athènes[4]. Quatre ans auparavant, en 476, la

1. Voyez Clinton, *Fast. hellenic.*, p. 37. J'ai eu occasion de dire plus haut, p. 28, quel rapport ingénieux, mais subtil, Welcker (*Trilogie d'Eschyle*, p. 470; *Appendice*, p. 176) a établi entre les *Perses* et les deux tragédies qui les précédaient, les suivaient dans la tétralogie, d'une part *Phinée*, de l'autre, selon lui, non pas *Glaucus de Potnie*, mais *Glaucus, le dieu marin*. Bode adoptant, à ce sujet, les idées de Welcker, les a développées et modifiées en quelques points (voyez *Hist. de la poésie grecque; tragédie*, t. III, p. 280); il en est de même de Klausen (*Theologumena Æschyli*, p. 180 sqq.), surtout frappé de la rencontre, qu'il ne juge pas accidentelle, dans les quatre pièces de la tétralogie, de quatre personnages prophétiques, Phinée, Darius, Glaucus et enfin Prométhée. E. A. I. Ahrens (*Æschyl. fragm.*, éd. Didot, p. 193 sqq.) rappelle que les anciens citent comme appartenant aux *Perses* certains passages qui ne s'y trouvent point; il en conclut que c'était là le titre de la tétralogie entière, et que les quatre pièces devaient être liées par la communauté d'un même sujet. Discutant les opinions diverses de Welcker et de God. Hermann, il y mêle ses propres conjectures. Selon lui, *Phinée*, adoré vers le Bosphore, est le dieu qui a rendu à Darius, lors de son expédition contre les Scythes, ces menaçants oracles rappelés par son ombre dans les *Perses*, v. 743, 804; de là la première tragédie. Quant à *Glaucus de Potnie*, divinité béotienne, il a, pense-t-il, achevé de les accomplir en assurant dans les champs de Platée la victoire des Grecs sur l'armée de Mardonius : de là la troisième tragédie, dont un fragment, conservé par le scoliaste d'Euripide (*Phœniss.*, 1196. Cf. Schol. Aristoph., *Ran.*, 1400). lui offre une image de la déroute des Perses : « .... Ce n'était que confusion; les chars sur les chars, les morts sur les morts, les chevaux sur les chevaux. » Pour compléter son système, il suppose que la fête populaire de *Prométhée*, reproduite dans le drame satirique Προμηθεὺς πυρκαεύς, exprimait à la fin de cette belliqueuse tétralogie la joie de la victoire.
2. Schol. Aristoph., *Ran.*, 1025, citant Ératosthène; *Vit. Æschyl.* Est-ce à l'occasion de cette représentation des *Perses* d'Eschyle en Sicile que le sicilien Épicharme donna lui-même, vers la même époque, une pièce sous le même titre (voyez J. Pollux, IX, 92)?
3. Arg. græc. *Persar.*
4. C'est l'opinion de Wieland, préface de sa traduction des *Perses*; de W. Schlegel, IVᵉ leçon de son *Cours de littérature dramatique*; de Blomfield, préface de son édition des *Perses*, etc. Athénée (*Deipn.*, III) cite comme appartenant aux *Perses* d'Eschyle un passage qui ne se trouve point dans cette tragédie. Nous avons dit dans une des notes précédentes quelle conclusion tire de là M. Ahrens. Casaubon en concluait l'existence de deux éditions différentes de la pièce, correspon-

première année de la LXXVIe olympiade, sous l'archonte Adimante, Phrynichus avait remporté le prix de la tragédie[1]. Avec quelle pièce? on peut sans crainte adopter, à cet égard, les conjectures de la critique[2]. Cette pièce, à la représentation de laquelle présidait, en qualité de chorége, Thémistocle, trois ans après la bataille de Salamine, était, certainement, celle où le poëte avait, nous le savons[3], célébré ce grand événement, et, en quelque sorte, expié sa malencontreuse *Prise de Milet*[4], peinture trop fidèle d'un malheur domestique, dont s'étaient si fort irrités contre lui les Athéniens. Le nouvel ouvrage de Phrynichus, le même sans doute que celui dont Suidas a grossi sa liste, sous le titre des *Perses*[5], était intitulé les *Phéniciennes*. On y voyait paraître, selon un savant anglais[6], les veuves de ces matelots phéniciens, que fit décapiter Xerxès, après sa défaite[7]. On n'a de cet ouvrage que deux vers assez insignifiants. On sait seulement qu'il s'ouvrait par le monologue d'un esclave[8] qui, tout en disposant des siéges pour le conseil de la Perse, prêt à se rassembler, annonçait, dès le commencement, la défaite

---

dant aux deux représentations d'Athènes et de Sicile. Mais peut-être, comme le pense Butler, y a-t-il chez Athénée erreur de nom, et a-t-il parlé des *Perses* du comique Phérécrate. Un autre poëte, bien antérieur, de l'ancienne comédie, Chionides, avait fait aussi une pièce sous ce titre. Voyez Meineke, *Fragm. comic. græc.*, t. I, p. 29, 70.

1. Plutarch., *Vit. Themist.*, VI. Cf. Clinton, *Fast. hellenic.*, p. 35. —
2. Bentley, *Dissert in Phalar.*
3. Argum græc. *Persar.* L'auteur de cet argument s'appuie de l'autorité de Glaucus de Rhégium, auteur contemporain de Démocrite, selon Diogène Laërce, qui le cite quelquefois. Selon Plutarque (*de Music.*), il avait écrit sur les musiciens et les poëtes anciens. Voyez encore Suidas.
4. Voyez p. 22. — 5. D'autres ont pensé que la *Prise de Milet* elle-même avait bien pu être ainsi désignée. Sur la répartition de ces trois titres et d'un quatrième Σύνθωκοι, entre les deux principaux ouvrages de Phrynichus et les opinions diverses des critiques, entre autres d'O. Müller, à ce sujet, voyez Fr. G. Wagner, *Poet. trag. græc. fragm.*, éd. F. Didot, p. 12, 14, 15.
6. Blomfield, préface de son édition des *Perses*. — 7. Hérodote, VIII, 90.
8. Un de ceux, selon Blomfield, qu'on appelait στρῶται, et sur l'emploi desquels il cite un passage d'Athénée (*Deipn.*, 11). God. Hermann (*de Æschyli Persis; Opusc.*, t. II, p. 92) relève la condition de ce personnage et en fait un officier de la cour des rois de Perse.

de Xerxès. Un tel début était sans doute bien loin de la dignité d'Eschyle, et surtout de l'intérêt qu'il eut l'art d'introduire dans un sujet si simple, en faisant attendre, pendant quelques scènes, remplies de vagues inquiétudes et de présages sinistres, la nouvelle du désastre. Mais, enfin, dans ces détails bien incomplets sur un ouvrage dont il n'est presque resté que le nom, paraît déjà l'idée confuse de la tragédie d'Eschyle. Cet emprunt n'ôte rien à sa gloire. Les sujets, les situations appartiennent à ceux qui savent en tirer des productions durables. Ce que Phrynichus n'a pu faire vivre au delà d'un jour, Eschyle l'a rendu immortel. Qu'importe qu'il ait enlevé à ce talent impuissant une heureuse pensée? elle lui appartenait par le droit de propriété que réclamait si naïvement notre Molière, quand on l'accusait de plagiat. Eschyle accomplit ce qu'avait seulement tenté son devancier. Il put dire, comme dans Aristophane : « La tragédie était belle, mais je l'ai faite plus belle encore; et, dans le jardin sacré des Muses, je n'ai pas cueilli les mêmes fleurs que Phrynichus [1]. »

Avant Eschyle, et même avant Phrynichus, le grand lyrique leur contemporain avait fait aux souvenirs tout récents des guerres médiques un éloquent et triste appel, que nous ne devons pas oublier. C'était bien près d'Athènes, dans l'île d'Égine, lorsqu'on y célébrait la victoire d'un illustre Éginète aux jeux isthmiques. Pindare, chargé d'animer la cérémonie par ses vers, y mêla à l'expression de la joie un retour mélancolique vers ces temps malheureux d'où sortait la Grèce, respirant à peine de ses dangers et de ses alarmes, ne pouvant encore se croire rendue aux biens de la liberté et aux fêtes de la paix :

« .... Moi aussi, malgré la tristesse de mon âme, on veut que j'invoque pour Cléandre la Muse à la lyre d'or. Après de si grandes douleurs, lorsque enfin est venue notre délivrance, ne tom-

---

1. *Ran.*, 1037 sqq. Cf. *Av.*, 750 sqq. Le second passage où Phrynichus est représenté recueillant, comme l'abeille, dans un bois sacré, séjour de la Muse, la matière de ses vers divins, de ses doux chants, ne permet pas de supposer au premier une intention ironique.

bons pas dans l'abattement, veufs de couronnes, serviteurs empressés du deuil. Laissant d'inutiles soucis, faisons entendre de doux accents même après l'affliction ; puisque enfin ce rocher de Tantale, ce fléau qui pesait sur la Grèce, un dieu l'a écarté de nos têtes. La crainte, en s'éloignant, a emporté ma peine cruelle. Regardons à nos pieds, c'est en tout temps le plus sage. Au-dessus des mortels plane le temps perfide, déroulant le cours de la vie. Mais dans la liberté est pour eux le remède même à de tels maux : qu'ils embrassent la douce espérance[1]!...

On n'en était plus à cette espérance encore inquiète au temps des *Phéniciennes* de Phrynichus et surtout des *Perses* d'Eschyle. Ce fut une illustre journée dans les fastes de l'art dramatique que celle où le premier poëte d'Athènes, parvenu à la maturité de son génie comme de son âge (il pouvait avoir alors cinquante-deux ans[2]), développa, devant ses concitoyens rassemblés au théâtre, la mémorable scène de leur indépendance. Huit ans s'étaient à peine écoulés depuis l'accomplissement de cette grande œuvre à laquelle tous avaient mis la main, et l'homme inspiré qui entreprenait d'en reproduire le tableau, et les spectateurs qui venaient assister à cette solennelle commémoration de leur gloire. Les souvenirs auxquels le drame allait s'adresser, étaient vivants dans les cœurs; l'auditoire était gagné d'avance à l'art puissant qui devait, dans un instant, l'émouvoir et le transporter. Les hommes faits se retraçaient vivement ces jours fameux où ils avaient combattu et vaincu ensemble; les vieillards et les femmes, ce douloureux exil qui les conduisit à Trézène, sur les rivages de l'île d'Égine, de celle de Salamine et dans les villes de l'Eubée, tandis qu'Athènes était en proie à l'incendie allumé par les barbares, et que sa fortune avec ses guerriers s'était réfugiée sur les flots. Une immense attente, une impatiente curiosité faisait battre le sein de cette jeunesse qui avait grandi au milieu des dan-

1. *Isthm.*, VIII, 9 sqq.
2. Si l'on adopte la date, contestée et discutée par Bœckh (*Græc. trag. princip.*, p. 47 50; cf. Hermann, *Opusc.*, t. II, p. 159 sqq.), que donnent de sa naissance les marbres de Paros, la quatrième année de la LXIIIe olympiade. Voyez Clinton, *Fast. hellenic.*, p. 15.

gers et des triomphes de la patrie, et qui allait tout à l'heure prendre place parmi ses défenseurs. On y distinguait sans doute ce futur rival d'Eschyle qui avait commencé sa vie toute poétique, après du trophée de Salamine, en chantant, à la tête d'un chœur de jeunes enfants, l'hymne de la victoire. Aristide, Thémistocle étaient, je m'imagine, présents à cette fête nationale, que leur absence eût rendue incomplète, où tous les regards les cherchaient, où toutes les voix les nommaient. Si le premier devait être bientôt, lors de la représentation des *Sept Chefs*, l'objet d'une allusion si honorable et si touchante [1]; si le second, lorsqu'il s'était montré aux jeux olympiques, après la déroute des Perses, avait attiré sur lui seul l'attention des spectateurs, et leur avait fait oublier, pendant une journée entière, et les jeux du stade et les combattants [2], l'enthousiasme pour ces grands hommes pouvait-il être moindre, au moment où la poésie allait rappeler, avec tant d'éclat, leurs titres à la reconnaissance, à l'admiration, à l'amour de leurs concitoyens? Ne devaient-ils pas, dans ce jour au moins, recueillir les témoignages bruyants d'une popularité, d'ailleurs bien fugitive, et dont ils étaient destinés, tous deux, à éprouver les vicissitudes! car, l'un revenait de cet exil, pour lequel l'autre allait bientôt partir. Enfin, tout conspirait à préparer l'œuvre du poëte : les lieux eux-mêmes étaient autant de témoins de ce qu'il allait peindre ; ils rappelaient de toutes parts aux yeux et les barbares et leurs vainqueurs : ces humbles tréteaux, entourés d'échafauds grossiers, que n'avait pas encore remplacés le magnifique théâtre de Bacchus ; ces ruines récentes, et dont plusieurs, celles des temples, destinées à rappeler, dans tous les temps, la fureur sacrilége de Xerxès, ne devaient jamais être relevés [3] ; ces édifices commencés, cette ville qui sortait de ses cendres ; cette mer à jamais illustrée par la merveil-

1. Voyez plus haut, p. 205. — 2. Plutarch., *Vit. Themist.*, xxx. — 3. Isocrat., *Panegyr.*; Lycurg., *in Leocr.*; Pausan., *Phocid*, xxxv; Cic., *de Republ.*, III, 6.

leuse victoire de Salamine, cette île de Psyttalie, où avait été massacrée l'élite de l'armée persane, ce mont Egalée, d'où Xerxès avait contemplé son désastre, tous ces objets parlaient éloquemment à l'imagination des spectateurs; ils faisaient, ainsi qu'eux-mêmes, partie du magnifique spectacle qui allait s'ouvrir.

Bientôt la scène se découvrit et offrit aux regards la ville de Suse, le palais du roi de Perse et le tombeau de Darius. Des vieillards y montèrent : c'était le conseil des *Fidèles* chargés, en l'absence de Xerxès, du gouvernement de l'État. Dans un chant grave et mélancolique, ils s'entretenaient de cette guerre lointaine, où leur jeune souverain, emporté par une ardeur belliqueuse, et séduit par d'imprudentes flatteries, avait entraîné toutes les forces de l'empire.

« .... De l'Asie entière est sorti en armes un peuple immense, à l'ordre et sur les pas de son roi. La fleur de la jeunesse persane est loin de cette terre qui l'a nourrie, qui la regrette et la pleure. Les mères et les épouses comptent, en tremblant, les jours d'une trop longue absence [1].... »

En vain ils se retracent, sous les couleurs les plus vives, les plus éclatantes, le nombre prodigieux de leurs guerriers, la renommée et les talents des généraux qui les commandent, la valeur et la puissance de ce roi,

« jetant, comme un dragon furieux, d'homicides regards, aux milliers de bras, aux mille vaisseaux, dont les flots ont porté le joug..., qui guide en Europe, et par terre et par mer, comme un troupeau, une armée innombrable [2].... »

Rien ne peut les rassurer contre les vagues terreurs, les pressentiments sinistres qui les assiégent. Ils opposent plus d'une fois [3], avec une emphase qui cache leur défiance, leur découragement, l'arc dont leur Mars est armé, à la redoutable lance des Grecs; surtout ils redoutent cette puissance jalouse, qui, selon les idées du temps, voyait d'un œil d'envie la prospérité des mortels, puissance

---

1. V. 56-64. — 2. V. 72-86. — 3. V. 88, 151 sqq. Cf. 26, 55, 243, 1008 sqq.

dont Pindare [1] ne parlait pas autrement qu'Eschyle, puissance célébrée, même chez Hérodote [2], et qui, dans les ouvrages des tragiques grecs, particulièrement dans ceux d'Eschyle, était le principal mobile de l'action dramatique, et comme le premier personnage de la tragédie.

« Qui peut éviter ses piéges trompeurs, s'en dégager d'un pied agile ? Caressante d'abord et flatteuse, elle attire les mortels dans un filet dont nul ne saurait sortir.... [3] »

C'est ainsi que le poëte agrandit les événements récents qu'il va retracer, en les plaçant sous l'influence fatale et mystérieuse d'une volonté plus forte que tous les conseils humains : c'est ainsi qu'il fait naître une terreur qu'il saura soutenir et accroître avec art de scène en scène, suppléant, par l'habile progression de ce sentiment uniforme, au vide d'une action qui consiste tout entière dans l'attente et l'arrivée d'une nouvelle funeste.

Bientôt il amène sur la scène la veuve de Darius et la mère de Xerxès, Atossa, devant qui tous se prosternent comme devant la femme et la mère d'un dieu, et que saluent des paroles d'adoration d'une pompe tout orientale. Ses anciens sujets se disent éblouis de sa lumière, pareille à celle de l'œil des dieux [4]; elle vient unir ses craintes aux craintes des *Fidèles*. Un songe prophétique, où le plus noble et le plus clair emblème désigne la Grèce libre et victorieuse, lui a annoncé la ruine de son fils; des pré-

---

1. *Pyth.*, X, 31 : «.... Puisse, aux jours à venir, le destin leur rester fidèle, faire fleurir chez eux l'opulence! Dans les gloires de la Grèce ils n'ont pas obtenu une faible part : que jamais la jalousie des dieux ne leur fasse rencontrer de tristes retours! que la divinité leur soit clémente!... »

2. III, 10; VII, 40, 46. Cf. Aristot., *Metaph.*, I, 2. Virgile fait dire à Diomède (*Æn.*, XI, 269 :

Invidisse deos, patriis ut redditus oris
Conjugium optatum et pulchram Calydona viderem.

3. V. 95-103. Peut-être, comme l'a pensé Stanley, ce passage est-il une allusion à ce que raconte Hérodote, VII, 12-18, de la vision trompeuse qui rassura Xerxès, ébranlé dans sa résolution par les conseils d'Artaban, et Artaban lui-même. Cf. v. 728, 746.

4. V. 155. Cf. v. 304. Ainsi, comme le fait remarquer Boissonade

sages[1] menaçants l'ont poursuivie jusqu'aux autels; elle réclame les avis des vieillards qui l'engagent à détourner, par des prières et des sacrifices, ces terribles augures. Brumoy remarque fort ingénieusement, comme un trait de naturel et de vérité, que la reine s'empresse de s'arrêter à ce conseil, impatiente qu'elle est d'échapper aux inquiétudes qui la poursuivent. Cependant elle adresse au chœur quelques questions qui ont paru manquer de naturel, et que rendent, selon moi, vraisemblables la vie retirée que menaient alors les femmes et les cruelles appréhensions d'Atossa. Il en résulte un dialogue dont chaque mot devait exciter des transports dans un auditoire athénien. Athènes, qui venait peut-être de payer l'amende à laquelle Pindare, pour lui avoir rendu un pareil hommage[2], avait été condamné par l'envieuse Thèbes[3], y était proclamée le rempart de la Grèce :

ATOSSA.
Où donc est située cette ville d'Athènes?

LE CHŒUR.
Loin d'ici, vers le couchant de l'astre que nous adorons.

(*Notul. in Pers.*), parle à Darius l'eunuque Tirée (Plutarch., *Vit. Alex.*, XLII). Horace a renouvelé pour Auguste ce langage des cours de l'Asie :

> Lucem redde tuæ, dux bone, patriæ.
> Instar veris enim vultus ubi tuus
> Affulsit populo, gratior it dies
> Et soles melius nitent.   (*Od.*, IV, v. 5.)

[1]. Ces circonstances déterminent, à peu près, ce qui a été, entre plusieurs interprètes d'Eschyle, le sujet de discussions assez oiseuses, l'instant de la journée auquel on peut croire que commence l'action des *Perses*. Il est clair qu'Atossa, dont un songe effrayant a troublé le sommeil, n'a pu longtemps tarder à aller chercher aux autels des dieux et près des *Fidèles* les consolations dont elle avait besoin. C'est donc, comme le pense Schütz, vers le matin qu'il faut placer ces premières scènes, et non vers le soir, comme le voulait Siebelis dans une dissertation publiée en 1794, ne croyant pas que le jour pût éclairer convenablement le sacrifice funèbre offert à Darius, l'apparition de son ombre, enfin le honteux retour de Xerxès dans sa capitale. Il y a une observation générale à faire, c'est que les représentations dramatiques des Grecs ayant lieu le jour et à ciel découvert, les scènes de nuit n'y étaient guère possibles sans une complaisance à laquelle les spectateurs ne pouvaient se prêter aussi longtemps que le veut Siebelis.

2. Plutarch., *Vit. Themist.*, VIII; Pind., *Fragm.* XLIX. — 3. *Vit. Pindar.*

ATOSSA.

Et c'est cette ville que mon fils souhaite si fort de prendre?

LE CHŒUR.

Elle prise, toute la Grèce le reconnaîtrait pour son roi.

ATOSSA.

Ses soldats sont-ils donc si nombreux?

LE CHŒUR.

Assez pour avoir fait aux Mèdes bien des maux.

ATOSSA.

Mais enfin quelles sont leurs ressources, leurs richesses?

LE CHŒUR.

Ils ont les trésors de la terre, des sources d'argent.

ATOSSA.

Est-ce de l'arc et de la flèche que s'arment leurs mains?

LE CHŒUR.

Non, ils combattent de pied ferme avec la lance et le bouclier[1].

ATOSSA.

Qui les conduit au combat? quel est leur pasteur et leur maître?

LE CHŒUR.

Ils ne sont esclaves ni sujets de personne.

ATOSSA.

Oseront-ils d'eux-mêmes attendre leurs ennemis?

LE CHŒUR.

Ils ont bien détruit la superbe armée de Darius.

ATOSSA.

Quel sujet d'inquiétudes pour les mères de ceux qui sont partis[2]!

---

1. Cf. *Suppl.*, 184. Lorsqu'il peignait ainsi, après Salamine, les soldats de Marathon, Eschyle ne se doutait pas que les victoires navales des Athéniens leur arracheraient, comme l'a dit Plutarque (*Vit. Themist.*, v), s'inspirant de Platon (*Leg.*, IV), la lance et le bouclier, pour les remplacer par la rame ; feraient d'eux un peuple de marins, plus propre désormais aux mouvements rapides des descentes et des incursions qu'aux combats de pied ferme et aux guerres soutenues ; amèneraient enfin la corruption de leurs mœurs et de leurs institutions.

2. V. 235-249.|

Ce trait admirable révèle la pensée secrète dont Atossa est occupée. Elle n'est pas seulement une reine, mais surtout une mère : elle tremble plus pour son fils que pour la Perse, et l'on comprend comment elle disait tout à l'heure, cherchant à se rassurer contre ses appréhensions :

« Si mon fils est vainqueur, il sera digne de notre admiration, sinon.... Mais il ne doit pas de compte à l'État, et pourvu qu'il vive, il sera toujours le maître de cet empire [1]. »

Cette peinture d'une vérité exquise et qui atteste déjà chez Eschyle une connaissance profonde du cœur humain, et une grande habileté à en rendre les mouvements, se reproduira tout à l'heure par des traits plus heureux encore.

Admirons avec quel art le poëte a préparé l'arrivée de la terrible nouvelle, par des pressentiments qui troublent les vieillards, par les présages qui obsèdent la reine. Le messager qui doit annoncer ce désastre est attendu avec autant d'inquiétude et d'impatience par les spectateurs que par les personnages mêmes de la pièce. Enfin on l'aperçoit, on le reconnaît de loin à la rapidité de sa course ; bientôt il est sur la scène, et ses effrayantes paroles, pleines du désordre de la douleur, y répandent une consternation profonde. Il n'attend pas qu'on l'interroge ; il ne s'adresse pas aux *Fidèles*, à la reine : c'est à l'Asie, à la Perse, à Suse qu'il parle ; ses premiers mots font repasser à ceux qui l'écoutent le douloureux voyage qu'il vient de faire.

« O villes de l'Asie ! ô Perse, et toi Suse, cité, port de la richesse ! comme un seul coup a flétri tant de splendeur et de puissance ! La fleur des Perses est moissonnée ! O malheureux ! pourquoi faut-il que, le premier, j'annonce de tels malheurs ?... Mais je dois tout vous découvrir. Perses, votre armée entière est détruite [2]. »

Ces paroles sont suivies des mouvements confus et désordonnés de la douleur ; c'est entre le messager et

---

1. V. 215-218. — 2. V. 254-260.

les vieillards une émulation de désespoir, des cris, des larmes, des gémissements, des apostrophes pathétiques, des images lugubres, des répliques vives, rapides, en apparence sans suite, et qui pourtant se répondent ; enfin ce dialogue extraordinaire, auquel on ne peut rien comparer et qu'il est impossible de rendre, se termine par des imprécations contre les Athéniens, qui devaient être, pour ces fiers vainqueurs, le plus doux et le plus flatteur des éloges :

LE MESSAGER.

Salamine, nom détesté ! que de larmes, Athènes, je verse à ton souvenir !

LE CHŒUR.

Athènes est l'effroi de ses ennemis : la Perse se souvient [1] combien de ses femmes elle a déjà privées de leurs époux et de leurs fils [2].

A ce dernier mot, qui perce le cœur maternel d'Atossa, elle prend enfin la parole. Jusqu'ici elle s'est tue, frappée comme d'un coup de foudre par la terrible nouvelle. Ce long silence, si naturel dans sa situation, excite vivement l'intérêt : c'était un art particulier aux Grecs, et dont Eschyle faisait usage jusqu'à l'abus (Euripide le lui reproche dans les *Grenouilles* d'Aristophane [3]), que de

---

1. Ce mot, plus d'une fois encore répété dans la pièce (v. 764, 828), est peut-être, comme le remarque ingénieusement, après Siebelis, l'auteur d'une dissertation sur *les Perses*, imprimée à Paris en 1837, M. Boyer, une allusion au mot que Darius irrité se faisait redire par trois fois, lorsqu'il se mettait à table : « Seigneur, souvenez-vous des Athéniens. » (Hérodote, V, 105.)
2. V. 288-295.
3. *Ran.*, 922 sqq. C'est un dialogue d'Euripide avec Bacchus, qui non-seulement donne de précieux détails (Cf. *Vit. Æschyl.*) sur leux pièces perdues de notre poète, sa *Niobé* et ses *Phrygiens*, autrement le *Rachat d'Hector*, mais encore explique au mieux et loue, en paraissant le blâmer, un de ses artifices dramatiques : « Il vous montrait, vaine montre de tragédie, un Achille, une Niobé, assis, voilés, cachant leur visage, ne soufflant pas le mot. — Pas le mot, certes. — Le chœur cependant débitait de suite jusqu'à quatre tirades ; ils continuaient de se taire. — J'aimais ce silence ; il ne me plaisait pas moins que le bavardage d'aujourd'hui.... Mais pourquoi en usait-il ainsi ? — Par charlatanisme : pour tenir le spectateur dans l'attente du moment où Niobé ouvrirait enfin la bouche. Pendant ce temps la pièce marchait.... »

préparer ainsi, par une attente habilement prolongée, le moment où un personnage important prenait, à son tour, part au dialogue. Les paroles que le poëte prête à la reine sont d'une admirable vérité : elle cherche à se remettre, à raffermir son courage; elle rassemble ses forces pour interroger le messager, et, dans cette grande infortune, qui, frappant à la fois toutes les conditions, les rapproche un instant, la souveraine de l'Asie témoigne, pour la douleur de cet homme obscur qui se trouble et ne peut répondre, une condescendance généreuse et délicate. Il faut l'entendre elle-même :

« .... J'ai gardé le silence, dans mon affliction, dans ma stupeur : une telle infortune est trop au-dessus de mes forces ; je ne puis parler, interroger. Il nous faut bien cependant, mortels, supporter les maux que les dieux nous envoient. Remets-toi, et malgré tes larmes, développe-nous tout notre malheur[1]. »

Ce peu de mots serait assez pour une autre qu'Atossa; mais elle est mère, et ce qu'elle veut surtout savoir, c'est ce qui touche son fils. Toutefois elle hésite à le demander. Comme l'Andromaque d'Homère[2], lorsque, ignorant seule la mort d'Hector, et, aux gémissements lointains qui lui parviennent, la pressentant, elle évite le mot cruel qui va bientôt frapper son oreille et diffère son désespoir par cette expression adoucie : quelque malheur sans doute menace les fils de Priam; ou bien encore, pour chercher plus près de nous un autre rapprochement, comme cette malheureuse femme, dont Mme de Sévigné a si bien raconté la touchante histoire, qui, après une bataille meurtrière, veut s'informer de son fils, et ne peut parler que de son frère, *son imagination n'osant aller au delà*[3], Atossa enveloppe, sous une question générale, le soin tout personnel qui la trouble : « Qui a échappé à la mort, ou quel est, parmi

---

1. V. 294-299. — 2. *Il.*, XXII, 453. — 3. La duchesse de Longueville, *Lettres de Madame de Sévigné*, 266ᵉ *Lett.*, éd. de M. de Monmerqué.

nos rois, celui qu'il nous faut pleurer et dont la perte a laissé veuve son armée? — Xerxès vit et voit la lumière [1], » dit le messager, qui répond à sa pensée bien plus qu'à ses paroles. — « Ah! tu la rends à ma maison, s'écrie la reine, oubliant, dans sa joie maternelle, le malheur de la Perse : c'est le jour qui luit après la nuit la plus sombre [2]. » — Dialogue vraiment sublime de naturel et de vérité, et auquel suffisent quelques vers, quelques paroles.

J'ai trouvé, comme le pendant, chez Shakspeare, dans la belle scène qui ouvre la seconde partie de *Henri IV*, et où l'on voit Northumberland lisant sur le visage de Morton, avant que celui-ci lui ait parlé, la nouvelle redoutée de la défaite et de la mort de son fils; retardant à plaisir le moment où il l'entendra, et quand on a commencé de la lui dire, interrompant pour demander que l'on contredise ce qu'un instinct trop sûr lui a dès longtemps révélé. C'est dans une autre situation et avec une manière différente, car le poëte anglais, expliquant en philosophe ce qu'il peint en poëte, intervient plus dans son dialogue que ne le fait Eschyle; c'est, dis-je, la même intelligence muette de deux personnages, qui se devinent, et répondent à la pensée l'un de l'autre par cette rapide compréhension que donnent à l'esprit de pareilles circonstances.

La reine est bientôt ramenée, par les paroles du courrier, aux tristes idées qu'elle a pour un moment écartées. Comme s'il voulait réprimer ce mouvement de joie, si involontaire et si pardonnable, qu'elle a laissé paraître, il lui fait avec tout l'emportement, tout le désordre de la douleur, une longue et vive énumération des chefs qui ont perdu la vie. Il représente leur trépas sous des images

---

1. Racine se souvenait-il de ce passage quand il a écrit dans *Esther* acte II, sc. III) :

> Ce mortel qui montra tant de zèle pour moi,
> Vit-il encore? — Il voit l'astre qui vous éclaire.

2. V. 300-305.

terribles et toujours nouvelles ; il mêle à l'expression de
sa pitié je ne sais quelle ironie amère[1], que lui inspire le
contraste de leur gloire passée et de leur fin déplorable, et
où il faut bien se garder de voir un oubli de la dignité tragique[2], un appel volontaire à la gaieté des Athéniens[3] ;
enfin, lorsqu'il a porté au comble la consternation et l'effroi de ceux qui l'écoutent, il termine par ces désolantes
paroles :

« Voilà ceux dont je me rappelle les noms ; c'étaient des
chefs. Mais nos pertes sont sans nombre, et je n'en ai fait connaître que la moindre partie[4]. »

Enfin les esprits se calment peu à peu. La reine adresse
au messager plusieurs questions pour l'aider à rassembler ses souvenirs et à commencer un récit plus suivi et
plus détaillé des événements. Elle s'informe du nombre
et de la force des deux armées. Ici reparaissent et l'idée
de cette fatalité qui a tout conduit, idée que le poëte s'attache à rappeler sans cesse, et l'éloge d'Athènes qui revient aussi à chaque instant, et qui ne devait pas paraître
aux Athéniens une répétition.

« Non, ne le croyez pas, ce n'est pas le nombre qui nous a
manqué ; mais un dieu ennemi a détruit notre armée ; il avait
chargé d'un poids inégal un des bassins de la balance[5]. — Les
dieux protégent la ville de Pallas[6]. — Athènes est invincible ;
ses citoyens sont pour elle un rempart inexpugnable[7]. »

1. V. 309, 311, 314, 320, 321, 323 ; schol. ad v. 310. Cf. Hom.,
Iliad., XVI, 742, 745. — 2. De Pauw, Butler, etc. — 3. Siebelis, *de
Æschyl. Pers.*, diatribe, Lips., 1794. — 4. V. 333-334.
5. Cf. Hom., *Iliad.*, VIII, 70 ; XXII, 210 sqq.; Daniel, V, 27.
6. Y a-t-il une contradiction aussi choquante que le dit de Pauw à
ce qu'Atossa, qui tout à l'heure s'informait de la situation, du gouvernement et des ressources d'Athènes, sache qu'elle est consacrée à Minerve ? Je ne le pense pas ; mais c'est, à ce qu'il semble, l'opinion de
A. Wellauer, qui, dans son édition, publiée à Leipsick en 1823-24,
changeant l'ordre des interlocuteurs, donne au messager le vers dont
de Pauw conteste la convenance ; c'est celle de Lachmann, *de Mensura tragœdiæ*, p. 17, qui l'attribue au chœur.
7. V. 348-353. Alcée, avant Eschyle, avait dit des hommes de courage qu'ils sont les remparts des villes (voy. *Fragm.* IX, *Lyr. græc.* de

Vient un récit vraiment incomparable pour la vérité des circonstances qu'il retrace, et la chaleur d'enthousiasme qui l'anime; on sent qu'il n'a pu être fait que par un témoin oculaire, par un soldat de Salamine; on y reconnaît une de ces voix fortes et belliqueuses qui répétaient sur les vaisseaux d'Athènes ce chant de guerre [1] :

« Allez, enfants de la Grèce ; affranchissez votre patrie, affranchissez vos femmes, vos fils, les temples de vos dieux, les tombeaux de vos ancêtres. Voilà, voilà le prix du combat [2]. »

Tout y est peint avec une vivacité, une rapidité singulières, et la folle confiance de Xerxès, et les tranquilles dispositions de ses ennemis; puis, lorsque le jour de la lutte est venu, lorsque le soleil qui doit éclairer de si grands événements a répandu sa lumière sur les deux armées, lorsque les sons de la trompette, répétés par l'écho des rochers ont tout embrasé [3], le contraste frappant

Boissonade, p. 5). Cela a été dit souvent depuis. Aux nombreux exemples rassemblés par Blomfield (Thucyd., VII, 77; Sophocl., Œdip. r., 56, etc.), Boissonade ajoute le suivant (Plaut., Pers., IV, 4), qui offre avec le passage d'Eschyle un rapport plus imprévu et en même temps plus direct, car il y est question d'Athènes même :

Ut munitum muro tibi visum est oppidum?
— Si incolæ bene sunt morati, pulcre munitum arbitror.

Siebelis comprend bien peu Eschyle quand il lui objecte l'incendie d'Athènes par Xerxès. Athènes, selon Eschyle, n'était plus alors dans Athènes, mais où étaient ses citoyens. Comme on l'a remarqué (H. Weil, de Tragœdiarum græcarum cum rebus publicis conjunctione, Paris, 1844, p. 4), O. Müller (Eumenid., édit., 1833, p. 120), voyant dans le passage qui nous occupe une allusion malveillante à la reconstruction des murs d'Athènes par Thémistocle, n'a pas moins méconnu le caractère d'un ouvrage si étranger aux vues étroites de l'esprit de parti, duquel la louange individuelle est elle-même absente, et dont son noble auteur n'a voulu faire qu'un monument élevé à la gloire de la patrie.

1. V. 400-409. — 2. Cf. Hom., Iliad., XI, 287; XV, 661.

. . . . Nunc conjugis esto
Quisque suæ tectique memor.
(Virg., Æn., X, 280.)

3. Admirable expression qui se retrouve chez Virgile :

Ære ciere viros, martemque accendere cantu.
(Æn., VI, 165.)

de la terreur des barbares et de l'allégresse des Grecs; les chants de ceux-ci, auxquels répondent les clameurs confuses de leurs ennemis [1]; les images homériques de la mêlée, de la déroute, du massacre, ces cris lamentables qui errent et se prolongent sur les flots jusqu'au moment où la nuit vient tout envelopper de son ombre [2].

Je ne sais si le souvenir de cet admirable récit n'a pas inspiré la peinture qu'a tracée du même événement, non sans mêler encore de quelques bouffonneries son sublime inattendu, l'auteur des *Guêpes* dans la parabase où s'annonce et s'explique l'étrange chœur de sa comédie :

« .... Si quelqu'un de vous, spectateurs, s'étonnait à la vue de mon corsage de guêpe et demandait ce que signifie mon aiguillon, il me serait facile de lui expliquer la chose.... Nous sommes, nous, que vous voyez ainsi armés par derrière, les seuls Athéniens vraiment dignes de ce noble nom, vraiment fils de cette terre, race belliqueuse, qui rendit de si grands services à la république dans les combats, quand vint ici le barbare, et que, remplissant de feu et de fumée tout le pays, il pensait nous ravir nos rayons. Aussitôt nous accourûmes, avec la lance et le bouclier, et nous combattîmes, homme contre homme, enivrés d'une âcre colère, et de rage nous mordant la lèvre. Les traits de nos ennemis nous dérobaient la vue du ciel ; mais avec l'aide des dieux nous parvînmes à les chasser vers le soir. Un hibou, avant la bataille, avait traversé notre armée [3]. Ensuite nous poursuivîmes les vaincus; harponnés comme des thons [4], dans leurs larges braies, ils fuyaient, et nous les piquions aux joues et aux sourcils. Aussi, encore aujourd'hui, dit-on partout chez les barbares qu'il n'est rien de si brave que la guêpe de l'Attique [5]. »

Revenons de ce récit tragi-comique à celui de notre tragédie, aux éclats de douleur dont l'accompagnent les vieillards et la reine. Ils n'ont pas encore épuisé tous leurs malheurs, qui semblent se multiplier à mesure que la scène avance, ils ont encore à entendre et la déroute de l'élite des Perses, enfermée et taillée en pièces par les Grecs dans l'île de Psyttalie, et le désespoir de Xerxès,

---

1. V. 410 sq. Cf. Hom., *Iliad.*, III, 2; IV, 428 sqq. — 2. Cf. Hom., *Iliad.*, IV, 450 sqq. — 3. Circonstance historique. Voy. Plutarch., *Vit. Themist.*, xv. — 4. Cf. Eschyl., *Pers.*, 428 : ..... ὥστε θύννους ἤ τιν' ἰχθύων βόλον.... — 5. Aristoph., *Vesp.*, 1094-1114.

qui, témoin de cette boucherie, pousse des cris aigus, déchire ses vêtements, et donne le signal de la fuite; et le retour désastreux de l'armée à travers des contrées ennemies, où tout combat contre elle; et enfin, à chaque nouveau désastre que rappelle le narrateur, cette désolante parole qu'il fait entendre comme un refrain :

« Ce n'est rien encore..., j'oublie plus de maux que je n'en raconte[1]. »

Dans le langage de cet homme si sincèrement affligé des maux de sa patrie, qui tout à l'heure se plaignait d'être condamné à en annoncer la nouvelle, et qui n'en développe pas pourtant la triste histoire sans une sorte de complaisance, se remarque ce qu'a si bien dit un grand romancier[2] de la passion des gens du peuple pour cette sorte de ministère douloureux : « Peu accoutumés à être écoutés, ils aiment l'attention que le récit d'un événement tragique assure à celui qui le fait, et trouvent peut-être une sorte de jouissance dans l'égalité temporaire à laquelle le malheur réduit ceux qui sont regardés ordinairement comme leurs supérieurs. »

Quand on lit cette scène vraiment extraordinaire, on a peine à comprendre comment La Harpe a osé écrire que, dans la tragédie des *Perses*, il ne se trouvait pas *une scène tragique*, et que cette pièce était bonne pour des spectateurs qui n'avaient pas *encore appris à être difficiles*. On ne peut que le plaindre lui-même d'avoir eu le goût si délicat ou le jugement si prévenu. La Harpe eût pu appliquer à la scène d'Eschyle l'éloge qu'il a fait, à juste titre, de celles par lesquelles s'ouvre l'*Orphelin de la Chine* de Voltaire, et où, dans une suite de récits pleins d'effet dramatique, sont exposés les progrès de la conquête tartare, la ruine de l'empire chinois. Changeons les noms et supposons qu'il parle des *Perses*, quand il dit : « Ces faits, racontés successivement, forment une peinture qui devient encore plus frappante par le contraste

---

1. V. 439-519 sqq. — 2. W. Scott, *La jolie fille de Perth*.

des mœurs.... des vainqueurs et des vaincus, tracées avec un éclat de couleur qui n'ôte rien à la fidélité... »

J'emprunterai à Shakspeare, déjà cité dans ce chapitre à l'occasion de cette même scène, le sujet d'un autre rapprochement. La succession de nouvelles funestes qui apprennent, coup sur coup, à Richard II[1] que ses derniers soldats, ses derniers serviteurs l'ont abandonné, que tout son royaume, en attendant sa couronne, passe à Bolingbroke, n'est pas sans rapport, pour le mouvement et la gradation, avec cette longue révélation des disgrâces de la Perse, où Eschyle a montré à un si haut degré le patriotisme du citoyen, l'imagination du poëte, et, selon moi, l'art de l'auteur tragique.

W. Schlegel, son admirateur, mais qui parle des *Perses* avec quelque légèreté, a tort de prétendre qu'après la scène du messager l'action n'avance plus d'un pas. Il n'y a pas d'action dans cette pièce, nous l'avons déjà dit ; mais il y règne un intérêt toujours croissant et qu'Eschyle ne laisse jamais fléchir. On s'en convaincra facilement en parcourant les scènes suivantes.

Les Perses au désespoir évoquent l'ombre de Darius, idée grande et naturelle : elle est dans les mœurs et les superstitions du pays et, comme on l'a remarqué, n'est pas non plus étrangère à celles des Grecs[2] ; elle est suffisamment préparée par le songe mystérieux qui a montré à la reine Atossa l'ombre de son époux ; enfin l'empire n'a pas eu de plus illustre souverain que Darius, ses anciens sujets s'adressent à lui avec confiance comme à un dieu tutélaire[3] ; « s'il y a quelque remède à nos maux, disent-ils eux-mêmes, lui seul peut nous l'appren-

---

[1]. *La vie et la mort de Richard II*, acte III, sc. II. Butler établit d'autres rapprochements avec le IVe acte de *Henri V*, dont le sujet est la bataille d'Azincourt.

[2]. E. Roux, *Du merveilleux dans la tragédie grecque*, p. 11 et 75 : « .... Quels doutes l'évocation de Darius pouvait-elle inspirer, quand, devant l'assemblée générale de Sparte et de ses alliés, le Corinthien Sosiclès racontait gravement, et avec les circonstances les plus étranges, l'évocation de Melissa, femme de Périandre (Hérod., *Hist.*, V, 92) ? »

[3]. V. 635-636.

dre. » Ce devait être un imposant spectacle que cette grande ombre sortant de son tombeau, et à ses pieds tous ces vieillards pleins d'un respectueux effroi qui n'osaient lui répondre. Pour le dire en passant, Voltaire eût pu autoriser de l'exemple d'Eschyle l'*effronterie* reprochée spirituellement, par Lessing [1], au spectre de Ninus sortant de son mausolée, en plein jour, au milieu de l'assemblée des États de Babylone. Interrogée, à son tour, par son ancien époux, Atossa se chargeait enfin de lui apprendre les désastres que l'imprudence de leur fils avait causés à la Perse, et ce confident du destin, dont la présence semblait amener la fatalité sur la scène, reconnaissait dans ce récit l'accomplissement d'anciens oracles dont il avait cherché vainement à retarder l'effet; il recommandait aux Perses, comme unique moyen de salut, de ne jamais combattre les Grecs; il rappelait la défaite de Marathon et faisait prévoir celle de Platée. Ainsi, par une invention pleine de hardiesse et de génie, le poëte trouvait moyen de rassembler dans un même cadre, sans blesser la vrai-

---

1. *Dramaturgie.* L'auteur d'une dissertation citée tout à l'heure (*Du merveilleux dans la tragédie grecque*) établit, p. 115 et suiv., par des exemples nombreux, l'usage universel chez les poëtes épiques et dramatiques, tant anciens que modernes, d'entourer d'obscurité et de mystère les apparitions. Il rappelle entre autres ces ténèbres des Cimmériens, au sein desquelles Homère place sa nécromancie (*Odyssée*, XI, 13-20); l'ombre que, pendant le jour, prête aux évocations de Tirésias la forêt où le conduit Sénèque (*OEdip.*, 530-658); la sombre caverne dans laquelle, aux lueurs du crépuscule, le *Macbeth* de Shakspeare consulte les sorcières (act. IV, sc. II); et, dans d'autres tragédies du même poëte, *Hamlet* visité de nuit par le spectre de son père, comme aussi *Richard III* (act. VI, sc. III) par les fantômes de ses victimes, Brutus (*Jules César*, act. III, sc. IV) par son mauvais génie. Avec Lessing, il censure Voltaire, mais il fait grâce à Eschyle, l'excusant sur l'impossibilité, dans des théâtres découverts, où les représentations avaient lieu en plein jour, de rendre la nuit sensible autrement que par un appel à l'imagination complaisante des spectateurs. Les tragiques grecs ont quelquefois usé discrètement de cette ressource au début de quelques-unes de leurs tragédies où l'action était supposée commencer de nuit; peut-être, par exemple, de la tragédie des *Perses* (voy. plus haut; p. 223, note 1); très-certainement de la tragédie d'*Agamemnon*; chez Euripide, de son *Électre*, de son *Iphigénie en Aulide*, de son *Hécube*. Euripide, on doit le dire, a par trop exigé du public athénien, en le forçant à démentir le témoignage de ses yeux pendant les scènes constamment nocturnes du *Rhésus.* Voy. plus loin, liv. II, chap. V; III, VIII; IV, I, XI, XVII.

semblance, tous les triomphes de sa patrie, l'histoire entière de son indépendance[1] ; ainsi il humiliait, dans la personne de Darius, toute la gloire de la Perse, dont ce grand prince était le représentant. Mais quel éclat singulier une apparition si extraordinaire devait répandre sur cette victoire de Salamine qu'il avait voulu particulièrement célébrer? Qu'est-ce donc que cet événement qui trouble jusqu'au repos des morts, qui les réveille au fond de leurs monuments, qui les force à reparaître au jour pour y sentir l'atteinte d'une douleur dont le trépas devait les affranchir[2] ? Celle que prête Eschyle au fantastique personnage qu'il ose introduire sur la scène tragique, constraste singulièrement avec le violent désespoir que font éclater les autres acteurs; elle est calme et majestueuse ; on sent que Darius est presque entièrement détaché des intérêts de la terre, qu'il ne partage plus les illusions des hommes, et que le malheur, auquel ils ne s'attendent jamais, n'a plus le droit de l'étonner.

« Parle, reine; ne me déguise rien. L'infortune est le partage de l'humanité; l'homme doit s'y attendre ; de la mer, de la terre, viennent aux mortels bien des maux quand leur vie se prolonge[3]. »

Et quel étrange adieu il adresse, rentrant dans sa tombe, à ces vieillards éperdus :

« Malgré tant de disgrâces, accordez encore à votre âme quelque joie, pendant les jours qui vous restent. Chez les morts, croyez-moi, la fortune n'est plus rien[4]. »

On l'a rapproché [5] des paroles plus graves que, chez

---

1. L'ouvrage me paraît par là très-complet, et je ne vois pas la nécessité du complément *trilogique* que lui ont donné, par leur explication du *Phinée* et du *Glaucus*, Welcker et les critiques qui l'ont suivi. (Voyez plus haut, p. 28 et 216.)
2. V. 716. Cf. 266. Dans l'un des deux passages, les *Fidèles* se plaignent que leur longue vie les ait condamnés à entendre le récit des calamités de la Perse; dans l'autre, Atossa trouve Darius heureux d'être mort avant de les voir :

.... Tuque, o sanctissima conjux,
Felix morte tua, neque in hunc servata dolorem!
(Virg., *Æn.*, XI, 158.)

3. V. 710-712. — 4. 844-846.
5. E. Roux, *Du merveilleux dans la tragédie grecque*, p. 141-42.

Sophocle [1], Hercule, avant de remonter aux cieux, adresse à Philoctète :

« Songez, quand vous ravagerez la terre des Troyens, à respecter les dieux. Tout le reste, Jupiter ne le met qu'au second rang. La piété suit les hommes, même dans le tombeau : qu'ils vivent ou qu'ils meurent, elle ne périt pas. »

Je me refuse à croire que ce dernier passage, tout beau qu'il soit, doive être regardé comme la condamnation de l'autre. Hercule parle à de futurs vainqueurs qui abuseront de la victoire, devant ce Pyrrhus qui, avec inhumanité, avec impiété, profanera par le sang de Priam l'autel de Jupiter. Darius parle à des vaincus, qu'il relève avec bonté de leur découragement, par la considération du néant de ces grandeurs, de ces prospérités mortelles, si prisées, si regrettées ici-bas. Un tel mélange de vues supérieures sur les choses humaines avec une royale et paternelle condescendance me semble marquer bien habilement la physionomie de l'étrange personnage. De toutes les ombres que l'on a fait paraître sur la scène, celle-ci est peut-être la seule à laquelle l'art du poëte ait su prêter un caractère [2].

Elle n'a pas trouvé grâce devant un spirituel panégyriste de Shakspeare [3], qui, avec une partialité dont la gloire de son auteur n'avait nul besoin, et dans le parallèle forcé d'ouvrages et de scènes tout à fait disparates (car que peut-il y avoir de commun entre les *Perses* et *Hamlet*, entre l'apparition solennelle de Darius et le spectre du vieux monarque danois, errant, solitaire, parmi les ténèbres), l'a en quelque sorte conjurée par des objections que je ne reproduirai point ici, y ayant implicitement répondu tout à l'heure. Je reviendrai sur

---

1. *Philoct.*, 1439 sqq.
2. Je crois trouver chez Virgile (*Æneid.*, II, 775 sqq.), avec une situation bien différente, une peinture analogue. Quand l'ombre de Créuse s'adresse à Énée, dans ses paroles parait à la fois et la sérénité d'une âme qui n'appartient plus à la condition mortelle, et toutefois le souvenir triste et doux des affections de la terre.
3. Mistriss Montague, *Essai sur le génie de Shakspeare*.

une seule, souvent répétée, entre autres, par un savant éditeur d'Eschyle [1]. Comment Darius, à qui l'avenir est si bien connu, peut-il ignorer le passé [2]? Il ne l'ignore pas le moins du monde, et ses questions n'ont d'autre but que de reconnaître s'il s'agit du désastre que lui ont autrefois prédit les dieux. Cela est si vrai, qu'il ajoute aux détails qu'on lui donne, et que, par exemple, il fait connaître comment les Perses, en détruisant par toute la Grèce les images et les temples des dieux, se sont attiré leur colère. Son attention une fois appelée sur l'événement, il voit, comme il appartient à un esprit prophétique, et ce qui s'en est accompli, et ce qui s'en accomplit encore : tout lui en est présent à la fois, et les causes et les conséquences.

Cependant Atossa rentre dans le palais; sa tendre prévoyance, éveillée par la sollicitude paternelle de Darius, y va tout préparer pour le retour d'un fils. Le chœur, resté seul, rappelle, avec la complaisance ordinaire à la vieillesse, oubliant, ce que n'ont oublié ni la reine ni son époux [3], ce dont lui-même s'est souvenu il n'y a pas longtemps [4], la défaite de Marathon, quelle fut la splendeur du règne de Darius, splendeur si promptement, si honteusement ternie par les fautes de son successeur. La longue énumération géographique où, selon le génie d'Eschyle [5], sont passées en revue, parmi les conquêtes de Darius, celles-là précisément qui ont mis tant de pays, habités par les Grecs, sous son joug [6], semble, de la part du poëte, le vœu, l'annonce menaçante de leur affranchissement, qu'a préparé la défaite de Xerxès.

Enfin arrive ce malheureux roi, seul, les vêtements en désordre, l'air triste et abattu : il revient dépouillé par la destinée de sa grandeur et même de son orgueil. Succombant sous le poids du malheur, de la honte, il n'oppose que des larmes aux reproches des vieillards, dont le res-

---

1. Blomfield. L'objection a été reproduite dans la dissertation précédemment citée, *Du merveilleux dans la tragédie grecque*, p. 135.
2. V. 719 sqq. Cf. v. 805 sqq. — 3. V. 478, 784 sqq. — 4. V. 248. — 5. Schol. *ad Prometh.*, v. 732 sqq. — 6. V. 868-891.

pect ne peut enchaîner la voix et calmer le désespoir; il leur montre, en gémissant, tout ce qui lui reste de tant d'apprêts, d'une si grande armée, d'une telle puissance, le carquois où étaient ses flèches ! C'est le dernier trait de cette admirable peinture.

Ainsi, humiliant, à son tour, dans ses vers, la puissance de Xerxès, Juvénal le montra, lui, ce superbe et impie dominateur de la mer, réduit à un seul esquif, qui s'échappe avec peine, à travers les cadavres flottants, sur les eaux ensanglantées :

> Sed qualis rediit ? Nempe una nave, cruentis
> Fluctibus, ac tarda per densa cadavera prora [1].

Déjà Lucrèce s'était plu à ramener le colossal despote aux proportions communes par l'universelle nécessité de la mort. Celui qui fit de la mer aux profonds abîmes un chemin pour son innombrable infanterie, qui sous les pas de ses escadrons foula dédaigneusement les vagues murmurantes, il l'avait représenté, au moment suprême, fermant, comme les autres, ses yeux à la lumière, et d'une bouche mourante exhalant son dernier souffle.

> Ille quoque ipse viam qui quondam per mare magnum
> Stravit, iterque dedit legionibus ire per altum,
> Ac pedibus salsas docuit superare lacunas,
> Et contemsit equis insultans murmura ponti,
> Lumine ademto, animam moribundo corpore fudit [2].

On admire, à juste titre, la fécondité d'invention qui a fait trouver à Corneille toute une tragédie dans quelques lignes de récit, où Tite Live avait raconté le combat des Horaces et des Curiaces. Eschyle n'est pas moins admirable quand, d'un sujet aussi simple que celui de ses *Perses*, il tire des effets si variés. Cette tragédie n'offre que l'expression d'un seul et même sentiment, mais auquel le poëte prête divers langages. La douleur du courrier est toute patriotique, il ne songe qu'à la Perse ; la douleur de la reine

1. *Sat.*, X, 185. — 2. *De Nat. rer.*, III, 1012.

toute personnelle, elle ne voit que son fils ; celle des vieillards est emportée, véhémente, presque séditieuse ; celle de Xerxès, morne et abattue ; celle de Darius, grave, calme, mélancolique, mêlée d'une sorte de sérénité divine. Les caractères, marqués par quelques traits francs et hardis, ressortent ainsi sur ce fond uniforme. La progression de l'effet qui ne s'arrête jamais, remplace, dans cette tragédie, la seule chose dont elle manque et que l'on ne connaissait pas encore, le développement d'une action.

La morale en est haute et instructive. L'événement, ainsi qu'on l'a remarqué [1], n'y est point représenté comme l'effet du hasard ; il y paraît déterminé d'avance par la sagesse réfléchie d'un côté, et par un aveuglement orgueilleux de l'autre. C'est une grande leçon de modération et de prudence que peut-être le poëte adressait aux Athéniens eux-mêmes, trop portés à se laisser enivrer par la victoire. Il était beau de voir ce peuple célébrer sa gloire en pleurant sur les vaincus, et en apprenant, par leur exemple même, à se modérer dans la prospérité. C'est l'enseignement que Paul Émile donnait aux jeunes Romains, lorsqu'il leur montrait le roi de Macédoine captif et dans ses fers [2].

Les *Perses* sont bien certainement l'un des chefs-d'œuvre d'Eschyle et du théâtre grec, et cependant cet ouvrage a été assez mal traité par les critiques, dédaigné par La Harpe, négligé par W. Schlegel, froidement loué par Brumoy. Pour comble de malheur, deux savants, l'un Allemand [3], l'autre Anglais [4], y ont cru apercevoir une espèce de comédie, qui devait fort réjouir les Athéniens, et les raisons ne leur ont pas manqué pour établir

---

1. W. Schlegel. — 2. T. Liv., XLV, 8. — 3. Siebelis, Dissertation déjà citée.
4. Blomfield, préf. de son édition des *Perses*. C'est de Siebelis, je crois, que parlait God. Hermann, dans son écrit *de Æschyli Persis ; Opusc.*, t. II, p. 88, quand il disait : «.... Quos si audias, nescias profecto, utrum admirari gravem eximia sublimitate tragœdiam, an ridere comœdiam, scurrilibus jocis obscenaque turpitudine plenam, oporteat ... unus ille, qui hanc fabulam ad comœdiæ humilitatem deprimere conatus erat, et refutatus est ab aliis, et ipse, ut spero, mutavit sententiam.... »

cette thèse bizarre. On peut bien dire des commentateurs ce que Cicéron disait des philosophes, qu'il n'est point d'absurdité qu'ils ne se soient permise. Qu'Euripide ait quelquefois, je l'ai déjà dit, et on en verra plus loin des exemples, mêlé au pathétique de ses tragédies des traits de satire morale et de parodie littéraire, on n'en peut rien conclure pour un poëte d'un génie aussi sérieux que l'était Eschyle, et pour une époque où les arts n'admettaient point encore ces confusions de genre qu'amène leur épuisement.

Il ne m'appartient pas de vérifier cette autre assertion, à laquelle le nom de son auteur [1] prête beaucoup d'autorité, qu'Eschyle a imité, dans sa pièce, les tours de la langue des Perses [2] : mais en supposant, chez le poëte et son public, assez de connaissance de cette langue pour qu'une telle imitation fût possible à l'un et intelligible à l'autre, était-elle dans l'esprit de la tragédie ? La comédie, à qui des bigarrures de ce genre offrent quelquefois un moyen facile d'exciter le rire, ne l'eût-elle pas réclamée ? Ce raffinement eût-il paru compatible avec la simplicité et la grandeur qui alors caractérisaient la poésie, comme les arts? Et puis, pourquoi Eschyle se fût-il piqué, dans le langage qu'il prêtait à ses acteurs, d'une exactitude dont il ne s'est pas toujours soucié dans la peinture de leurs mœurs? Car, on l'a remarqué, son tableau, vrai en général, trahit cependant, par quelques détails [3] qui ne le sont pas également, la préoccupation inévitable d'un Grec écrivant pour des Grecs, et se souvenant trop, dans un sujet étranger, des usages de sa patrie.

Ces altérations de la vérité locale ne sont pas toutes in-

---

1. God. Hermann ; voyez préface de Blomfield.
2. *Les Suppliantes* (v. 123 sqq.) se servent d'un mot de la langue barbare ; mais ce n'est qu'un mot en passant, et elles le remarquent elles-mêmes avant le scoliaste.
3. Voyez v. 86, sqq., 223, 351, 453, 536, 613 sqq., 633, 655, 656, 672, 754, 813 sqq., 831, etc , où le poëte, comme au reste quelquefois Hérodote et autres, prête aux Perses les rites, les idées religieuses et même les divinités des Grecs, leur fait prononcer les noms de Jupiter, de Neptune, de Pluton, de Mars, de Mercure, de Pan, etc.

volontaires; en voici un exemple : l'immense étendue de
la domination persane avait fait imaginer à Cyrus, raconte Xénophon[1], pour la rapide transmission des ordres
qu'il envoyait, des nouvelles qu'on lui adressait, le système des relais que, chez les modernes, a retrouvé
Louis XI; les messages cheminaient en Perse sans interruption, et le jour et la nuit, passant d'un courrier à
l'autre, comme le flambeau de main en main dans les
fêtes de Vulcain, dit de son côté Hérodote[2], qui nous
apprend que Xerxès, pendant son expédition de Grèce, se
servit, pour correspondre avec ses États, de ce moyen de
communication. Ni ce fait, ni l'usage déjà ancien auquel
il se rattachait, ne pouvaient être ignorés d'Eschyle[3].
Mais, c'était son droit assurément, il n'en a pas tenu
compte. Il lui convenait que l'annonce du désastre des
Perses fût apportée à Suse par un témoin oculaire qui pût
en faire le récit, et que ce récit, véritable coup de foudre,
n'eût été précédé par aucun autre. Les choses se passent
autrement chez Hérodote[4], et, ce qui arrive quelquefois,
l'histoire y paraît peut-être plus dramatique que la tragédie. Un premier courrier a fait connaître que Xerxès est
maître d'Athènes et c'est au milieu des fêtes, par lesquelles
Suse célèbre sa victoire, qu'arrive le second courrier chargé
d'annoncer sa défaite.

La critique s'est fort occupée des différences qu'on
peut remarquer à l'égard de certains faits, entre ce qu'en
dit Eschyle et la narration d'Hérodote. Elles ne sont pas
toutes d'une importance égale, et ne doivent pas ébranler
notre confiance dans le second de ces écrivains. Il y a des
choses qu'un contemporain peut fort bien ignorer, et qui
se découvrent plus tard aux investigations de l'histoire;
il y en a que la poésie ne se fait pas scrupule de changer,

---

1. *Cyrop.*, VIII, 6. — 2. VIII, 98. Cf. Æschyl., *Agamemn.*, 305 sqq.
3. Il les rappelle dans son *Agamemnon*, v. 275, appliquant, par une figure hardie, à une suite de feux allumés qui transportent d'Asie en Europe la nouvelle de la prise de Troie, le mot emprunté de la langue des Perses par lequel ils désignaient cette espèce de courriers, ἄγγαροι.
4. *Ibid.*, 99.

selon ses convenances. De ce qu'Eschyle s'est trouvé à la bataille de Salamine, on n'est pas autorisé à conclure qu'il a su mieux qu'Hérodote, et, s'il a été en effet mieux informé, qu'il s'est cru obligé de dire bien exactement, par exemple, le nombre précis des vaisseaux engagés de part et d'autre dans cette action[1], ou les noms des chefs barbares qui y ont pris part, ainsi qu'au reste de la guerre[2], qui y ont péri[3]. Quant à la suite des anciens rois de la Perse, qu'il fait repasser par Darius[4], l'ignorance ou l'inexactitude lui étaient moins permises, et son dissentiment sur un point de cette notoriété et de cette importance serait très-grave, s'il ne pouvait être expliqué. Mais ce dissentiment ne regarde que les noms, sur lesquels il n'y a pas toujours accord entre les historiens eux-mêmes, et non les personnages. Dans Médus et son fils, qu'il donne pour prédécesseurs à Cyrus, on reconnaît l'Astyage et le Cyaxare[5] de Xénophon. Mardus, qu'il nomme le cinquième, après avoir clairement désigné Cambyse, est bien évidemment le faux Smerdis. Il n'y a de difficulté réelle que pour un Maraphis, un Artaphrène, qui, selon lui, auraient régné en sixième et septième lieu, avant Darius. Les uns ont pensé que leur règne avait été trop court pour que l'histoire en gardât le souvenir[6]; les autres ont conjecturé que le vers qui contient ces noms était resté seul de plusieurs où le poëte donnait la liste des sept conjurés qui renversèrent l'usurpateur du trône de la Perse, et parmi lesquels fut choisi, après d'autres qui passèrent rapidement sur le trône, son nouveau souverain Darius[7]. Cette dernière explication est fort spécieuse, et l'on peut s'y tenir, sans recourir

---

1. V. 341 sqq. C'est sur le nombre des vaisseaux grecs qu'Eschyle ne s'accorde pas avec les historiens. Il est assez naturel qu'il l'ait un peu diminué. Pour le chiffre de l'armée navale des Perses, où il est très-précis, Hérodote, VII, 79, Diodore, XI, 2, Plutarque, *Vit. Themisth.*, XVIII, l'ont suivi, et le dernier en le citant.

2. V. 21 sqq. — 3. V. 307 sqq. — 4. V. 769 sqq. — 5. J. Marsam, *Diatrib. chronolog.*, cité par Stanley; J. de Müller, cité par Butler, etc., etc. — 6. J. Scaliger, *de Emendat. temp.*, VI, p. 590; Stanley, etc. Cf. Burigny, *Mém. Acad. Inscript.*, t. XXIX, p. 62.

7. Siebelis, Butler, Boissonade.

au parti désespéré que proposent quelques critiques, de retrancher ce vers en litige, comme ayant passé d'une glose marginale dans le texte d'Eschyle [1].

Une différence dont on s'est encore étonné regarde le récit du massacre des Perses dans l'île de Psyttalie. Il est très-court, chez l'historien [2], très-développé chez le poëte [3]. Faut-il, comme on n'y a pas manqué, supposer à celui-ci l'intention secrète de faire valoir, aux dépens de Thémistocle, Aristide qui dirigea cette action particulière? On a fort bien répondu [4] qu'une telle intention est hautement démentie par la place bien plus importante qu'occupe, dans l'ensemble de l'ouvrage, la victoire navale dont Thémistocle eut surtout l'honneur. J'ajouterai, ce que j'ai déjà eu occasion de dire [5], que pour Eschyle, à qui l'on prête bien gratuitement des préférences si malveillantes et des calculs si mesquins, la grande journée de Salamine n'a qu'un héros, qui n'est ni Thémistocle ni Aristide, mais le peuple athénien lui-même. L'étendue qu'il a donnée à ce que, plus tard, Hérodote a rappelé succinctement, a sa raison, je pense, uniquement dans l'économie générale de la scène. Elle était ordonnée de telle sorte, on l'a pu voir, qu'une progression de nouvelles de plus en plus funestes y fît croître à chaque révélation la terreur et le désespoir.

Si, par certains détails, l'auteur des *Perses* diffère d'Hérodote, on peut dire qu'il lui est conforme en ce qui concerne la marche générale des événements et surtout les causes, que, d'après l'esprit du temps, esprit dont s'inspirait l'histoire, non moins que la tragédie, il se plaît à leur attribuer. C'est chez Xerxès l'enivrement de la fortune et de la flatterie; chez les Grecs, la force indomptable que trouve le peuple le plus faible dans l'amour de sa liberté; c'est, au-dessus de ces causes humaines, l'action mystérieuse d'une puissance jalouse de la prospérité des

---

1. Porson, Schütz, Bothe, Blomfield. — 2. Herodot., *Hist.*, VIII, 95. — 3. Æschyl., *Pers.*, 440 sqq. — 4. H. Weil, *De Tragœdiarum græcarum cum rebus publicis conjunctione*, p. 3 sqq. — 5. Voyez plus haut, pages 213 et suiv., 230.

mortels et irritée de leur orgueil, qui en attend le dernier terme pour les humilier et les punir. Qui ne croirait entendre un des sages vieillards qu'a fait parler Eschyle, quand au VII⁰ livre de l'Histoire d'Hérodote[1], le frère de Darius, Artaban, dit à Xerxès, préparant son expédition :

« .... Ne voyez-vous pas que les édifices, les arbres les plus élevés sont par là les plus en butte aux traits de la Divinité ? Ce qui porte trop haut la tête, elle se plait à l'abaisser. Aussi une nombreuse armée peut-elle être détruite par une poignée d'hommes. Que Dieu lui envoie la terreur, qu'il la trouble de son tonnerre, et elle périt frappée par quelque indigne catastrophe ; car les pensées orgueilleuses, il ne les permet qu'à lui seul.... »

Et cet oracle, que rapporte avec admiration Hérodote[2], serait-il déplacé dans la tragédie d'Eschyle?

« Quand ils auront couvert de leurs vaisseaux le rivage sacré d'Artémis et celui de Cynosure ; qu'ils auront, pleins d'un espoir insensé, ruiné la florissante Athènes ; alors une déesse, la Justice, réprimera le jeune audacieux, fils de l'Insolence, qui voudrait, dans sa fureur, tout remplir du bruit de son nom. L'airain se mêlera avec l'airain ; Mars rougira de sang la mer ; sur la Grèce luira le jour de la liberté amené par le fils de Saturne au vaste regard, et par la sainte Victoire. »

Concluons qu'Eschyle a été souvent historien comme Hérodote, Hérodote poëte comme Eschyle. Quelque chose des grands effets de la représentation des *Perses* dut se reproduire quand, environ vingt-sept ans après, Hérodote vint lire son Histoire aux Athéniens. Jean de Müller[3], faisant ce rapprochement, souhaitait éloquemment qu'un jour pût luire pour sa patrie, dont il fût sinon l'Eschyle, du moins l'Hérodote.

On trouve dans l'*Anthologie*[4], sous le nom d'Eschyle, des vers élégiaques qui ne sont point indignes d'être cités à la suite de ses *Perses*. Peut-être se rapportaient-ils à quelque épisode des guerres médiques ; mais on a eu tort

---

1. Chap. 10. — 2. VIII, 77. — 3. Butler, *Not. in Pers.* — 4. *Anthol. Pal.*, VII, 255.

d'y voir¹, cela est bien évident, un fragment de cette élégie sur les guerriers morts à Marathon, qui fut, dit-on², pour notre poëte, traitant ce sujet concurremment avec le pathétique Simonide, l'occasion d'une défaite poétique, et, par le dépit qu'il en éprouva, la cause de sa retraite en Sicile. Il nous reste de Simonide³, à défaut de ses pièces si regrettables sur Marathon, sur Salamine, sur Platée, une épitaphe pour le tombeau des Thermopyles, qu'il appelle éloquemment un autel⁴ ; si belle qu'elle soit, je ne trouve point qu'elle efface les vers élégiaques d'Eschyle, l'épitaphe qu'il a composée pour un tombeau moins glorieux et maintenant oublié :

« Ces braves aussi, la noire Parque les a frappés, lorsqu'ils sauvaient leur patrie aux riches troupeaux. Leur gloire vit toujours, s'ils ne sont plus, ces malheureux désormais revêtus de la poussière de l'Ossa⁵. »

A cette citation ajoutons-en une autre, nécessairement bien courte, il faut le regretter, mais non cependant sans intérêt. De la tragédie de Moschion⁶ où reparut plus tard le sujet des *Perses*, mais ramené dans Athènes même, avec des Athéniens pour personnages comme pour spectateurs, de cette tragédie historique dont *Thémistocle* lui-même était le héros et qui s'appelait de son nom, quelques mots sont restés⁷, qui ouvrent au lecteur d'Eschyle une scène toute nouvelle. C'est Thémistocle, à ce qu'il semble qu'on y entend, rassurant ses concitoyens contre la multitude de leurs ennemis :

« .... Un peu de fer peut dépouiller de leurs branches toute une forêt de pins, et il suffit d'une petite troupe pour vaincre des milliers de lances.... »

Ici se représente un rapprochement que nous ne devons

---

1. Stanley. — 2. Plutarch., *Sympos.*, I, 10; *Vit. Æschyl.* — 3. Diod. Sic., XI, II. — 4. Cf. Æschyl., *Coeph.*, 100.
5. *Anthol. Pal.*, VII, 255. Je trouve les noms de Simonide et d'Eschyle rapprochés dans la LXXIXᵉ *épître* de saint Basile à Martinianus. Il le prie d'intercéder auprès de l'empereur en faveur de la Cappadoce. Les misères de ce pays sont telles, dit-il, qu'elles ne pourraient être dignement déplorées que par un Simonide, ou mieux encore par un Eschyle!
6. Voyez plus haut, p. 96, 212. — 7. Stob., LI, 21.

pas négliger. Ce qu'Homère et les poëtes de l'école homérique avaient été pour Eschyle, pour Sophocle, pour Euripide, Chérilus de Samos le fut très-probablement pour Moschion ; de la *Perséide* de l'un dut procéder le *Thémistocle* de l'autre[1]. Les dates ne sont point contraires à cette filiation, Moschion, qu'on fait fleurir au temps de la moyenne comédie, ayant été par là postérieur à Chérilus, qui chantait la victoire d'Athènes sur les Perses vers ces années de la guerre du Péloponèse où elle allait succomber sous les armes de ses anciens alliés. Lysandre, après la prise d'Athènes, ayant soumis l'île de Samos, en ramena Chérilus, dans l'espérance de lui fournir, par ses hauts faits, la matière d'une nouvelle épopée[2]. Mais Chérilus, qui pouvait alors avoir soixante-quinze ans[3], était bien vieux pour rentrer dans la carrière épique, et peut-être ne lui eût-il pas convenu d'y rentrer par un sujet si contraire à celui où il s'était illustré. Il alla passer ses derniers jours à la cour littéraire du roi de Macédoine Archélaüs[4], près de qui venaient de mourir Euripide et Agathon[5]. La Macédoine attirait à elle les poëtes ; mais le domicile des œuvres, c'était toujours Athènes ; ailleurs pouvait se trouver la fortune, chez elle était la gloire. La *Perséide*, bien que d'un poëte de Samos devenu Macédonien, lui semblait son propre monument, et elle l'estimait assez pour la faire lire publiquement dans les jours de fête, aux Panathénées, pense-t-on, avec les poëmes d'Homère[6]. Il n'est pas étonnant qu'elle soit elle-même devenue l'inspiration de la tragédie.

Il en reste de rares fragments où l'on entrevoit quelque chose du sujet ; quelque chose, par exemple, d'un dénombrement de l'armée persane, prête à traverser l'Hellespont et entraînant à sa suite toutes les nations de l'Asie, y compris les Juifs ; la peinture des innombrables soldats de Xerxès se répandant en foule autour des fontaines,

1. Voyez plus haut, p. 212. — 2. Plutarch., *Vit. Lys.*, XVIII.
3. Voyez ce que dit, d'après Næke, Fr. Dübner, *Chœrili Samii fragmenta*, à la suite de l'*Hésiode* de F. Didot. — 4. Suid., v. Χοιρίλος; Athen., *Deipn.*, VIII.
5. Voyez plus haut, pages 65, 94. — 6. Suid., v. Χοιρίλος.

comme un essaim d'abeilles[1]. Un de ces débris[2] correspond au trait final que nous admirions tout à l'heure dans les *Perses* d'Eschyle : on y a vu, et on y peut voir en effet, non sans vraisemblance, une parole de Xerxès vaincu, désespéré, insultant à sa propre ruine avec une ironie amère mêlée, de la part du poëte, de cette recherche hardie de figures par laquelle sa manière semble s'être distinguée de la simplicité homérique.

« Voilà donc toute ma richesse, ma puissance ! Un reste de coupe ébréchée, épave des festins, comme le souffle de Bacchus en jette et brise en si grand nombre sur les écueils de l'insolence ! »

Faire passer l'épopée de la fable à l'histoire, où la tragédie elle-même pouvait se trouver alors un peu dépaysée, c'était une entreprise bien nouvelle, bien hasardeuse, et Chérilus s'en excusait avec grâce sur sa venue tardive, sur l'épuisement des sujets, dans des vers heureusement conservés, qui sont aujourd'hui la principale recommandation de sa mémoire poétique :

« Heureux le serviteur des Muses, habile à chanter en ce temps, où la prairie n'était pas encore dépouillée ! Maintenant que les partages sont faits, que les arts ont reçu leurs limites, venus les derniers, comme des coureurs attardés dans le stade, nous sommes laissés en arrière. En vain nos yeux cherchent de toutes parts : point de char nouveau à monter[3]. »

Il ne paraît pas que Rome ait jamais reproduit la bataille de Salamine autrement que dans cette fameuse naumachie d'Auguste où fut figurée par trente gros vaisseaux et un grand nombre de petits bâtiments, par trente mille hommes, la lutte victorieuse de la flotte grecque contre la flotte persane :

.... Quum belli navalis imagine Cæsar
Persidas induxit Cecropidasque rates[4].

1. Voyez l'ouvrage de Fr. Dübner, cité plus haut, *Fragm.*, 2, 3, 4, p. 23 sqq.— 2. Ibid., *Fragm.*, 8, p. 25 et 26. — 3. Ibid., *Fragm.* 1, p. 22.
4. Ovid., *Ars amat.*, 1, 171. Cf. *Monum. Ancyr.* (Voy. E. Egger, *Des Historiens d'Auguste*, p. 450, 451); Vell. Pat., *Hist.*, II, 100; Suet., *Aug.*, 43; Tacit., *Ann.*, XII, 56, XIV, 15; Dio., *Hist.*, LV, 10.

L'histoire de la tragédie, de l'épopée latine ne fait mention d'aucun ouvrage à l'imitation des *Perses*, du *Thémistocle*, de la *Perséide*. Je trouve seulement le sujet épique glorieusement traité par Chérilus au nombre de ceux qui attirèrent et effrayèrent la jeunesse de Virgile. Il disait en effet, se résignant, en poëte rustique, à ne chanter que les aventures du Moucheron :

« .... L'Athos percé, la vaste mer chargée de liens, ne poursuivront pas dans mon œuvre une lointaine renommée ; ni l'Hellespont foulé sous les pieds des chevaux, au temps où s'effraya la Grèce devant les Perses venant de tous côtés.

> Non perfossus Athos, nec magno vincula ponto
> Jacta, meo quærent jam sera volumine famam,
> Non Hellespontus pedibus pulsatus equorum,
> Græcia cum timuit venientes undique Persas [1].

Finissons par un souvenir plus voisin, et, il faut le dire, trop voisin de nous. Il était bien tard pour s'aviser d'une épopée, et d'une épopée sur le vieux sujet de Chérilus, quand de nos jours un littérateur, un poëte de grande distinction, Fontanes, entreprit de nous donner une *Grèce sauvée*. Lui-même le comprit peut-être, puisqu'il n'a pas achevé ce poëme qui lui avait coûté tant d'efforts. Le recueil posthume de ses œuvres [2] en a recueilli tardivement quelques morceaux [3] trop fidèles à l'ancienne tradition épique, réveillant des souvenirs d'histoire trop usés, pour offrir beaucoup d'originalité et d'intérêt. Ils ne seront pas cependant dédaignés par ceux qui prisent le sentiment élevé et délicat de l'antiquité, une lutte sérieuse et habile contre quelques-unes de ses beautés consacrées, la pureté, l'élégance, l'harmonie continue du langage. Nous avons aimé à y rencontrer notre Eschyle, personnage obligé d'une telle action, lui le soldat comme le chantre de Salamine. On l'y voit tantôt encourageant de la voix son frère Cynégire

1. *Culic.* v. 30 sqq.
2. Publié en 1839, avec une très-intéressante notice de M. Sainte-Beuve.
3. Les chants I, III et VIII et plusieurs fragments des autres chants.

qui faiblit dans une des luttes d'Olympie, tantôt, dans l'une des Strophades où l'a jeté le naufrage, se rencontrant avec un poëte persan auprès du tombeau d'Homère. L'ombre d'Homère elle-même, la lyre en main, lui est un instant apparue, et le son fuyant de cette lyre l'a guidé à travers une forêt, jusqu'au monument d'où continue de s'échapper la mystérieuse et divine harmonie. Cela est dit en vers charmants :

> . . . . Dans la forêt
> Le vieillard à l'instant s'éloigne et disparaît,
> Et sa lyre après lui résonne sous l'ombrage.
> Eschyle impatient, qu'un dieu même encourage,
> Longtemps marche en ces bois de détours en détours,
> Vers l'invisible son qui s'éloigne toujours.
> Il poursuit son chemin ; mais le bruit de la lyre
> Décroît à chaque pas et lentement expire.
> . . . .
> . . . . Mais, ô charme nouveau !
> En foulant le gazon qui croît près du tombeau,
> Il entend, à travers la pierre sépulcrale,
> Une magique voix sortir par intervalle.
> . . . .
> La tombe harmonieuse enchantait ces déserts.

N'y a-t-il pas là, pour nous, comme un symbole de cette inspiration qui, pour la poésie des Grecs, et, en particulier pour leur tragédie, sortait incessamment des poëmes d'Homère ?

CHAPITRE QUATRIÈME.

Prométhée.

Cette antique tragédie, si unanimement admirée aujourd'hui, a été longtemps chez nous l'objet d'un mépris fort étrange. En vain le peuple athénien, juge compétent et éclairé de ses plaisirs littéraires et du mérite de ses poëtes, l'avait honorée d'une couronne; en vain Aristote l'avait citée comme exemple du genre dans lequel son sublime auteur s'est exercé; il a longtemps plu à nos critiques de la faire descendre du rang où l'avait placée l'antiquité, de n'y voir qu'une production bizarre, irrégulière, monstrueuse. Le plus singulier, c'est que cette prévention contre un chef-d'œuvre du théâtre primitif d'Athènes n'était pas l'erreur particulière de quelques détracteurs superficiels de la tragédie grecque, de quelques admirateurs exclusifs de notre tragédie. Dacier, ce disciple superstitieux des anciens, découvrait, dans le *Prométhée, des choses* qui n'étaient pas moins, disait-il, *contre la nature que contre l'art :* il l'appelait un *monstre* dramatique[1]. Brumoy[2], plus réservé dans ses expressions, ne le jugeait pas avec beaucoup plus de faveur. Lefranc de Pompignan, qui l'avait traduit en prose et imité en vers[3], Rochefort[4], Barthélemy[5], mêlaient à leurs éloges des reproches semblables. Faut-il s'étonner du ton dédaigneux de Fontenelle, de Voltaire, de La Harpe, en parlant d'un ouvrage abandonné par les plus ardents défenseurs de

---

1. Trad. de la *Poétique* d'Aristote; Rem. sur le ch. xiv. — 2. *Théâtre des Grecs.* — 3. Trad. d'Eschyl., préf., *Prométhée,* trag. lyriq., préf. — 4. *Nouveau Théâtre des Grecs.* — 5. *Voyage du jeune Anacharsis,* LXX.

l'antiquité? « On ne sait ce que c'est, disait Fontenelle[1], que le *Prométhée* d'Eschyle; il n'y a ni sujet ni dessein, mais des emportements fort poétiques et fort hardis. Je crois qu'Eschyle était une manière de fou, qui avait l'imagination très-vive et pas trop réglée. » Voltaire n'y faisait pas tant de façons; il n'adoucissait sa critique par aucun éloge; les compositions d'Eschyle n'étaient pour lui que des pièces *barbares*. « Qu'est-ce, ajoutait-il[2], que Vulcain enchaînant Prométhée sur un rocher, par ordre de Jupiter? Qu'est-ce que la force et la vaillance qui servent de garçons-bourreaux à Vulcain? » Remarquons, en passant, que dans l'ouvrage d'Eschyle Vulcain n'a pas de garçons-bourreaux; c'est lui, au contraire, qui sert d'exécuteur aux ordres de la Force et de cette autre divinité allégorique qu'il plaît au critique, ou plutôt au parodiste, d'appeler la Vaillance, mais que le poëte grec, d'après Hésiode[3], nomme plus raisonnablement Κράτος, la Puissance, comme on traduit généralement aujourd'hui. On ne pouvait attendre de La Harpe beaucoup d'indulgence pour une pièce si maltraitée par Voltaire, qu'il n'avait guère l'habitude de contredire, dont le plus souvent il adoptait de confiance et commentait les jugements. Comme son maître, il estimait fort peu le *Prométhée*, et, sans même daigner s'arrêter à lui faire son procès, il se contentait de lui prononcer son arrêt en ces termes : « Cela ne peut pas même s'appeler une tragédie[4]. »

Grâce aux belles remarques de quelques littérateurs célèbres de notre âge, de Lemercier[5], d'Andrieux[6] particulièrement, qui ont célébré le *Prométhée* à l'égal de W. Schlegel, ces légèretés de Fontenelle, de Voltaire, de La Harpe, ne sont pas restées le dernier mot de la critique française.

1. *Remarques sur Aristophane.* — 2. *Dict. philosoph.*, article *Art dramatique.* — 3. *Theog.*, 384. — 4. *Lycée.* — 5. *Cours analytique de littérature*, t. 1ᵉʳ.
6. *Dissertation sur le Prométhée enchaîné d'Eschyle* lue à l'Académie française en 1820, insérée, le mois de juin de la même année, dans la *Revue encyclopédique*, t. VI, et depuis, en 1823, au t. IV de ses œuvres.

Eschyle disait de ses tragédies, qu'il les consacrait au Temps [1], mot énergique et profond, par lequel ce grand homme témoignait de sa confiance dans son génie méconnu, et dans les décisions du tribunal infaillible qui, revisant les jugements des contemporains, prononce en dernier ressort sur le rang des poëtes et de leurs œuvres. Le procès de la gloire d'Eschyle, gagné auprès de cette postérité athénienne que seule il avait invoquée, a recommencé auprès de cette autre postérité plus reculée à laquelle il ne songeait pas, et qui, étrangère par sa langue, par son goût, par ses mœurs, par ses institutions civiles et politiques, par ses croyances religieuses, à l'esprit des compositions du vieux poëte, les a le plus souvent mal comprises, se contentant d'y apercevoir quelques traits épars d'inspiration poétique, et ne voyant dans tout le reste que les hardies mais grossières ébauches d'un génie barbare et inculte. C'est ainsi qu'en pensent tous les critiques dont j'ai rappelé les censures : tous admirent, chez Eschyle, la grandeur et la force des idées, l'éclat des images, la vivacité des mouvements, ce qui est beaucoup sans doute ; mais tous lui refusent, en même temps, l'art de la composition, dans lequel cependant Eschyle s'est montré si grand maître et qu'on ne peut méconnaître dans ses ouvrages, quand on n'y cherche pas autre chose que ce qu'il a voulu y mettre. Ne le comparez pas aux tragiques modernes, avec lesquels il n'a rien de commun ; ne le rapprochez même ni d'Euripide ni de Sophocle, auxquels il a ouvert la voie, mais qui ne lui ressemblent guère davantage : Eschyle occupe une place isolée dans l'histoire de l'art ; ses tragédies sont d'un genre qui ne s'est jamais reproduit sur aucune scène, et dont sans doute ses prédécesseurs ne lui avaient laissé que de bien imparfaits modèles. C'est cette tragédie qu'Aristote appelle *simple*, tragédie singulière, où ce qui, depuis, a fait l'intérêt principal de toute œuvre dramatique, ne se rencontre pas encore ; où il n'y

---

1. Athen., *Deipn.*, VIII.

a aucune de ces révolutions théâtrales qu'on a appelées péripéties, c'est-à-dire, où il n'y a point d'action ; qui n'offre autre chose qu'une situation fixe, arrêtée, en quelque sorte immobile, qu'un tableau toujours le même, mais dans lequel la gradation de la peinture remplace la progression dramatique.

Cette gradation, véritablement admirable dans les compositions d'Eschyle, et dont la tragédie des *Perses* nous a déjà offert un si bel exemple, ne brille nulle part d'un plus vif éclat que dans le *Prométhée*, où toute l'attention se porte sur un seul personnage, sur le développement d'un caractère principal, où l'unité du dessein est rendue présente et visible dans l'unité du héros.

Il est un mot que répètent sans exception tous les détracteurs du *Prométhée* d'Eschyle. Cette tragédie, disent-ils, est un ouvrage monstrueux. Cela est bientôt dit, mais n'est pas très-clair, et l'on a besoin de chercher ce que signifie un reproche si vaguement exprimé. Blâment-ils, dans cette pièce, l'usage du merveilleux, ou seulement la nature particulière de ce merveilleux? Dans l'un et dans l'autre cas ils auraient montré peu de connaissance de ce qu'était la tragédie chez les Grecs. Le merveilleux, nous l'avons déjà dit, y faisait essentiellement partie d'un genre né au milieu de cérémonies religieuses auxquelles il ne cessa de se mêler, d'un genre, consacré, dès son origine, à célébrer les dieux, et qui dans ses productions leur réserva toujours un rôle très-important. Ce ne fut point un caprice d'Eschyle qui introduisit le merveilleux dans la tragédie; Eschyle l'y trouva tout établi; il fit, avec plus de génie seulement, ce qu'on avait fait avant lui, ce que firent dans l'enfance de notre scène les auteurs de mystères : il transporta dans ses drames les aventures que lui fournissaient les légendes du polythéisme, les prenant comme les lui donnait la religion, comme elles étaient dans la croyance commune; ne craignant pas qu'on lui demandât compte de leur invraisemblance ou de leur absurdité, qui ne le choquaient peut-être pas beaucoup plus que son public;

ne songeant qu'à tirer de ce fonds qui n'était pas de son choix, et dont il n'était pas responsable, des tableaux pathétiques et sublimes, dignes de son génie et de ce peuple d'artistes qu'il voulait émouvoir. Y a-t-il réussi dans le *Prométhée ?* C'est la seule question que la critique littéraire puisse légitimement élever. Il appartient à une autre critique d'expliquer la fable mythologique sur laquelle le *Prométhée* repose. Que cette fable soit obscure pour nous, même après tant d'ingénieuses interprétations, dont le nombre s'est encore augmenté dans ces dernières années [1]; qu'elle l'ait été même, comme je le

---

1. Ces interprétations sans nombre, appliquées plus ou moins par leurs auteurs à l'œuvre qu'Eschyle a tirée de la fable de Prométhée, sont de plusieurs sortes :

Il y en a qui se donnent comme historiques. Par exemple, pour Diodore de Sicile (*Biblioth. hist.*, I, 19), suivi en cela, chez les modernes, par Court de Gébelin (*Monde primitif*, Hist. allégor. du calendrier, III, 1), Prométhée est un roi ou un gouverneur égyptien qui, en lutte contre les inondations du Nil, alors appelé Aigle, à cause de la violence de ses eaux, est délivré du fléau par l'intervention d'Hercule. L'écrivain grec n'en explique pas moins ailleurs (V, 67) très-prosaïquement le larcin du feu par l'invention du briquet; il n'en fait pas moins montrer à Alexandre, sur le Caucase, le rocher de Prométhée avec la trace de ses fers, et de plus, le nid de son aigle (XVII, 83. Cf. Eratosth. apud Arian. *Expedit. Alex.*, V, 3). Le scoliaste d'Apollonius de Rhodes (*Argon.*, II, 1248 sqq.) se réfère à la même tradition que Diodore de Sicile, avec cette différence seulement qu'il la transporte d'Égypte en Scythie. On voit dans les mêmes notes que Prométhée, ravisseur du feu céleste selon la fable, semblait à Théophraste un sage qui avait fait part aux hommes de la philosophie.

Il y en a, de nature à peu près pareille, mais qu'on appellerait plutôt romanesques. Desmarets, qui, en 1648, a refait, à la manière de Mlle Scudéry, le livre d'Evhémère, sous ce titre : *La Vérité des fables ou l'histoire des dieux de l'antiquité*, y raconte que Prométhée, après avoir trahi, par amour pour sa maîtresse, Pandore, princesse des plus exigeantes, comme celles de la chevalerie, son souverain Jupiter, se retire désespéré dans les solitudes du Caucase, « où tous les jours le regret de son crime lui ronge le cœur ; où il souffre continuellement un supplice plus cruel que si un aigle dévorait sans cesse ses entrailles toujours renaissantes. »

Il y en a, et ce sont de toutes les plus naturelles, les mieux d'accord avec l'esprit de l'œuvre d'Eschyle, il y en a qui se rapportent, non pas à l'histoire proprement dite, mais à la philosophie de l'histoire. Les aventures de Prométhée y sont présentées comme une image des luttes, des épreuves, des progrès de l'humanité. Telles sont chez Welcker (*Trilog.*, etc., p. 67-87, 112), avec plusieurs de celles qu'il rappelle et résume, celles qu'il expose pour son compte. Telles sont aussi celles

crois, pour les Athéniens; peu importe : le culte public la consacrait, et le poëte avait le droit de s'en emparer et

qu'a exposées plus récemment M. Guigniaut (*Relig. de l'antiq.*, V, IV, p. 370, 1130; *Encyclopédie des gens du monde*, art. Prométhée).
Il y en a de morales, où les mêmes aventures ne figurent plus l'humanité prise dans son ensemble, mais la personne humaine avec ses facultés et ses affections. A cette classe appartient celle de Bacon (*de Sapient. veter.*, XXVI); quelques-unes des idées émises par des critiques déjà cités, M. Welcker, M. Guigniaut; enfin la plupart des allégories par lesquelles Brumoy, Rochefort, W. Schlegel et d'autres commentateurs du théâtre des Grecs, ont essayé d'expliquer le *Prométhée* d'Eschyle.
Il y en a de religieuses. L'idée que quelque chose des vérités annoncées par les saints livres a pu arriver jusqu'aux païens, certains rapprochements hasardés par les Pères eux-mêmes, ont conduit à voir dans la fable de Prométhée, de diverses manières, la révolte de Satan, la chute d'Adam, la rédemption du Christ. Dès le XVI° siècle, un éditeur d'Eschyle, Garbitius (*Æschyl. Prometh.*, Basil. 1559), était entré dans cette voie, où le suivirent, aux siècles suivants, Stanley (*Æschyl. trag.*), Fabricius (*Biblioth. græc.*), l'abbé Banier (*La mythologie expliquée par l'histoire*), et d'autres encore. De nos jours, au signal de Joseph de Maistre (*Soirées de Saint-Pétersbourg*, IX, 1821), on s'y est précipité en foule. Parmi les écrivains qui ont le plus insisté sur ces idées, nous citerons : en 1836, M. Guiraud (*Université catholique*); en 1839, mars, mai, septembre, M. Rossignol (*Annales de philosophie chrétienne*); en 1843, août, M. Dabas (*Revue catholique de Bordeaux : Traditions mythologiques de la Grèce considérées dans leur rapport avec les vérités catholiques*); en 1851, M. Enault (*Thèse sur Eschyle*).
Il convient d'ajouter à cette liste M. Edgar Quinet, auteur, en 1838, d'un drame philosophique et religieux de *Prométhée*, sur lequel nous reviendrons à la fin de ce chapitre, et, avec lui, les critiques, pour qui son œuvre a été l'occasion de développements personnels fort intéressants, MM. ***, H. Fortoul, Ch. Magnin (*Revue française*, 1ᵉʳ mars 1838; *Revue de Paris*, 11 et 25 mars 1838, 12 janvier 1841; *Revue des Deux-Mondes*, 15 août 1838, cf. *Causeries et méditations historiques et littéraires*, par M. Ch. Magnin, t. I, p. 266).
Enfin il y en a de scientifiques. Dans un *Essai sur la géographie astronomique du Prométhée d'Eschyle*, publié en 1850, à Montpellier (voyez les Mémoires de l'Académie de cette ville), M. Eug. Thomas a fait savamment et ingénieusement du *Prométhée* une tragédie tout astronomique. Le Titan lui semble, comme plusieurs de ses frères, un astronome des temps primitifs, attaché par l'ardeur de ses spéculations savantes sur le sommet d'une montagne aux confins de l'Europe et de l'Asie. L'arrivée d'Io n'a plus pour lui rien de fortuit : Io, c'est Isis, c'est-à-dire la lune, dont le regard de Prométhée suit, dans les cieux, la révolution figurée sur la terre par les courses de la fille d'Inachus; d'autre part, Jupiter c'est le soleil, duquel s'écarte et se rapproche la lune, ainsi qu'Io elle-même, qui doit retrouver en Égypte le dieu dont elle fuit la poursuite; l'union sur les bords du Nil d'Io et de Jupiter, c'est l'éclipse du soleil; et l'avénement de ce fils de Jupiter, dont Prométhée le menace, c'est, après l'éclipse, l'apparition en quelque sorte

d'en faire le sujet d'une tragédie, à la condition toutefois qu'il en tirerait une œuvre vraiment dramatique. Lucien, dans des dialogues satiriques[1], où il s'est plu à parodier quelques scènes de cette tragédie, a bien pu, après Aristophane[2], se moquer du merveilleux sur lequel elle se fonde; mais sa spirituelle critique, qui fait ressortir les absurdités reçues du paganisme, n'arrive pas jusqu'au poëte, qui les a mises sur la scène avec tant d'éclat, de force et de grandeur; qui, en retraçant ces bizarres et souvent incompréhensibles aventures, s'est élevé à l'expressive et éloquente peinture de la passion, la seule vérité sans doute dont il se souciât et dont nous ayons le droit de lui demander compte.

Pourquoi Jupiter punit-il si cruellement, dans Pro-

d'un nouveau soleil. Cette manière d'entendre la pièce d'Eschyle n'a pas, selon moi, son point de départ légitime dans le passage suivant, qui, faisant de Prométhée un astronome, sépare, à ce qu'il semble, ce détail de l'action générale de la tragédie : « .... Pour les mortels, nul signe encore, nul signe certain du retour de l'hiver, et du printemps avec ses fleurs, et de l'été avec ses fruits; ils faisaient toutes choses au hasard, jusqu'au moment où je leur enseignai la science difficile du lever et du coucher des astres.... » (*Prometh. vinct.*, v. 463.) L'occasion de l'interprétation nouvelle donnée par M. Eug. Thomas a été plutôt, chez les anciens, le passage où Cicéron (*Tusc.*, V, 3) fait d'Atlas portant le ciel, de Prométhée attaché au Caucase, des observateurs attentifs au spectacle des phénomènes célestes : « .... Nec vero Atlas sustinere cœlum, nec Prometheus affixus Caucaso.... traderetur, nisi cœlestium divina cognitio nomen eorum ad errorem fabulæ traduxisset. » C'est encore cette note de Servius sur le vers 42 de la vi° églogue de Virgile : « Hic (Prometheus) primus astrologiam Assyriis indicavit, quam residens in monte altissimo Caucaso nimia cura et sollicitudine deprehenderat. Hic autem mons positus est circa Assyrios, vicinus pœne sideribus, unde etiam majora astra demonstrat et diligenter eorum ortus occasusque significat. Dicitur autem aquila jecur ejus exedere, quod ἄχος est sollicitudo, qua ille affectus siderum omnes deprehenderat motus. Et hoc quia per prudentiam fecit, duce Mercurio, qui prudentiæ et rationis deus est, ad saxum dicitur esse religatus.... »

Je vois dans une autre dissertation de M. Eug. Thomas, elle-même insérée, en 1854, dans le Recueil des mémoires de l'Académie de Montpellier, p. 809, *Des différentes interprétations du Prométhée d'Eschyle*, parmi beaucoup de détails instructifs et curieux, que les alchimistes eux-mêmes ont retrouvé dans la fable de Prométhée les mystères de leur science (Voyez D. Pernety, *Dict. mytho-hermétique*, art. Prométhée).

1. *Dial. deor.*, I, Prometh. — 2. *Av.*, 1480 sqq.

méthée, le protecteur de la race humaine, celui qui a dérobé pour elle le feu du ciel, qui lui a enseigné les arts et les sciences ? Comment les innocents efforts de la civilisation naissante peuvent-ils être l'objet de la jalousie, de la colère, de la vengeance des dieux ? Je ne le comprends pas, et nul moderne, croyant à la providence divine, ne le peut comprendre [1] : mais c'était un dogme de la religion des anciens, qui se perpétua dans leurs croyances, et dont on retrouve la trace jusque dans des monuments poétiques bien voisins du christianisme, les Bucoliques, les Géorgiques de Virgile, les Odes d'Horace [2], par exemple. Le dogme admis, ainsi qu'il l'était par les spectateurs athéniens, et que nous devons l'admettre littérairement pour juger comme eux, il m'est impossible de ne pas être vivement frappé du génie avec lequel Eschyle l'a exprimé ; de ce tableau énergique de la tyrannie qui écrase à plaisir sa victime, et de la liberté indomptable qui résiste à l'oppression. J'admire ce caractère de Pro-

---

1. Cela a quelquefois embarrassé, à ce qu'il semble, les anciens eux-mêmes. Dion Chrysostome (*Orat.*, VI, Diogen. seu de Tyrannide) fait dire à Diogène que Jupiter, qui ne peut haïr les hommes et leur envier aucun bien, a puni Prométhée pour les avoir, par le don du feu, amollis et corrompus. Klausen (*Theolog. Æschyl.*, p. 143, Berlin, 1839) et Welcker (*Trilogie*, etc.) ont cherché à établir que Prométhée, en dérobant le feu, soit, selon Hésiode, pour le rendre, soit, selon Eschyle, pour le donner aux hommes, en sauvant la race humaine, condamnée à périr, a, par sa révolte contre les lois de Jupiter, mérité le châtiment que lui inflige la justice de ce maître des dieux. Cette justice, je l'avoue, qui maintient avec tant de rigueur des lois si tyranniques, me paraît bien près d'être injuste, et je crois qu'il n'est personne qui ne prenne parti contre elle. De là, pour nous modernes, avec nos idées de la divinité, et peut-être pour les anciens eux-mêmes, la difficulté de concilier, par l'intelligence de ce mythe profond et obscur, le respect pour Jupiter et l'intérêt pour Prométhée, en d'autres termes, les droits de la divinité et ceux de l'humanité, engagés dans un étrange conflit. Cette difficulté est l'objet principal que se propose M. Maignien, dans un judicieux chapitre de ses *Études littéraires et philosophiques* (Dieppe, 1841), intitulé : *Qu'est-ce que Prométhée et particulièrement le Prométhée d'Eschyle?* Sur les obscurités du mythe de Prométhée et de la trilogie d'Eschyle, on pourra consulter utilement, avec les ouvrages de Welcker et de Klausen, rappelés plus haut, une dissertation publiée à Berlin, en 1843, par M. R. Haym, *De rerum divinarum apud Æschylum conditione*, particulièrement aux pages 52 et suivantes.

2. Virg., *Buc.*, IV, 31 ; *Georg.*, I, 121 sqq ; Hor., *Od.*, I, III, 21 sqq.

méthée, si habilement développé, et que font si heureusement ressortir les personnages secondaires dont il est entouré; j'admire ce plan simple et fécond, où une seule et unique situation se représente cependant sous des aspects toujours nouveaux, où la variété des détails, même les plus épisodiques, ne sert qu'à marquer plus fortement l'unité imprimée à l'ouvrage. A ces marques, je reconnais le grand poëte dramatique, le fondateur d'un art simple encore, mais accompli dans sa simplicité, que d'autres génies créateurs ont pu agrandir et renouveler, mais qui, dans cette première forme reçue d'Eschyle, avait atteint à une élévation, à une grandeur, à une gravité sévère, à une imposante régularité, qu'il n'était pas possible de surpasser.

Ce sujet même de Prométhée, si étrangement impénétrable à qui veut en percer les mystères, a, dans son obscurité, quelque chose qui plaît à l'imagination. Il la transporte, par delà les temps historiques, par delà les temps fabuleux, à cette époque primitive dont les cosmogonies présentent un si confus et cependant si attachant tableau : où le monde venait de se former; où les forces de la nature, à peine dégagées du chaos et abandonnées à leur irrégulière énergie, luttaient encore entre elles; où les divinités qui les représentaient se disputaient l'empire de l'univers; où la race mortelle, qui ne faisait que de naître, proscrite, en naissant, par des puissances jalouses et ennemies, pleine d'ignorance et de faiblesse, n'avait point encore une histoire qui pût être chantée par les poëtes. Le dieu qui la protége, qui cherche à l'élever au rang qu'elle doit un jour occuper dans l'ensemble des êtres, qui lui donne, avec le feu du ciel ravi pour elle, cet esprit de vie d'où doit sortir la civilisation humaine, ce dieu est le personnage qu'Eschyle ose produire sur la scène. Il nous le représente puni de ses bienfaits envers les hommes pour lesquels il s'est dévoué à d'inévitables tortures. Quelle source profonde d'intérêt dans une telle conception! Cette tragédie ne fait agir et parler que des dieux, mais c'est la cause de l'humanité qui s'y plaide;

Prométhée en est le représentant, et excite en nous, par le tableau de son infortune, la plus vive, la plus douloureuse sympathie. En même temps quel monde poétique Eschyle découvre à notre vue par la puissance surnaturelle de son art! Ce ne sont point ici de ces dieux machines auxquels le spectateur ne peut croire, parce qu'il les confond involontairement avec les personnages mortels auprès desquels on les lui présente et dont rien ne les distingue. Ici, par un heureux accident dont aucune pièce, fondée sur le merveilleux, n'offrirait un autre exemple, l'illusion est complète; rien ne la trouble, rien ne l'altère; tous les personnages sont du même ordre, tous nous sont donnés pour des dieux, et la manière dont le poëte les fait agir, la liberté avec laquelle il s'écarte pour de tels acteurs des vraisemblances ordinaires, nous persuadent de leur nature divine. Les choses ne se passent pas, en effet, dans cette tragédie, comme entre de simples mortels; le commerce de ces êtres merveilleux qui s'y produisent à nos regards est aussi merveilleux qu'eux-mêmes; ils communiquent ensemble des extrémités de l'univers, aussi rapidement que par la pensée; à peine Prométhée a-t-il été attaché au fatal rocher que toute la nature est troublée de son sort; le marteau de Vulcain se fait entendre jusqu'au fond des mers; les Océanides et l'Océan lui-même arrivent en un instant [1] auprès de leur

---

1. Schütz se donne, il finit par le reconnaître lui-même, une peine fort inutile, en recherchant, ce dont ne semble pas s'être occupé Eschyle, d'où ils viennent et par où ils ont pris leur route; si l'Océan, dont Homère place la demeure au delà de l'Éthiopie, n'a pas vu, en passant, dans sa course vers la Scythie, au-dessus de l'Afrique et de la Sicile, et Atlas et Typhon dont il décrit le supplice. v. 355 sqq.; à supposer toutefois que ce soit à son rôle, ce dont on peut douter, il en sera question plus loin, qu'appartienne ce morceau. God. Hermann (de Æschyl. Prometh. solut.; Opusc., t. IV, p. 263) n'a pas lui-même échappé à la prétention assez vaine de motiver ce qui n'a pas besoin qu'on le motive, et de soumettre aux lois de la vraisemblance ordinaire ce qui y échappe nécessairement, un ordre de choses surnaturel et merveilleux, lorsqu'il a dit que si Eschyle, contredisant les traditions ordinaires, n'a pas placé la scène de son drame sur le Caucase, c'était afin que l'Océan et les Océanides fussent plus à portée d'être instruits du sort de Prométhée, et de le venir visiter.

infortuné parent, et quand celui-ci a proféré contre Jupiter cette menace terrible qui le fait trembler au sein de sa puissance tyrannique, le maître des dieux en est instruit au moment même ; son messager paraît tout à coup sur la scène ; la foudre y éclate bientôt après ; et, depuis le début jusqu'à la fin, nous sommes constamment retenus, par l'art du poëte, dans une région toute fabuleuse, toute fantastique.

Nous ne saurions pas combien Eschyle est voisin de l'origine de la tragédie, que nous pourrions le soupçonner à la manière hardie dont il emploie le merveilleux par lequel elle avait commencé, faisant de ce merveilleux le fond même de ses drames théologiques, et non pas, comme ses successeurs, avec plus ou moins de timidité, un simple ressort littéraire, une machine, un accessoire. Nous le verrons bientôt, dans un autre ouvrage, où il intéresse à la cause d'Oreste, poursuivi par les Furies, défendu par Apollon, jugé par Minerve, toutes les puissances surnaturelles, celles de l'ancien monde, celles du nouveau, les Enfers et l'Olympe, transporter en quelques instants du rocher de Delphes à l'acropole d'Athènes une action gigantesque qui, ravie d'un essor audacieux, voyage comme les dieux d'Homère. Eschyle osa une fois, comme au reste un sculpteur dont Pausanias nous a décrit le bas-relief [1], offrir aux yeux ce qu'Homère n'avait offert qu'à l'imagination [2] : au faîte de son théâtre [3] apparut Jupiter entouré de la cour céleste, et pesant dans des balances d'or [4] les âmes de deux illustres combattants, de Memnon et d'Achille, pour lesquels intercé-

---

1. Pausan., *Eliac.*, I, xxii. Il est question d'autres représentations antiques du même sujet, ainsi que de son origine égyptienne, dans le *Mémoire sur la Psychostasie*, lu, en 1810, par Mongez, à l'Académie des inscriptions et belles-lettres, et extrait, en 1821, au t. V, p. 84, de la nouvelle collection des mémoires de cette Académie.
2. *Iliad.*, VIII, 69 ; XXII, 209 ; cf. Virgile., *Æneid.*, XII, 725 ; Quint. Smyrn., II, 539 ; Milton, *Par.*, l. IX, 996.
3. J. Poll., IV, 130.
4. Gaiement parodiées, à ce qu'il semble, dans ces balances des *Grenouilles*, v. 1368, où Bacchus pèse les mérites d'Eschyle et d'Euripide.

daient leurs mères divines, l'Aurore et Thétis [1]; bientôt après, le terrible arrêt prononcé, on vit l'Aurore traverser les airs, le corps sanglant de Memnon dans ses bras [2] : magnifiques tableaux qui, chez ce poëte sublime, étaient autre chose qu'un vain spectacle !

Revenons au *Prométhée*, dont il est temps de commencer l'analyse. Le poëte nous transporte, non pas, selon les traditions ordinaires, sur le Caucase, mais sur une montagne de la Scythie européenne, qui regarde la mer, soit l'océan scythique, soit le Pont-Euxin. Lui-même, en plusieurs passages [3], détermine ainsi, et il ne faut pas, avec les commentateurs, chercher à en savoir davantage, le lieu solitaire où Vulcain vient, par ordre de deux divinités, ministres fidèles de Jupiter [4], la

---

[1]. Plat., *de Republ.*, II ; Plutarch., *de Aud. poet.;* schol. Eustath. ad *Iliad.*, *ibid.*

[2]. J. Poll., *ibid.* Voyez sur la Ψυχαστασία, la Pesée des âmes (c'était le titre de cette pièce étrange), et sur la trilogie dont elle faisait partie, God. Hermann (*de Composit. tetral. trag.; Opusc.*, t. II, p. 317 ; *de Æschyl. Psychostasia; Opusc.*, t. VII, p. 343 sqq.; Welcker (*Trilog.*, p. 430 sqq.); Klausen (*Theologum. Æschyl.*, p. 183); E. A. J. Ahrens (*Æschyl. fragm.*, éd. F. Didot, p. 210 sqq.). On a quelquefois rapporté à cette tragédie, ou à celle qui la suivait dans la trilogie dont elle faisait partie, la belle plainte de Thétis, citée par Platon au IIe livre de sa *République* :

« Apollon promettait à mon fils un sort heureux, une longue vie sans souffrance ; il vantait mon sort aimé des dieux, et moi j'avais confiance dans la véracité du dieu des oracles. C'est lui pourtant, lui qui a fait entendre le chant d'Hyménée, lui qui a pris part au festin des noces, lui qui annonçait cette destinée, c'est lui qui a tué mon fils. »

[3]. Voyez les vers 2 et 309, dans lesquels il nomme ou désigne la Scythie; le vers 430, où il fait mention du Caucase comme appartenant à des régions assez éloignées; le vers 744, où il le place parmi celles que, selon l'oracle de Prométhée, doit parcourir Io; les vers 89, 1084, 1124, desquels on peut conclure le voisinage de la mer. Cf. *Arg. græc. schol.* v. 1. Toutefois les limites de la Scythie et de la chaîne du Caucase, dans la géographie d'Eschyle, sont si indécises, que, contrairement à l'opinion assez généralement adoptée, et particulièrement par God. Hermann (*de Æsch. Prometh. sol.; Opusc.*, t. IV, p. 262 sqq.), d'autres critiques, Welcker (*Trilog.*, p. 33), Klausen (*Theolog. Æsch.*, p. 154), ont pu, par des raisons spécieuses, placer sur le Caucase la scène du *Prométhée enchaîné*. Voyez le détail de cette question, en dernier lieu, chez Bellmann (*de Æsch. tern. Prometh.*, p. 135 sqq.); Bode (*Hist. de la poés. grec. trag.*, t. III, p. 321) ; Eugèn. Thomas, mémoires rappelés plus haut, p. 255, 256.

[4]. Hésiod., *Theog.*, 382-403 ; cf. Callim., *Hymn. in Jov.*, 66.

Puissance et la Force, enchaîner le malheureux Prométhée.

On s'est récrié, avec quelque raison, contre l'atrocité du supplice qu'Eschyle étale à nos regards et qui inspire plutôt l'horreur que la pitié, la terreur tragique. Il y a ici une observation importante à faire. Sans doute le poëte aurait méconnu son art, s'il se fût proposé de nous émouvoir par l'insupportable sympathie qu'excite en nous la vue de la souffrance physique, sympathie sans aucun rapport avec les effets que doit véritablement produire la tragédie. Si les Grecs n'ont pas craint d'exposer sur la scène les douleurs du corps, d'y montrer soit la blessure de *Philoctète*, soit l'égarement frénétique d'*Oreste*, soit l'agonie d'*Hippolyte*, soit enfin les tortures de *Prométhée*, c'est d'abord que la distance qui séparait ces tableaux du regard, en adoucissait la douloureuse et révoltante impression; c'est ensuite que cette impression, et cela est surtout vrai d'Eschyle et de Sophocle, qui n'ont jamais fait du pathétique l'abus reproché à Euripide, c'est que cette impression ne fut jamais leur but principal. Ils peignaient les souffrances corporelles, mais seulement parce qu'elles leur offraient l'occasion de développer les plus nobles affections de l'âme aux prises avec la douleur. Ce genre de peintures qu'on devrait sévèrement reprendre dans leurs ouvrages s'il s'y rencontrait seul, n'était que leur point de départ; c'était de là qu'ils s'élevaient et qu'ils élevaient avec eux leurs spectateurs jusqu'au sentiment de l'admiration, où se perdaient toutes les autres émotions du spectacle tragique. Ne croyons pas qu'Eschyle, comme un poëte vulgaire, veuille seulement, par un appareil de tortures, ébranler notre sensibilité : il veut, au contraire, nous arracher à cette sensation pénible qu'il ne peut, par la condition de son sujet, nous épargner tout à fait, mais qu'il ne nous laissera pas le loisir de ressentir longtemps. Il nous montre un instant les instruments du supplice, les chaînes dont on accable Prométhée, le coin qui perce son corps; mais nous sommes bientôt détournés d'objets si repoussants par les sentiments moraux qui naissent de cette scène d'horreur et dont la grandeur et l'élévation ravissent notre âme et l'occupent tout entière : nous n'entendons plus le marteau de Vulcain, mais les nobles et touchantes plaintes qu'il répand sur sa victime; nous admirons la constance et la fierté du Titan auquel le plus affreux supplice, l'insolence brutale de ses oppresseurs, et la compassion même de son bourreau ne peuvent arracher ni une parole ni un soupir. Le caractère sublime de Prométhée, véritable et seul objet de cette tragédie, s'empare tellement de notre attention, que vers la fin de l'ouvrage nous avons oublié ses souffrances, et que le poëte est obligé de nous les rappeler, en faisant sortir de sa bouche un gémissement plaintif au moment même où éclate le plus son indomptable fermeté, où, du sein de son oppression, il paraît triompher de l'ennemi qui l'accable [1]. Mais n'anticipons pas sur ce qui doit plus loin trouver sa place. Nous n'en sommes encore qu'à la première scène de la tragédie d'Eschyle, scène qui ne semblait annoncer qu'un spectacle atroce, et dont il a su tirer un tableau qu'Andrieux, juge si délicat des productions de l'esprit, ne craint pas d'appeler *touchant* et *sublime*.

La Puissance et la Force, son muet satellite, ont accompli leur œuvre et se retirent ainsi que Vulcain, adressant pour adieux à leur victime, celui-ci des paroles de compassion, celles-là des railleries insultantes et amères. Prométhée, resté seul, laisse enfin éclater la douleur qu'il a si courageusement contenue, et ses paroles ne démentent pas la vive attente excitée par son long silence, éloquente préparation dont Eschyle a souvent usé, quelquefois abusé, et dont nous avons déjà cité plus d'un exemple [2]. Dans son abandon, dans son isolement, Prométhée s'adresse aux objets insensibles qui l'entourent; il les prend à témoin du traitement horrible et surtout de l'insupportable affront qu'il éprouve : la douleur morale prévaut en lui sur la souffrance physique, et son âme s'élève insensiblement à

---

1. V. 1016. — 2. Voyez p. 226, 227.

cette hauteur de sentiment d'où elle ne doit plus descendre. Il faut l'entendre lui-même :

« Éther immense, vents à l'aile rapide, sources des fleuves, flots de la mer, innombrables et murmurants, terre, mère commune de tous les êtres, et toi, soleil, à l'œil de qui rien n'est caché, je vous atteste : voyez comment les dieux traitent un dieu ; à quelles déchirantes tortures je suis en proie, et pour des milliers d'années. Voilà donc les indignes chaînes que le nouveau souverain des Immortels a imaginées pour moi ! Hélas ! mon état présent, mon sort futur me font également soupirer. Quand doit se lever le jour qui terminera ce supplice ? Que dis-je ? je prévois tout ce qui doit être : rien d'imprévu ne peut m'arriver. Subissons courageusement l'arrêt du destin ; ne luttons point contre la force de la nécessité, que nous savons invincible. Cependant je ne puis me taire sur mon infortune, et il m'est douloureux d'en parler. Malheureux ! c'est pour avoir favorisé de mes dons les mortels, que je suis attaché à ces longs tourments. J'ai ravi au ciel, j'ai apporté sur la terre une étincelle de ce feu, devenu pour ses habitants le principe de tous les arts, la source de mille avantages. Voilà le crime que j'expie, suspendu dans les airs, cloué à cette roche.... »

Ici des parfums légers, dont l'air se remplit tout à coup, un bruit d'ailes qui se fait entendre, annoncent à Prométhée l'approche de quelque divinité.

« Qui vient, dit-il, en ce lointain désert ? que veut-on ? jouir du spectacle de ma peine ? Eh bien ! voyez dans les fers un dieu malheureux, haï de Jupiter et de ceux qui habitent sa cour, pour avoir trop aimé les hommes [1]. »

Ce mélange de douleur et d'effroi, de faiblesse et de fermeté, me paraît tout à fait admirable, et paraîtrait tel à mes lecteurs, s'il était possible qu'une traduction conservât l'éloquence sublime de l'original. Ce sont des divinités amies de Prométhée, unies même au malheureux par les liens de la parenté, les filles de l'Océan, qui viennent avec empressement, portées sur un char ailé [2], le visiter, le consoler : leurs douces paroles, leur compassion tendre et un peu craintive forment un contraste

1. V. 88-127. — 2. V. 138, 280, 287 sqq.

intéressant avec la fermeté du personnage principal de la pièce, que, par un art bien remarquable, tout y fait ressortir.

Il leur raconte l'origine de ses malheurs; il leur trace un éloquent tableau des bienfaits qu'il a répandus sur les hommes, et qui lui ont valu le courroux de Jupiter; il annonce obscurément qu'il est possesseur d'un secret auquel est attaché le maintien de la puissance du nouveau maître des dieux. « Le personnage de Prométhée, comme le remarque fort bien Andrieux, grandit et s'élève de scène en scène..... La victime acquiert une sorte de supériorité sur le tyran qui l'accable. Ainsi l'oppresseur aura besoin de l'opprimé. La curiosité et l'intérêt redoublent; le nœud de la pièce est formé; il consiste à savoir quel est ce grand secret, et surtout si Prométhée le gardera malgré Jupiter. Assurément, ajoute Andrieux, ce sont là des ressorts qui doivent attacher le spectateur. »

L'intérêt humain du drame mythologique d'Eschyle apparaît avec éclat dans les scènes où les Océanides interrogent curieusement Prométhée sur ces créatures nouvelles et misérables dont il a osé, malgré le mauvais vouloir des dieux, se déclarer le protecteur; où Prométhée raconte comment il les a fait arriver, de leur ignorance et de leur barbarie première, aux connaissances, aux arts, aux biens d'une vie meilleure. Dans quelques vers qui ont, depuis, excité l'émulation d'Euripide ou d'autres poëtes tragiques, de Critias[1], de Moschion[2],

---

1. Dans le fragment rappelé plus haut, page 76, notes 2 et 3.
2. Dans le beau passage recueilli par Stobée, *Ecl.*, 1, 9, 38; cf. Fr. G. Wagner, *Poet. trag. græc. fragm.*, éd. F. Didot, p. 140.

« .... Je vais d'abord remonter à l'origine de la société humaine, développer l'histoire de son établissement. Il y eut, oui il y eut un temps où les hommes vivaient à la manière des bêtes, habitant, dans les montagnes, des antres inaccessibles à la lumière du jour. On ne voyait point encore de maisons protégées par des toits, de villes avec une enceinte de remparts; le soc recourbé ne divisait pas la glèbe, noire nourrice du grain devenu notre aliment; le fer industrieux ne façonnait point les plants verdoyants de la vigne due à Bacchus; la terre stérile s'épuisait en vaines productions; on se nourrissait de chairs sanglantes conquises par des meurtres mutuels. La loi alors était sans force; la violence s'asseyait avec Jupiter sur le même trône; le plus

vers admirables [1], rapides archives de la société naissante, on voit s'élever, à la lumière du jour, les premières cabanes, s'ouvrir, au signal des astres, les premiers sillons, courir les premiers chars, voguer les premiers vaisseaux, ces autres chars aux ailes de lin ; on y voit commencer, à l'aide des métaux, les travaux de l'agriculture et de l'industrie ; naître l'astronomie, la divination, la médecine, la science des nombres, l'écriture, se fixer la mémoire, cette mère des Muses, l'universelle ouvrière ! Il y a là comme l'argument de la grande histoire où Lucrèce [2] a suivi la marche de la civilisation humaine, mais sans y faire intervenir de puissance surnaturelle, n'y mettant en scène que cette intelligence de l'homme, libre et créatrice, cette activité sociale dont Prométhée, dans les conceptions de la fable et aussi dans celles de la tragédie, peut sembler le représentant symbolique.

. . . .
 Usus et impigræ simul experientia mentis
 Paulatim docuit pedetentim progredientes [3].

Si Eschyle est ici le lointain précurseur de Lucrèce, il s'y montre également, avec bien de l'originalité, le traducteur d'Hésiode. On se rappelle, dans les Travaux et les Jours, la gracieuse peinture de l'espérance retenue captive aux bords du vase d'où l'imprudence de Pandore a laissé échapper tous les maux [4]. Voici quel tour nouveau, singu-

faible devenait la proie du plus fort. Mais quand le temps, qui engendre et nourrit toutes choses, fut venu enfin changer, renouveler la vie humaine, soit qu'il eût suscité le génie subtil de Prométhée, soit qu'il nous eût donné pour maîtres la nécessité, la nature elle-même formée par une longue expérience, alors fut trouvé le grain innocemment nourricier, présent de la divine Cérès ; alors fut trouvée la source au doux breuvage enseignée par Bacchus. La terre, auparavant sans culture, fut labourée par des bœufs assujettis au joug ; des villes s'élevèrent, avec leurs tours ; des maisons se construisirent offrant de sûrs abris ; des mœurs sauvages et farouches firent place à un régime plus doux. Dès lors la loi établit que les morts seraient cachés dans une tombe, auraient leur part de la poussière commune, afin que des cadavres sans sépulture n'offensassent plus les regards par un affreux et impie souvenir des premiers repas. »
1. V. 445 sqq. — 2. *De Nat. rer.*, V. — 3. *Ibid.*, v. 1451. — 4. V. 96 sqq.

lièrement mélancolique, a reçu du sombre génie d'Eschyle cette fiction :

PROMÉTHÉE.

Par moi les hommes ne jettent plus des regards inquiets vers l'avenir.

LE CHŒUR.

Et quel remède as-tu trouvé contre cette maladie ?

PROMÉTHÉE.

Les aveugles espérances que j'ai fait habiter dans leur sein.

LE CHŒUR.

Don précieux qu'ont reçu de toi les mortels[1] !

Ce qu'il y a de plus étonnant peut-être dans cet ouvrage, c'est que Prométhée y est représenté comme s'étant volontairement dévoué, pour la race humaine, au sort affreux qu'il endure :

LE CHŒUR.

Voilà donc ce que te reproche Jupiter, pourquoi il te traite si indignement ! Et souffriras-tu sans relâche ? n'y aurait-il pas de terme à tes maux ?

PROMÉTHÉE.

Nul, avant qu'il ne le veuille.

LE CHŒUR.

Le voudra-t-il ? l'espères-tu ? ne sens-tu point ta faute ?.... Mais te la reprocher ne serait point un plaisir pour moi, et toi, t'affligerait. Cessons donc, et songe à trouver quelque moyen de délivrance.

PROMÉTHÉE.

Il est aisé, hors de l'infortune, de reprendre, de conseiller ceux qui y sont tombés. J'avais tout prévu ; c'est volontairement, oui volontairement, que j'ai failli ; je ne le nie point..., pour secourir les mortels, je me suis perdu moi-même[2]....

N'est-il pas bien extraordinaire de trouver chez un poëte

---

1. V. 256-259. — 2. V. 263-275.

païen cette idée sublime d'un dieu qui s'offre lui-même en sacrifice pour l'homme? Des Pères de l'Église en ont été si frappés, qu'ils n'ont pas craint d'y voir une sorte de pressentiment confus du plus grand mystère de notre religion [1].

La peinture prolongée, continue, du caractère inflexible et indomptable de Prométhée aurait offert quelque monotonie, si le poëte n'eût eu l'art d'introduire dans son ouvrage deux scènes épisodiques qui y répandent de la variété, et qui ont en outre le mérite, par la manière dont elles se rattachent au sujet, de concourir à l'effet de l'ensemble, c'est-à-dire d'ajouter encore à notre pitié, à notre admiration pour le personnage dont Eschyle nous occupe sans cesse.

Dans l'une, il introduit le vieil Océan, dieu de race titanique, qui vient proposer à Prométhée, Titan comme lui, sa médiation auprès de Jupiter. C'est une démarche de convenance bien plus que de dévouement ; ses offres sont froides, ses avis désobligeants. Prométhée élude les unes avec adresse, et repousse les autres avec fierté ; il conseille lui-même à ce conseiller officieux de ne pas trop s'exposer, par son zèle pour un proscrit, et il n'a aucune peine à le persuader. L'Océan se hâte de partir, fort content, ce semble, de s'être montré bon parent et bon ami sans se compromettre en rien. Cette scène, qui relève, par une opposition nouvelle, le rôle de Prométhée, est quelquefois bien familière. C'est peut-être l'exemple le plus remarquable qu'on puisse citer de l'aisance avec laquelle les Grecs savaient varier le ton de leurs ouvrages. Le poëte, dans la plus haute et la plus sublime production dont l'histoire du théâtre conserve le souvenir, ne craint pas de s'approcher des limites de la comédie.

Je voudrais donner une idée de ce mélange, pour nous fort étrange, de familier et de sublime. Je le ferai en montrant que, dans une traduction digne d'ailleurs de

---

[1]. Tertull., *Adrers. Marcion.*, I, 1. Cf. *Apologet.*, XVIII.

beaucoup d'estime [1], l'un a tout à fait disparu, et l'autre s'est affaibli, sans qu'on puisse le reprocher bien sévèrement au traducteur : car il y a une double difficulté, je dirais volontiers une double impossibilité, à rendre parfaitement Eschyle en notre langue, en notre langue poétique, en notre langue tragique surtout. Le style de notre tragédie, tel que l'ont fait progressivement Racine et Voltaire, et le goût de la société française, est, dans ses hardiesses, d'une réserve, et dans sa vérité, d'une dignité, qui lui rendent presque impossible de suivre les allures de la tragédie grecque, et particulièrement de la tragédie d'Eschyle Comment, d'une part, atteindre à ces figures d'une grandeur démesurée, d'une audacieuse incohérence, à ces mouvements tumultueux et désordonnés, à ce langage, enfin, extraordinaire et inouï, par lequel Eschyle tâche de se proportionner au gigantesque sujet de la lutte de l'homme, et quelquefois des dieux, contre la destinée? Comment, d'autre part, se rabaisser à ce ton naïf, simple, voisin des entretiens ordinaires, qui est comme le point de départ du poëte, le sol d'où son vol d'aigle s'élance. Je sais bien que nous sommes en quête aujourd'hui d'une élévation et d'un naturel inconnus à nos pères; mais nous ne les avons pas encore trouvés, et, en attendant cette découverte, qui tarde un peu, le traducteur que je vais citer a fait sagement peut-être de s'en tenir aux procédés de versification et de style qui sont dans le génie de notre langue, au risque de paraître quelquefois, cela était à peu près inévitable, tantôt trop pompeux, tantôt trop timide.

Ainsi, il me semble que le mensonge des offres généreuses faites par l'égoïste et timide Océan, et la raillerie de Prométhée, qui n'est point sa dupe, la partie comique, si on peut le dire, de la tragédie d'Eschyle, s'effacent et disparaissent dans les vers suivants, sous le sérieux et la pompe

---

1. *Prométhée enchaîné*, tragédie d'Eschyle traduite en vers français par J. J. Puech, professeur agrégé de l'Université au collége royal de Saint-Louis, Paris, 1838.

d'un langage trop conforme, et qui ne pouvait guère ne pas l'être, à celui de notre tragédie :

PROMÉTHÉE.

De tout ce que j'ai fait complice audacieux,
Tu restas impuni.... Combien tu fus heureux !
Mais cesse de vouloir fléchir ce dieu terrible.
Tu n'en obtiendras rien : son cœur est insensible....
Tu pourrais bien gémir d'être venu vers moi.

L'OCÉAN.

Tu conseilles, ami, les autres mieux que toi.
J'en ai dans ton malheur une preuve certaine.
Mais ne réprime pas le zèle qui m'entraîne.
Jupiter, j'en suis sûr, se rendant à mes vœux,
T'affranchira bientôt de ces injustes nœuds.

PROMÉTHÉE.

Je loue et je louerai toujours un si beau zèle ;
Aux devoirs d'un ami tu n'es pas infidèle.
Mais ne fais rien pour moi ; car, malgré ton désir,
Tes généreux efforts ne pourraient me servir.
A l'abri du danger demeure avec prudence.
Je suis bien malheureux ; mais, malgré ma souffrance,
Le mal des autres dieux ne me réjouit pas.

Le traducteur a légèrement faussé le sens dans ce dernier vers, et, dans les autres, le ton des personnages et l'intention du poëte, comme le fera voir suffisamment cette traduction moins élégante, mais moins solennelle :

PROMÉTHÉE.

J'admire que vous ne soyez pas vous-même compromis dans ma cause, vous qui fûtes en tout mon complice et mon aide. Mais laissez, ne vous mettez point en peine ; aussi bien ne le persuaderiez-vous point ; il n'est pas facile à persuader. Gardez même que cette démarche ne vous attire quelque disgrâce.

L'OCÉAN.

Tu conseilles vraiment les autres mieux que toi-même ; tes paroles le prouveraient toutes seules. J'y cours cependant. ne me retiens plus. Je me flatte, oui je me flatte que Jupiter ne me refusera pas ; qu'en ma faveur il te délivrera de ce supplice.

PROMÉTHÉE.

Je vous suis obligé, croyez-le bien, et le serai toujours. Votre zèle est sans bornes. Mais ne cherchez point à me servir; ce serait peine inutile que d'en faire davantage. Tenez-vous en repos, à l'abri. Je suis bien malheureux; mais je ne voudrais pas que pour moi d'autres fussent entraînés dans le malheur [1].

Les Grecs, qui savent si bien quitter le sublime, quand il leur convient de descendre, ne sont pas embarrassés d'y remonter. Dans cette même scène qui, au milieu des impressions les plus douloureuses, provoque le sourire du spectateur, se rencontre un morceau d'une magnifique poésie. Eschyle y décrit les châtiments infligés par Jupiter à quelques-uns des adversaires de son nouveau pouvoir, au frère de Prométhée, Atlas, au monstrueux Typhon. A quel rôle appartient cet admirable hors-d'œuvre? Est-ce de la part de l'Océan un conseil de soumission, de la part de Prométhée un conseil de prudence?

Grammatici certant et adhuc sub judice lis est [2].

A quelque personnage qu'il faille le donner, il marque

---

1. V. 338-354.
2. M. Puech s'est décidé pour la seconde opinion par un motif que je ne saurais admettre. « La poésie qui caractérise ce morceau est trop élevée, dit-il, pour l'Océan, qui s'exprime toujours avec simplicité et naturel. » Rien ne le distingue, sous ce rapport, des autres personnages de la pièce; son langage s'abaisse ou s'élève selon l'occasion ; et, dans les vers qui ouvrent et terminent la scène, et où il parle de son voyage aérien et de son coursier ailé, 292 sqq., 401 sqq., il est certainement d'une grande hardiesse d'expression. Un motif meilleur eût pu autoriser M. Puech à s'écarter avec Blomfield, Elmsley, Boissonade, etc., de l'opinion du scoliaste, suivie de préférence par Stanley, du Theil, Schütz, Bothe, etc. Lorsque Eschyle, peut-être alors habitant déjà la Sicile, en poète à moitié sicilien, en poète courtisan d'Hiéron, qu'il célébra même dans une tragédie particulière comme fondateur de la ville d'Etna, la nouvelle Catane, ainsi qu'un autre panégyriste du roi de Syracuse, Pindare, *Pyth.*, I, 29 sqq.; lorsque Eschyle, dis-je, ajoute à ce qu'avait dit de la défaite et du supplice de Typhon l'auteur de la *Théogonie*, 818 sqq., l'annonce prophétique des éruptions récentes du volcan (la Chronique de Paros conforme, ou peu s'en faut, à ce qu'en dit Thucydide, à la fin de son IIIe livre, les fait commencer l'année de la bataille de Platée, c'est-à-dire la deuxième de la LXXVe olympiade), c'est bien au dieu prophète qu'il doit faire prononcer cet oracle. Un des derniers traducteurs d'Eschyle, M. Vendel-Heyl (*Nouvelle Bibliothèque grecque-française*, Paris, 1836), par une conjecture qu'il soutient d'une manière spécieuse, a essayé de mettre tout le monde d'accord en partageant le morceau entre l'Océan et Prométhée.

l'extrême limite où parvient quelquefois, loin des familiarités de son dialogue, l'audacieux génie d'Eschyle. Il me servira à montrer dans quelle mesure il a été possible à l'habile traducteur que j'ai déjà cité, de reproduire cette autre face de son modèle :

. . . .
Crois-moi, je plains le sort de mon frère, d'Atlas[1],
Qui, debout sur la rive où s'éteint la lumière,
Supporte incessamment et le Ciel et la Terre,
Colonne[2] indestructible et fardeau si pesant !
Je plains aussi Typhon, ce monstrueux géant
Qui de la Cilicie habitait les retraites,
Et dont un bras puissant a courbé les cent têtes.
Seul, des dieux conjurés il arrêta l'effort;
De sa bouche en sifflant sortait un bruit de mort;
De ses yeux jaillissait un regard de Gorgone;
Déjà de Jupiter il renversait le trône,
Mais ce trait vigilant qui part du roi des cieux,
Cette foudre qui tombe en vomissant des feux,
Étouffa son orgueil et sa menace altière.
Jusqu'au fond du cœur même atteint par le tonnerre,
Il perdit sa vigueur et tomba foudroyé.
Maintenant, vain débris, il languit tout broyé,
Près d'un étroit parage entr'ouvert par les ondes,
Et soutient de l'Etna les racines profondes.
Sur le sommet, Vulcain frappe le fer brûlant,
Et de ces monts un jour, en fleuve se roulant,
La flamme doit bondir dans la plaine fertile,
Et de ses flots ardents dévorer la Sicile.
Par ces traits enflammés, par ces torrents de feu,
Sans apaiser jamais ses transports furieux,
Encor tout calciné par la céleste flamme,
Typhon exhalera le courroux de son âme[3].

Ces vers ont de l'élégance, de l'énergie, de l'éclat ; ils

---

1. Dans une peinture antique reproduite et expliquée par M. Guigniaut, *Religions de l'antiquité*, t. IV, part. Ire, p. 254, 255; part. II, planch. CLVIII *bis*, 603 a, Prométhée et Atlas « les deux *patients* de l'Orient et de l'Occident, sont rapprochés l'un de l'autre, comme dans le *Prométhée enchaîné* d'Eschyle. »
2. Cf. Hom., *Odyss.*, 1, 53; Hesiod., *Theog.*, 517; Herodot., IV, 184, etc. — 3. V. 355-380.

sont bien plus fidèles que ceux où Legouvé[1] a rendu, non sans verve poétique, le même passage; mais reproduisent-ils toujours, et pouvaient-ils reproduire l'audace de l'expression grecque? Quand, par exemple, elle donne à la lave de l'Etna des dents qui dévorent les fertiles plaines de la Sicile[2], cette audace ne s'apprivoise-t-elle pas, pour ainsi dire, dans ce vers :

Et de ses flots ardents dévorer la Sicile,

beau vers, je le veux bien, mais trop conforme au style métaphorique ordinaire, c'est-à-dire à un style dont le caractère figuré s'est peu à peu effacé par l'usage, qui est presque devenu le mot propre? Il est dans le génie de notre poésie de mêler, de fondre ensemble les deux termes dont le rapport produit la métaphore, de sorte que l'esprit passe presque insensiblement de l'un à l'autre. Il est dans le génie de la poésie grecque, du moins de celle d'Eschyle, de rechercher, dans ce rapprochement, quelque chose de brusque, de heurté, d'incohérent. Comment deux procédés si contraires se traduiraient-ils l'un par l'autre?

Veut-on un autre exemple, pris dans la même scène, de la difficulté pour un traducteur d'atteindre à la hardiesse figurée du style d'Eschyle? Dans le dialogue qui suit le morceau cité tout à l'heure on distingue ce passage[3] :

« Ne penses-tu pas comme moi, Prométhée, que les discours

1. *Mercure de France*, 4 octobre; *Moniteur*, 12 octobre 1807, avec plusieurs autres morceaux également traduits du *Prométhée* d'Eschyle. Voyez encore le *Génie du théâtre grec primitif*, ou Essai d'imitation d'Eschyle en vers français par H. Terrasson, 1817 ; une imitation en vers français de la première scène de *Prométhée*, insérée par M. Théry, en 1820, dans le *Lycée français*, t. V, p. 394 ; les *Œuvres d'Eschyle*, traduites en vers français par S. T. G. Biard, 1837, et par Fr. Robin, 1846 ; enfin la traduction du *Prométhée*, par extraits, dans l'*Anthologie dramatique du théâtre grec*, de M. Magne, 1846; en entier, dans le recueil où, sous le titre de *la Grèce tragique*, M. Léon Halévy a reproduit aussi, en vers faciles et élégants, quelques-uns des chefs-d'œuvre d'Eschyle, de Sophocle et d'Euripide, 1846-1861. — 2. V. 375-377. — 3. V. 385 sqq.

sont les médecins [1] qui guérissent la colère? — Oui, si pour amollir le cœur on saisit l'instant favorable, et qu'on ne comprime pas avec violence le courroux dont il est gonflé. »

Cicéron[2], car c'est lui, probablement, et non Attius, qu'il faut regarder comme l'auteur des vers que l'on va lire, Cicéron amortit quelque peu la vivacité du texte grec dans cette version d'ailleurs élégante :

>Atqui, Prometheu, te hoc tenere existimo,
>Mederi posse rationem (orationem ?) iracundiæ ?
>— Si quidem qui tempestivam medicinam admovens
>Non ad gravescens vulnus illidat manus.

« Tu penses probablement, Prométhée, que des discours peuvent guérir la colère ? — Oui, si l'on emploie le remède à propos, et qu'évitant d'irriter la blessure, on n'y porte pas violemment la main. »

Il y a dans le grec une expression, σφριγῶντα, à laquelle n'ont pu atteindre les vers de Cicéron, mais que sa prose avait mieux reproduite un peu plus haut par ces mots sur le premier accès de sa douleur, lorsqu'il perdit sa fille : *Erat in tumore animus*.

Mais laissons ces détails, et revenons à ce qui doit surtout nous occuper, l'ensemble de l'ouvrage dans lequel une seconde scène épisodique introduit un personnage assez étrange, la nymphe Io. Il faut s'entendre toutefois sur cette étrangeté, la réduire à sa mesure, et ne pas croire, avec le bon Dacier[3], que la fille d'Inachus se montrait sur le théâtre précisément comme la représentait la fable pendant ses courses vagabondes, sous forme de génisse. Qu'elle paraisse ainsi sur la corbeille d'or, chef-d'œuvre de Vulcain, qu'Europe remplissait de fleurs, quand elle fut ravie au rivage phénicien par un fallacieux taureau, on ne peut blâmer Moschus de le supposer dans la pièce charmante où la peinture en apparence accidentelle de la métamorphose d'Io lui sert à

---

1. Cf. Menandr., *Gn. Monostich.*, v. 258, 213, 319, 326. — 2. *Tusc.*, III, 31. — 3. *Remarques sur l'Art poétique d'Aristote*.

préparer ingénieusement celle de Jupiter[1]. Qu'Ovide s'amuse à peindre[2] la fausse génisse voulant se découvrir à son père, et ne pouvant que mugir tendrement, lécher la main chérie qui lui présente sa nourriture, enfin tracer du pied, sur le sable, des caractères où le triste Inachus lira le nom de sa fille, la merveille de cette transformation, de cette reconnaissance, exprimée avec art, avec agrément, dans une description, dans un récit, pourra être acceptée et même bien reçue du lecteur, facilement persuadé, des Métamorphoses ; mais il ne faudrait pas certainement attendre d'un spectateur à qui on oserait en offrir l'impossible et choquante représentation, autant de complaisance :

Quodcumque ostendis mihi sic incredulus odi.

Eschyle concilie le respect de la vraisemblance dramatique avec ce qu'il doit de fidélité à la tradition fabuleuse. Io, chez lui, a conservé la figure et la voix humaines ; seulement, comme dans les œuvres de la statuaire[3], un détail caractéristique permet à l'imagination de voir ce qu'on ne pouvait montrer aux yeux. La malheureuse Nymphe, quelques vers l'indiquent[4], porte des cornes sur la tête ; à cela se borne le prodige que complète l'égarement de son esprit. Car, on l'a remarqué, le poëte, nous donnant à moitié le change, nous permet quelquefois de penser qu'Io se figure être ce qu'en effet elle n'est pas. Quand il annonce, par exemple, le dénoûment de son aventure, il ne dit pas, comme il le devrait, qu'elle recouvrera sa forme première, mais qu'elle

---

1. *Idyll.*, II, 44 sqq. Ces deux aventures avaient été de bonne heure rapprochées. Hérodote, au commencement de son Histoire, 1, 2, rappelant les griefs réciproques des barbares et des Grecs, parle en même temps d'Io et d'Europe enlevées, dit-il, d'après les traditions des Perses, la première à l'Argolide, par des Phéniciens (c'est aussi ce que dit Lycophron, *Cassandr.*, 1291), la seconde à la Phénicie, probablement par des Crétois.
2. *Metam.*, I, 635 sqq. Cf. *Heroid.*, XIV, 85 sqq.
3. Voyez, dans notre Musée des antiques, le buste d'Isis portant le n° 215.
4. V. 607, 664, 694, 695, 698.

retrouvera sa raison[1]. Il ne pouvait se taire sur le taon furieux, envoyé par Junon, qui joue un rôle si important dans l'histoire des transports et des erreurs d'Io :

> Hoc quondam monstro horribiles exercuit iras
> Inachiæ Juno pestem meditata juvencæ[2] ?

Mais il en a parlé de telle sorte que ses paroles ont pu quelquefois[3] sembler l'expression métaphorique de la frénésie. En même temps, il a pris soin de détourner notre pensée sur un objet d'une nature plus tragique, le fantôme d'Argus, dont, tout mort qu'il est, l'errante Io, comme dit Horace[4], ne cesse d'être obsédée. C'est avec habileté, on le voit, qu'Eschyle, empruntant au monde fantastique de la fable un personnage tel qu'Io, a su sans trop l'altérer, et sans nous imposer non plus un trop grand effort de crédulité, l'amener sur la scène des réalités dramatiques. Son grand art, au reste, a été, comme il convient en des sujets de ce genre, d'ébranler tout d'abord l'esprit, de l'enlever à la réflexion, par la vivacité, l'énergie, le pathétique de la peinture.

Tandis que Prométhée s'entretient de son malheur avec les Océanides, paraît tout à coup auprès d'eux, conduite jusqu'en ce désert par les voyages sans repos auxquels la condamne la jalousie de Junon, l'infortunée Io. De longs développements, dans lesquels s'est complu le poëte[5], rendent, en vers admirables, d'abord le désordre de ses sens et de ses pensées, sa fatigue, son découragement, son désespoir; puis, pendant une sorte de relâche accordée à ses transports, et que marque, comme toujours, le passage des mètres lyriques à l'ïambe du dialogue, sa tendre émotion au spectacle inattendu que lui offre Prométhée enchaîné; sa surprise quand elle se voit connue de lui, et qu'il se fait connaître à elle; les éclats de sa douleur en entendant de la bouche du dieu prophète le détail des courses infinies qu'il lui reste à accomplir en Europe,

---

1. V. 873. — 2. Virg., *Georg.*, III, 152. — 3. V. 584, 599, 618, 695, 702, 904. — 4. Io vaga, Horat., *ad Pison.*, 124. — 5. V. 577-911.

en Asie, à travers des régions inconnues et pleines d'effrayantes merveilles, avant de trouver enfin le repos sur les bords du Nil.

Ce détail, d'une géographie quelquefois embarrassante, et bien souvent, bien diversement commentée[1], nous paraît, dans un ouvrage dramatique, un bien long épisode. Mais Eschyle était d'un temps où se lisaient avec avidité les relations, en grande partie géographiques, d'Hécatée, de Xanthus, d'Hellanicus, de Charon; où se préparaient celles d'Hérodote, qui ne le sont pas moins; où la connaissance du monde encore nouveau, ignoré, aux limites indécises, mystérieuses, peuplées de ces fables qu'un poëte du siècle d'Auguste, Horace, disait habiter les bords de l'Hydaspe[2], avait pour la curiosité et l'inexpérience des Grecs un attrait tout poétique[3]. On peut croire que le public pour lequel composait Eschyle ne se détournait pas sans plaisir de l'action elle-même, pour suivre, en imagination, au delà des bornes où s'arrêtait sa science, le fabuleux voyage d'Io[4].

1. Voyez, entre autres, à la suite de la trad. de Lefranc de Pompignan, p. 409, des *Éclaircissements historiques et géographiques sur les courses d'Io*. Welcker, assez récemment, leur a consacré les pages 127-146 de son livre sur la *Trilogie d'Eschyle* ; M. Eug. Thomas, la plus forte part de ses mémoires, rappelés plus haut, p. 255, 256; enfin M. C. Hanriot n'a pu les omettre dans le résumé de la géographie d'Eschyle, que contient la dissertation publiée par lui en 1853 sous ce titre : *Geographia Græcorum antiquissima, qualis ab Homero, Hesiodo, Æschylo tradita, ab Hecatæo digesta et concinnata fuerit*.
2. *Od.*, I, XXII, 7.
3. Les anciens ont relevé quelques erreurs géographiques d'Eschyle, peu en avance à cet égard sur son public. Voy. Strab., XII; Plin., *Hist. nat.*, XXXVII, II. M. Stiévenart, qui a donné en .... (librairie Dezobry) une édition du *Prométhée* d'Eschyle accompagnée de commentaires, où abondent les rapprochements ingénieux et les citations intéressantes, rapporte à ce sujet, fort à propos, le jugement indulgent d'Agatharchide, qu'on lit dans la *Bibliothèque* de Photius : « Je ne blâme point Eschyle d'avoir écrit des inexactitudes impardonnables chez un autre écrivain; je ne fais pas non plus le procès aux autres poëtes dramatiques pour avoir rapproché des localités contre la vraisemblance. Le but du poëte est de promener agréablement notre imagination et non d'être vrai. »
4. Ce voyage fut depuis parodié par Cratinus dans *les Sériphiens*, où, à ce qu'il semble, Polydecte, roi de l'île de Sériphe, indiquait à Persée, prêt à partir pour son expédition contre les Gorgones, son itiné-

Eschyle a mis, à en dissimuler l'étendue peu dramatique, une habileté qui mérite d'être étudiée, parce qu'elle montre que le poëte porte, dans les détails de ses ouvrages, le même art de composition qui, nous l'avons vu, préside à leur ensemble. D'abord, ce qui était facile, il en a supprimé une portion qu'on retrouve dans une autre tragédie[1], sans qu'on puisse inférer, avec certitude, de ce partage, laquelle des deux pièces est le supplément de l'autre. Quant à ce qu'il conservait, il l'a distribué en trois morceaux, amenés, séparés, conclus par des dialogues où reparaît le drame un moment effacé. Ces narrations partielles, il a su les faire désirer, à peu près de la même manière que celles dont se compose la grande scène du messager dans sa tragédie des *Perses*, prêtant de temps en temps au narrateur des paroles propres à piquer la curiosité, comme celles-ci : « C'est trop tôt gémir, s'effrayer, attendez le reste.... Ce que tu viens d'entendre est à peine le commencement de tes disgrâces.... Que feras-tu donc quand tu sauras ce qui t'est encore réservé?... Ne demande point à le savoir.... Choisis d'apprendre ce que tu as encore à souffrir, ou par qui je serai délivré[2].... » Ce n'est pas tout : par une disposition, dont l'auteur de l'Odyssée avait donné le modèle, le récit des courses antérieures d'Io ne vient qu'après l'annonce de celles qui lui sont encore réservées. Prométhée veut lui montrer, par la vue distincte qu'il a du passé, qu'il n'a pas moins vu clairement l'avenir. Enfin, à sa demande, pour satisfaire la compatissante curiosité des Océanides, et aussi celle des spectateurs dont on ne parle pas, Io fait elle-même de ce qui a amené ses malheurs et des événements pour elle inexplicables[3] par lesquels ils ont commencé, un récit qui est comme la préface de tous les autres.

---

raire, en termes qui rappellent les paroles de Prométhée à Io chez Eschyle. C'est la conjecture de M. Meineke; voyez *Men. et Phil. reliq.*, præf., p. xviii; *fragm. comic. græc.*, t. II, part. I, p. 132 sqq.
1. Dans *les Suppliantes*, dont les vers 548 et suivants comblent la lacune qui se remarque au vers 832 du *Prométhée*.
2. V. 721, 765, 768, 801, 803, 806. — 3. V. 701.

Le début en est charmant, plein de cette grâce riante qui éclaircit quelquefois les ombres de la tragédie d'Eschyle. Moschus s'en est visiblement inspiré, lorsque, dans le poëme précédemment rappelé, où il introduit épisodiquement l'histoire d'Io, il a peint Europe avertie par des songes prophétiques de sa glorieuse destinée[1] :

« Des visions nocturnes, dit l'héroïne d'Eschyle, ne cessaient de me chercher dans ma pudique demeure et de me faire entendre ces engageants discours : O trop heureuse fille ! pourquoi si longtemps demeurer vierge, quand tu pourrais jouir du plus illustre hymen? Jupiter a été frappé par toi des traits du désir; il brûle d'amour pour toi; il te veut pour compagne de sa couche. Ne repousse pas, mon enfant, l'alliance de Jupiter. Va-t'en dans les prairies de Lerne, où sont les troupeaux de ton père, et contente l'œil amoureux du dieu[2]. »

Saisie d'un nouveau transport que les vers d'Eschyle expriment avec une grande vivacité, Io quitte la scène ainsi qu'elle y est arrivée, d'une manière également fortuite, mais vraisemblable dans l'ordre merveilleux de ses aventures. Ce que l'emploi de ce personnage peut avoir d'arbitraire, est compensé par l'effet qu'en tire le poëte pour rassembler sous nos yeux deux victimes de Jupiter, dont « l'une n'a pas moins à gémir de son amour que l'autre de sa haine[3]; » pour faire ressortir la douleur contenue du Titan, au milieu de souffrances immortelles comme lui-même[4], par le contraste d'une douleur plus libre dans son expression, telle qu'il convient à la jeune fille d'Inachus; pour les consoler l'un et l'autre, et nous-mêmes avec eux, par leur mutuelle pitié. Ajoutons que le lien secret qui rattache cette peinture au sujet même, se découvre à nos yeux, et qu'elle cesse de nous paraître épisodique, quand, par deux fois[5], mais particulièrement à la fin de la scène, où la prédiction devient plus positive et plus claire, Prométhée annonce[6] que d'Io et de sa race doit sortir, après treize générations[7], le

---

1. *Idyll.*, II, 1 sq. — 2. V. 666-675. — 3. Andrieux, ouvrage cité plus haut. — 4. V. 777 sq. — 5. V. 797, 896 sqq. — 6. V. 896 sqq.
7. V. 799. Cf. 878. Le poëte n'est pas ici d'accord avec lui-même, s'il

héros dont il attend sa délivrance, et qui n'est autre qu'Hercule.

Il ne faut pas, nous le verrons, confondre, comme on l'a fait[1], avec Hercule, un autre personnage dont, pendant toute la pièce, par des expressions de plus en plus vives[2], et qui atteignent ici au plus haut degré, non pas de clarté, il ne le fallait pas, mais de force, il menace Jupiter, destiné, dit-il, s'il n'a recours aux conseils de Prométhée, et ne les achète d'abord en brisant ses liens, à se donner un fils plus puissant que lui-même, et qui accomplira la malédiction de Saturne en le détrônant. Ses paroles ne se perdent point dans les airs, elles arrivent jusqu'aux cieux, et bientôt elles en font descendre Mercure, venant au nom du maître des dieux, qu'elles intimident, et, pour ainsi dire, tiennent en échec, le sommer, mais vainement, de livrer le fatal secret dont il se dit possesseur. Cette demande et ce refus sont le sujet d'une dernière scène, la plus belle de l'ouvrage, où achève de se développer le caractère énergique et indomptable de Prométhée. On ne peut mieux la commenter et la louer qu'en la citant :

MERCURE.

C'est à toi que je m'adresse, esprit subtil et intraitable ; à toi, qui, coupable envers les dieux, as fait part de leurs honneurs aux hommes, ces êtres d'un jour ; à toi le ravisseur du feu céleste. Mon père t'ordonne de déclarer quel est cet hymen, dont tu parles, qui doit lui coûter sa puissance : et cela sans énigmes, sans vains détours. Ne m'oblige pas, Prométhée, à un second voyage. Ce n'est pas, tu le peux voir, par de tels moyens qu'on fléchit Jupiter.

PROMÉTHÉE.

Voilà de bien fières paroles, comme on peut les attendre du

---

est vrai, comme le dit son scoliaste (*Prometh.*, v. 94), conforme en cela à Hygin (*Astron.*, II, 15), que, dans son Προμηθεὺς πυρφόρος, il ait étendu à trente mille ans la durée du supplice de Prométhée. Il y a là une contradiction dont s'est prévalu God. Hermann (*Opusc.*, t. IV, p. 257) contre le système, dont il sera question plus loin, qui réunit par le lien de la trilogie les divers *Prométhées* attribués à Eschyle.

1. Brumoy et autres. — 2. V. 533, 793, 944 sq.

serviteur des dieux. Souverains d'hier, vous régnez à peine, et vous vous croyez dans un fort inaccessible aux revers et aux chagrins. Ne sais-je pas que de là déjà deux rois sont tombés? Le troisième, celui d'aujourd'hui, je verrai aussi sa chute : elle sera honteuse et prompte. Ai-je l'air, dis-moi, de trembler, de m'humilier devant tes nouveaux dieux? Ah! cela est loin de ma pensée. Tu peux reprendre la route qui t'a amené ici ; car tu n'apprendras rien de moi.

MERCURE.

Toujours le même orgueil, le même emportement, qui t'ont fait courir toi-même aux maux que tu souffres.

PROMÉTHÉE.

Je ne les échangerais pas, ces maux, sache-le bien, contre ton servile ministère. Oui, je crois qu'il vaut mieux appartenir à ce rocher que de servir ton père Jupiter, que d'être, comme toi, son messager fidèle. Je te rends, je le dois, injure pour injure.

MERCURE.

Ton sort présent fait ta joie, à ce qu'il semble.

PROMÉTHÉE.

Ma joie! Ah! que je voie éprouver une telle joie mes ennemis, et toi-même tout le premier!

MERCURE.

Moi! tu m'accuses aussi de ton malheur!

PROMÉTHÉE.

Tous les dieux ont part à ma haine : tous pour prix de mes bienfaits me traitent avec injustice.

MERCURE.

Ton esprit est bien malade, à ce que je puis voir.

PROMÉTHÉE.

Si c'est être malade que de haïr ses ennemis, je ne veux point guérir.

MERCURE.

Tu ne serais vraiment pas supportable dans la prospérité.

PROMÉTHÉE.

Hélas!

MERCURE.

C'est là un mot que Jupiter ignore.

PROMÉTHÉE.

Le temps est un maître qui enseigne toutes choses.

MERCURE.

Il ne t'a pas appris à être sage.

PROMÉTHÉE.

Non; car je ne te parlerais pas, esclave.

MERCURE.

Tu ne me diras donc rien de ce que veut savoir mon père ?

PROMÉTHÉE.

Je lui devrais en effet cette marque de reconnaissance.

MERCURE.

Tu me railles en vérité comme un enfant.

PROMÉTHÉE.

Et n'es-tu pas un enfant, moins que cela même, pour la raison, si tu t'attends à rien tirer de moi? Ni par violence, ni par artifice, Jupiter ne m'amènera jamais à parler, avant d'avoir relâché mes liens. Ainsi qu'il lance, s'il veut, ses carreaux brûlants; que faisant voler dans les airs les blancs tourbillons de la neige, gronder au fond des abîmes les tonnerres souterrains, il trouble et confonde toute la nature, il ne fléchira pas ma constance ; je ne lui dirai pas qui doit le faire tomber du trône.

MERCURE.

Vois bien si tu te sers ainsi.

PROMÉTHÉE.

Tout est vu, tout est résolu.

MERCURE.

Fais un effort, insensé ; prends sur toi de conformer enfin tes pensées à ta triste situation.

PROMÉTHÉE.

Tu m'importunes en vain de tes discours : je suis sourd comme les flots. Qu'il ne t'entre jamais dans l'esprit que, par crainte de Jupiter, j'en puisse venir, femme timide, à tendre vers l'ennemi que je hais mes mains suppliantes, pour qu'il me délivre de mes liens. Il s'en faut que j'y sois disposé.

MERCURE.

Je perdrais, j'en conviens, mes paroles. J'ai beau te prier, rien n'amollit, n'adoucit ton âme. Comme un jeune coursier, récemment soumis au joug, tu mords le frein, tu luttes contre les rênes. C'est cependant te laisser follement emporter d'une colère impuissante. L'obstination dans de mauvais conseils est par elle-même sans force. Considère, si tu ne te rends à mes discours, quelle tempête, quel débordement de maux va fondre sur toi, sans que tu puisses t'y soustraire. D'abord ces âpres rochers vont être frappés, dissipés par la foudre de mon père; leurs débris emporteront ton corps longtemps caché au jour. Après un long intervalle, il doit reparaître. Alors le chien ailé de Jupiter, son aigle affamé, insatiable, viendra tout le jour, convive importun, arracher des lambeaux de ta chair, se repaître du sang noir de ton foie [1]. Et n'espère pas voir la fin de ce supplice avant que quelqu'un des dieux, consentant à te remplacer, ne descende pour toi, loin de la lumière, dans la demeure de Pluton, dans les ténébreuses profondeurs du Tartare. Songe maintenant à prendre un parti; car ce ne sont point là de vaines menaces pour t'effrayer, mais une trop véritable annonce : la bouche de Jupiter ne sait point mentir; toutes ses paroles s'accomplissent. Vois donc, réfléchis, et garde-toi surtout de croire l'opiniâtreté préférable à la prudence.

. . . .

PROMÉTHÉE.

Je savais tout ce dont on vient de fatiguer mon oreille : être maltraité de son ennemi n'a rien d'étrange. Qu'ainsi donc soient lancés contre moi les traits enflammés de la foudre; que l'air s'ébranle aux roulements du tonnerre, au souffle impétueux des vents; que la terre soit arrachée de ses fondements, et les flots de la mer lancés dans les routes du ciel ; que l'irrésistible tourbillon de la nécessité emporte mon corps au fond du noir Tartare! Quoi qu'il arrive, je ne puis mourir [2].

Ailleurs déjà [3], Prométhée, tout en se disant malheureux de ne pouvoir, comme Io, échapper par la mort à la cruelle vengeance de Jupiter [4], trouvait dans le senti-

---

1. Hésiode avait dit (*Theog.*, v. 520 sqq.) : « Le même dieu chargea d'indissolubles liens et attacha à une colonne le rusé Prométhée; il lui envoya un aigle, aux ailes étendues, qui se repaissait de ses entrailles immortelles. Autant le monstre en avait dévoré pendant le jour, autant il en renaissait pendant la nuit.... »
Virgile a lutté contre ces énergiques peintures et celle que nous y ajouterons tout à l'heure d'après Eschyle encore, et son traducteur Cicéron, lorsque, dans son enfer, il a transporté à Tityc le supplice de Prométhée :

Rostroque immanis vultur obunco
Immortale jecur tundens, fecundaque poenis
Viscera, rimaturque epulis, habitatque sub alto
Pectore; nec fibris requies datur ulla renatis.
Æneid., VI, 597.

2. V. 980-1089. — 3. v. 969. — 4. V. 777.

ment de son immortalité, de quoi en braver, en insulter l'impuissance. La fierté de sa chute, au milieu de la tempête terrible qu'il provoque sans effroi, au moment même où elle le frappe, forme un dénoûment sublime, qu'Horace, on en a quelquefois fait la remarque, avait sans doute devant les yeux, quand il a dit :

>   Justum et tenacem propositi virum
>   . . . .
>   Non vultus instantis tyranni
>   Mente quatit solida.
>   . . . .
>   Nec fulminantis magna Jovis manus :
>   Si fractus illabatur orbis,
>   Impavidum ferient ruinæ[1].

Les nombreux mérites rassemblés dans cette tragédie; la sphère merveilleuse et fantastique au sein de laquelle elle transportait l'imagination; la pompe du spectacle qu'elle déployait aux regards; la terreur, la pitié, surtout l'admiration qu'elle excite encore en nous; la beauté de cette ordonnance, simple et régulière, où une situation invariable se montre à chaque instant sous des formes toujours plus vives et plus frappantes, où le caractère principal ressort de plus en plus par l'heureuse opposition des acteurs secondaires, où toutes les parties concourent dans une parfaite harmonie à un seul et même dessein, où une sévère unité n'exclut pas la variété; enfin l'élévation des idées, l'éclat des images, la force et la sublimité du style, et en même temps ce tour aisé et naturel qui se mêle à des pensées si hautes, à des

---

1. *Od.*, III, III, 1 sqq. On trouve chez Horace d'autres allusions, et plus directes, non à cette pièce, mais, comme chez Virgile (*Bucol.*, VI, 42 : *Caucaseasque refert volucres furtumque Promethei*), à celles qui, nous le verrons bientôt, la précédaient et la suivaient ; à la première, *Od.*, I, III. 27 ; à la troisième, *Epod.*, XVII, 67. Dans deux passages cependant, *Od.*, II, XIII, 37 ; XVIII, 35, s'écartant de la tradition adoptée par le tragique, il représente Prométhée comme habitant éternellement le Tartare. Il semble même, dans le dernier, supposer que le rusé Titan avait tenté vainement, pour échapper à sa prison, de corrompre, à prix d'or, la fidélité du nocher des enfers.

expressions si énergiques et si hardies, tout cela nous permet de regarder le *Prométhée* comme le chef-d'œuvre de son auteur. Nous n'en chercherons pas, nous l'avons déjà dit[1], l'intérêt, la beauté, dans les interprétations ou historiques ou allégoriques qu'on en a données en si grand nombre. Nous blâmerons même Andrieux, qui en a spirituellement, mais d'une manière moins nouvelle qu'il ne le pensait[2], expliqué l'intention morale, d'avoir appelé allégorie ce qu'il eût mieux nommé la moralité de l'ouvrage. Nous répéterons volontiers, après lui, que d'une légende mythologique, Eschyle a tiré une admirable image et du despotisme et de la liberté, et de toutes les vertus, de tous les vices qui leur servent de cortége; une image variée, graduée avec infiniment d'art et de vérité, des divers aspects sous lesquels peuvent se produire la servilité et le dévouement. Nous conviendrons même que le poëte, en la retraçant, a pu penser à l'oppression non encore oubliée des Pisistratides[3] et au courage des citoyens qui affranchirent Athènes de leur joug, bien qu'aucune preuve directe n'établisse la réalité de cette hypothèse. Mais ce que nous devons surtout remarquer ici, c'est que cette tragédie, qui n'offre qu'une situation et presque qu'un personnage, dont l'action semble se borner à une exposition et à un dénoûment, est le type parfait de la tragédie primitive des Grecs, de celle à laquelle leurs critiques donnaient le nom de *simple*. Eschyle, dans d'autres ouvrages, a pu s'approcher davantage de la tragédie *implexe* de Sophocle et d'Euripide; mais dans celui-ci il nous a laissé un modèle achevé du genre qui lui appartient en propre. Si l'on voulait désigner ce genre par un emblème propre à le caractériser, on n'en trouverait pas qui lui convînt mieux que cette figure tragique de Prométhée, où, comme dans une statue, le poëte a fixé, en traits vivants et im-

---

1. Page 254.— 2. Voyez le commentaire de Schütz.—3. Voyez Lebeau jeune, *Mém. de l'Acad. des inscriptions et belles-lettres*, t. XXXV, p. 450 et suivantes.

mobiles, l'immuable expression de la douleur et du courage [1].

On doit en convenir, certains faits rappelés, ou annoncés dans le cours de la pièce, sont assez difficiles à comprendre; la puissance divine et la liberté humaine, dont le héros d'Eschyle, quoique dieu, est le représentant, y prennent une apparence de tyrannie et de révolte qui blesse le sentiment moral; enfin ce triomphe de la violence, par lequel elle se termine, laisse après soi une impression douloureuse. Mais peut-être ce qui, dans cet ouvrage isolé, débris, à ce qu'on pense assez généralement [2], d'une trilogie dont il formait le milieu, nous

1. Cette immobilité a embarrassé Métastase, auteur d'observations sur le théâtre grec, recueillies dans ses œuvres posthumes, et qui, parmi d'autres critiques fort légères du *Prométhée*, s'étonne que le Titan puisse discourir si librement et si longuement malgré la situation incommode où il se trouve. On dirait que Welcker (*Trilog.*, etc., p. 30) et God. Hermann (*de Chor. Eumenid. Æsch.*, II : *Opusc.*, t. II, p. 146) se sont eux-mêmes laissé troubler d'une difficulté de ce genre, lorsqu'ils ont supposé, ce qui paraît bien étrange, qu'à la représentation Prométhée était figuré par un mannequin, et son rôle récité dans la coulisse par un acteur invisible. Disons-le cependant, en adoptant cette mise en scène, Hermann a eu en vue autre chose que l'avantage de l'artiste chargé du rôle fatigant de Prométhée. Elle lui fournissait le moyen de s'expliquer comment la première scène, où paraissent trois personnages, avait pu être jouée par deux acteurs seulement, et conséquemment lui permettait de placer la représentation de l'ouvrage avant l'époque où eut lieu, par Sophocle, l'introduction du troisième acteur, c'est-à-dire avant son début dramatique, la troisième année de la LXXVII⁰ olympiade. Or, il lui était nécessaire que le *Prométhée* ne fût pas d'une date plus récente, l'ayant, non sans vraisemblance, placé vers le temps d'une éruption de l'Etna (olymp. LXXV, 2), à laquelle, nous l'avons dit (p. 83, 271), Eschyle, dans cette pièce, paraît avoir fait allusion. Bœckh a de même daté de la LXXVI⁰ olympiade, troisième année, la *Pythique* de Pindare (I, 29 sqq.) où se trouve une semblable allusion.

2. On s'est cru autorisé à le conclure de quelques témoignages anciens; savoir : une vie du poëte dans laquelle on lit : οἱ Προμηθεῖς; les scolies du *Prométhée enchaîné*, où il est quelquefois question d'une pièce qui en était la suite; l'argument du même *Prométhée* qui, dans certains manuscrits, nomme parmi les personnages Hercule et la Terre, par confusion sans doute de l'ouvrage avec sa continuation, comme cela est arrivé pour l'*Agamemnon* et les *Choéphores*; enfin le catalogue du théâtre d'Eschyle où sont compris, dans un ordre fautif, il est vrai, les *Prométhée enchaîné, ravisseur du feu, délivré*. Ce n'est pas, ou ce n'est plus, il le faut avouer, l'avis de God. Hermann, qui, dans sa dissertation déjà citée (*de Æsch. Prometh. solut.*), s'est au con-

embarrasse et nous blesse, se préparait, s'achevait, s'expliquait dans ceux où le poëte avait reproduit très-probablement le commencement et certainement la fin de l'histoire : d'une part le larcin du feu céleste si cruellement puni sur Prométhée, de l'autre sa délivrance.

traire attaché à établir que, si l'existence des trois pièces est incontestable, aucun témoignage ancien n'atteste formellement qu'elles aient été réunies sous forme de trilogie; que, d'autre part, aucune nécessité, pour celle qui nous est restée, d'être préparée par une première et complétée par une troisième, ne force absolument de croire à cette réunion; que d'ailleurs le *Prométhée ravisseur du feu*, drame satyrique et non tragédie, n'en aurait pu faire partie, et que le *Prométhée délivré* peut fort bien avoir été composé, avoir été donné isolément, à une tout autre époque que l'ouvrage dont on le prétend la suite, et auquel on veut qu'il ait succédé dans la représentation. De cette argumentation il résulte qu'on ne peut affirmer, avec une entière certitude, qu'il y ait eu une trilogie de Prométhée; mais on n'a pas non plus le droit d'affirmer qu'il n'y en a pas eu, et, à défaut d'évidence, la supposition qu'on en fait a pour elle, avec de nombreuses autorités, beaucoup de probabilité. La chose avait paru ainsi en 1819, neuf ans environ avant la publication, faite en 1828, de la dissertation qui nous arrête, à God. Hermann lui-même. Montrant (*de Compositione tetralogiarum tragicarum; Opusc.*, t. II, p. 306 sq.) que, dans les tétralogies présentées au concours par les poëtes dramatiques, quelquefois les quatre ouvrages, quelquefois trois ou deux seulement étaient liés ensemble par la communauté, la continuité du sujet, il citait comme exemple de cette dernière disposition, la succession, alors évidente pour lui, du *Prométhée enchaîné* et du *Prométhée délivré* (*ibid.*, p. 310 et 315 sq.), et la trouvait indiquée en termes qui ne laissaient pas place au doute, dans ces paroles du scoliaste d'Eschyle (*Prometh. vinct.*, 510) λύεται γὰρ ἐν τῷ ἑξῆς δράματι. Dans l'intervalle, en 1824, Welcker avait expliqué, non pas le premier assurément, mais avec plus d'insistance que personne jusqu'alors, le *Prométhée enchaîné* par ce genre de connexion qui lie *les Choéphores*, d'une part avec l'*Agamemnon*, de l'autre avec les *Euménides*, ajoutant à ces deux trilogies, appelées par lui l'Orestée, la Prométhée, non-seulement la Thébaïde, la Danaïde, les Perses, dont il pensait que les *Sept Chefs*, les *Suppliantes*, les *Perses* enfin étaient, comme le *Prométhée*, la pièce intermédiaire, mais quinze autres reconstruites savamment, ingénieusement, et aussi bien hardiment, avec les titres et les fragments des ouvrages perdus du poëte; il avait tourné vers l'étude de la trilogie en général, vers la restitution des trilogies ou certaines ou probables, toute l'attention, tous les efforts de la critique allemande. Il serait long d'énumérer ceux qui se sont précipités, en si grand nombre, avec tant d'ardeur, dans cette voie attrayante et hasardeuse à la suite de Droysen, de Dissen, de Gruppe, de Schœll, mais surtout de Welcker, l'auteur de ce mouvement. Ils n'ont pas manqué d'antagonistes redoutables, en tête desquels il faut placer, avec Süvern, God. Hermann. On trouvera tous ces noms rappelés, toutes ces disputes résumées, sinon toujours éclaircies, dans un livre d'un abord assez redoutable : *De*

De ces deux ouvrages perdus et bien regrettables, le premier ne nous a guère laissé de lui que son titre diversement rapporté, et des doutes peu fondés, il est vrai, sur la nature de la composition, qui ne pouvait être qu'une tragédie, et non pas, comme quelques-uns l'ont pensé, peut-être sans preuves suffisantes, un drame satyrique [1] : du second, il est resté quelques fragments

Æschyli ternione Prometheo, etc., Bellmann, Vratisl., 1839. L'auteur, avec des formes d'exposition qu'on pourrait souhaiter plus faciles et plus claires, s'est attaché, en deux livres, premièrement à démontrer que le *Prométhée enchaîné* ne pouvait absolument se passer de l'introduction, de la conclusion qu'y ajoutaient le *Prométhée ravisseur du feu*, le *Prométhée délivré*; secondement à retrouver le plan, le sens véritable des deux tragédies complémentaires. Le soin qu'il a pris de faire remarquer combien, dans cette seconde partie de son travail, il est peu d'accord avec Welcker et les autres habiles restaurateurs de trilogies, montre seul quelle sagacité discrète conviendrait à ces sortes de restaurations, trop souvent capricieuses et téméraires. On peut louer de cette discrétion M. Ahrens, qui, se contentant d'exposer la polémique relative à la convenance de réunir en une Prométheide les *Prométhées* d'Eschyle, s'est occupé spécialement de chacune de ces pièces, en restituant le sujet et le plan, avec assez de vraisemblance, d'après les fragments qui en restent, les témoignages de l'antiquité, et aussi les conjectures les moins hasardées des critiques. Voy. *Æschyl. fragm.*, éd. F. Didot, p. 188 et suiv.

1. La pièce est appelée par J. Pollux, IX, 8; X, 18 : Προμηθεὺς πυρκαεύς, par A. Gelle, XIII, 18 : Προμηθεὺς πυρφόρος. Ces deux titres désignent-ils une même production ou deux qui auraient eu pour sujet, l'une le vol du feu, l'autre le don du feu aux hommes? On s'est partagé entre ces opinions, dont la dernière me paraît peu probable. Prométhée n'ayant dérobé le feu que pour en faire part à la race humaine, il n'y a là matière qu'à un seul ouvrage, qui sans doute ouvrait la trilogie achevée par le *Prométhée enchaîné*, δεσμώτης et le *Prométhée délivré*, λυόμενος, qui était lui-même nécessairement une tragédie, et non pas, comme on l'a pensé, un drame satyrique. S'il n'y a pas erreur dans ce que dit l'argument des *Perses*, qu'Eschyle remporta le prix sous l'archonte Ménon, avec *Phinée*, les *Perses*, *Glaucus de Potnie* et *Prométhée*, si l'ordre de ces pièces n'a pas été, ce qu'il est permis de soupçonner, interverti, on en devra conclure qu'Eschyle a composé, mais indépendamment de sa trilogie et peut-être avec l'un des titres donnés par Pollux et Aulu-Gelle, un drame satyrique sur Prométhée. C'est bien certainement d'un drame satyrique que vient le vers cité par Plutarque dans un de ses traités (*De capienda ex hostibus utilitate*), où Prométhée avertit du danger que court sa barbe de bouc un Satyre qui, ravi de la vue pour lui nouvelle du feu, fait mine de vouloir l'embrasser. Mais ce drame satyrique était-il d'Eschyle plutôt que de tout autre, d'Epicharme par exemple, à qui les anciens (Athénée. III; J. Pollux, X, 23; l'auteur du *Grand Étymologique*, v. Σατύρ) attribuent un *Prométhée?* On a pu le supposer; on n'avait guère le droit

précieux; un surtout, cité par Cicéron [1], non pas dans son texte grec, mais dans une traduction latine, qu'un grammairien [2], et d'après lui à peu près tous les critiques attribuent au tragique romain Attius, mais que Cicéron, dont l'autorité, ce semble, vaut bien ici celle de Nonius, revendique pour lui-même [3]. Ce morceau, faiblement rendu

de l'affirmer, comme on l'a fait, puisque Plutarque n'en dit absolument rien. Eschyle a-t-il été même auteur d'un drame satyrique sur ce sujet? La chose, on vient de le voir, peut sembler problématique, puisqu'elle ne repose que sur l'autorité de l'argument des *Perses*. Elle serait avérée enfin, qu'elle n'exclurait pas, nous l'avons également montré, et plusieurs critiques ont été de cet avis (voyez Hemsterh. ad J. Poll., IX, 8; voyez aussi E. A. J. Ahrens, ouvrage précédemment cité), l'existence d'une tragédie sur le même sujet, pour servir comme de premier acte à la trilogie de *Prométhée*.
1. *Tusc.*, II, 10. — 2. Nonius, v. *Adulo*.
3. Cicéron, après avoir cité de longs fragments traduits en latin, entre autres des *Trachiniennes* de Sophocle et du *Prométhée délivré* d'Eschyle, se fait dire par son interlocuteur (chap. II) : « Unde isti versus, non enim agnosco; » à quoi il réplique, en auteur modeste qui s'avoue à moitié : « Videsne me abundare otio? » Puis il parle de la coutume des philosophes grecs de mêler des vers à leurs dissertations, ce qu'il fait comme eux, citant les Romains, et à leur défaut traduisant lui-même les Grecs : « Studiose equidem utor nostris poetis, sed sicubi illi defecerunt, verti ipse multa de Græcis.... » Peut-il, après cela, rester douteux, à moins qu'on n'aime mieux, comme Scriverius (*Fragm. trag.*, p. 142), l'accuser d'un plagiat peu digne de son caractère, et sans aucune chance de succès, qu'il soit l'auteur des grands morceaux de traduction dont il a orné sa IIe Tusculane? M. J. V. Le Clerc lui attribue, plutôt qu'à Attius, la plainte d'Hercule : je n'hésite pas, et je puis m'appuyer d'une autre autorité, celle de God. Hermann (*ibid.*, p. 270), à faire de même pour la plainte de Prométhée. Sans doute Attius avait composé un *Prométhée*. Priscien (VI) le dit ainsi que Nonius (v. *Gelus*), et l'on a quelquefois regardé comme appartenant à ce *Prométhée*, et correspondant aux vers 7 et suivants de la pièce grecque, un passage cité par Cicéron dans le même chapitre (*Tusc.*, II, 10), que d'autres aiment mieux placer dans le *Philoctète* du vieux poëte latin. Voici ce passage, diversement restitué, comme le rapporte, dans le second volume, p. 214, de son Eschyle, Boissonade :

    .... ignes cluet immortalibu
    Clam divis doctu' Prometheus
    Clepsisse dolo, pœnasque Jovi
    Furti expendisse supremo.

« L'ingénieux Prométhée a dérobé, dit-on, le feu aux dieux immortels, et le dieu suprême, Jupiter, lui a fait payer cher ce larcin. »
Si l'on compare cette citation à celle qui la suit, on trouvera dans celle-ci un tour plus moderne que Cicéron a peut-être voulu faire res-

par La Monnoye[1], a été de nos jours reproduit en meilleurs vers par feu Anceau, jeune homme plein de savoir, de talent, de modestie, dont la courte existence s'est renfermée tout entière dans l'enceinte des colléges où il obtint des succès brillants, de l'École normale qui le compta au nombre de ses meilleurs élèves, de l'Université qui fondait sur lui des espérances trop tôt détruites par une mort prématurée. Les courts loisirs que lui laissaient les fonctions de l'enseignement, auxquelles il se livrait avec un zèle qui a usé ses forces et abrégé sa vie, il les consacrait à traduire quelques morceaux choisis des tragiques grecs. Je m'estime heureux de pouvoir donner, dans cet ouvrage, une publicité nouvelle à ceux de ces essais qui se sont conservés en trop petit nombre[2], et particulièrement à celui qu'on va lire.

Les menaces de Mercure se sont accomplies. Prométhée, tiré du Tartare, après une longue suite d'années, a été attaché, cette fois, au Caucase[3], et livré à la faim insatiable

---

sortir par le rapprochement. Je serais tenté de croire que, de la trilogie d'Eschyle, Attius n'avait imité pour le théâtre de Rome, naturellement étranger à l'usage des trilogies, que le *Prométhée enchaîné*, et je reste persuadé que s'il avait imité le *Prométhée délivré*, Cicéron n'a pas cru devoir se contenter de son imitation. Le dernier collecteur des fragments tragiques d'Attius, M. O. Ribbeck (*Trag. lat. reliq.*, Lips., 1852, p. 157, 300), ne lui attribue qu'une traduction du *Prométhée enchaîné*, à laquelle il rapporte les fragments d'une prétendue tragédie d'*Io*, dont on a grossi son catalogue. Il est tenté de regarder comme des emprunts faits à cette pièce d'Attius quelques passages d'un *Prometheus liberatus*, qu'on croit être une satire de Varron. Mais il ne lui donne point, il conserve à Cicéron la citation de la IIIe Tusculane (chap. 81), dont il a été question plus haut. Voyez p. 274.

1. Voyez son imitation dans la traduction de la IIe Tusculane par d'Olivet.

2. Il n'en reste que trois, insérés par mes soins, en 1819, 1820, dans le *Lycée français*, t. I*er*, p. 241; II, 209; V, 73; en 1838, dans le *Journal des Savants*, p. 472, et recueillis en partie par M. Artaud, t. III, p. 176 et suivantes de sa traduction de Sophocle.

3. Voyez Cic., *Tusc.*, II, 10, et autres. Est-il aussi étrange qu'il le paraît à God. Hermann, *ibid.*, p. 264, qu'Eschyle ait transporté sur un nouveau théâtre le nouveau supplice de Prométhée, et y a-t-il là une raison suffisante de soupçonner que les deux pièces n'ont pas dû faire partie d'une même composition et être représentées ensemble? je ne le pense pas.

d'un aigle qui déchire et dévore ses entrailles toujours renaissantes : lui-même fait de son supplice et de ses souffrances cette peinture, dont l'intermédiaire de deux traductions n'a pas effacé l'énergie :

> O race des Titans, par le ciel enfantée,
> Vous que le nœud du sang unit à Prométhée,
> Voyez-le sur ce roc, où les dieux l'ont fixé.
> Tel que le frêle esquif, par les vents menacé,
> Qu'à l'aspect d'une nuit où s'amasse l'orage,
> Les pâles matelots attachent au rivage,
> Ainsi de Jupiter m'enchaîne la fureur.
> De Vulcain le barbare invoque la rigueur :
> Le noir dieu de Lemnos, à son père fidèle,
> Forge ces coins de fer; sa main, sa main cruelle,
> Les enfonce avec art dans mon corps fracassé,
> Et captif impuissant, de mille traits percé,
> J'habite en frémissant ce séjour des Furies.
> C'est peu, je suis en proie à d'autres barbaries.
> Quand la troisième aurore importune mes yeux [1],
> Je vois fondre sur moi, d'un vol impétueux,
> Le satellite ailé du tyran qui m'opprime ;
> Il approche, il s'abaisse, il couvre sa victime ;
> Ses ongles recourbés me déchirent les flancs ;
> Il dévore à loisir mes membres palpitants;
> Las enfin de creuser ma poitrine vivante,

---

1.   Jam tertio me quoque funesto die.

Il y a peut-être là une raison décisive de traduire, au v. 1060 *Prométhée enchaîné*, πανήμερος par *tout le jour* et non par *chaque jour*, comme on fait le plus communément. Voyez plus haut, p. 283. Cette circonstance est d'ailleurs remarquable : Eschyle l'a judicieusement imaginée, pour être libre de n'*offrir* qu'à l'*esprit* ce qui devait être *reculé des yeux*. Welcker l'avait mise en oubli, lorsqu'il a supposé (*Trilog.*, etc., p. 30) une représentation matérielle de l'affreux supplice si énergiquement décrit par le poëte. Une telle représentation eût assurément révolté les spectateurs, si, par sa nécessaire imperfection, elle ne les eût fait rire. Eschyle l'a évitée avec art en plaçant l'action de sa pièce dans un de ces intervalles où Prométhée attend avec anxiété le retour régulier de ses tortures. S'il y a fait paraître l'aigle de Jupiter, ce n'a pu être qu'au moment où, revenant chercher sa proie renaissante, il tombait mortellement atteint de la flèche d'Hercule. Un vers cité par Plutarque (*Amator*), et extrait d'une invocation adressée par le héros à Apollon, en tendant son arc, nous rend encore en quelque sorte présente cette situation.

Il pousse un vaste cri ; d'une aile triomphante
Se joue en remontant au séjour éthéré,
Et s'applaudit du sang dont il est enivré.
Mais quand mon cœur rongé croît et se renouvelle,
Le monstre que la faim aiguillonne et rappelle
Vient chercher de nouveau son horrible festin.
Je renais pour nourrir l'implacable assassin,
Qu'un tyran a chargé d'éterniser mes peines [1].
Hélas ! vous le voyez, esclave dans ces chaînes
Dont Jupiter sur moi fait peser le fardeau,
Je ne puis de mes flancs écarter mon bourreau.
Inutile à moi-même, il faut sans résistance
Subir de mon rival l'inflexible vengeance.
J'implore enfin la mort et je ne l'obtiens pas :
Jupiter à mes vœux interdit le trépas :
Rien n'assoupit mes maux : par les ans amassées,
Ces antiques douleurs dans mon corps sont fixées :
Jouet d'un lâche orgueil, ce cadavre animé,
Se dissout aux rayons d'un soleil enflammé,
Et sous l'astre ennemi qui le perce et l'embrase,
D'une sueur sanglante arrose le Caucase.

Prométhée ne fait plus entendre ici que le langage de la plainte ; au lieu d'insulter à ses maux, il les décrit avec désespoir ; au lieu de s'armer contre eux du sentiment de son immortalité [2], il regrette, comme faisait Io, de ne pouvoir mourir [3] ; la longueur et l'atrocité du supplice

---

1. Rapprocher cette description de celles qui ont été citées plus haut, p. 283, note 1.
2. V. 969, 1089.
3.   Amore mortis terminum anquirens mali :
    Sed longe a letho numine aspellor Jovis.

Si par la volonté de Jupiter on n'entendait ici celle du Destin à laquelle elle est conforme, qu'elle représente, cette expression contredirait fort tout ce que Prométhée dit dans la pièce précédente de son immortalité, sur laquelle son oppresseur ne peut rien. On voit, il est vrai, chez Apollodore (*Biblioth.*, II, v. 11, 12), que Jupiter transporta à Prométhée, après leur réconciliation, l'immortalité de Chiron, qui voulait mourir. On lit dans la scène que nous avons citée plus haut, aux vers 1062 et suivants, cette menace de Mercure qui semble se rapporter à la tradition suivie par Apollodore : « Ne t'attends pas à voir la fin de ce supplice avant que quelqu'un des dieux, prenant ta place, ne consente à descendre loin de la lumière, dans la demeure de Pluton, dans les ténébreuses profondeurs du Tartare. » Enfin God. Hermann (*ibid.*, p. 265, 280, et après lui Welcker (*Trilogie*, etc.) et autres ont

ont vaincu la constance de la victime. Ont-elles vaincu de même l'impassibilité du bourreau? En même temps que Prométhée devenait moins rebelle à la toute-puissance de Jupiter, Jupiter est-il devenu plus pitoyable à l'égard de Prométhée? Ce qui reste de la pièce grecque ne nous le dit point; mais nous lisons, dans le vieux récit d'Hésiode, qui sans doute lui avait servi de programme, que Jupiter, voulant honorer Hercule par une nouvelle victoire, permit qu'il délivrât Prométhée, et calma en sa faveur son courroux contre le Titan [1]. Un poëte latin, qu'on doit supposer conforme à la tradition générale, nous peint Jupiter, qui, fléchi par la voix gémissante de Prométhée, à laquelle répond, du fond du Tartare, celle de son père Japet, par l'intercession du genre humain et de la nature entière, au nom desquels le supplient Latone, Diane, Apollon, envoie lui-même Hercule arracher à ses tortures le prisonnier du Caucase [2]. Cette délivrance fameuse avait été le sujet d'un grand nombre de représentations figurées [3] ; or l'une d'elles se voyait

pensé que dans le *Prométhée délivré* s'accomplissait cette substitution, et même que Chiron y avait un rôle. Cela serait, qu'il n'en résulterait pas moins des paroles prêtées par Eschyle à Prométhée, qu'il était immortel bien avant sa querelle avec Jupiter ; qu'il ne l'est point et ne peut cesser de l'être par sa volonté. C'est probablement aux vers de Cicéron ou aux passages qu'ils traduisent avec plus ou moins d'exactitude, nous n'en pouvons juger, qu'Ausone fait allusion (*Idyll.*, XV, 21), en supposant que Prométhée reproche à Jupiter, comme la Juturne de Virgile (*Æn.*, XII, 87), le don de l'immortalité :

. . . . Quosdam
Constat nolle deos fieri. Juturna reclamat :
Quo vitam dedit æternam? cur mortis adempta est
Conditio ? Sic Caucasea sub rupe Prometheus
Testatur Saturnigenam, nec nomine cessat
Incusare Jovem, data quod sit vita perennis.

Fénelon a dit de Calypso : « Dans sa douleur, elle se trouvait malheureuse d'être immortelle. »
1. *Theogon.*, 526-533. — 2. Val. Flacc., *Argonaut.*, IV. 58-81.
3. Voyez, entre autres, celles que reproduit et explique M. Guigniaut, *Religions de l'antiquité*, t. IV, part. Ire, p. 251 et suiv. ; part. II, pl. CLVII et suiv. Quintus de Smyrne (*Posthomeric.*, X, 199 sqq.) attribue la plus ancienne de toutes, assurément, à Vulcain, qui en avait orné le carquois transmis par Hercule à Philoctète.

précisément parmi les peintures du temple de Jupiter à Olympie[1] ; c'est dans un temple de Jupiter que le romancier Achille Tatius place un tableau semblable, qu'il attribue à un peintre du nom d'Évanthès, et qu'il décrit avec une curiosité spirituelle. Un tel ornement eût peu convenu à la demeure de Jupiter, si ce dieu n'eût été regardé comme ayant approuvé, ordonné même l'acte hardi par lequel Hercule avait délivré Prométhée. Il fallait que les choses se passassent à peu près ainsi dans la dernière pièce de la trilogie d'Eschyle, pour qu'on y vît l'accomplissement de la prédiction si souvent répétée dans la seconde[3] par Prométhée, que Jupiter n'apprendra pas de lui, avant de l'avoir mis en liberté, le secret auquel sont attachés le maintien, la durée de sa puissance.

C'est ici le lieu de dire quel était ce secret dont la révélation concourait, on ne sait trop de quelle manière[4], avec l'entremise d'Hercule, au dénoûment du *Prométhée délivré*. Eschyle nous en a fait connaître une moitié par les mystérieuses menaces de son héros[5] : le reste, qu'il ne peut nous apprendre, nous l'apprenons de son contemporain Pindare[6], de son parodiste Lucien[7], de ses sco-

---

1. Pausan., *Eliac.*, I, xi. — 2. *Clit. et Leucipp.*, III, 8.
3. V. 533, 793, 944 sqq. Lefranc de Pompignan ne songeait pas à ces passages quand il écrivait avec tant de confiance, dans la préface de son opéra de *Prométhée* : « Prométhée devait être délivré de ses tourments par Hercule et malgré Jupiter. Cet événement, si contraire à la toute-puissance de la divinité, est annoncé dans la tragédie d'Eschyle. Dans la mienne, Prométhée doit sa délivrance à la seule clémence de Jupiter.... » Ce qu'au vers 796 Io dit à Prométhée : « Et qui te délivrera, malgré Jupiter ? » ne prouve nullement que cette délivrance ait été représentée par Eschyle comme indépendante de la volonté de Jupiter. C'est Io qui parle, et avec l'expression du doute ; ce n'est pas Prométhée, qui seul connaît l'avenir, et dont les paroles pourraient seules conduire à la conclusion qu'on a tirée mal à propos (Canter., *Nov. Lect.*, II, 19 ; Butler, etc.) de celles d'Io.
4. Butler suppose que Prométhée, délivré par Hercule, sans l'aveu de Jupiter (voyez la note précédente), obtenait, au prix de cette révélation, qu'il consentît à sa liberté ; Welcker, que, par l'intermédiaire de Mercure, il s'était déjà mis d'accord avec Jupiter, avant l'arrivée d'Hercule.
5. V. 533, 793, 944 sqq. — 6. *Isthm.*, VIII, 67. — 7. *Dial. deor.*, I, Prometh.

liastes[1], enfin d'Apollonius de Rhodes[2], d'Ovide[3], de quelques auteurs même de la décadence grecque, chez qui se retrouve la trace précieuse encore des antiques traditions mythologiques[4]. Voici ce qui résulte, avec quelques variantes sans importance, de leurs divers témoignages : Jupiter, qui avait renversé du trône son père Saturne, était condamné, par un secret arrêt de la destinée, à éprouver le même sort de la part du fils qu'il pourrait avoir de Thétis. Instruit, par la déesse prophétique Thémis, du danger de l'union qu'il méditait, il y renonça prudemment ; ainsi fit Neptune, son rival, que regardait aussi l'oracle ; Thétis fut, un peu malgré elle[5], donnée à un simple mortel, petit-fils de Jupiter, il est vrai, Pélée, et d'eux naquit, non pas un prétendant à l'empire du ciel ou de la mer, mais seulement le plus grand des héros. Cette légende mythologique, Eschyle, dans sa troisième tragédie, l'avait rattachée à sa fable, en substituant à Thémis Prométhée, né, selon lui[6], de cette déesse, et mis par sa mère dans la confidence des secrets de l'avenir. Elle explique, disons-le en passant, pourquoi, dans un poëme célèbre, les Noces de Thétis et de Pélée, Catulle, ou le poëte grec qu'il a suivi, fait assister à des fêtes nuptiales auxquelles assurément il avait bien le droit d'être invité, avec Jupiter lui-même, Prométhée, délivré, en récompense de ses bons avis, de sa captivité et de son supplice, mais portant encore, soit la cicatrice, soit, pour sauver l'honneur du maître des dieux, dont la parole devait rester irrévocable, au moins en apparence, l'image emblématique de ses chaînes, un lien, une couronne faite, tradition athénienne, d'une branche d'olivier[7] ou d'une branche de saule[8], un anneau

---

1. Schol., v. 174 sq. — 2. *Argonaut.*, IV, 801. — 3. *Metam.*, XI, 224. — 4. Nonnus, *Dionys.*, XXXIII, 356 ; Quint., *Posthomeric.*, V, 338. Cf. Apollod., *Bibl.*, II, v, 12 ; Hygin., *Fab.*, LIV ; *Poet. astron.*, XV, Sagitta ; Serv. ad Virg. *Bucol.* VI, 42, etc. — 5. Voy. Hom., *Iliad.*, XVIII, 431 sqq. ; XXXIV, 58 sqq.
6. Hésiode (*Theog.*, 508) le fait naître de l'Océanide Climène ; Lycophron (*Cassandr.*, 1283), Apollodore (*Biblioth.*, I, 2) de l'Océanide Asia.
7. Apollod., *Biblioth.*, II, v, 11, 12. — 8. Athen., *Deipn.*, XV.

de fer[1], avec un fragment de la pierre du Caucase[2], la plus ancienne des bagues :

> Extenuata gerens veteris vestigia pœnæ[3].

Cette réconciliation de Jupiter avec Prométhée, qui, à la fin de la trilogie, guérissait en quelque sorte les blessures faites par le poëte à la sensibilité, à la pitié des spectateurs, avait été précédée et comme annoncée par une autre que nous permettent de deviner les premières paroles du fragment précédemment cité :

> Titanum soboles, socia nostri sanguinis,
> Generata Cœlo....

Elles désignent, selon l'opinion générale et les témoignages antiques[4], les Titans[5], qui sont venus visiter et consoler leur infortuné parent, et ne l'ont pu que si, contrairement à ce qu'on voit ailleurs, par exemple chez Homère[6], Jupiter, affermi sur son trône et ramené à la clémence par la sécurité, les a auparavant retirés de la prison du Tartare. Leur délivrance est un fait mythologique auquel le poëte semble se référer dans un autre ouvrage[7], que mentionne expressément Pindare[8], ce sublime commentateur de la poésie contemporaine d'Eschyle, qu'on a de plus conclu[9] du passage[10] où Hésiode représente Saturne régnant sur les héros du

---

1. Plin., *Hist. nat.*, XXXIII, 4. — 2. *Id., ibid.*, XXXVII, 1; Hygin., *Poet. astron.*, xv, Sagitta; Serv. ad Virg., *Bucol.*, vi, 42; Isid., *Origin.*, XVI, 6, etc. — 3. Catull., *Carm.*, LXIV, 296. Welcker a été, je crois, plus loin qu'il n'est permis, quand il a supposé (*Trilog.*) que le *Prométhée délivré* se terminait par les noces de Thétis et de Pélée. — 4. Entre autres d'Arrien, *Peripl. Pont. Euxin.*

5. Au nombre de douze, qui correspondent aux douze grandes divinités de l'Olympe, et, par une distribution du chœur fort insolite dans la tragédie, se subdivisent en six dieux et six déesses titaniques ; telle est l'opinion de Welcker (*Trilog.*), censurée, sans nom d'auteur, par God. Hermann (*de Æschyl. Prometh. solut.; Opusc.*, t. IV, p. 265).

6. *Iliad.*, VIII, 479; XIV, 273 sqq.; *Hymn. in Apoll.*, 335 sqq. — 7. *Eumen.*, 637. — 8. *Pyth.*, IV, 518. — 9. Welcker, *Trilog.*, p. 38; Klausen, *Theolog. Æschyl.*, p. 43, 152. — 10. *Op. et Dies*, 169.

quatrième âge, aux îles Fortunées. C'est des îles Fortunées qu'a dû les amener jusqu'au Caucase un long voyage, sujet d'un récit probablement fort long aussi, par lequel s'ouvrait la pièce[1], et dont des ouvrages de géographie nous ont conservé quelque chose[2]. Des citations du même genre[3] nous donnent, d'autre part, une partie de l'itinéraire prescrit par Prométhée à Hercule, à ce « cher fils d'un père ennemi[4] », pour se rendre, comme le veulent les destins, du Caucase au séjour des Hespérides. Là se trouve un détail particulièrement curieux pour nous, l'explication fabuleuse des cailloux qui couvrent encore aujourd'hui, dans un de nos départements méridionaux, la plaine de la Crau. Ils sont là depuis le jour où une pluie de pierres, tombée des cieux par l'ordre de Jupiter, vint fort à propos fournir de nouvelles armes à Hercule, qui avait épuisé, sur les Ligures, les flèches de son carquois[5]. On voit que, par une sorte de symétrie[6], aux voyages d'Io, si complaisamment retracés dans le *Prométhée enchaîné*, répondaient, dans le

1. God. Hermann, *ibid.*, p. 266. — 2. Arrien, *Peripl. Pont. Euxin.*; Strab., I. Cf. Procop., *Hist. Goth.*, IV, 6.
3. Strab., I, IV; Dion. Halic., *Ant. rom.*, I, 41; Galen., *Morb. epidem.*, VI; Steph. Byzant., v. Ἄβιοι., schol. Apoll. Rhod., IV, 284, etc. Voyez, sur ces passages et les précédents, les savantes explications de God. Hermann, *ibid.*, p. 265 et suiv.; voyez aussi la collection systematique qu'en donne Bellmann, *de Æschyl. Ternion. Prometh.*, p. 271 sqq. Cf. E. A. J. Ahrens, *ibid*.
4. Vers du *Prométhée délivré*, cité par Plutarque, *Vit. Pomp.*, 1.
5. Cf. Hygin., *Astr. Poet.*, III; Engonasin.
6. Cette symétrie s'étendait à presque tous les détails principaux des deux compositions. On y voyait le dieu toujours également captif; consolé, là par les Océanides, ici par les Titans; visité tout à l'heure par l'errante Io, maintenant par Hercule, ce héros voyageur; remplissant l'un et l'autre ouvrage du récit de ses bienfaits envers les hommes, de ses plaintes, de ses menaces contre Jupiter, seulement foudroyé dans le premier et délivré dans le second. Une telle ressemblance, une telle identité de conception, Eschyle les avait-il recherchées à dessein, pour se donner le mérite d'en triompher par la variété de l'exécution? C'était l'opinion de God. Hermann dans sa dissertation *de Composit. tetralog., tragic.*; *Opusc.*, t. II, p. 316. Depuis (*de Æschyl. Prometh. solut.*; *Opusc.*, t. IV, p. 261), il y a trouvé son argument le plus spécieux contre la réunion, dans une trilogie, et avec la continuité de la représentation, des deux tragédies.

Prométhée délivré, les voyages d'Hercule, et que l'une comme l'autre scène offrait un intérêt cherché assez loin de l'esprit du drame, un intérêt emprunté à la géographie[1]. En revanche, le *Prométhée délivré* a fourni à des poëmes qu'on peut qualifier de géographiques, d'intéressants épisodes. Quand les héros chantés par Apollonius[2] approchent des extrémités du Pont-Euxin, ils voient s'élever à l'horizon les sommets du Caucase; au-dessus de leur vaisseau, que son vol ébranle, passe un aigle monstrueux; ensuite, des cris plaintifs font retentir les airs, et bientôt repasse l'oiseau terrible, repu de la chair et du sang de Prométhée. Parvenus aux mêmes lieux, les Argonautes de Valérius Flaccus[3] sont frappés d'autres spectacles : c'est une grande ombre, celle d'un oiseau blessé, dégouttant de sang, mourant au sein des nues, qui tout à coup leur cache le jour; c'est le Caucase qui semble secouer ses neiges et ses forêts et s'écrouler à grand bruit; en ce moment même, Hercule, leur compagnon, depuis quelque temps séparé d'eux, et dont ils ne se croient pas si près, vient de percer de ses flèches le bourreau de Prométhée, et d'arracher, de briser, avec le rocher, la chaîne du Titan.

La légende de Prométhée, c'était un de ses mérites dramatiques, en même temps qu'elle se rattachait, par une de ses extrémités, à l'origine même des choses, atteignait, par l'autre, à ces aventures, à ces noms de l'âge héroïque, éternel entretien de la scène grecque; elle conduisait l'imagination, nous l'avons vu, jusqu'au berceau d'Achille, jusqu'aux travaux d'Hercule; elle se mêlait à la merveilleuse histoire de Jason. Le Caucase n'était pas loin de la Colchide. Du sang de Prométhée, tombé sur les sommets de cette montagne, les poëtes grecs et latins font naître une plante aux sucs puis-

---

1. On peut faire la même remarque sur quelques-uns des fragments du *Glaucus dieu marin*; nous l'avons déjà faite, p. 237, au sujet d'un passage des *Perses*.
2. *Argonaut.*, II, 1247 sqq. — 3. *Argonaut.*, V, 155 sqq.

sants[1], que Médée, instruite par Hécate, y vient chercher, pour l'employer à ses charmes. Quand elle en coupe la tige, le tranchant de la faucille magique se fait sentir, disent-ils, aux chairs du Titan et ajoute à ses tortures. Ces imaginations ont pu venir à Apollonius[2], à Valérius Flaccus[3], à Sénèque[4], de la tragédie grecque; par exemple, d'une pièce sur la conquête de la Toison d'Or, intitulée *les Femmes de la Colchide*, et où Sophocle, qui avait peut-être traité, dans un ouvrage spécial[5], le sujet de Prométhée, l'avait introduit comme épisode[6]. Ce sujet avait-il aussi exercé le génie d'Euripide? On l'a affirmé[7], mais contrairement à ce que dit, en termes exprès, l'argument grec de la pièce d'Eschyle, et je ne vois rien dont on le puisse inférer, sinon peut-être ce début du Jupiter tragique de Lucien, où le roi des dieux, qui parle par ïambes, et sait, lui dit-on, son Euripide, apostrophe avec Prométhée les détestables arts qu'il a enseignés aux mortels. Rien ne serait du reste plus naturel; car, outre son intérêt humain, si on peut ainsi parler, outre son intérêt grec, le sujet en offrait un autre tout athénien. Le bourg de Colone était en partie consacré à Prométhée[8]; dans l'Académie s'élevait son autel, point de départ de cette course solennelle souvent rappelée métaphoriquement par les poëtes[9], où, en mémoire du présent fait aux hommes par le Titan, les concurrents se disputaient à qui porterait un flambeau allumé jusqu'à la ville, et, quand

1. Num me deus obruit, an quæ (aliqua)
Lecta Prometheis dividit (nos) herba jugis?
(Propert., *Eleg.*, I, xII, 10.)

2. *Argonaut.*, III, 851 sqq. — 3. VIII, 355 sqq. — 4. *Med.*, 708. Cf. 821.
5. Schol. Pindar., *Pyth.*, V, 35. Peut-être cependant, comme l'a soupçonné Bœckh, *Græc. trag. princip.*, ix, une erreur de copiste a-t-elle substitué, dans ce témoignage, le nom de Sophocle à celui d'Eschyle.
6. Argum. *Prometh.* Æschyl. Voyez, sur les fragments de cette tragédie et le plan auquel on les peut rapporter, E. A. J. Arhens, *Sophocl. fragm.*, éd. F. Didot, p. 324 et suiv.
7. Lebeau jeune, *Mém. de l'Acad. des inscript.*, t. XXXV, p. 450 et suiv.; M. Edgar Quinet, Préf. de son *Prométhée*. — 8. Sophocl., *Œdip. Col.*, 55, schol. — 9. Æschyl., *Agam.*, 307; Lucret., *de Nat. rer.*, II, 78; Pers., *Sat.*, vi, 61, etc.

ils étaient fatigués, le passaient à d'autres plus frais ou plus agiles[1]. Un fragment de Ménandre[2] nous parle des nombreux tableaux qui représentaient, à Athènes, le supplice de Prométhée, et parmi lesquels, sans doute, il faut compter, bien que Pline n'en ait rien dit, celui de Parrhasius, qui a donné lieu, de la part des déclamateurs, à une étrange histoire, racontée depuis de Michel-Ange[3]. Dans les Oiseaux d'Aristophane, le personnage qui vient de l'Olympe donner aux habitants de Néphélococcygie des conseils secrets contre les dieux leurs rivaux, et qui se présente si mystérieusement, caché, sous un parasol, aux regards de Jupiter, et la tête voilée, n'a pas plutôt laissé voir son visage, que le fondateur de la ville nouvelle, l'Athénien Pisthéthérus, le reconnaît, et sans explication le salue familièrement de ces mots : « Ah! mon cher Prométhée[4]! » Un dieu qui représentait l'activité de l'esprit, l'industrie humaine, la culture sociale, la civilisation, devait être, on le conçoit, populaire chez les Athéniens, le bienvenu sur leur théâtre ou tragique ou même comique.

Il s'est montré depuis, avec tant d'autres personnages de la tragédie grecque, sur la scène latine, dans la rude et énergique imitation faite du chef-d'œuvre d'Eschyle par le vieil Attius, et que Cicéron, je le soupçonne et l'ai déjà dit, a en partie refaite ou complétée. Quelques vers, qui se rapportent évidemment à la captivité et aux souf-

---

1. Aristoph., *Ran.*, 131, schol., 1100; Menandr., *Fragm. incert.*, VI, 3 (Cf. Lucian., *Amor.*, XLIII); Plat., *Legg.*, VI; *de Republ.*, I (Cf. V. Cousin, trad., t. IX, p. 3, not. p. 332); Pausan., *Att.*, XXX; *Rhet. ad Herenn.*, IV, 46; Hyg., *Astron. poet.*, II, Sagitta, etc. Cf. Meurs., *Græc. feriat.*; Barthélemy, *Voyage du jeune Anacharsis*, XXIV. — 2. *Ibid.*
3. Voyez chez Sénèque (*Controv.*, V, 34) divers exercices de rhétorique sous ce titre : *Parrhasii Prometheus*. Ce sont des plaidoyers contre le peintre qu'on supposait avoir acheté de Philippe un prisonnier olynthien, l'avoir fait périr à ses yeux dans les tourments, pour exprimer au naturel, d'après ce modèle, les souffrances de Prométhée, et, souillé d'un tel crime, n'avoir pas craint d'orner de son tableau le temple de Minerve. Il n'y a probablement de vrai dans tout cela que l'existence d'un Prométhée de Parrhasius, placé dans le temple de Minerve.
4. *Av.*, 1490.

frances du Titan, nous sont donnés par le grammairien Nonius, comme extraits par lui d'un *Prométhée* de Varron. Un autre, d'une intention à peu près pareille, est rapporté par Sénèque[1] à un *Prométhée* de Mécène. Mais ces deux ouvrages étaient-ils des tragédies? Cela est fort douteux. Une tragédie eût probablement effrayé la paresse de Mécène, et, quant au laborieux et savant polygraphe Varron, si c'est bien de lui qu'a parlé Nonius, le *Prométhée* qu'on lui attribue pourrait bien n'avoir été qu'un traité mythologique mêlé de vers traduits par lui du grec, ou empruntés à des traducteurs, des imitateurs latins, Attius par exemple, ou plutôt quelqu'une de ces satires dont, ainsi que plus tard Lucien, il empruntait volontiers le cadre à des souvenirs de la tragédie grecque[2]. Il est bien vrai, et je ne crois pas que cela ait été dit, qu'on pourrait, sans trop d'invraisemblance, malgré les formes surannées du style, faire honneur de ce *Prométhée* à un tragique du nom de Varron, fort vanté par Martial[3], et, poussant à bout la conjecture, supposer que le poëte fait allusion à cet ouvrage de son ami, quand, dans une autre épigramme où il célèbre bassement les atroces spectacles étalés aux yeux des Romains par Do-

---

1. *Epist.*, xix.
2. C'est le sentiment de Fr. Œhler, *M. Terent. Varr. Sat. Menipp. reliq.*, Lips., 1844, p. 196 et suiv. Là, sous le n° LXXXIV, et le titre *Prometheus liber*, sont réunis et expliqués les fragments dont il s'agit. Ch. Labitte en a traduit quelque chose dans un article sur *Varron et ses Ménippées (Revue des Deux-Mondes*, août 1845); voyez *Études littéraires* du même, t. I, p. 104 :

> Sum ut supernus cortex aut cacumina
> Morientum in querqueto arborum aritudine.
> Mortalis nemo exaudit, sed late incolens
> Scytharum inhospitalis campis vastitas.
> Levis mens nunquam somnurnas imagines
> Adfatur, non umbrantur somno pupulæ.

« Je suis comme l'écorce du haut des arbres, comme les sommets des chênes morts de sécheresse dans la chênaie. Je ne suis entendu d'aucun mortel, mais seulement de ces champs inhospitaliers de la Scythie, dont les plaines au loin s'étendent immenses. Jamais mon âme inquiète ne converse avec les apparitions des songes; jamais l'ombre du sommeil ne descend sur mes paupières. »

3. *Epigr.*, V, 30.

mitien, il compare au supplice fabuleux du Caucase le supplice trop réel qui ensanglanta la scène latine, quand on y vit un condamné jouer au naturel, dans un mime, le rô'e du brigand Lauréolus, attaché à une croix, et expirer en plein théâtre, déchiré par un ours[1]. Cette espèce de drame, bien digne au reste de ses barbares ordonnateurs et de son lâche public, qui cherchait ses effets dans d'affreuses réalités, et par exemple, nous l'apprenons encore des éloges de Martial[2], faisait une autre fois déchirer également par un ours, non plus Lauréolus, mais Icare, un véritable Icare, tombé tout fracassé, tout sanglant, sur la scène, ce drame abominable se fût heureusement inspiré, pour varier son répertoire d'exécutions tragiques, des tortures de Prométhée, et je ne voudrais pas répondre qu'il ne l'ait pas fait. Nous rencontrons encore, chez le mythologue Fulgentius[3], la mention d'un *Prométhée* de Tibérianus, peut-être ce C. Junius Tibérianus, qui, au IIIᵉ et au IVᵉ siècle de notre ère, sous Probus, sous Carus, et ses fils, sous Dioclétien, fut honoré de hautes dignités, protégea et cultiva lui-même les lettres, et dans lequel on a cru retrouver le patron illustre et généreux, célébré par le poëte bucolique Calpurnius, sous le nom de Mélibée[4]. Mais était-ce bien une tragédie que le *Prométhée* de Tibérianus? Pas plus peut-être que celui de Mécène, que celui de Varron. On doit regretter d'avoir si peu de détails, au moins sur la nature, sur le caractère de ces ouvrages. Il serait intéressant de savoir si le vieux mythe grec de Prométhée a pu préoccuper assez l'imagination des Romains pour être de temps à autre reproduit sur leur théâtre, s'il l'a été avec les additions, les changements qu'il avait reçus depuis Eschyle de la philosophie[5], des arts[6], de la poésie[7],

---

1. Mart., *de Spectacul.*, VII. — 2. *Ibid.*, VIII. Cf. Suet., *Ner.*, XII. — 3. *Mythol.*, III, 7. — 4. Wernsdorf, *Poet. lat. min.*, de T. Calpurnio.

5. Plat., *Protagor. Gorg.* Cf. Æsop., *Fab.* CCLXXIV, éd. Coray; Themist., *Orat.*, XXXI. — 6. Pausan., *Phoc.*, IV; Menandr., *Fragm. incert.*, VI; Lucian., *Amor.*, XLIII; *de Saltat.*, XXXVIII, etc. Voyez les *Religions de l'antiquité*, de M. Guigniaut, t. IV, aux passages cités plus haut, p. 255.

7. Menandr., *ibid.*; Philem., *Fragm. incert.*, III; Callimach., *Fragm.*

et dont la principale avait fait de Prométhée, non plus seulement le défenseur, le bienfaiteur, mais le créateur de la race humaine [1].

Le Prométhée antique reparaît de temps à autre et en divers lieux, dans l'histoire de la poésie moderne, qui tantôt s'inspire, pour de nouveaux sujets, de l'énergie passionnée dont Eschyle avait empreint ses discours; tantôt travaille sur la fable elle-même, telle que ses divers remaniements l'avaient faite, s'appliquant à l'interpréter, à la continuer, à la compléter; y cherchant l'expression symbolique de spéculations hardies sur la nature de l'âme, la marche de l'humanité, l'histoire des révolutions religieuses, l'avenir des sociétés et des cultes.

En Espagne, c'est Calderon, qui, par les allégories subtiles et les complications bizarres de sa *Statue de Prométhée* [2], exprime, à ce qu'il semble, car son œuvre est une énigme, la lutte des éléments contradictoires de notre être, la guerre intestine de l'intelligence et des sens.

En Angleterre, c'est Milton, qui emprunte au Titan d'Eschyle quelques-uns des traits dont il a peint l'indomptable orgueil de son archange tombé [3], ou les nobles douleurs de ce héros hébreu [4], sous le personnage duquel il s'est représenté lui-même, « captif, pauvre, aveugle, et jouet de ses ennemis [5] »; c'est Byron, qui, lecteur assidu, admirateur enthousiaste du *Prométhée enchaîné*, non-

---

XXXIII; Hor., *Od.*, I, XVI, 13; Ovid., *Metam.*, I, 82; Phædr., *Fabul. nov.*, IV; Juven., *Sat.*, IV, 133; VI, 13; XIV, 35, etc.

1. Apollod., *Biblioth.*, I, 7; Hygin., *Fab.*, CXLII; Phornut., *de Nat. deor.*, XVIII; Fulgent., *Myth.*, II. 9; Serv. ad Virg., *Bucol.*, VI, 42; Lucian, *Prometh.* sive *Caucas.*, *Dialog. Deor.*, I, etc.; August., *de Civ. Dei*, XVIII, 8, etc. Peut-être cependant, on l'a pensé, la tradition poétique qui attribuait à Prométhée la création de l'homme, remontait-elle jusqu'à la pièce où un contemporain d'Eschyle, Epicharme, avait lié les deux fables rappelées par ce titre: *Prométhée et Pyrrha* (Athen., *Deipn.*, III). Dans un vers du Προμηθεὺς πυρφόρος, conservé par Proclus (voyez F. A. J. Ahrens, *ibid.*, p. 189). Prométhée est présenté comme ayant formé Pandore, ouvrage de Vulcain selon Hésiode, *Trav. et J.*, v. 60 et suiv.

2. *La Estatua de Prometheo.* — 3. Voyez J. Tate, notes citées par Butler. — 4. *Samson Agoniste.* — 5. M. Villemain, *Mélanges; Essai historique sur Milton.*

seulement en tire cette belle pièce de ses Mélanges où il le représente comme le sublime emblème de l'homme aux prises avec la destinée, et, dans cette lutte inégale, triomphant par son courage de l'inexorable puissance qui l'écrase; mais encore y trouve, de son aveu[1], le modèle de son Manfred et de tous ces héros de l'orgueil humain, en révolte contre la providence divine, auxquels sa poésie désespérée a prêté, avec une si fière attitude, de si éloquents blasphèmes; c'est Shelley, enfin, ami de Byron et poëte de son école impie, qui, dans les quatre actes d'un nouveau *Prométhée*, refaisant, à sa manière, avec un singulier mélange d'images éclatantes et d'abstractions métaphysiques, la trilogie du vieux poëte grec, y montre son héros délivré par la victoire de Démogorgon sur Jupiter; en d'autres termes, l'homme affranchi des liens de la croyance religieuse par une foi nouvelle, la foi à l'aveugle puissance de la nature, la doctrine du panthéisme.

En Allemagne, c'est Gœthe, qui, dans l'ébauche hardie d'un *Prométhée* resté inachevé avec beaucoup d'autres projets de sa jeunesse, et dont l'énergique familiarité semble avoir dû procéder à la fois d'Eschyle et de Lucien[2]; Falk, qui, dans une pièce du même titre[3], par laquelle il se reposa de ses satires, renouvellent, l'un et l'autre, comme les poëtes anglais, en le mêlant d'idées modernes et personnelles, sur l'homme, la nature, la Divinité, le plus antique des sujets fabuleux.

Le héros d'Eschyle n'avait encore été chez nous qu'un personnage d'opéra, le fade amant de sa statue dans la Pandore de Voltaire, l'insignifiante expression de Voltaire lui-même et de la philosophie du xviiie siècle[4], dans le *Prométhée* de Lefranc de Pompignan, quand, assez

---

1. Voyez sa correspondance, *Lettres à Murray*.
2. Voyez dans la Notice mise par M. A. Stapfer en tête de la traduction des œuvres dramatiques de Gœthe (Paris, 1821-1825, 1828), l'élégante traduction en vers du début de cet ouvrage, un monologue de Prométhée enchaîné.
3. Tubingue, 1804. — 4. Voyez M. Villemain, *Cours de littérature française*, Tableau du xviiie siècle, leçon xiie.

récemment[1], M. Edgar Quinet l'a remis en scène d'une manière plus sérieuse, dans un grand poëme de forme dramatique, où, s'autorisant du rapprochement fait par quelques écrivains ecclésiastiques entre le supplice de Prométhée et la passion de Jésus-Christ, il a dénoué un drame insoluble, selon lui, pour les anciens, par la chute du paganisme, par l'avénement de la religion chrétienne.

Toutes ces hardies restaurations, et d'autres encore, tentées, avec des succès divers, par la muse moderne[2], sont autant d'hommages rendus à l'impérissable beauté du magnifique débris de l'antiquité qui les a suscitées, et qui a sur elles un grand avantage. L'ouvrage d'Eschyle a été composé en vue du théâtre et sur des traditions reçues : de là des formes plus distinctes, plus arrêtées, sur lesquelles l'imagination a plus de prise; de là, dans un sujet fantastique, une réalité de situations, de passions, propre à faire naître les émotions du drame, en même temps que l'esprit est invité à chercher au delà, dans les mystérieuses profondeurs de la fable, le secret vainement promis, imparfaitement révélé, de la destinée humaine. C'est de cette inégale satisfaction donnée à deux sortes fort diverses de curiosité, de ce mélange d'une grande clarté poétique avec un demi-jour philosophique et religieux, que résulte surtout, selon moi, la supériorité du *Prométhée* d'Eschyle sur tous ceux qui l'ont suivi, et son immortel attrait.

1. *Prométhée*, par Edgar Quinet, Paris, 1838.
2. On peut citer comme ayant, dans ces dernières années, rappelé, complété, expliqué, avec imagination et poésie, mais non sans quelque obscurité inhérente au sujet, le vieux mythe de Prométhée, M. Th. Lodin de Lalaire, dans la troisième pièce de son recueil de poésies, *Les Victimes* (Dijon et Paris, 1838); M. V. de Laprade, dans quelques vers du deuxième livre de sa *Psyché* (Paris, 1841); M. L. de Senneville, dans le drame qu'il a intitulé, d'après le titre de la tragédie perdue d'Eschyle, *Prométhée délivré* (Paris, 1844).

CHAPITRE CINQUIÈME.

Agamemnon.

Je ne craindrai pas de montrer d'abord à quel point Eschyle diffère de tous les poëtes dramatiques qui l'ont suivi, en rapprochant de son *Agamemnon*, à défaut de la *Clytemnestre* de Sophocle et de l'*Agamemnon* d'Ion, dont nous ne connaissons que les titres[1], à défaut des imitations qu'en avaient faites, pour la scène latine, soit en les reproduisant à part, soit en les mêlant, Livius Andronicus et Attius, peut-être aussi Ennius[2], les ouvrages composés depuis sur le même sujet, à des époques fort diverses, par le Romain Sénèque, l'Anglais Thompson[3], l'Italien Alfieri[4], et enfin par notre compatriote et notre contemporain Lemercier[5]. Ces quatre pièces, dont la

---

1. Les trois cents vers trouvés par Matthæi dans la bibliothèque d'Augsbourg, et publiés par lui, en 1805, comme un fragment de la *Clytemnestre* de Sophocle, ont été bientôt reconnus, par Struve particulièrement, qui les a réimprimés en 1807, pour ce qu'ils étaient, un exercice scolastique du moyen âge. Voyez, dans les *Opuscules* de God. Hermann, t. 1er, p. 60, l'ironique examen qu'il a fait, vers cette époque, de quelques-uns d'entre eux; voyez aussi dans la Préface de l'édition de Sophocle donnée en 1825 par Boissonade, son spirituel jugement sur ce qu'il appelle « opellæ monstrum, » et qu'il renvoie aux éditions de Sénèque, visiblement imité par l'auteur : « quum Sophocles iste personatus simia sit Senecæ. »

2. Il reste d'un *Égisthe* de Livius Andronicus, d'un *Égisthe*, d'une *Clytemnestre* d'Attius, des vers qui peuvent être rapprochés de certains passages de l'*Agamemnon* d'Eschyle, mais d'autres aussi qui se rapportent assez évidemment à des modèles différents. Quant à Ennius, auteur d'une tragédie des *Euménides*, comment croire qu'il se soit borné à reproduire la pièce finale de l'*Orestie*, capricieusement détachée des deux autres dont elle est inséparable? J'aime mieux croire, bien que le recueil de ses fragments tragiques n'en offre aucune trace, qu'il avait fait aussi son *Agamemnon*, ses *Choéphores*.

3. En 1738. — 4. En 1783.

5. En 1796. Comme l'a fait remarquer, dans une intéressante notice

première n'offre guère qu'une esquisse incohérente et confuse de laquelle se détachent quelques traits hardis de dialogue ; dont la seconde ne se distingue que par des inventions de détail assez heureuses, par une exécution élégante et pure, impuissante toutefois à racheter ce qu'il y a de faiblesse et de froideur dans la conception tragique ; dont les deux dernières, enfin, consacrées par une longue épreuve de la scène et des succès constants, unissent à l'habile structure de la fable l'énergique peinture de la passion ; ces quatre pièces, comme on le voit, de caractères assez distincts, et de mérites bien inégaux, se ressemblent toutes en deux points principaux qui les séparent complétement du chef-d'œuvre d'Eschyle. Ce que j'y remarque d'abord, c'est qu'il y règne un assez

sur Lemercier (voyez *Revue des Deux-Mondes*, février 1840, t. XXI, p. 455), Ch. Labitte, l'auteur de notre *Agamemnon* avait eu en France même d'autres prédécesseurs, mais restés bien obscurs. « Dès 1557, dit-il, un ami de Baïf, Charles Toutain, dans le style de Dubartas, armait Clytemnestre d'un couteau *tue-mari*. En 1561, Duchat donnait encore une libre imitation de Sénèque ; et, vingt-huit ans plus tard, Roland Brisset dramatisait de nouveau le crime de l'*efféminé paillard* Égisthe. En cette même année 1589, un écrivain coloré de style, et qui mettait assez peu d'idées sous beaucoup d'ambitieuses images, P. Matthieu, donna aussi une *Clytemnestre*. » « J'indiquerai encore, ajoute-t-il, pour être complet, l'*Agamemnon* du Provençal Arnaud (1642), écrit déjà dans le style sentencieux du xviiie siècle, et enfin la rapsodie de Boyer (1680). » On peut lire quelques extraits de Brisset et de Boyer dans l'édition de Sénèque qui fait partie de la Bibliothèque classique de M. Lemaire. Si Brisset y paraît bien loin de Garnier, Boyer s'y rapproche beaucoup de Pradon. Comme Pradon, aux inventions des anciens il avait ajouté les siennes qui n'étaient pas heureuses, mais le semblaient alors, et caractérisent plaisamment la poétique produite par les doctrines et les exemples de Scudéry. Chez lui, par exemple, Oreste était déjà un jeune homme, amoureux et aimé de Cassandre, et ainsi rival de son père ; Agamemnon, de son côté, pour épouser Cassandre, songeait à répudier Clytemnestre. La pièce jouée avec quelque succès le premier jour, sous un nom supposé, tomba le lendemain lorsqu'on en connut l'auteur. Le poëte s'était imprudemment découvert lui-même, Voyant applaudir Racine, il lui avait crié : « Elle est pourtant de Boyer, mons Racine. » En 1780, fut donnée sur la scène française une imitation en vers de l'*Agamemnon* de Thompson. Elle a précédé de seize ans le bel ouvrage où Lemercier, mettant à profit, avec un si heureux éclectisme, ses quatre principaux devanciers, Eschyle, Sénèque, Thompson, Alfieri, a pris possession d'un des plus grands sujets du théâtre tragique.

vif intérêt de curiosité. Les meurtriers d'Agamemnon n'accomplissent pas sans obstacle leur dessein parricide ; la victime ne tombe point sans avoir été avertie de son funeste sort par quelques indices, quelques révélations, sans se débattre contre ses assassins et les faire trembler à son tour; il s'engage, entre les personnages de ce terrible drame, une lutte active et prolongée, dont on suit, avec une anxiété douloureuse, les vicissitudes. A cet intérêt d'attente et de surprise que produit l'artifice de l'intrigue, se joint l'intérêt plus profond et plus puissant qui naît du développement des passions et des caractères. Quelle étrange et triste révélation nous voyons sortir de ces scènes affreuses, dont le souvenir est sans doute encore présent à ceux qui les ont vues si vivement reproduites sur notre scène tragique, de ces scènes où les amants adultères conspirent ensemble le plus noir des forfaits, et où éclatent, dans un dialogue expressif, les sentiments les plus tumultueux et les plus forcenés du cœur humain, l'amour, la jalousie, la vengeance, l'audace, la crainte, le remords. Je ne parle point des tableaux épisodiques qui ajoutent tant de prix à ces beaux ouvrages, mais qu'il n'est point de mon sujet de rappeler ici avec détail; de cette Électre si pure et si tendre, qu'a placée Alfieri entre une mère criminelle et un père indignement trahi, comme un pieux médiateur qui peut les rapprocher, les réunir, prévenir par l'ascendant de ses vertueuses et douces paroles le crime qui se prépare et qu'elle pressent; de cette Cassandre dont Eschyle, Sénèque et Thompson ont fourni à Lemercier les traits les plus frappants, mais qui est devenue, ce qu'elle n'avait pas encore été, un des personnages les plus agissants, les plus attachants de son drame; du rôle d'Oreste enfin, si heureusement conçu par le poëte anglais, et que l'auteur français a si habilement imité, de cet enfant dont l'innocence naïve forme un contraste touchant avec les passions et les forfaits qui ensanglantent son berceau, dont la présence éveille le remords vengeur dans le cœur d'une épouse dénaturée, et fait pressentir au spectateur fatigué, révolté par l'image du crime audacieux et triomphant, l'horrible expiation qui doit bientôt punir un si grand attentat, par un attentat plus grand[1]. Je passe rapidement sur toutes ces beautés, vraiment tragiques, qui mériteraient un plus long commentaire; je ne m'attache qu'à marquer, dans ces ouvrages, ce qui les distingue entièrement de celui d'Eschyle, ce double intérêt qu'ils excitent, à un si haut degré, par la conduite de l'action et la peinture des caractères[2]. Quoi donc ! la pièce grecque n'offre-t-elle ni action ni caractères? et s'il en est ainsi, que peut-il lui rester? Assez pour que les productions que je viens de rappeler n'en aient point surpassé, et, j'ose dire, égalé la sombre et sublime beauté.

Une différence toute matérielle rend sensible aux yeux le contraste que je veux faire remarquer : tous ceux qui, depuis Eschyle, ont traité le sujet d'Agamemnon, ont placé la scène dans l'intérieur même du palais où le crime se prépare et s'accomplit; ils nous ont mis par là dans l'intime confidence des assassins, et nous ont fait assister, autant que le permettaient les lois de l'art, à l'acte exécrable qu'ils exécutent. Eschyle nous arrête à l'entrée de

---

1. M. V. Hugo, successeur de Lemercier à l'Académie française, a, dans son *Discours de réception*, le 3 juin 1841, ainsi résumé, fort heureusement, les principales beautés de l'*Agamemnon* français : «.... Contemplez surtout Clytemnestre, la pâle et sanglante figure, l'adultère dévouée au parricide, qui regarde à côté d'elle sans les comprendre et, chose terrible, sans en être épouvantée, la captive Cassandre et le petit Oreste, deux êtres faibles en apparence, en réalité formidables ! L'avenir parle dans l'un et vit dans l'autre : Cassandre, c'est la menace sous la forme d'une esclave; Oreste, c'est le châtiment sous les traits d'un enfant. »

2. On peut ajouter à ces ouvrages une imitation de l'*Agamemnon* d'Eschyle, qui ouvre l'*Orestie*, tragédie en trois actes et en vers, donnée récemment, en janvier 1856, sur le théâtre de la Porte Saint-Martin, par M. Alexandre Dumas. L'auteur a cru devoir y introduire, d'après la manière moderne de concevoir le sujet, quelques courtes scènes, où se découvre ce que le poëte grec avait tenu dans l'ombre et fait seulement pressentir, jusqu'au terrible dénoûment, le complot tramé contre la vie d'Agamemnon par Clytemnestre et par Égisthe. Il s'est ainsi sensiblement écarté du modèle, y substituant un mélange un peu équivoque, où disparaît la tragédie *simple*, sans laisser assez de place à ces développements de situations, de sentiments et de caractères qui, après Eschyle et à dater de Sophocle, ont constitué la tragédie *implexe*.

cette demeure fatale et sanglante; nous n'en passons pas le seuil; nous sommes retenus sur la place d'Argos, et nous ne voyons de cet événement tragique, à la représentation duquel nous appelle le poëte, que ce qu'en virent les Argiens, que ce qu'en voient ceux qui tiennent leur place sur la scène, l'arrivée triomphante de leur roi et sa mort imprévue et terrible, comme je l'ai dit d'autres ouvrages, une exposition et un dénoûment. C'est ainsi qu'Eschyle s'interdit ces développements d'intrigue et de passions dans lesquels ses successeurs ont trouvé une source si féconde d'intérêt tragique. Ce n'est pas que la marche de cette action, dont il nous dérobe les ressorts secrets, ne soit quelquefois aperçue; que ces caractères qu'il montre à peine, ne se prononcent cependant par quelques traits énergiques et hardis : mais il s'attache bien peu à faire ressortir cette partie de son tableau; il s'efforce bien plutôt de la voiler, de l'obscurcir; il la rejette au dernier plan dans une ombre mystérieuse. Que met-il donc sur le devant de la scène, à la place de ces acteurs principaux, qui deviennent par une disposition singulière l'accessoire de son œuvre? Le héros de tous ses drames, personnage abstrait et fantastique, que, par un artifice vraiment admirable, il sait rendre sensible et présent, et offrir en quelque sorte sous des traits visibles à l'imagination des spectateurs. Le Destin des anciens, et celui que célèbre Eschyle, ressemblent souvent à l'aveugle hasard; ici, c'est un témoin incorruptible, un juge inexorable qui punit l'orgueil et le crime, selon les lois d'une exacte et terrible rétribution. Fixé dans la demeure des fils de Tantale, cet hôte terrible, ce bourreau domestique, assiste invisible aux crimes de leur race, et les punit de générations en générations par des crimes nouveaux. Le sang d'un fils, par un exécrable raffinement de haine, un frère a fait boire à son frère; le sang d'une vierge innocente, répandu par un père sur l'autel des dieux indignés, et offert en sacrifice à l'ambition du commandement et de la conquête, demandent depuis longtemps vengeance, et le moment est venu où leur cri doit être écouté. Agamemnon va tomber du faîte de sa gloire et de sa prospérité, pour satisfaire aux saintes lois de la nature, profanées par son père et par lui. Il ne se prononce pas une seule parole dans la tragédie d'Eschyle qui ne fasse pressentir et attendre cette solennelle et terrible expiation ; l'idée du crime et du châtiment, l'idée du rémunérateur inexorable qui attend sa victime pour l'immoler, y est sans cesse rappelée par chaque personnage du drame ; elle les poursuit, elle les obsède ; elle se mêle malgré eux à la joie de la victoire, à l'ivresse du triomphe; des cris de détresse, de désespoir, de terreur, leur échappent à chaque instant au milieu même des hymnes de fête ; un sombre nuage, semblable à celui qui renferme l'orage, qui le précède et qui l'annonce, couvre cette scène lugubre; de tristes pressentiments, des présages sinistres, des révélations affreuses, des prophéties effrayantes y jettent, par intervalles, une sombre lueur, comme des éclairs qui brillent dans la nuit, jusqu'au moment où ce songe fatigant et terrible, rempli de visions si confuses et si redoutables, finit, comme celui que raconte Crébillon, *par un coup de tonnerre.*

Pour juger les productions de l'art, il est d'une nécessité absolue d'entrer dans l'esprit particulier qui a dirigé l'artiste, de se placer avec lui dans le point de vue précis d'où il contemplait son œuvre. C'est ce qu'exprime admirablement Bossuet[1], en cherchant à se rendre compte de la confusion apparente et de la justesse cachée qu'il remarque dans l'ouvrage de l'immortel architecte. Avec cette familiarité hardie qui est un des caractères de son éloquence, il ne craint pas de le comparer à certains tableaux que l'on montre assez ordinairement dans les cabinets des curieux, comme un jeu de la perspective. « La première vue, dit-il, ne vous découvre que des traits informes, et un mélange confus de couleurs, qui semblent être ou l'essai de quelque apprenti, ou le jeu de quelque enfant, plutôt que l'ouvrage d'une main savante. Mais

---

1. *Sermon sur la Providence.*

aussitôt que celui qui sait le secret vous les fait regarder par un certain endroit, aussitôt toutes les lignes inégales venant à se ramasser d'une certaine façon dans votre vue, toute la confusion se démêle, et vous voyez paraître un visage, avec ses linéaments et ses proportions, où il n'y avait auparavant aucune apparence de forme humaine. » Il en arrive à peu près de même quand on regarde les tragédies d'Eschyle par un certain côté, qui semble être le véritable. Alors disparaît cette incohérence, cette confusion que la plupart des critiques ont cru y apercevoir, parce qu'ils n'avaient point saisi le secret de leur point de vue; alors se développe une ordonnance forte et simple, un grand art de composition. J'insiste particulièrement sur ce mérite, celui qu'on a le plus contesté à notre poëte et à l'ouvrage qui nous occupe. Cette pièce est partout empreinte du caractère de l'unité; une idée unique, l'idée du destin, y est sans cesse reproduite sous des formes toujours nouvelles, toujours plus vives et plus frappantes; un contraste fortement marqué y oppose continuellement au souvenir des crimes de la race d'Atrée l'attente de la vengeance et du châtiment, au triomphe d'Agamemnon la mort qui va l'atteindre; une catastrophe subite et imprévue, quoique vaguement annoncée et confusément pressentie, y succède tout à coup à la lente exposition qui remplit le drame tout entier, et c'est dans ce brusque passage que le poëte a cherché principalement l'effet de son œuvre : voilà son dessein expliqué; il ne reste plus qu'à voir comment il l'a exécuté dans le petit nombre de scènes dont se compose cette tragédie.

Je me sers à dessein du mot de scènes, et je ne crois pas inutile de rappeler que l'usage où l'on est d'appliquer à ces antiques productions, si courtes et si simples, la division presque moderne de nos actes, n'a pas peu contribué à y faire ressortir d'une manière choquante le vide de l'action, la disproportion de certains détails, et surtout, en rompant par des interruptions arbitraires la continuité de la composition, à en rendre à peu près méconnaissables le dessin et l'ordonnance. Que deviendrait la Transfiguration de Raphaël, si, par une division à peu près semblable, on séparait en deux parties distinctes, en deux tableaux, les deux scènes qui la composent, et que réunit, dans la pensée du peintre et dans l'imagination des spectateurs, le lien d'une sublime unité?

C'est de nuit que commence, à peu près comme la tragédie des *Perses*, avec laquelle j'aurai, et quant à l'ordonnance, presque identique dans les deux pièces, et quant aux détails, bien d'autres occasions de la comparer, la tragédie d'*Agamemnon*[1]. La scène représente, ainsi que je l'ai déjà annoncé, la place publique d'Argos et le palais de ses rois. Sur le faîte de cette demeure est un esclave chargé d'attendre le signal de la prise de Troie, et qui, depuis dix ans, s'acquitte vainement de ce pénible soin[2]. Par ordre d'Agamemnon, une suite de fanaux, subitement allumés, devait transporter d'Asie en Europe la nouvelle de la victoire des Grecs, et Clytemnestre a pris ses mesures pour en être à l'instant même informée. Est-ce ennui de l'absence d'un époux, impa-

---

1. Voyez v. 25.
2. Ce personnage est en partie emprunté à Homère, duquel, au reste, Eschyle s'est fort écarté. Chez Homère, qui a comme rempli son *Odyssée* du bruit lointain de la catastrophe d'Agamemnon, qui en a mêlé les terribles et pathétiques images aux entretiens de l'Olympe (I, 35-41), de la terre (III, 193-198, 234 sqq., 248 sqq., IV, 91 sqq., 524-537) et des enfers (XI, 387-466 ; XXIV, 20-97), voici comment les choses se passent : Agamemnon avait laissé près de Clytemnestre, pour veiller sur ses mœurs et la rappeler, s'il le fallait, à la vertu, un poëte aux nobles chants : tant qu'il put être écouté de la femme d'Agamemnon, elle ne succomba pas aux criminelles suggestions d'Égisthe ; mais quand celui-ci se fut défait de l'importun conseiller, elle consentit à suivre l'amant adultère dans sa maison, celle qu'avait habitée Thyeste. C'est près de cette maison qu'Agamemnon, revenant de Troie, fut conduit par son mauvais destin. Égisthe, qui ne tarda pas à en être informé par un esclave chargé d'épier le retour de celui qu'il avait offensé et dont il redoutait la vengeance, l'attira perfidement chez lui et l'y fit périr dans une embuscade. Le malheureux roi, en expirant, entendit les derniers gémissements de sa captive Cassandre, égorgée à ses côtés par Clytemnestre. L'analyse de la pièce d'Eschyle fera voir suffisamment, sans qu'il soit nécessaire d'y insister ici, ce qu'il a substitué, soit de lui-même, soit d'après d'autres traditions, aux circonstances du récit homérique.

tience de le revoir? n'est-ce pas plutôt la crainte d'être surprise par son retour inopiné? L'esclave semble nous le faire entendre, lorsqu'il parle mystérieusement et à voix basse des désordres secrets de ce palais, qui n'est plus gouverné sagement comme autrefois[1]. Il n'en peut dire plus, sa langue est enchaînée[2]; mais un vague soupçon est déjà excité dans notre esprit par les discours de ce fidèle serviteur, qui exprime ses regrets, ses vœux, ses espérances, la fatigue même de son emploi, avec une naïveté familière[3], pleine de vérité et de charme. Les Grecs savaient attacher par la peinture des personnages même les plus subalternes : c'est un art dont nous avons trop négligé de leur enlever le secret. Que sont, auprès de ces rôles si animés et si vivants, les machines dramatiques que nous nommons des confidents? Je reviens à l'esclave d'Eschyle, qui ne prononce que quelques vers, et offre cependant tout l'intérêt d'un caractère dramatique. Au milieu de ses réflexions et de ses plaintes, il voit tout à coup briller dans l'ombre le signal si longtemps désiré, et il court, plein de joie, en porter la nouvelle à la reine encore endormie.

Alors arrive sur la scène, avec le jour naissant, un chœur de vieillards assez semblables à ceux qui ouvrent la tragédie des *Perses*. Ils sont chargés, en l'absence d'Agamemnon et de ses guerriers, selon les uns, de l'administration de l'État, selon les autres, plus modestement, de la garde de la ville. Les deux opinions peuvent se défendre. Il y a tels vers où on les traite presque en sénat d'Argos[4]; il y en a[5] qui les représentent courbés, il est vrai, sur un bâton, mais armés

---

1. V. 19. — 2. V. 35. — 3. V. 3, 33, 35.
4. V. 830, 1365. Cf. 859. L'argument tiré par Klausen (*Agamemn.*, Gothæ, 1833) de la délibération qui s'établit entre les personnages du chœur au moment de l'assassinat d'Agamemnon, v. 1319 sqq , ne me paraît guère concluant; cette délibération, on le verra plus loin, n'est nullement celle d'un sénat.
5. V. 75 sqq., 1323, 1623, si toutefois ce dernier vers appartient au rôle du chœur, comme l'ont prétendu en dernier lieu Bothe et Klausen, et non, selon l'opinion de beaucoup d'autres, à celui d'Égisthe.

d'une épée, dont ils veulent défendre leur roi, dont ils menacent ses meurtriers. C'est par leur fonction, quelle qu'elle soit, et non, comme le veut à tort l'argument grec parfois peu exact, par un ordre de la reine empressée de leur communiquer une nouvelle évidemment encore ignorée d'elle, qu'ils sont amenés, à cette heure matinale, près de la porte du palais. La suite fait comprendre qu'ils viennent y saluer le réveil de Clytemnestre. En attendant qu'elle paraisse, ils s'entretiennent tristement de cette longue guerre, dont leur âge avancé ne leur a pas permis de partager les dangers et qui peut être si funeste à ceux qui l'ont entreprise; ils rappellent sans fin, dans des chants d'une sombre énergie, mais en même temps d'une obscurité souvent trop conforme au sujet, d'anciens présages, d'anciens oracles qui semblent, par leurs sinistres annonces, menacer d'un sort malheureux les chefs de l'armée; ils se retracent sous des images touchantes, que n'a point effacées Euripide[1], et dont s'est souvenu Lucrèce[2], avec des traits gracieux[3] qui ressortent parmi tant de détails sinistres, le sacrifice sanglant qui fut le prix du départ, et dont la mémoire habite dans ce palais, peut-être avec la vengeance[4]. Le voile qui couvre les attentats et les complots d'une épouse criminelle se soulève encore à demi, et nos regards pénètrent de nouveau dans cet avenir lugubre et redoutable dont les citoyens d'Argos sont épouvantés. Pendant qu'ils s'occupent ainsi de ces tristes pensées, ils voient l'encens s'allumer sur les autels des dieux, des offrandes reli-

---

1. *Iphig. Aulid.*, 1522 sqq. — 2. *De Nat. rer.*, I, 85 sqq.
3. Parmi ces traits, il y en a un, v. 235, qui semble établir un rapprochement entre la beauté d'Iphigénie et celle des images de la peinture, πρέπουσα θ' ὡς ἐν γραφαῖς. C'est ainsi qu'un peu plus tard Euripide (*Hecub.*, 558) a parlé de la beauté de Polyxène : «.... Elle saisit sa robe près de l'épaule, et la déchirant jusqu'à la ceinture, elle découvre son sein beau comme celui d'une statue.... μαστούς τ' ἔδειξε στέρνα θ', ὡς ἀγάλματος.» (Voyez plus loin, liv. IV, chap. II.) Il y a de cet anachronisme, par lequel les tragiques grecs transportent dans les temps héroïques les arts de leur temps, d'autres exemples encore (voyez Eschyl. *Eumen.*, 50; Eurip., *Hippolyt.*, 1009; *Troad.*, 682, etc).
4. V. 152.

gieuses sortir du palais; et Clytemnestre, qui correspond à certains égards, dans l'ordonnance de la fable, à l'Atossa de la tragédie des *Perses*, vient bientôt elle-même leur apprendre la cause de ces apprêts joyeux.

Dans un discours pompeux et hardi, elle leur dépeint ces feux messagers[1] qui ont rapidement porté, de montagne en montagne et de rivage en rivage[2], la nouvelle prompte et certaine de la prise de Troie par les Grecs[3]. Elle célèbre hautement cette victoire et s'en représente, avec une joie cruelle et pourtant affectée, les sanglantes images. Elle termine par des vœux pour les vainqueurs, ou plutôt elle leur adresse une menace que le chœur ne peut comprendre, mais dont le sens n'échappe pas à la pénétration du spectateur, effrayé de cette révélation inattendue :

« .... S'ils savent respecter les dieux de la ville, de la terre qu'ils ont conquise, s'ils s'abstiennent de violer leurs saintes demeures, ils ne trouveront pas eux-mêmes la mort au sein de la victoire. Puissent-ils, résistant à un désir sacrilége, ne point

1. V. 275. Voyez plus haut, p. 241.
2. Nouvel exemple de ces énumérations géographiques qui plaisaient à Eschyle, comme à son public, et que nous avons déjà remarquées dans *les Suppliantes*, v. 548 sqq.; dans *les Perses*, v. 868 sqq.; dans *Prométhée*, v. 732 sqq., 815 sqq. Voyez plus haut, p. 237, 277, 298.
3. Ce passage d'une belle poésie est-il conforme à la vraisemblance en ce qui concerne la disposition des lieux parcourus par le signal de feu, et l'espace de temps nécessaire à sa transmission? Cette question souvent débattue a été résolue affirmativement par deux membres de l'Académie des inscriptions et belles-lettres, l'abbé Sallier et Monzez. Voyez dans l'ancien recueil des Mémoires de cette académie, t. XIII, p. 400, et, dans le nouveau, t. V, p. 65. Les deux savants auteurs établissent en même temps, par plus d'un témoignage, l'emploi d'un tel genre de signal chez les anciens, et particulièrement chez les Perses, au temps même d'Eschyle. Apulée, dans son traité *de Mundo*, probablement traduit d'Aristote, expliquant le gouvernement du monde par une comparaison avec celui des rois de Perse, de Cambyse, de Darius, de Xerxès, parle de fanaux entretenus sur les hauteurs dans toutes les parties de leur vaste empire, qui pouvaient leur apporter en un jour la nouvelle de tout ce qu'il leur importait de savoir. « Erant.... specularum incensores assidui. Tum horum per vices incensæ faces ex omnibus regni sublimibus locis in uno die imperatori significabant, quod erat scitu opus. » Avant Eschyle, Théognis, *Sentent.*, v. 549, avait parlé bien poétiquement, de ce feu, « aperçu au loin sur les sommets des montagnes, messager muet, qui court éveiller-la guerre. »

laisser égarer leurs désirs au delà des bornes permises! Car, pour revenir dans leur patrie, ils ont à repasser par une longue carrière, et s'ils partaient coupables de quelque offense envers les dieux, peut-être la furie vengeresse de ceux qu'ils ont détruits s'éveillerait-elle pour leur perte [1]. »

Les vieillards s'unissent à la joie que la reine paraît témoigner ; ils voient dans le grand événement qu'elle leur annonce et qu'ils lui font redire [2], le juste châtiment du crime de Pâris ; ils rappellent cette ancienne aventure dans un chant plein d'une poétique énergie et en même temps de cette grâce que nous nous étonnions tout à l'heure de rencontrer au milieu de si tristes peintures. L'idée d'une puissance fatale, qui punit les joies coupables et la profanation des lois morales, reparaît avec un grand éclat dans cette scène ; c'est elle qui anime tout l'ouvrage : elle les conduit à penser que la vengeance des Atrides a été achetée bien cher ; qu'ils ont orgueilleusement sacrifié à leur ressentiment le sang le plus précieux de la Grèce ; que l'indignation publique pèse sur eux, et qu'ils n'en pourront longtemps supporter le fardeau. Enfin, ils en viennent à douter de cette nouvelle heureuse, qui n'a fait naître dans leur esprit que de si sérieuses et si tristes pensées ; ils se repentent d'avoir accordé une foi trop facile à un indice trompeur, et aux discours d'une femme crédule et abusée. Quelle habile succession de sentiments, dans cette scène un peu longue comme tous les chœurs d'Eschyle, obscure comme tous ceux de l'*Agamemnon;* dans cette scène où nous voyons le peuple d'Argos passer, par une gradation naturelle, de la joie à la tristesse, et de la confiance au doute!

Mais les incertitudes vont cesser : Clytemnestre, qui

---

1. V. 331-340.
2. Expression naturelle de l'incrédulité qui accompagne la joie d'une nouvelle heureuse. On a cité, à ce sujet (Petr. Victorius, *Var. lect.*, XXVII, 4), ce que raconte Tite Live (XXXIII, 32) de ces Grecs si follement dupes de l'hypocrite générosité des Romains, qui, aux jeux olympiques, firent répéter au héraut la proclamation de leur affranchissement, ordonnée par Flamininus

s'était écartée, car on ne peut la supposer présente aux discours que viennent de tenir si librement les vieillards (elle en a tout au plus surpris les dernières paroles, auxquelles elle fait, par la suite, plus d'une allusion amère[1]), Clytemnestre reparaît, annonçant l'arrivée d'un héraut[2] qu'elle a vu venir du rivage et qui accourt avec rapidité, sans doute pour confirmer, par son récit, l'heureuse nouvelle de la victoire et du retour d'Agamemnon. Remarquons, en passant, que le poëte, entraîné par l'idée dominante de son drame, celle du contraste qu'il veut offrir en rapprochant, dans un même tableau, le triomphe éclatant et le trépas déplorable du roi d'Argos, fait arriver en Grèce son messager, et le fait, quelques moments après, arriver lui-même, le lendemain de la chute de Troie[3]. Ce ne peut être oubli, inadvertance, comme on l'a cru quelquefois, même chez les anciens[4]. Il faut voir là un dessein prémédité qui tient à la conception générale de l'ouvrage[5]. Eschyle n'enfreint pas, sans une intention marquée, une des lois qui règlent le plus constamment l'action dramatique des Grecs; mais il la sacrifie, avec toute la liberté du génie, aux beautés qu'il espère produire par cette ordonnance irrégulière et qui

---

1. V. 477. 575 sq.
2. Talthybius, selon l'argument grec. Chez Sénèque (*Agam.*, 384), c'est Eurybate, l'autre héraut d'Agamemnon.
3. Cela résulte du vers 272, où Clytemnestre dit en propres termes que Troie a été prise la nuit précédente. Ce vers, comme on l'a remarqué, réfute l'explication, du reste ingénieuse, de l'abbé d'Aubignac, qui, pour accorder l'action de cette pièce avec sa chère unité de temps, faisait de la première scène un prologue, et séparait ainsi, par un intervalle indéterminé, la nouvelle de la victoire et l'arrivée du vainqueur. Il répond aussi à d'autres apologies par lesquelles Blomfield a vainement cherché à sauver la régularité de l'ouvrage.
4. Schol. ad v. 488. Un commentateur moderne, Potter, approuvé par Butler, excuse bien subtilement Eschyle en attribuant cette prompte arrivée à l'intervention merveilleuse du dieu que le poëte, dans un de ses récits, v. 648, place au gouvernail du vaisseau d'Agamemnon.
5. Corneille semble en juger ainsi lorsque, dans son *Discours des trois unités*, réclamant, mais bien discrètement, contre la *contrainte* imposée par la règle de l'*unité de jour*, et remarquant qu'elle *a forcé quelques-uns de nos anciens d'aller jusqu'à l'impossible*, il cite comme exemple, avec *les Suppliantes* d'Euripide, l'*Agamemnon* d'Eschyle.

l'absoudront de son audace. Un critique étranger [1] a pu dire, avec vérité, que le poëte « use ici de sa puissance surnaturelle, en faisant voler, vers son but terrible, les heures trop lentes dans leur cours. »

Le héraut, à son entrée sur la scène, salue cette terre de la patrie, qu'il n'espérait plus revoir. Ses premières paroles sont données, avec cette vérité exquise que les Grecs savaient si bien saisir, à la joie toute personnelle de son propre retour. Il annonce ensuite le succès qui vient de couronner la difficile et pénible entreprise des Grecs [2]. Mais, malgré la magnificence et l'emphase de ses paroles, le souvenir douloureux du passé se mêle, en dépit de lui, à cet enthousiasme, pour ainsi dire officiel, auquel l'oblige le devoir de sa charge. Un dialogue tendre et touchant s'engage entre lui et le chœur [3]; ils se rappellent avec une émotion toujours croissante les fatigues et les dangers de cette navigation lointaine, de ce long siége, les inquiétudes et les ennuis de l'attente où ils ont mutuellement consumé tant d'années. La reine met fin à ces confidences pathétiques, en renvoyant le héraut vers Agamemnon pour presser son retour. Elle s'exprime d'une manière remarquable. A travers les protestations fastueuses de sa fidélité et de son amour, on s'aperçoit que l'unique soin qui la préoccupe est d'attirer sa victime dans le piége fatal qu'elle lui a préparé.

Resté seul avec le chœur, le héraut se trouve amené, par les questions qu'on lui adresse, à une bien triste révélation. Il se plaint qu'on le force à profaner un jour heureux par de funestes récits; mais enfin il ne peut ca-

---

1. W. Schlegel.
2. Quelques vers conservés de l'*Égisthe* de Livius Andronicus (voyez plus haut, page 306) semblent avoir fait partie d'une scène analogue à celle-ci; ce passage particulièrement, sur l'incendie de Troie et le partage de ses dépouilles :

Nam ut Pergama
Accensa et præda per participes æquiter
Partita est....

3. Et non pas la reine, comme le supposent sans vraisemblance un certain nombre d'éditions.

cher, ce qu'on n'ignorerait pas longtemps, les malheurs qui ont assailli les Grecs à leur retour, leurs naufrages multipliés, la dispersion de leur flotte, la disparition de Ménélas, dont on n'a point de nouvelles [1]. Le chœur éclate en plaintes douloureuses; il maudit dans des chants admirables par le mélange de force et de grâce que nous avons déjà loué plus d'une fois, cette Hélène dont la fatale beauté a *perdu* [2] son époux, son ravisseur, les Grecs et les Troyens. N'est-on pas frappé du rapport de ces scènes avec celles que remplissent d'une tristesse, d'une désolation toujours croissantes, dans la tragédie des *Perses*, les récits du messager? N'admire-t-on pas de quelle manière étrange le poëte célèbre la victoire de son héros, de quelle pompe lugubre et funèbre il entoure son triomphe?

Enfin paraît le triomphateur, qui semble poussé, par la main du Destin, vers le terme fatal de ses prospérités. Il se montre à nos yeux environné d'un brillant cortége, monté sur un char magnifique, et suivi d'un autre char que chargent les dépouilles de Troie, et sur lequel est assise la fille de Priam, la prophétesse Cassandre, le plus beau prix de sa victoire [3]. Le chœur lui adresse, avec

---

1. J'ai dit ailleurs, p. 29 de ce volume, quelle conséquence on avait tirée de ce passage pour expliquer le sujet probable du drame satyrique *Protée*, donné avec l'*Orestie*.
2. V. 666 sqq. Le poëte joue ici sur le nom d'Hélène, comme ailleurs (*Agamemn.*, 1051, 1056; *Prometh.*, 85, 874 sqq.; *Suppl.*, 46; *Sept. ad Theb.*, 564, 645) sur les noms d'Apollon, de Prométhée, d'Epaphus, de Polynice, y attachant un sens fatal, d'accord avec le ressort ordinaire de ses pièces et en général du théâtre grec. La même chose devait se rencontrer, mais peut-être plus rarement, en raison de l'action moins marquée de la fatalité, chez les successeurs d'Eschyle. Voyez l'*Ajax* de Sophocle, v. 428, 912; *les Phéniciennes*, 636, 1495; *les Troyennes*, 990; le *Rhésus*, 158 sqq., d'Euripide. Bien que la croyance à l'influence fatale des noms ne fût pas étrangère aux Romains, il s'en faut bien (voy. Cicéron, *de Divin.*, I, 45), Quintilien (*Inst. orat.*, V, 10) a blâmé, comme froid, un des passages des *Phéniciennes*, auxquels nous venons de renvoyer, faisant ainsi le procès non-seulement à Euripide, mais à Sophocle et à Eschyle : « Illud, apud Euripidem, frigidum sane esse videtur, quod nomen Polynicis, ut argumentum morum, frater incessit. »
3. Horace s'est moqué, en vers excellents (*Epist.*, II, 1, 187 sqq.), des pièces à spectacle qui de son temps charmaient le peuple, et les chevaliers eux-mêmes, à cet égard devenus peuple. Tite Live, son con-

simplicité, avec gravité, ses félicitations, et semble l'avertir de se défier de démonstrations plus vives et plus trompeuses. Et, en effet, Clytemnestre ne tarde pas à faire parade d'une tendresse et d'une joie bien loin de son cœur, dont l'expression exagérée choque son époux lui-même [1], que démentent enfin, par un éclat terrible, les paroles, semblables à un arrêt de mort, qui terminent son discours :

« Qu'il entre, avec les honneurs qui lui sont dus, dans ce palais, où l'on ne comptait plus le revoir. Pour le reste, mes soins ne s'endormiront point, et secondés, par les dieux, accompliront ce qui est juste et ce qu'a voulu le Destin [2] ; »

et plus loin, cette sinistre invocation aux dieux, de nouveau associés à son forfait :

« Jupiter, puissant Jupiter, fais que mes vœux ne soient pas vains ; charge-toi de conduire à sa fin ce que tu as résolu [3]. »

Le langage d'Agamemnon, lorsqu'il retrace la vengeance qu'il a tirée des Troyens, lorsqu'il remercie les dieux de sa patrie de la victoire qu'il leur doit, est plein d'une énergique hardiesse, d'une élévation sublime : il

---

temporain, a traité quelque part (*Hist.*, VII, 2) d'insensées les magnificences qu'étalait alors la mise en scène. Il en était déjà ainsi lorsque Cicéron s'égayait avec un de ses correspondants, M. Marius (*Famil.*, VII, 1) au sujet des jeux splendides donnés par Pompée en 698. A force d'appareil ils avaient, disait-il, perdu tout agrément, « apparatus.... spectatio tollebat omnem hilaritatem. » Quel plaisir, en effet, peuvent donner six cents mulets défilant dans *Clytemnestre?* « Quid enim delectationis habent sexcenti muli in *Clytemnestra?* » Si l'on suppose que cette *Clytemnestre*, ouvrage d'Attius, probablement (voyez plus haut, p. 306), était une imitation de l'*Agamemnon* d'Eschyle, on pourra voir, par une seconde supposition, dans la scène à laquelle est parvenue notre analyse, l'occasion de cet interminable cortége de mulets, chargés apparemment du butin de Troie, qui avait si peu diverti Cicéron. La *Clytemnestre* d'Attius n'avait pas besoin d'un tel accessoire ; elle attachait assez d'elle-même ; le rôle principal, nous dit ailleurs Cicéron, était recherché des acteurs qui excellaient par le geste. « Scenici.... sibi accommodatissimas fabulas eligunt. Qui voce freti sunt, Epigonos, Medumque ; qui gestu, Menalippam, *Clytmnestram....* » (*De off.*, I, 31.)
1. V. 891 sq. — 2. V. 885 sqq. — 3. V. 948 sq.

montre toutefois, au milieu de sa gloire, une modération qui lui concilie notre pitié, et jette un intérêt touchant sur l'événement funeste qui le menace et que l'on prévoit. Il refuse les honneurs, dignes d'un roi barbare, que s'obstine à lui rendre, avec un hypocrite empressement, une femme perfide ; il craint de fouler cette pourpre qu'elle fait étendre sous ses pieds, et qui parerait, dit-il, plus dignement les temples ; comme s'il était lui-même effrayé de sa gloire, comme s'il voulait en dérober l'éclat à l'œil jaloux [1] des dieux, il se glisse furtivement et à la hâte dans ce palais, d'où il ne doit plus sortir, et sur lequel nous voyons planer l'image menaçante du Destin irrité.

A peine est-il entré, que les pressentiments funestes qui, depuis le commencement de ce drame, troublent les vieillards d'Argos, se représentent avec plus de force et d'importunité à leur esprit. Ils tremblent pour ce roi qui leur est rendu après une si longue absence et de si grands dangers, et ils ne peuvent s'expliquer cette frayeur étrange.

« Mes yeux m'apprennent son retour, j'en suis témoin, et cependant il me semble qu'au dedans de moi mon cœur entonne de lui-même le lugubre chant d'Érinnys [2]. »

Bientôt s'ouvre une scène d'une merveilleuse beauté, la plus tragique inspiration qu'ait jamais rencontrée le génie d'Eschyle. Le Destin, dont l'idée a jusqu'ici été rappelée sans relâche à notre esprit par des pressentiments, des présages, des oracles, par les souvenirs confus du passé, par les révélations mystérieuses de l'avenir, nous est en quelque sorte montré sous une forme sensible dans le personnage de Cassandre, son confident et son interprète. C'est, on s'en souvient, par un artifice tout semblable, que, dans la tragédie des *Perses*, la fatalité elle-même avait été amenée, pour ainsi dire, devant

---

1. V. 896 sqq., 921 sq. Voyez plus haut, p. 222, note 2.
2. V. 962 sqq.

les spectateurs, par l'évocation hardie de l'ombre de Darius.

La fille de Priam, la conquête d'Agamemnon, Cassandre, est encore assise sur le char du triomphe et de l'esclavage, parmi les trophées sanglants conquis sur sa patrie. Clytemnestre, aux soins généreux de laquelle son nouveau maître l'a recommandée, vient l'engager à descendre et à entrer dans le palais; elle n'en obtient aucune réponse, et la jeune princesse paraît aussi insensible à l'expression de sa fausse pitié qu'à celle de sa colère, lorsque cette femme altière et irritée la quitte avec cette menaçante parole :

« L'insensée, qui ne prend conseil que de son fol orgueil ! Sa ville vient d'être prise; elle la quitte à peine, et ne saura pas subir le frein avant de l'avoir couvert d'une écume sanglante [1]. »

Ce silence, je dois souvent le redire, était une préparation familière à Eschyle pour exciter l'attente et la curiosité; il en usait souvent, il en abusait même quelquefois [2]. Ici on ne peut qu'admirer l'emploi qu'il en a fait. Cassandre, restée seule en présence du chœur qui la contemple avec étonnement et lui adresse quelques mots de compassion, laisse enfin échapper des soupirs, des gémissements, des plaintes confuses : elle s'adresse douloureusement aux dieux dont les statues ornent l'entrée du palais, et que saluaient tout à l'heure, dans la joie de leur retour, le héraut d'Agamemnon et Agamemnon lui-même [3]; à Apollon surtout, dont l'amour lui accorda autrefois le don des oracles, et dont la colère attacha à ses paroles le doute et l'incrédulité. « O Apollon! s'écrie-t-elle plusieurs fois, où m'as-tu conduite [4]? » Saisie d'un transport qui lui retrace à la fois les images vivantes du passé et de l'avenir, elle voit et fait voir à ceux qui l'écoutent, sous des formes effrayantes, tous les crimes qui ont souillé, depuis tant de générations,

1. V. 1033 sqq.— 2. Voyez plus haut, p. 226, 363.— 3. V. 494 sq., 785. — 4. V. 1041 sqq., 1056.

l'exécrable demeure des Atrides, et le crime nouveau qui s'y prépare en ce moment. Souvent ces visions prophétiques s'effacent et disparaissent; sa fureur divine s'apaise, elle redevient une femme ordinaire, qui s'entretient avec le chœur de ses infortunes. Mais bientôt les questions qu'on lui adresse la ramènent sur la trace[1] des forfaits révélés à son imagination épouvantée par une inspiration à laquelle elle ne peut se dérober : elle représente, sous des images odieuses empruntées aux plus impurs objets, à ces unions brutales et monstrueuses qui font frémir la nature, les attentats de Clytemnestre et d'Égisthe, et celui qui doit bientôt les couronner tous; elle entasse, avec une sorte d'impatience, figure sur figure, oracle sur oracle, pour vaincre une incrédulité qui la fatigue; enfin elle laisse échapper cette foudroyante parole : « Vous allez voir la mort d'Agamemnon[2]! » A ce mot tout se trouble autour d'elle; elle-même s'étonne de la pitié qu'elle ressent pour les vainqueurs de Troie[3]; elle déplore sa propre infortune, son sang qui va couler avec celui de son maître; elle jette loin d'elle ses bandelettes et son sceptre prophétiques, funestes dons d'Apollon, qui l'ont rendue un objet de risée parmi les hommes, et ne peuvent la soustraire à son horrible sort; jusqu'à ce qu'enfin, après ces mouvements de douleur arrachés à la fermeté de son âme par la faiblesse humaine, elle entre courageusement dans ce palais funèbre où elle doit trouver son tombeau. Telle est l'idée sommaire d'une scène par laquelle est porté au comble le sentiment de terreur progressivement excité depuis le début de l'ouvrage; qui développe le caractère

---

1. V. 1062, 1156 sq. — 2. V. 1218.
3. Cette pitié est bien touchante et contraste avec la joie cruelle prêtée par Sénèque à sa Cassandre dans le même moment :

> Vicimus victi Phryges.
> Bene est! Resurgis, Troja. Traxisti jacens
> Pares Mycenas. Terga dat victor tuus.
> Tam clara nunquam providæ mentis furor
> Ostendit oculis. Video, et intersum, et fruor.
>
> *Agam.*, v. 859 sqq.

le plus pur, le plus noble, le plus touchant; où éclate l'inspiration la plus vive, la plus haute et la plus forte, qu'il soit donné d'atteindre à l'effort du poëte, et que Racine seul a égalée dans la peinture des transports prophétiques de Joad. Pourra-t-on croire que La Harpe ait cru louer assez une telle scène, en disant, pour tout éloge, que c'est *un beau détail?*

Nous touchons à la catastrophe. Eschyle, par une audace qui lui était propre [1], a osé la produire, autant que le goût le permettait, sur la scène : s'il n'y a pas montré précisément l'assassinat d'Agamemnon, il y a fait arriver, et par deux fois [2], aux oreilles épouvantées du chœur, les cris du malheureux roi qu'on immole. Suit un dialogue d'une naïveté familière, nouvel exemple [3], et très-frappant, de la liberté avec laquelle la muse tragique des Grecs s'approchait, sans les franchir, des limites de la comédie. Dans un moment si critique, qui n'admet point de délai, les vieillards surpris et troublés, pleins de cette irrésolution qui convient à leur âge et au caractère de ce qu'ils représentent, je veux dire de la multitude, délibèrent tumultueusement sur ce qu'ils doivent faire. Faut-il qu'ils appellent Argos au secours de son roi? faut-il qu'ils y courent eux-mêmes? Tous donnent leur avis [4], et ils sont à peine d'accord, que les

---

1. Ἰδίως, dit l'argument grec. Ce mot n'aurait plus de sens, remarque fort bien Klausen, si l'on adoptait la correction faite par Stanley au texte de l'argument et qu'à la place de ἐπὶ σκηνῆς, *sur la scène*, on lût ὑπὸ σκηνῆς, *derrière la scène*. La correction de Bothe, ἀπο, qui donne le même sens, doit être écartée par la même raison. Il ne faut pas toutefois s'imaginer, avec Blomfield, que, par la disposition scénique, l'assassinat d'Agamemnon était réellement rendu visible aux spectateurs. Sénèque lui-même, qui ne reculait guère devant de pareils tableaux, s'est contenté d'en occuper l'imagination par la description que fait du meurtre, au moment même où il s'accomplit, la prophétesse Cassandre (v. 875 sqq.).
2. V. 1315, 1317. — 3. Voyez plus haut, p. 268.
4. Au nombre de douze, voyez v. 1320-1337. Les vers 1316, 1318, 1319 pouvant, en outre, être attribués, le premier au coryphée, les deux autres aux chefs des deux demi-chœurs, il résulte de cette distribution un argument spécieux en faveur de l'opinion qui veut qu'à cette époque, comme le dit au reste, en termes positifs, un scoliaste (ad Aristoph. *Equit.*, 586), précisément de la tragédie d'*Agamemnon*, le chœur

portes du palais s'ouvrent et leur montrent, ainsi qu'aux spectateurs, auprès de deux corps sans vie, celui d'Agamemnon[1] et celui de Cassandre[2], Clytemnestre debout[3], la hache à la main[4], toute sanglante[5] et dans tout l'orgueil de son crime[6], prête à le proclamer, à le justifier, à le glorifier !

Eschyle, lorsqu'il a emprunté à la barbarie des temps héroïques un tel personnage, ne s'est pas mis en peine, comme ses successeurs modernes, de l'accommoder à des mœurs plus douces, dans leur corruption, en lui prêtant des irrésolutions, des combats, des remords : il lui a conservé, et avant et après son acte, la férocité qui l'explique ; il en a fait franchement un objet d'horreur et d'effroi ; corrigeant toutefois l'excès d'une impression dont on pouvait être facilement révolté, par cette grandeur imposante qu'admirait La Harpe dans la Cléopâtre de Corneille[7], et qu'il n'eût pas dû méconnaître dans la Clytemnestre d'Eschyle. Ce rôle, qui se détache plus que tous les autres de l'ensemble de la composition, sans toutefois atteindre aux développements qu'il eût reçus même de Sophocle et d'Euripide, et qu'il a pris sur la scène italienne et sur la nôtre, se compose de deux parties fort distinctes, fort tranchées, que le poëte a voulu opposer violemment l'une à l'autre. On a vu sous quelles honnêtes et vertueuses apparences, démenties seulement par d'involontaires éclats, s'est jusqu'ici montrée l'épouse adultère d'Agamemnon, pour amener plus sûrement dans le piége l'époux dont elle a résolu la mort. Il faut voir, quand son exécrable ruse a réussi, comme elle s'empresse de rejeter le masque qui pesait à sa criminelle franchise. Son premier soin est de s'excuser d'une dissimulation nécessaire au succès de son dessein : le dessein

---

ait été composé de quinze personnages. Voyez O. Müller, *Eumenid.*, p. 75 et suiv.; God. Hermann, *Dissert.I de choro Eumen. Æschyl., Opusc.*, t. II, p. 131 sq.; Bœckh, *Græc. trag. princip.*, vi, etc.; en dernier lieu S. Karsten, *Agamemn.*, Utrecht, 1855, p. 92.

1. V. 1376 sqq. — 2. V. 1412 sqq. — 3. V. 1345, 1444 sq. — 4. V. 1491. — 5. V. 1356 sqq., 1400 sq. — 6. V. 1371 sq. — 7. Voyez *Rodogune*.

lui-même, elle est bien loin d'en rougir; elle se complaît au contraire à raconter comment elle l'a longtemps médité, comment elle vient de l'accomplir. Ses discours rapprochent encore de nous l'horreur du dénoûment. Tout à l'heure nous entendions les cris d'Agamemnon expirant : maintenant nous le voyons se débattre dans le vêtement sans issue que l'on jeta sur lui, comme un filet, au sortir du bain; nous le voyons tomber sous les coups forcenés dont on l'a frappé [1]. La vue du corps sanglant, exposé à notre vue, est comme effacée par les images que retrace Clytemnestre, dans son ivresse, de ce qui lui semble une légitime vengeance, un acte de justice. Elle a fait boire, dit-elle, à son barbare époux la coupe que lui-même avait remplie [2] : l'amant de Cassandre est couché près de sa captive bien-aimée, ce cygne harmonieux qui tout à l'heure chantait sa propre mort [3] : le meurtrier d'Iphigénie reçoit maintenant, aux sombres bords, les tendres embrassements de sa fille [4]. Ces tragiques ironies sont comme un fer acéré dont sa fureur non encore assouvie perce à loisir ses victimes; et quand le chœur, cette troupe de faibles vieillards qu'élèvent au-dessus de leur timidité ordinaire la douleur et l'indignation, la poursuit de ses reproches et de ses menaces, elle ose alors, cette femme qui disait avoir vengé la nature et l'hymen outragés, se réfugier impudemment sous l'appui d'Égisthe, proclamant ainsi, avec son meurtre, ce qui en est [5],

1. V. 1348 sqq. — 2. V. 1369 sq. — 3. V. 1410 sqq. — 4. V. 1527 sqq.

5. C'est, ce semble, l'avis de Pindare dans une digression de sa XIe *Pythique*, v. 25 sqq., qui offre comme une poétique analyse des deux premières pièces de l'*Orestie*. « .... Cet Oreste, après le meurtre de son père, sa nourrice Arsinoé le déroba aux violentes mains, aux cruelles embûches d'une mère, lorsque, s'armant du glaive étincelant, Clytemnestre envoya la vierge troyenne, la fille de Priam, Cassandre, aux sombres bords de l'Achéron. Femme sans pitié! était-ce Iphigénie, immolée sur l'Euripe, loin de la patrie, dont le poignant souvenir éveillait son courroux et poussait son bras? Ou bien, dans la couche d'un autre, de nocturnes caresses l'avaient-elles engagée au crime? Le coupable égarement d'une jeune épouse ne peut longtemps se dérober à la langue indiscrète des hommes; les hommes sont médisants; telle est la fortune, telle est aussi l'envie; l'humble mortel murmure dans l'ombre. Il mourut donc le héros, fils d'Atrée, enfin de retour dans l'illustre

peut-être à son insu, la cause la plus réelle, son adultère [1].

Cette révélation, préparée de loin par les mystérieuses paroles où se sont trahis de temps à autre les vagues soupçons des Argiens, par les peintures, plus claires dans leur obscurité, qu'a faites, mais vainement, Cassandre des secrets désordres recélés dans le palais des Atrides, forme un coup de théâtre que complète, à la dernière scène, l'apparition d'Égisthe. Nous l'avons déjà remarqué, nous y reviendrons peut-être encore, l'introduction passagère et quelquefois tardive de personnages importants, au moment même et pour le peu d'instants où le besoin de la fable les appelait sur la scène, était une des libertés de la tragédie primitive [2]; c'était aussi un de ses effets. Par là se variait, se renouvelait le tableau continu, uniforme, d'une catastrophe fatale auquel elle se réduisait tout entière. Telle est la disposition constante des pièces d'Eschyle, et particulièrement de celle-ci, pièce sans action, mais non sans mouvement, dont la face change quand le poëte y fait paraître, en présence de son chœur immobile, outre Clytemnestre, son acteur principal et plus d'une fois ramené, le héraut, Agamemnon, Cassandre et enfin Égisthe.

Le fils de Thyeste venant, devant le cadavre du fils d'Atrée, rendre grâce à la justice des dieux, réclamant

---

Amyclée, et avec lui il fit périr la jeune prophétesse, après avoir, pour Hélène, livré aux flammes et détruit les opulentes maisons des Troyens. Oreste cependant, cette jeune tête, s'en alla chez un vieil hôte, Strophius, qui habitait au pied du Parnasse. Plus tard, le fer à la main, il égorgea sa mère et mit Égisthe à mort.... »

1. V. 1406 sqq. Cette passion adultère n'est au reste qu'indiquée, et avec assez de discrétion, pour qu'Eschyle ait conservé le droit de dire à son rival Euripide, dans *les Grenouilles* d'Aristophane, v. 1056 : « .... Je n'ai jamais peint d'impudiques Phèdres, de Sténobées. Personne même ne pourrait dire que j'aie jamais représenté une femme amoureuse.... »

2. Il n'en a pas été ainsi depuis, comme on en trouve, chez notre grand orateur sacré, la remarque fort inattendue : « .... Or qui ne sait, chrétiens, qu'à la conclusion de la pièce on n'introduit pas d'autres personnages que ceux qui ont paru dans les autres scènes.... » (Bossuet, *Sermon sur l'impénitence finale.*)

sa part d'un attentat qu'il a tramé dans l'ombre et qu'un autre bras a accompli, envahissant le trône de celui dont il possédait déjà la femme, opposant aux mépris et aux malédictions du peuple que lui livre son double crime, le front d'airain et les menaces d'un tyran [1], ce triomphe insolent du crime, et du crime sans courage et sans grandeur, offre un dénoûment hardi et frappant ; mais il blesserait le sentiment moral, si la voix du chœur, voix importune qu'on ne peut étouffer, ne faisait incessamment retentir aux oreilles du couple adultère et meurtrier le nom de cet Oreste, ministre futur des vengeances du Destin, qui croît dans l'exil pour son châtiment.

Le poëte, dans sa dernière scène, a su mettre entre les deux coupables des différences qui, sans nous réconcilier avec Clytemnestre, la relèvent cependant à nos yeux. Lorsque Égisthe, ce lâche assassin qui s'entend reprocher par deux fois [2] de n'avoir osé tuer lui-même celui dont il a comploté la mort, s'emporte contre de faibles vieillards, et va les livrer au glaive de ses satellites, Clytemnestre, que leurs discours n'ont pas plus épargnée, s'interpose généreusement en leur faveur. Assez de sang a été versé, dit-elle ; il ne faut point ajouter aux misères de ce jour [3]. Le langage de cette femme, tout à l'heure si hardie dans ses attentats et ses apologies, laisse entrevoir le trouble naissant de la conscience, une secrète tristesse, un vague regret, quelque chose d'humain qui manque à Égisthe, et où le spectateur se retrouve.

Mais c'est surtout au chœur qu'il aime à s'associer, dans les éloquentes et courageuses protestations dont ce personnage, son représentant sur le théâtre, remplit, peut-être un peu longuement, la fin du drame. Ici encore nous pouvons

---

1. On a cru retrouver quelque chose de ces menaces dans un passage conservé de l'*Égisthe* d'Attius (voyez plus haut, p. 306) :

Neque fera hominum pectora
Fragescunt, donec vim imperi persenserint.

« Les cœurs intraitables ne cèdent point que le pouvoir ne leur ait fait sentir sa force. »

2. V. 1605 sq., 1615 sq. — 3. V. 1626 sqq.

rapprocher des *Perses* l'*Agamemnon*. Clytemnestre et Égisthe accueillis, au sein de leur affreuse victoire, par les malédictions des vieillards d'Argos, ne rappellent-ils pas, en effet, pour la disposition scénique du moins, Xerxès vaincu, rentrant dans son palais, au milieu des lamentations, presque séditieuses, de ses *Fidèles?* C'est une chose vraiment remarquable, qu'Eschyle ait pu enfermer dans un même cadre des peintures si diverses, se ressembler autant sans se copier.

Il ne se ressemble pas moins par les caractères de son style, ici, comme ailleurs, si familier et si sublime tour à tour, si plein de force et quelquefois, ce qui peut surprendre, de grâce, toujours si hardiment figuré. Que d'exemples j'en aurais pu citer, si je n'avais craint, en attirant trop l'attention sur des détails, de distraire par là de ce que je voulais surtout faire ressortir, l'ensemble de la composition, les traits rapides et profonds qui y remplacent le développement des caractères, la peinture énergique et vraie du sentiment et de la passion! Ainsi Eschyle lui-même a-t-il jamais poussé plus loin la familiarité d'images et d'expressions permises au langage tragique des Grecs, que dans ces passages des dernières scènes, adoucis, peut-être à tort, par les traductions, où le chœur compare le vêtement artificieux dans lequel a péri Agamemnon, au piège cruel de l'araignée[1]; les insultes dont Clytemnestre poursuit la dépouille de sa victime, aux croassements du corbeau sur un cadavre[2]; la fierté de son lâche complice, Égisthe, à celle du coq près de la poule[3] : et, d'autre part, à quelle hauteur ne remonte pas, à chaque instant, l'imagination du poëte, par exemple, dans les inépuisables figures sous lesquelles il se représente, ce que ramène sans cesse son sujet, la ruine de Troie? Ce sont les dieux qui vont aux suffrages, et jettent dans l'urne où s'agitent ses destinées, d'unanimes sentences de mort[4]; c'est la nuit qui l'enveloppe

---

1. V. 1487. — 2. V. 1445. — 3. V. 1643.
4. V. 788 sqq. On retrouvera ces formes de jugement mises en action

d'un immense et inévitable réseau [1]; c'est un lion cruel qui pénètre dans ses murailles pour s'y repaître du sang de ses rois [2]; c'est le soc de Jupiter qui laboure son sol maudit [3]; c'est le feu de la vengeance qui y vit et dissipe en fumée dans les airs toutes ses prospérités [4]. Pour ce poëte, aux yeux de qui toutes choses se transforment et revêtent, dans d'audacieuses métaphores, une apparence étrangère, les Atrides, après le rapt d'Hélène, deviennent des vautours, volant, tournant éperdus au-dessus de leurs nids déserts, et dont les cris perçants attendrissent même les dieux [5]; Cassandre, plaignant son triste sort, est, pour lui, comme l'oiseau qui, dans ses plaintes infinies, semble répéter le nom d'Itys [6] : comparaison, au reste, aimée des tragiques athéniens, qui en trouvaient le sujet tout près d'eux dans leurs souvenirs mythologiques et dans les bois de Colone [7]. J'ai déjà dit de quelles riantes couleurs, de quel pinceau gracieux, le grave auteur d'*Agamemnon* a retracé l'innocence et le malheur d'Iphigénie [8], la beauté et le charme d'Hélène [9]. Il prend tous les tons dans cet ouvrage; mais si des exceptions inattendues l'y montrent gracieux et touchant, il y paraît plus constamment sublime et terrible. Il y abonde de plus en maximes au sens profond, au tour frappant. Nulle n'est plus en situation, d'une portée plus générale, plus appropriée à tout ce théâtre, dont elle résume la moralité, auquel elle pourrait servir d'é-

au dénoûment des *Euménides*, v. 666, 727, 733 sqq., 740 sqq. Ovide les a élégamment retracées dans ces vers des *Métamorphoses*, XV, 41 sqq. :

Mos erat antiquus, niveis atrisque lapillis,
His damnare reos, illis absolvere culpæ.
Nunc quoque sic lata est sententia tristis, et omnis
Calculus immitem demittitur ater in urnam.
Quæ simul effudit numerandos versa lapillos,
Omnibus e nigro color est mutatus in album;
Candidaque Herculeo sententia munere facta
Solvit Alemonidem.

1. V. 348 sqq. — 2. V. 802 sq. — 3. V. 510 sq. — 4. V. 793 sqq. — 5. V. 49 sqq. — 6. V. 1110 sqq. — 7. Soph., *Œd. Col.*, 10. — 8. V. 225 sqq. — 9. V. 404 sqq.

pigraphe, que celle qui termine le rôle de Cassandre[1] :

« Destin des mortels ! heureux, une ombre le renverse[2] ; malheureux, l'éponge passe et en enlève la trace[3] ! Cet oubli toutefois est la plus grande de leurs misères, la plus digne de pitié[4]. »

Toutes ces beautés de pensée et de style, dont je pourrais multiplier les exemples, étincellent, pour ainsi dire, au milieu de l'obscurité, dont les dégradations du temps, et peut-être un dessein secret du poëte, ont enveloppé cette œuvre extraordinaire, et qui, à demi éclaircie par les efforts des critiques, offre à l'imagination un attrait de plus[5].

1. V. 1299 sqq.
2. L'auteur d'une édition de l'*Agamemnon*, publiée en 1855 à Utrecht, édition où les nombreuses difficultés que présente le texte de cette tragédie sont le plus souvent éclaircies par de savantes explications, d'ingénieuses corrections, M. S. Karsten a tenté, après d'autres, de corriger ce passage, qui n'offre pas une image très-naturelle. Il a lu ἂν κρύψειεν, et entendu : « Heureux, l'ombre vient tout à coup l'obscurcir. »
3. Stobée nous a conservé des vers du *Pélée* d'Euripide (fragm. IV), dans lesquels se retrouve l'énergique et familière figure d'Eschyle : « La prospérité, y dit le poëte, c'est peu de chose : une image qu'efface la divinité plus vite qu'elle ne l'a tracée. » Euripide a-t-il imité Eschyle ? Peut-être pas. Il est des figures si naturelles, qu'elles peuvent s'offrir, sans que l'imitation y soit pour rien, à plus d'une imagination. «....Je la perdrai, je l'effacerai, comme on efface une écriture dont on ne veut pas qu'il reste aucun trait.... » est-il dit au IV° livre des *Rois*, xxi, 12, et dans la IX° des *Élévations* de Bossuet, où le passage est ainsi traduit.
4. M. S. Karsten comprend autrement les expressions un peu obscures d'Eschyle. Selon lui, Cassandre témoigne, ce qui est bien d'accord avec l'élévation de son âme, qu'elle est plus touchée de cette destinée générale de l'humanité que de sa propre infortune.
5. M. Villemain, dans son cours de 1828, où les œuvres d'Alfieri ont occupé une grande place, a rapproché de l'*Agamemnon* de ce poëte, et de celui de Lemercier qu'il a suscité, l'*Agamemnon* d'Eschyle. Ce parallèle, à la fois judicieux et éloquent, met dans une vive lumière, par quelques traits rapides, avec le caractère de l'antique composition, le génie particulier de son auteur et l'esprit général de la tragédie grecque. (Voyez le *Tableau de la Littérature au* xviii° *siècle*, XXXV° leçon.)

CHAPITRE SIXIÈME.

Les Choéphores.

Le théâtre d'Eschyle nous a déjà offert[1] plus d'une trace de ce genre de composition, appelé trilogie, dont je ne reproduirai pas ici, l'ayant retracée plus haut[2], la trop courte et trop obscure histoire. Nous serions réduits toutefois à des conjectures sur la nature et l'effet des trilogies, si nous n'en possédions heureusement une complète dans l'*Agamemnon*, les *Choéphores*, les *Euménides*, pièces qui furent représentées ensemble, avec le drame satirique *Protée*, la deuxième ou la troisième année de la LXXXe olympiade, et valurent à Eschyle, âgé de plus de soixante ans, sa dernière couronne[3]. Les trois tragédies[4], désignées par Aristophane[5] sous le nom collectif d'*Orestie*, se suivent visiblement; elles sont liées entre elles, non-seulement par l'enchaînement des sujets, tous pris dans les aventures d'une seule famille, mais encore par des transitions apparentes et marquées à dessein; elles se rapportent à un plan général dont il est facile de suivre le développement d'ouvrage en ouvrage; elles présentent chacune un tableau entier qu'on peut considérer à part comme une production isolée de

---

1. Voyez p. 169 sq.; 180 sq.; 200 sq.; 268 sqq. — 2. Voyez p. 26 sqq.
3. Argum. *Agamemn.*; schol. Aristoph., *Ran.*, 1137. Cf. Clinton, *Fast. hellenic.*, p. 47.
4. Et non pas seulement les deux dernières, comme le veut God. Hermann (*de Composit. tetral. trag.*; *Opusc.*, t. II, p. 309), trop préoccupé de l'envie de substituer, en certains cas, aux trilogies, des espèces de *dilogies* (voyez plus haut, p. 26, note 2). Si Oreste ne paraît que dans *les Choéphores* et *les Euménides*, il est annoncé dans l'*Agamemnon* (v. 1618), il sert de lien aux trois pièces, et son nom pouvait très-naturellement en devenir le titre commun.
5. *Ran.*, 1137.

l'art, et toutefois ne sont que les parties séparées, et comme les pièces d'une œuvre plus grande, dont elles constituaient l'ensemble par leur rapprochement [1]. Pour le dire en passant, c'est de cet exemple que s'autorisent ceux des critiques étrangers qui, comme la plupart des critiques français, cherchent dans la pratique des Grecs la justification de leurs théories dramatiques et qui montrent, d'une manière assez spécieuse, que cette sorte de drame, où l'on voit représenté, non pas seulement un événement distinct et circonscrit par les bornes sévères des unités, mais une suite d'événements qui se passent en des lieux divers, à diverses époques, et dont l'enchaînement offre le développement complet d'une destinée, que ce drame, qu'on dit moderne et barbare, était grec avant d'être espagnol, anglais, allemand, et qu'il peut, quoique romantique, se vanter, ainsi que le nôtre, d'une origine classique.

L'idée qui domine dans chacune de ces tragédies, aussi bien que dans les autres ouvrages d'Eschyle, est celle qui leur sert à toutes trois de lien commun : elles nous offrent une succession d'accidents funestes, de catastrophes sanglantes, qui s'amènent et se produisent, en quelque sorte, les uns les autres par une influence fatale

---

[1]. De là cette conjecture hasardée plus haut (page 306, note 2) que les *Euménides* d'Ennius ont été précédées d'une tragédie d'*Agamemnon*, d'une tragédie des *Choéphores*. De là cette autre conjecture, permise au même titre, que l'*Égisthe*, la *Clytemnestre*, les *Agamemnonides* d'Attius répondaient aux trois parties de l'*Orestie*. Il est vrai qu'on n'est pas bien assuré que les deux premiers titres, et peut-être les trois, ne désignent pas une seule et même tragédie sur le sujet tant de fois traité, chez les anciens, et chez les modernes, sous le titre d'Electre ou sous celui d'Oreste. Voyez ce que dit de ces difficultés le dernier collecteur des fragments de la tragédie latine, M. O. Ribbeck, *Trag. lat. reliq.*, p. 116 sqq., 298 sqq. Si l'on admet qu'Attius a reproduit, sans doute en la mêlant d'autres imitations, l'*Orestie* d'Eschyle, on sera tenté de voir un débris du prologue où il annonçait son dessein, dans ces vers extraits, dit Nonius, de ses *Agamemnonidæ* :

```
  . . . . Inimicitias Pelopidum
Extinctas jam atque obliteratas memoria
Renovare. . . .
```

« .... Renouveler le souvenir si oublié, si effacé, des inimitiés de la race de Pélops.... »

et invincible, et que le poëte présente comme les jeux terribles, et en même temps comme les vengeances cruelles, ou comme les équitables arrêts de cette puissance mystérieuse qui perpétue dans la maison de Tantale, au gré de ses caprices, de son inquiète jalousie ou de sa juste colère, les crimes et les expiations. Toutes les anciennes horreurs qui ont souillé cette race dévouée à une destinée si coupable et si malheureuse, sont rejetées, par Eschyle, dans une sorte de sombre lointain, d'avant-scène lugubre, et il débute, au milieu de cette histoire, en nous retraçant le trépas d'Agamemnon, qui venge, par un coup imprévu, sur ce roi victorieux, ses propres crimes avec ceux de son père, qui le punit de sa cruauté, de son orgueil, et même, car ce n'est pas notre Providence, mais bien l'antique fatalité, qui est ici célébrée, de sa prospérité et de sa gloire. Dans un second tableau, Eschyle nous fait assister à la vengeance parricide qu'Oreste tira de sa mère par l'ordre même des dieux. Les sentiments opposés que dut soulever dans son âme cet acte d'une justice atroce, cet effroyable sacrifice offert par la main d'un fils aux mânes irrités de son père, sont exprimés dans un troisième ouvrage, et présentés sous la forme symbolique d'un procès solennel qui se plaide en présence des dieux; les puissances qui ont poussé la main du meurtrier et celles qui s'attachent à sa poursuite, c'est-à-dire ses justes ressentiments et ses justes remords, se disputent longtemps la victoire devant un auguste tribunal, jusqu'à ce que la divinité qui y préside, la déesse même de la sagesse, mette fin à cette contestation extraordinaire, et, par le jugement qui acquitte Oreste, le déclare à la fois trop coupable et trop innocent pour qu'on puisse le condamner ou l'absoudre. Telle est la marche de ces trois ouvrages, où l'on ne peut méconnaître une certaine conformité d'intention et de conduite, un ensemble d'idées morales et religieuses qui les lie plus fortement encore que l'enchaînement des aventures et la continuité du spectacle : ce ne sont pas seulement trois pièces qui se font suite, comme pourraient le faire les pièces qui leur correspondent dans notre théâtre, si une même représentation les offrait successivement aux spectateurs ; il y a ici quelque chose de plus : une conception générale, qui ramène à l'unité d'un même tout, et permet d'embrasser d'une seule vue ces divers événements, dont chacun a pu suffire depuis à l'intérêt d'une composition dramatique, et a inspiré sans interruption, jusqu'à ces derniers temps, au génie des poëtes anciens et modernes, tant de productions remarquables [1].

La poésie antique, en transportant dans une région toute fantastique, toute merveilleuse, ces tragiques aventures, pouvait les retracer avec plus de franchise qu'il n'a été depuis possible de le faire, et, ce qui semble contradictoire, arriver à des effets plus grands, plus terribles, quoique moins douloureux et moins révoltants.

---

1. Un célèbre poëte italien de ce temps, qui s'est préparé à des œuvres dramatiques originales par d'habiles traductions des *Sept Chefs* et de l'*Agamemnon* d'Eschyle, M. Niccolini, a particulièrement insisté sur les rapports qui lient entre elles les trois pièces dont se compose l'*Orestie* et en font comme les actes d'une seule tragédie, dans son ingénieuse dissertation, *sull' Agamemnone d'Eschilo et sulla tragedia de' Greci e la nostra*. Voyez le t. 1ᵉʳ de l'édition de ses œuvres, publiée, sous ses auspices, à Florence, en 1851. Il a paru, en 1843, à Nuremberg, une dissertation, *de religionibus Orestiam Æschyli continentibus*, qu'on ne lira pas non plus sans intérêt et sans fruit. M. Ch. Fr. Nægelsbach y montre fort bien que, dans les compositions d'Eschyle, et en particulier dans son *Orestie*, le Destin, dont on ne peut nier, mais dont il ne faut pas non plus exagérer l'intervention, ne gouverne souverainement que les événements extérieurs du drame, laissant d'ailleurs, dans le drame même, à la volonté humaine, la libre disposition des déterminations et des actes. Il s'applique ensuite à concilier avec cette action commune du destin et de l'homme celle du génie des rétributions vengeresses, qui châtie sans relâche, dans les races coupables, par un inévitable talion, les crimes inexpiables, ἀλάστωρ. Son argumentation savante et ingénieuse n'est pas, dans cette seconde partie, toujours exempte d'une subtilité, d'une obscurité, peut-être inévitable. La difficulté de la matière paraît bien dans une note étendue, où il passe en revue l'infinie variété des opinions émises en Allemagne sur le rôle attribué au Destin par les Grecs dans leur tragédie. À la fin de cette note il blâme chez l'auteur du présent livre, sans doute sur ouï-dire, une manière de voir que celui-ci ne peut en conscience avouer, n'ayant jamais, dans ses analyses des pièces grecques, *célébré* l'insurmontable puissance du Destin, sans y faire en même temps la part de la liberté de l'homme, absolument comme son censeur.

L'idée d'une puissance fatale qui avait ordonné et qui accomplissait, malgré tous les obstacles humains, ces actes d'une vengeance et d'une justice monstrueuses, en tempérait l'horreur par l'effroi religieux dont elle les entourait, et par la compassion profonde où elle confondait les victimes et les instruments de si effroyables arrêts. Le parricide était offert, sans ménagement et sans voile, à la vue des spectateurs, et toutefois, ainsi ennobli et adouci, le tableau en devenait plus supportable qu'il ne l'est sur nos théâtres, où on n'ose le montrer qu'à demi, de peur que nos sens ne se soulèvent à cet aspect odieux et repoussant. Les poëtes modernes, pour qui la fatalité n'était plus qu'une tradition littéraire qu'ils conservaient en érudits, comme un accompagnement consacré des sujets antiques, mais qui ne pouvaient attendre d'un dogme effacé de nos âmes par des croyances meilleures, des effets bien puissants, ont dû nécessairement altérer, affaiblir des tableaux dont nous n'aurions certainement pas enduré l'exacte représentation. C'est ainsi qu'en passant de la scène grecque sur la nôtre, le crime d'Oreste a perdu en partie le caractère d'un acte parricide; qu'il est devenu un accident presque fortuit, produit par un égarement passager, auquel la volonté n'a point de part, quelquefois même l'effet d'une cruelle méprise, d'un concours de circonstances bizarres et fatales; que, dans des pièces où le même sujet a été reproduit sous d'autres noms, le trait qui le caractérise a enfin totalement disparu; qu'on y a vu l'épouse coupable non plus périr comme auparavant par la main du fils, mais se charger elle-même de son châtiment, et finir le drame par un de ces coups de poignard auxquels l'habitude nous a rendus tout à fait indifférents, et qu'on peut ranger aujourd'hui dans la classe des dénoûments heureux. Il n'est pas nécessaire de s'arrêter à montrer en détail cette différence générale qui sépare les Orestes modernes de ceux de l'antiquité. Tout le monde se rappelle l'Hamlet de Shakspeare et celui qu'en a tiré Ducis, la Sémiramis de Voltaire, les tragédies où le même poëte, et avant lui Crébillon, ont lutté sans trop de désavantage contre leurs modèles anciens; enfin l'ouvrage remarquable où Alfieri a su rajeunir un sujet usé, en y introduisant quelques créations nouvelles, dont s'est assez récemment enrichie la scène française [1].

La même cause a donné à tous ces ouvrages un caractère que n'ont pas les tragédies composées sur l'histoire d'Oreste par les poëtes anciens. Comme, dans les premiers, la fatalité n'exerce plus qu'une influence, pour ainsi dire, nominale et honoraire, que les passions humaines y agissent à peu près seules, et que de leur combat doit uniquement sortir le dénoûment qui s'accomplissait autrefois, sans beaucoup d'obstacles et de résistance, par le cours irrésistible de la destinée, ils sont plus vivement intrigués que ne pouvaient l'être les pièces d'Euripide, de Sophocle et d'Eschyle; il s'y engage entre les assassins et les vengeurs d'Agamemnon une lutte prolongée, dont les vicissitudes excitent à un plus haut degré l'attente et la surprise. On regagne ainsi d'un côté ce qu'on a pu perdre d'un autre : si la composition est moins grande, les émotions moins profondes et moins fortes, l'intérêt de curiosité remplace, par les mouvements tumultueux de la crainte et de l'espérance, ces prodigieux effets d'étonnement, de stupeur, d'effroi, de religieuse horreur, dont le cours du temps, le progrès des idées, les changements de l'art ont en partie dépouillé le sujet.

Et, en effet, ces différences que nous cherchons à marquer dans la conception et la conduite si diverses des ouvrages que la tragique histoire d'Oreste a inspirés aux poëtes anciens et modernes, ne sont autres que les différences mêmes qui distinguent nos théâtres du théâtre grec; elles tiennent à cette révolution dramatique qui, dès le temps de Sophocle et d'Euripide, n'a cessé de

---

1. Voyez plus loin, liv. III, chap. VII et VIII, la revue de ces pièces à l'occasion des *Électre* de Sophocle et d'Euripide.

remplacer progressivement l'empire fatal de la destinée par le jeu libre des caractères et des passions; la simplicité de la fable par la complication de l'intrigue; le développement calme et lent, l'intérêt, pour ainsi dire, contemplatif des situations, par l'entraînement d'une action rapide, par les vives émotions de la surprise, par l'attente curieuse et impatiente du dénoûment. Ce contraste entre les deux systèmes tragiques de l'antiquité et des temps modernes paraît frappant, lorsqu'il ressort, comme dans l'objet présent de nos recherches et de notre étude, par la ressemblance ou l'identité des sujets. Rien n'est plus propre à le mettre dans tout son jour, que *les Choéphores* d'Eschyle. Pour les deux *Électre* de Sophocle et d'Euripide, qu'il faut bien se garder de placer au même rang, que sépare la sublime beauté de la première et l'extrême infériorité de la seconde, elles ont, avec notre manière moderne, des traits de ressemblance que n'offre point l'ouvrage d'Eschyle : ces deux tragédies sont plus pathétiques que terribles; la sombre image de la fatalité, qui auparavant couvrait de son ombre effrayante le tableau tout entier, commence à s'y effacer et à laisser paraître davantage les touchantes figures d'Électre et de son frère; l'attention y est détournée de l'événement lui-même et attirée sur les personnages qu'un art nouveau a su placer dans des situations attendrissantes et d'un intérêt varié. L'œuvre d'Eschyle n'a point cette variété, ce mouvement, ce charme du sentiment et de la vie, cette couleur brillante et pure, cette expression tendre et pénétrante, c'est moins un tableau qu'un groupe de marbre arrêté, immobile, devant lequel restent glacés d'effroi et dans une muette stupeur les spectateurs qui le contemplent. Rien de plus simple que cette composition, en même temps rien de plus terrible; sous ce double rapport, c'est un type accompli de la tragédie primitive; on peut y étudier Eschyle tout entier : point d'événements, point d'action; une exposition et un dénoûment que séparent seulement les figures toujours plus vives et plus frappantes de l'idée, de l'idée unique, qui domine dans l'ouvrage ; le crime et le châtiment y sont sans cesse rappelés, sans cesse annoncés, perpétuellement opposés l'un à l'autre, sous des formes que le poëte renouvelle avec une admirable fécondité ; Agamemnon, tout mort qu'il est, et le Destin invisible, voilà les véritables personnages de ce drame singulier : ceux qui paraissent sur la scène n'en sont, pour ainsi dire, que les représentants ; l'imagination est emportée par l'essor rapide du poëte dans la sphère élevée d'où il regarde lui-même ces étonnantes aventures. Tout dans cette tragédie est donné à la terreur : c'est le seul sentiment qu'elle semble vouloir exciter ; et, toutefois, il n'était pas possible de traiter un sujet où les plus vives et les plus profondes affections de notre nature sont soulevées et mises en présence, sans que de leur lutte terrible il s'échappât quelque trait d'une expression douloureuse et déchirante. Ce genre de pathétique, d'autant plus puissant qu'il est plus rare et plus imprévu, est un des caractères particuliers du génie d'Eschyle. On pourrait comparer sa muse à ces statues des dieux qui, dans les superstitions antiques, si vivement reproduites par les poëtes, paraissaient quelquefois douées de sentiment et de vie ; qui pressentaient l'approche des grandes calamités, donnaient des marques visibles de douleur et d'effroi, tressaillaient sur leur base immobile, se couvraient d'une sueur glacée, et dont, selon l'expression d'un de nos tragiques[1], *les yeux d'airain pleuraient*. Le théâtre d'Eschyle nous offrirait un autre emblème de ces mouvements involontaires de douleur et d'attendrissement que laisse parfois éclater sa muse si terrible et si fière. Nous le trouverions dans ce tableau qu'il nous a retracé de la fureur belliqueuse des *Sept Chefs*, et dont les vers énergiques de Boileau, et plus récemment le crayon hardi de Flaxman et de Girodet, ont si bien traduit la sombre et sauvage beauté. Au moment même où ces guerriers furieux viennent de prononcer, *la main dans le sang*, ces serments effroyables qui

---

1. Lemercier, dans sa tragédie d'*Ophis*.

dévouent à la destruction la ville de Cadmus, ils se prennent d'une pitié subite à la pensée de leurs parents et de leur patrie, que peut-être ils ne reverront plus, et à qui ils adressent tendrement des gages de souvenir. Le poëte, par un retour imprévu et vraiment admirable, nous les représente tout à coup pleurant : quoique, dit-il, leur cœur de fer soit embrasé de l'ardeur de Mars; quoique leurs regards étincellent comme ceux d'un lion en fureur, et que nulle plainte ne sorte de leur bouche[1].

Il est temps de donner une idée plus précise de cette tragédie des *Choéphores*, dont j'ai cherché jusqu'ici à exprimer le caractère général[2], que j'ai comparée, sous quelques rapports principaux, avec les nombreux ouvrages où l'émulation des poëtes tragiques de tous les temps et de tous les pays n'a cessé de reproduire le sujet traité, peut-être pour la première fois, par Eschyle. Je n'aurai point de peine à en présenter l'analyse; c'est une des compositions les plus connues de son auteur; c'est celle qui a le plus souvent attiré l'attention des critiques, qui les a le plus souvent mis d'accord, malgré l'opposition de leurs théories, qui a été le mieux jugée par ceux-là mêmes à qui l'intelligence de ces antiques monuments de l'art ne paraît pas familière. Dès la première scène, elle nous montre sur le seuil du palais des rois d'Argos, au pied du tombeau d'Agamemnon[3], ce vengeur, dont, à la fin de la pièce précédente, le chœur menaçait Clytemnestre et Égisthe, et que les dieux ont amené pour exécuter son œuvre au jour marqué par leurs décrets. A cette

---

1. *Sept. adv. Theb.*, 49 sqq. Voyez, plus haut, p. 188.
2. Ce caractère général des *Choéphores* ne se retrouve pas plus dans le second acte de l'*Orestie* française, rappelée plus haut (p. 309), que celui de l'*Agamemnon* dans le premier. La pièce d'Eschyle n'y prête qu'un cadre, nécessairement trop étroit, à des situations, à des développements, renouvelés, quelquefois du reste heureusement, des deux *Électre* de Sophocle et d'Euripide.
3. Voyez Aristoph., *Ran.*, 1139 sqq. Il résulte de ce passage, comme l'a remarqué Stanley, que si nous avons perdu quelque chose du début des *Choéphores*, nous en avons du moins les premiers vers.

simple vue, tout le sujet est expliqué : c'est un exemple de plus de ces expositions vives et frappantes qui parlaient aux yeux avant de s'adresser à l'oreille. Peut-être l'exacte vraisemblance interdisait-elle à Eschyle de présenter ainsi, dans un même tableau, des objets qui n'étaient probablement pas réunis dans la réalité, ce palais habité par les assassins, ce tombeau où repose leur victime. Mais le poëte hardi qui, dans un premier ouvrage, avait hâté le cours des heures, pour opposer, par un rapide contraste, au triomphe d'Agamemnon, l'image de son trépas, crut pouvoir, dans celui-ci, disposer de l'espace aussi librement qu'il avait fait du temps, et rapprocher, par l'artifice de la perspective théâtrale, ce que sépare, il est vrai, la réflexion tranquille, mais ce que peut bien confondre, pour un instant, le prestige de l'illusion dramatique. Ainsi il trouva le moyen de rappeler, dès l'ouverture de son drame, à la pensée des spectateurs, sous des formes matérielles et sensibles, le souvenir du crime, sa longue impunité, l'approche du châtiment. Les premières paroles d'Oreste continuent cette exposition; elles nous apprennent le dessein qui le ramène dans sa patrie. Prosterné devant le tombeau de son père, il lui promet la vengeance, et, pour gage de sa tendresse filiale, il lui offre, selon l'usage, l'hommage de sa chevelure qu'il vient de couper et qu'il dépose sur le monument. Pendant qu'il s'occupe de ces soins religieux, il voit sortir du palais une troupe de femmes vêtues de deuil, et portant des vases pour les libations; c'est leur ministère qui donne à la pièce le nom de *Choéphores*, que je n'ai pas encore expliqué. Oreste comprend qu'elles viennent apaiser par un sacrifice les mânes de son père, et croit reconnaître, au milieu d'elles, à sa profonde tristesse, Électre sa sœur. Dans la surprise et dans l'attente où le jette ce spectacle, il s'écarte, avec Pylade, pour tout observer en silence.

Ici commence une scène d'une incomparable beauté, admirée par Racine, louée unanimement par les critiques, fort bien analysée et traduite assez heureusement par La Harpe, qui l'appelle justement grande et sublime. Ces femmes chargées d'offrandes funèbres, et qui sont, comme le font supposer plusieurs passages[1], des esclaves troyennes, s'avancent lentement vers le tombeau ; leur marche solennelle est marquée par des chants lugubres, où elles se plaignent de vivre sous le joug honteux des assassins d'Agamemnon, où elles rappellent la gloire et l'infortune de cet illustre roi, où elles expriment le sombre pressentiment du châtiment qui s'approche, où elles annoncent la tardive et inutile expiation qu'elles viennent, sous la conduite d'Électre, offrir, au nom d'une épouse coupable, à l'ombre de son époux trahi et massacré. Elles font vaguement connaître ce qui a troublé le cœur endurci de Clytemnestre, et cette révélation de ses terreurs, de ses visions effrayantes, semble dévoiler aux yeux la puissance vengeresse qui veille invisible sur les coupables, qui s'apprête à les frapper, et dont l'instrument est tout prêt. Citons quelques traits de cet admirable morceau :

« Dans ce palais a pénétré la Terreur, aux crins hérissés, au sommeil haletant et inquiet, aux visions prophétiques : du fond de l'appartement des femmes, elle a poussé, dans le silence de la nuit, un cri perçant. Les interprètes des songes, interrogés, ont annoncé, ont affirmé, de la part des dieux, que ceux qui sont sous la terre s'indignent contre leurs assassins et demandent vengeance[2]. »

Au milieu de ces strophes sublimes, où l'horreur du crime et l'attente certaine et infaillible du châtiment sont si énergiquement exprimées, on rencontre une expression, reproduite plus loin[3], et qui s'est retrouvée bien des siècles après sous la plume de Shakspeare, lorsqu'il peignit les remords de Macbeth[4] :

« Tous les fleuves réuniraient leurs eaux, qu'ils ne pourraient laver la tache d'une main parricide. »

1. V. 68 sq., 922. Cf. Euripid., *Electr.*, 992; Hom., *Iliad.*, II, 226.
2. V. 29 sqq. — 3. V. 65 sq., 511. C'est une allusion aux purifications des anciens. Cf. *Eumen.*, 446.
4. Acte II, sc. I et acte V, sc. I. Il semble affectionner cette image : on la retrouve dans son drame, *Beaucoup de bruit pour rien*, acte IV, sc. I. Leonato dit de sa fille, qu'il croit criminelle : « Tous les flots de

Électre a jusqu'à présent gardé le silence. Nous savons déjà, par de nombreux exemples du même artifice[1], qu'Eschyle aimait à préparer ainsi le rôle d'un personnage important. Cette ruse de composition dramatique, d'un effet sûr et frappant, est ici aussi bien placée qu'il est possible. Tant qu'a duré la marche du chœur vers le tombeau, Électre a dû se taire et laisser parler la douleur de ses compagnes : il est naturel qu'elle ne prenne la parole que lorsqu'elle arrive près du monument, et que le moment est venu d'offrir aux mânes de son père l'hommage que lui adressent les remords et les terreurs de sa coupable mère. La Harpe remarque fort judicieusement tout ce qu'il y a d'heureux dans cette fiction, imitée depuis par les successeurs d'Eschyle, et dont on peut faire honneur à l'imagination de ce créateur de l'art, de ce père de la tragédie. « Clytemnestre, dit-il, n'ose se présenter devant la tombe d'Agamemnon, qu'elle profanerait par sa présence. Elle envoie sa fille, qui est innocente et qui doit être chère à son père.... » Celle-ci hésite à accomplir l'ordre qu'elle a reçu; et son incertitude offre une nouvelle explication de son long silence. Elle demande conseil aux esclaves qui l'accompagnent et qui partagent ses sentiments :

« En répandant sur cette tombe ces libations, quel langage me permet la piété? en quels termes invoquer mon père? Lui dirai-je que je viens vers un époux chéri de la part de sa tendre épouse? Non, je n'en ai point le courage. Je n'ai point de paroles pour accompagner une telle offrande à la tombe paternelle. Le prierai-je de récompenser, selon les lois de la justice, ceux qui lui envoient ces présents, de payer dignement leurs forfaits? Dois-je enfin, me souvenant de l'indigne mort que reçut mon père, répandre sans honneur et en silence cette liqueur, et quand la terre l'aura bue, fuir, comme dans les sacrifices expiatoires, en jetant derrière moi le vase sans détourner les yeux[2]?... »

« Si Électre balance, dit encore La Harpe, à implorer

l'Océan entier ne pourraient pas la laver, ni tout le sel qu'il contient rendre la pureté à sa chair corrompue. » Ici, comme dans *Macbeth*, le mauvais goût se mêle à l'énergie de l'expression.
1. Voyez, plus haut, p. 226, 263, 323. — 2. V. 81-93.

l'ombre d'Agamemnon et à maudire ses assassins, c'est qu'elle est bien sûre que sa prière ne sera point vaine, qu'elle sera entendue des dieux infernaux, et qu'ils se chargeront de l'exaucer.... Parmi nous, ajoute-t-il, elle balancerait moins à prononcer des malédictions, dont l'effet ne nous paraîtrait pas devoir être si prompt et si infaillible, et qui d'ailleurs semblent être le cri naturel des opprimés et la consolation de l'impuissance.... » Ces observations, conformes aux idées de l'antiquité, expliquent très-bien l'esprit de cette belle scène, dont l'issue inattendue fait *d'un sacrifice expiatoire une invocation de vengeance et de haine.*

Tandis qu'Électre arrose, avec des vœux si terribles, le tombeau de son père, elle aperçoit les cheveux qu'y a déposés son frère : aucun Argien n'aurait osé apporter en ce lieu redoutable une pareille offrande ; on ne peut présumer qu'elle vienne de Clytemnestre ; Électre en conclut que c'est un don d'Oreste, et la ressemblance qu'elle remarque entre ces cheveux et les siens la confirme encore dans cette pensée toute naturelle qui remplit son cœur de surprise et de joie, d'espérance et de crainte. A cet indice, suffisant peut-être, le poëte en a joint un second, assez inutile et malheureusement inventé. Il suppose qu'Électre distingue sur le sable, autour du tombeau, des traces qui se rapportent exactement à celles de ses pieds, et ce nouveau trait de ressemblance, certes bien accidentel et bien indifférent, suffit presque pour la convaincre qu'Oreste est encore vivant et a revu sa patrie. Au milieu du trouble où la jette cet espoir imprévu, son frère se présente tout à coup à ses yeux, et achève de se faire reconnaître d'elle en lui montrant un vêtement, un tissu, ὕφασμα (le mot grec est assez vague[1], et a fort tourmenté les critiques), qu'elle a autrefois travaillé de ses mains, et qu'il a conservé jusqu'à ce jour.

On a blâmé cette scène, qui, dans l'origine, parut

---

1. V. 225.

probablement vive et frappante. Je ne m'arrêterai pas beaucoup à la ridicule censure de Dacier, dont Brumoy a fait justice. Ce timide commentateur d'Aristote, attaché à la lettre de la Poétique, mais fort étranger à son esprit comme à celui de la poésie dramatique, condamne la reconnaissance que nous venons de rappeler, et pourquoi? *parce qu'elle est trop éloignée de la péripétie*, ce qui aurait quelque sens, si c'était par cette reconnaissance que s'opérât le dénoûment; mais il n'en est pas ainsi, et Dacier, tout savant qu'il est, prononce ici, avec emphase, de grands mots qu'il n'entend guère. Mieux vaudrait un peu moins de science, et un sentiment plus vrai de la poésie. Il se montre en même temps beaucoup plus délicat qu'il n'appartient à un adorateur si superstitieux de l'antiquité, lorsqu'il se révolte contre la simplicité de cette scène, et qu'avec la rudesse d'un commentateur en colère, il l'accuse de *grossièreté*. C'est à des juges plus compétents de la beauté poétique qu'il faut aller demander leur opinion sur cette reconnaissance. Elle ne peut, il faut en convenir, nous satisfaire beaucoup, nous qui avons présentes à la pensée les admirables scènes que Sophocle, Crébillon et Alfieri ont tirées depuis d'une situation si dramatique. Leurs pathétiques développements doivent aujourd'hui nous faire trouver la scène d'Eschyle trop brusque, trop précipitée. Mais souvenons-nous, pour être justes, que le point de vue sous lequel le poëte avait saisi son sujet, et que nous avons suffisamment indiqué, ne lui permettait guère de s'arrêter à peindre avec détail les douleurs et la joie du frère et de la sœur, de les retenir longtemps en présence l'un de l'autre dans cette attente, dans cette incertitude pénibles, et toutefois attachantes, d'où le spectateur désire et craint tout ensemble de les voir sortir, que sa pitié voudrait abréger, mais qu'il prolongerait volontiers dans l'intérêt de son plaisir. Eschyle, l'imagination sans cesse obsédée de ce double parricide, dont il reproduit à chaque instant le souvenir et l'annonce, Eschyle, qui marche sans s'arrêter, sans se détourner, vers le terrible but qu'il nous a montré d'avance, ne s'engage point dans cette voie pathétique, où s'est complu le génie de ses successeurs. Peut-être doit-on l'accuser de quelque froideur, de quelque invraisemblance. L'Oreste de Sophocle et de Crébillon, qui veut se cacher à sa sœur, ne peut résister aux larmes qu'il lui voit répandre et se découvre à elle, malgré le soin de sa sûreté, l'intérêt de son entreprise et la défense des dieux. L'Électre d'Alfieri reconnaît son frère à la fureur dont le remplit la vue du tombeau d'Agamemnon. La reconnaissance s'accomplit chez Eschyle par un ressort qu'indique, il est vrai, Aristote[1], en citant cette même scène, mais qu'il place, parmi les moyens qu'il recommande, dans un rang inférieur, par le raisonnement. La passion, on le conçoit, a quelque chose de plus entraînant, de plus puissant sur le cœur, et Eschyle devait, par le choix seul de ses armes, être vaincu dans cette lutte, quand bien même le raisonnement qu'il prête à son Électre eût été plus concluant. Ce défaut n'avait point échappé aux anciens, malgré leur admiration pour l'œuvre sublime d'Eschyle. Les Nuées[2] d'Aristophane en contiennent une critique, et aussi, il y a lieu de s'en étonner, l'*Électre* d'Euripide, qui n'a pas craint de mettre, dans sa tragédie, une satire littéraire qu'un auteur moderne eût placée tout au plus dans sa préface ou dans ses notes, peut-être dans un feuilleton. Mais alors un feuilleton, des notes, une préface étaient choses inconnues; la critique s'exerçait, non pas dans des journaux, dans des livres, mais sur la scène elle-même; c'était le ministère des poëtes comiques, usurpé, en cette circonstance, par la tragédie, contre toutes les lois de l'art assurément, mais dans l'intérêt d'une passion qui ne consulte guère les règles et les convenances, dans l'intérêt de la vanité blessée. Depuis longtemps les comiques, et particulièrement Aristophane, pour rabaisser Euripide, opposaient à sa jeune renommée la vieille gloire d'Eschyle. Euripide se trouvait dans la situation

---

1. *Poet.*, XVI. Cf. XI. — 2. V. 525.

violente où fut chez nous Voltaire, quand une cabale ennemie entreprit de le faire descendre au-dessous de Crébillon. Voltaire se vengea de la haine et de l'envie qui se cachaient sous le masque honnête de l'admiration, en décriant autant qu'il était en lui l'objet de ce culte hypocrite. Dans un prétendu éloge du vieux poëte, qu'on affectait de lui donner pour rival et pour maître, il censura sévèrement ses ouvrages : il fit plus : il les recommença, et, heureux dans la plupart de ces entreprises hasardeuses, il brisa ainsi l'idole sur l'autel même où on l'avait consacrée. Toutefois il est resté quelque chose de ses débris, et, tout mutilés qu'ils sont par la critique, ils demeurent encore d'impérissables monuments de l'art. C'est, sous des noms modernes, l'histoire d'Eschyle, d'Aristophane et d'Euripide. Il est assez curieux de retrouver, à tant de siècles de distance, les mêmes passions, les mêmes talents, le même mélange de grandeur et de petitesse, et, pour compléter la ressemblance, dans la même carrière, celle du théâtre, à l'occasion de pièces tirées des mêmes sujets. C'est un exemple frappant de la perpétuité de nos travers ; et si nous sommes d'abord humiliés d'en voir la tradition si fidèlement conservée, notre orgueil peut se consoler en pensant que nous n'avons pas été moins fidèles aux traditions du génie et de la gloire. Comme Voltaire, Euripide se fâcha contre ses censeurs ; comme lui, il critiqua et refit les ouvrages du poëte dont on relevait l'antique renommée pour en accabler la sienne. Malheureusement il réunit cette double tâche, que Voltaire a plus judicieusement divisée ; mêlant, dans une même œuvre, la tragédie à l'épigramme, il s'exposa au danger de manquer à la fois les deux succès auxquels il avait prétendu. Son pathétique et ses plaisanteries devaient se nuire mutuellement, et c'était beaucoup exiger du public que de prétendre qu'il s'abandonnât aux impressions de la tragédie, et qu'en même temps il en détournât sa pensée pour s'occuper de la manière plus ou moins imparfaite dont un autre avait, auparavant, traité le même sujet. Il n'est pas au pouvoir de l'imagination la plus complaisante de suivre à la fois des directions si contraires, et le génie même du poëte, quelle que fût la vivacité de son enthousiasme et de son ressentiment, n'aurait pu les concilier. Euripide est resté dans son *Électre* au-dessous d'Eschyle et de lui-même, quoiqu'on y rencontre quelques traits de ce pathétique entraînant qui fait le charme principal de sa poésie, et qu'il ait eu la bonne ou mauvaise fortune d'y être aussi plaisant qu'Aristophane. Qu'on me permette de citer cette scène de parodie, unique peut-être dans l'histoire du théâtre, et dont on ne trouverait tout au plus un autre exemple que chez le même auteur. Traitant dans ses *Phéniciennes* le sujet des *Sept Chefs devant Thèbes*, il s'était moqué de la longue description que fait, dans l'ouvrage de son devancier, des généraux de l'armée assiégeante, l'espion qui vient annoncer leur approche au roi thébain Étéocle. Il n'avait pas manqué de reproduire exactement la même situation, pour que son Étéocle pût dire :

« Je vais faire le tour des remparts, et placer à chacune de nos sept portes un commandant égal en valeur au chef qui doit l'attaquer. Vous les nommer ici, tandis que l'ennemi est sous nos murs, ce serait perdre un temps précieux [1].... »

On ne pouvait railler plus finement l'étendue démesurée des détails épiques où s'engage Eschyle dans ce passage fameux, qui ressemble plus à un chant d'Homère qu'à une scène de tragédie. Mais ce n'était là qu'un trait de satire décoché en passant. Dans *Électre*, c'est bien autre chose : c'est une parodie complète de la scène de reconnaissance qui nous occupe en ce moment.

Le poëte suppose qu'un vieillard qui a élevé l'enfance d'Oreste, vient trouver Électre sa sœur : nous dirons ailleurs à quelle occasion [2]. Électre remarque sur sa figure des marques visibles de douleur ou d'attendrissement ; elle lui en demande la cause, et celui-ci lui apprend

1. V. 748 sqq. — 2. Liv. III, chap. VIII.

qu'ayant été visiter le tombeau d'Agamemnon, il y a trouvé les traces récentes d'un sacrifice, et, ce qui le surprend davantage, des boucles d'une chevelure blonde, offertes aux mânes de l'ancien roi d'Argos. Là-dessus s'engage, entre les deux personnages tragiques, ce comique dialogue :

LE VIEILLARD.

Qui peut avoir porté de tels dons sur son tombeau ?... Serait-ce votre frère ?... Considérez ces cheveux ; approchez-les des vôtres ; voyez s'ils sont de la même couleur. Les enfants d'un même père, qu'un même sang a fait naître, offrent d'ordinaire des traits frappants de ressemblance.

ÉLECTRE.

Ce discours, ô vieillard, est peu digne de votre sagesse. Pensez-vous que mon frère ait si peu de courage, que, revenu en ce pays, la crainte d'un Égisthe l'oblige à se cacher? Pourquoi d'ailleurs ces cheveux ressembleraient-ils aux miens? Les uns sont ceux d'un homme, nourris comme lui parmi de mâles exercices ; les autres, ceux d'une femme qui a pris soin de leur beauté. La chose n'est donc pas possible, et, quand elle le serait, beaucoup ont des cheveux semblables, qui pour cela ne sont pas du même sang.

LE VIEILLARD.

Venez du moins, ma fille, poser vos pieds sur l'empreinte des siens, afin de voir s'ils sont de mesure pareille!

ÉLECTRE.

Comment ses pas auraient-ils laissé quelques vestiges sur ces rochers! et cela fût-il, comment imaginer que les pieds d'un frère et d'une sœur puissent être également grands[1] !

---

1. A ces critiques spirituelles, dont personne encore n'avait appelé, l'auteur de l'*Orestie* française, citée précédemment (p. 309, 341), semble avoir voulu répondre par une scène (II, 6), où, revenant aux signes de reconnaissance imaginés par Eschyle, il y a insisté, bien plus encore que le vieux poëte :

. . . .
ÉLECTRE.
Voyez, mes sœurs, voyez, chose plus précieuse,
Non-seulement des fleurs, mais encor des cheveux !
UNE JEUNE FILLE.
Les enfants éplorés sur la tombe d'un père,
Les épouses en deuil au tombeau d'un époux,

LE VIEILLARD.

Mais si Oreste était en ces lieux, ne pourriez-vous pas reconnaitre la robe tissue de vos mains dont il était vêtu quand je le dérobai à la mort?

ÉLECTRE.

Ignorez-vous donc, ô vieillard, que j'étais encore enfant lorsque Oreste fut enlevé? Mais quand il serait possible que je lui eusse tissé une robe dans un âge si tendre, pourrait-il la porter encore aujourd'hui, à moins toutefois qu'elle n'eût grandi avec son corps [1]....

Toutes ces critiques ne sont pas justes, mais quelques-unes le sont, et la forme en est piquante. Les Athéniens purent dire d'Euripide à peu près ce que Caton dit un jour

La sœur désespérée au sépulcre d'un frère,
Offrent seuls leurs cheveux, don le plus saint de tous.

ÉLECTRE.

Regardez!... ces cheveux sont blonds, prodige étrange !
Blonds comme les cheveux de mon frère et les miens.
Enfants, nous les tressions, tendre et charmant mélange !
Et nul ne distinguait alors les miens des siens.

Voyez, avec ceux-ci formant une couronne,
Je présente à vos yeux un mélange pareil;
Sont-ils plus ressemblants sur le front de l'automne,
Deux blonds épis dorés par le même soleil ?

. . . .
Attendez! sur le sable il a laissé peut-être
L'empreinte de son pas, le pieux visiteur ?

. . . .
Hélas ! quand autrefois nous courions dans la plaine,
Mon cher Oreste et moi, nous tenant par la main,
Et qu'au but arrivés, ayant repris haleine,
Nous repassions tous deux par le même chemin,

De mes pas et des siens l'enfant cherchant l'empreinte,
S'amusait à marcher sur nos traces ployé,
Et pressant le terrain d'une nouvelle étreinte,
Dans le contour du mien il appuyait son pied.

Et ce nouvel effort sur l'argile et le sable,
Dans le moule étranger marquait aussi le sien,
Seulement, plus petit, mais en tout point semblable,
Il était debordé par le contour du mien.

Maintenant, s'il vivait, c'est moi qui sur sa trace,
Comme il faisait jadis, marcherais à mon tour,
Et verrais, dénonçant une commune race,
Son pied grandi du mien dérober le contour !

(*Mesurant son pied dans la trace laissée par le pied d'Oreste.*)

O prodige ! mes sœurs, cette forme est la même !
J'hésitais.... maintenant mon doute est éclairci,

---

1. V. 511-540.

de Cicéron, après une plaidoirie fort enjouée, où le grave consul s'était un peu trop égayé aux dépens du philosophe stoïcien : « En vérité, nous avons là un poëte tragique fort plaisant. »

Nous revenons de loin en rentrant dans cette scène d'Eschyle, dont le début est peut-être un peu faible, mais qui se termine par des développements d'une éloquence vraiment admirable. Après les premiers transports de leur joie, le frère et la sœur s'excitent mutuellement à la vengeance, s'encouragent au parricide, par le souvenir du trépas de leur père, qu'ils se retracent sous les images les plus vives et les plus frappantes. Les beaux vers que Crébillon met dans la bouche de son Palamède, et qui sont gravés dans toutes les mémoires, n'approchent cependant pas, malgré leur énergie, du sombre et effrayant tableau que peint ici à grands traits le génie d'Eschyle, sans rival dans ce genre d'expression. Le crime de Clytemnestre s'y reproduit de nouveau à l'imagination des spectateurs et presque à leurs sens épouvantés : le poëte montre à leurs yeux et fait retentir à leurs oreilles les coups forcenés sous lesquels succomba Agamemnon. Enivrés tout ensemble de douleur et de rage, ses malheureux enfants, dans une sorte de *duo* terrible, appellent à grands cris le châtiment sur la tête des coupables; ils acceptent avec une sorte de joie féroce, qui fait frémir, l'horrible ministère que leur confie la pitié du Destin, et il semble que nous les voyions recevoir, de ses mains in-

C'est le pied de mon frère. O justice suprême !
Oreste n'est pas mort ! Oreste....

ORESTE.

Me voici !

☞ Une autre apologie, c'est celle d'un ingénieux imitateur du théâtre g ec, M. Magne (*Anthologie dramatique du théâtre grec*, ou Recueil des plus belles scènes d'Eschyle, de Sophocle et d'Euripide, traduites en vers français, Paris, 1846). Il remarque (p. 90) qu'Eschyle semble avoir été au-devant des critiques qu'on pourrait faire de sa reconnaissance, par ces paroles d'Oreste, v. 219 sqq. :

« Tu me vois, et me méconnais; et tout à l'heure trouvant sur ce tombeau des cheveux semblables à ceux de ta tête, mesurant tes traces aux miennes, tu étais transportée de joie et croyais me voir. »

flexibles, le glaive dont un fils va tout à l'heure frapper une mère[1].

Nous ne sommes séparés de ce dénoûment, mis en action par la hardiesse du poëte, et auquel ses habiles préparations ont su accoutumer la pensée, que par des chants où, à plusieurs reprises, le chœur l'appelle, le célèbre d'avance; que par quelques scènes d'une grande familiarité, et qui, à part certains détails, offriraient peu d'intérêt, si l'on n'y trouvait quelque chose d'absolument nouveau chez Eschyle. Cette nouveauté, restée unique dans son théâtre, du moins dans ce que nous en avons, c'est un commencement d'intrigue dont se sont heureusement emparés, pour le développer, ceux qui l'ont suivi, en traitant le même sujet : elle est, il importe de le remarquer, le premier pas fait par l'art dramatique des Grecs, d'une fable sans action, sans péripéties, vers une autre plus étendue, plus variée, plus attachante, de la tragédie *simple* vers la tragédie *implexe*.

Oreste, qui, en présence du chœur, ce discret confident de tous les secrets de la tragédie[2], a fait part à Électre de ses desseins, qui même, chose étrange pour nous, mais ordinaire dans ce théâtre, où l'on ne se piquait point encore, il me faut souvent le répéter, d'exciter la curiosité, l'attente, la surprise, n'en a rien caché aux spectateurs, Oreste reparaît, comme il l'avait annoncé, avec Pylade, tous deux en costume de voyageurs. Il frappe à la porte du palais qu'il a bien de la peine à se faire ouvrir, et, reçu, en l'absence d'Égisthe, par Clytemnestre, lui conte fort naturellement la fable que, par malheur, nous savons déjà. Venant de Phocide, dit-il (est-ce, ainsi qu'il se le proposait[3], pour plus de vraisemblance, avec l'ac-

---

1. Voyez dans un ouvrage déjà cité plus haut, p. 190, dans le *Cours de littérature dramatique* de M. Saint-Marc Girardin, t. II, p. 83 et suiv., un beau commentaire de cette scène. Le judicieux et éloquent critique, occupé surtout *de l'usage des passions dans le drame*, s'applique à montrer comment Eschyle, tempérant l'horreur par la pitié, a mêlé à des éclats d'indignation et de haine, à des souhaits de vengeance, de l'accent le plus énergique, l'expression touchante de l'amour fraternel.
2. Horat., *ad Pison.*, 200. — 3. V. 554 sq.

cent phocéen?), il a appris, en route, d'un étranger qu'il a su être Strophius, la mort d'Oreste, et s'est chargé d'en informer ses parents, comme aussi de savoir d'eux s'ils souhaitent qu'on leur envoie sa cendre. A cette nouvelle, qu'Électre accompagne des démonstrations assez froides d'une douleur simulée, Clytemnestre reste impassible; elle cache sa secrète joie sous un air de décente résignation, un grand empressement à s'occuper de ses hôtes et à faire avertir Égisthe. Bientôt passe le messager qu'elle lui envoie, et que le poëte lui a fait bien cruellement, mais bien heureusement choisir; car, ce messager, c'est la nourrice même d'Oreste, Gilissa ou Cilissa, dont Pindare se souvenait vers le même temps, et qu'il nommait Arsinoé[1]. Tout en marchant, elle pleure son cher nourrisson : avec une familiarité que n'égale point celle de Phénix chez Homère[2], et qui fait de ce personnage le parfait modèle de la *sedula nutrix* dont parle Horace[3], dans des discours merveilleusement confus et prolixes, elle s'entretient, sans rien omettre, des soins qu'elle lui a autrefois prodigués si vainement : aucun ne lui est indifférent; aucun ne rebute la naïveté hardie de la muse d'Eschyle, qui, dans la douleur complaisamment exprimée de cette bonne nourrice, trouve le sujet d'un contraste piquant avec l'insensibilité de la véritable mère[4]. Le chœur, qui retient un moment Gilissa, relève un peu son courage par des demi-confidences, et lui fait comprendre qu'elle ne doit s'acquitter qu'à moitié de sa commission, et se garder de dire à Égisthe, comme on le lui a recommandé, de venir avec ses gardes. Il vient seul, en effet, moins satisfait qu'on ne s'y attend, d'un événement qui peut ajouter à la haine publique,

---

1. *Pyth.*, XI, 26 sqq. Voyez plus haut, p. 327, note 5. — 2. *Iliad.*, IX, 482 sqq. — 3. *Ad Pison.*, 116.
4. Ces deux sortes de mères sont au contraire rapprochées, mises presque au même rang par Plaute dans ces vers charmants (19 sqq.) du prologue de ses *Ménechmes* :

> Ita forma simili pueri, uti mater sua
> Non intergnosse posset, quæ mammam dabat;
> Neque adeo mater ipsa, quæ illos pepererat.

doutant de sa réalité, impatient de s'en éclaircir. A peine est-il entré dans le palais, que l'événement se précipite. Nous y avons été préparés par ces terribles paroles d'Oreste :

« Si je passe une fois le seuil de cette porte, sachez-le bien, que je trouve Égisthe assis sur le trône de mon père ou qu'il vienne plus tard vers moi pour me voir et m'interroger, avant qu'il ait pu me dire : D'où êtes-vous, étranger ? je l'étendrai mort à mes pieds d'un coup rapide de ce glaive [1].... »

Égisthe vient d'être égorgé ; ses cris de détresse ont pénétré jusque sur la scène, et y ont été recueillis par le chœur, avec une joie, une avidité fort naturellement mêlées d'un mouvement involontaire de crainte personnelle [2]. Remarquons, en passant, ce nouvel exemple [3] de l'art d'Eschyle et des autres tragiques grecs, à marquer le personnage abstrait et général du chœur de quelques traits plus individuels, expression presque satirique, presque comique des travers de la foule, qui le font descendre par moments, des hautes régions morales où il habite, en quelque sorte sur la terre. « Les acteurs de la scène, dit Aristote [4], représentent des héros ;... le chœur c'est le peuple, de simples mortels. A ce personnage conviennent... les traits de l'humanité [5]. »

Bientôt le palais se remplit de trouble et de tumulte. Qu'on se figure Clytemnestre sortant, aux cris de ses serviteurs, de l'appartement des femmes, égarée, échevelée, la terreur peinte sur la figure, mais conservant encore quelque chose de son audace, et demandant une hache pour se défendre contre ses ennemis ! Qu'on se représente, d'un autre côté, Oreste paraissant tout sanglant, le glaive à la main, altéré de vengeance ! Quel moment d'attente et d'effroi ! Quel terrible entretien va commencer entre ces deux personnages qui s'abordent, frémissant de fureur et

---

1. V. 562 sqq. — 2. V. 859 sqq. — 3. Voyez plus haut, p. 202, 325.
4. *Problem.*, XIX, 40. Cf. E. Egger, *Essai sur l'histoire de la critique chez les Grecs*, etc., p. 409.
5. Ἄνθρωποι, ἀνθρώπικά.

d'épouvante! Quelles étonnantes paroles vont sortir de leur bouche!

Une foule d'idées et de sentiments s'offraient au poëte qui entreprenait d'être leur interprète; le souvenir d'un père trahi et assassiné, d'une enfance abandonnée et condamnée à l'exil, d'un trône envahi et partagé avec un meurtrier; les prières sacrées d'une mère, ses excuses, ses malédictions; et enfin l'idée de la fatalité qui préside à cet affreux sacrifice. Toutes ces idées, tous ces sentiments devaient être exprimés et ne pouvaient cependant se développer beaucoup au milieu d'un mouvement si tumultueux; il fallait qu'ils s'échappassent du cœur avec violence, qu'ils se produisissent sous une forme énergique et rapide : à quel effort de talent se condamnait le poëte qui osait aborder une telle situation!

Eschyle n'est point resté inférieur à sa tâche; son dialogue est vraiment incomparable pour la vigueur et la brièveté du trait. Il n'a du reste rien de semblable aux scènes de Sénèque, qui paraissent se recommander par un mérite pareil. Ce ne sont point ici des antithèses artistement distribuées, une lutte de maximes, un cliquetis de sentences, une escrime de rhéteur : c'est un combat véritable, combat à mort entre les sentiments les plus opposés et les plus respectables. Il s'agit de savoir qui triomphera de la mère ou du fils, de la vengeance la plus sainte, ou des plus saints devoirs de la nature que cette vengeance outrage.

La scène commence de la manière la plus vive. Point d'explication, point de reconnaissance. Clytemnestre doit avoir et a en effet tout compris; son fils ne lui adresse qu'un vers terrible par sa concision, et qu'il faut rendre littéralement, pour en faire sentir toute la force :

« Vous aussi, je vous cherche; quant à lui, c'en est fait [1]. »

Personne ici n'est nommé, ni Clytemnestre, ni Oreste, ni Égisthe; et cependant quelle effrayante clarté!

1. V. 879.

Les regrets que Clytemnestre donne à Égisthe redoublent la rage d'Oreste ; elle s'exprime par cette ironie, sous laquelle se cachent les plus violentes passions :

« Vous l'aimez encore ! eh bien, vous reposerez avec lui dans le même tombeau, et jusqu'après sa mort vous lui serez restée fidèle [1]. »

A ces mots, la mère éperdue arrête le glaive prêt à la frapper, par un geste et par des paroles que Ducis semble avoir traduits dans son Hamlet [2] :

Je verrai donc ma mère embrassant mes genoux,
Suspendant par ses pleurs mes parricides coups,
Me dire : « Cher Hamlet, daigne encor me connaître :
Épargne au moins, mon fils, le sang qui t'a fait naître,
Le sein qui t'a conçu, les flancs qui t'ont porté....

Cette prière pathétique ne perd rien à sortir d'une bouche si criminelle ; on ne peut l'entendre sans émotion ; il n'y a pas d'entrailles humaines qui n'en fussent troublées : Oreste n'y résiste point, il se détourne, et dit à Pylade, comme l'Hamlet de Ducis à l'ombre irritée de son père [3] :

« Pylade ! que ferais-je ? je ne saurais tuer une mère [4]. »

Ainsi Clytemnestre, qui témoignait tant d'audace, ne trouve point de défense contre son fils irrité et prêt à punir ; elle ne peut que tomber à ses pieds et lui présenter son sein maternel : Oreste, qui dans sa fureur allait l'immoler, passe tout d'un coup à la pitié. Quelle succession de sentiments, et cela dans huit vers ! Où trouverait-on un autre exemple de cette énergique rapidité ?

Pylade rappelle à son ami les ordres des dieux [5], et cet

---

1. V. 881. — 2. Acte II, sc. v. — 3. Acte IV, sc. iii. — 4. V. 886.
5. En trois vers seulement (887-889) qui composent tout son rôle. God. Hermann (*de Eschyl. Psychostasia ; Opusc.*, t. VII, p. 347) conjecture, un peu gratuitement peut-être, que ces trois vers étaient prononcés, comme nous dirions, *dans la coulisse*, par Pylade, témoin invisible de la scène, et il croit que de cette manière ils devaient produire plus d'effet, sembler l'arrêt, la voix de la destinée elle-même. M. Niccolini, dans sa dissertation déjà citée (p. 336), paraît se ranger à cette opinion.

encouragement atroce, qui nous révolte avec raison, était sans doute adouci, pour les contemporains d'Eschyle, par les idées religieuses, du reste si étranges, qui se mêlaient à un pareil sujet. Il est probable qu'il y avait ici une pause pendant laquelle Oreste reprenait ses esprits, et revenait à ses premiers sentiments. Son langage est moins véhément et plus grave; l'acte de vengeance forcenée qu'il allait commettre, il veut maintenant l'accomplir comme un sacrifice : avec un calme cent fois plus terrible que n'était sa fureur, il annonce à sa mère l'irrévocable arrêt : il va, dit-il, l'immoler dans le palais, sur le corps de son complice. C'est ainsi qu'Eschyle, qui s'est avancé jusqu'aux dernières limites de la terreur, s'arrête cependant, épouvanté lui-même de son dénoûment, et nous en épargne du moins la vue ; il ne nous montre qu'Oreste, qui entraîne sa mère après cet échange rapide de répliques pathétiques et terribles :

CLYTEMNESTRE.

Je t'ai nourri ; laisse-moi vieillir.

ORESTE.

Auprès de moi, vous, qui avez tué mon père !

CLYTEMNESTRE.

La faute, mon fils, est au Destin.

ORESTE.

Le Destin aussi a décidé votre mort.

CLYTEMNESTRE.

Crains les imprécations d'une mère, ô mon fils !

ORESTE.

Votre fils ! vous l'avez rejeté, précipité dans l'infortune.

CLYTEMNESTRE.

Oh ! non ; mais envoyé dans une maison amie.

ORESTE.

On m'a vendu, doublement vendu, moi, le fils d'un père libre.

CLYTEMNESTRE.

Eh ! quel prix m'en est revenu ?

ORESTE.

Je rougirais de le dire[1].

CLYTEMNESTRE.

Dis; mais les torts de ton père, il faut les dire aussi[2].
. . . .
Mon fils, tu veux donc tuer ta mère ?

ORESTE.

C'est par vous, non par moi, que vous périssez.

CLYTEMNESTRE.

Songe aux chiens vengeurs d'une mère.

ORESTE.

Et ceux d'un père, où les fuir, si je l'oublie?

CLYTEMNESTRE.

En vain je pleure, je supplie, vivante encore ; c'est parler à la tombe.

ORESTE.

Le destin de mon père a réglé votre sort.

---

1. Dans l'*Agamemnon*, v. 854 sqq., un des premiers soins de Clytemnestre, lorsqu'elle va recevoir son époux revenant de Troie, est de lui expliquer l'absence de leur fils Oreste. Elle l'a, dit-elle, par le conseil de Strophius de Phocide, envoyé près de ce prince, leur hôte, pour le soustraire aux dangers qu'il aurait pu courir, s'il fût arrivé malheur à son père et que le peuple se fût soulevé : elle l'a en réalité, soit pour complaire à son amant, soit pour se soustraire elle-même au muet reproche de son adultère, exilé de la maison paternelle et de la patrie (*Agamemn.*, 1254, 1537, 1640), réduit à vivre chez les étrangers, dans un état de dépendance qu'Oreste assimile ici à l'esclavage. C'est peut-être cette assimilation, dont on trouve dans le théâtre grec d'autres exemples (voyez Soph., *Ajax*, 1016 sq.; Eurip., *Phœniss.*, 301 sq., 395), qui avait fait donner par un tragique latin, Pacuvius, à une tragédie sur Oreste, le singulier titre de *Dulorestes*, δοῦλος Ὀρέστης.

2. Voici qui peut donner une idée de la difficulté d'assigner aux imitations de la tragédie latine leur véritable modèle. On a cru quelquefois retrouver cette réplique de Clytemnestre dans un des vers conservés de la *Clytemnestre* d'Attius (voyez plus haut, p. 307, 320 sq) :

Matrem ob jure factum incilas, genitorem injustum adprobas.

D'autres ont regardé comme plus probable que le vers d'Attius provient de cette scène de l'*Agamemnon* où Clytemnestre, repoussant les reproches des Argiens, récrimine contre son époux. Voyez *Agamemn.*, v. 1384 sqq.; et, plus haut, p. 327.

CLYTEMNESTRE.

Hélas ! c'est bien un serpent que j'ai nourri ! Il n'était que trop vrai, mon effroyable songe !

ORESTE.

Ce que vous avez fait vous-même, c'est votre tour de le souffrir [1].

Quand on lit cette scène affreuse et sublime cependant, on ne trouve pas qu'un critique étranger [2] ait rien exagéré, en disant d'Eschyle, éloquemment, « qu'il découvre la tête de Méduse aux spectateurs saisis d'effroi. »

La même situation a été plusieurs fois reproduite par les modernes. Shakspeare le premier a, comme Eschyle [3], osé mettre en présence la mère et le fils. Dans une scène dont les bizarreries n'effacent pas la beauté, il nous a montré Hamlet qui s'enferme avec la reine Gertrude pour lui reprocher ses crimes qu'elle croit ignorés de son fils. Le langage qu'il lui tient offre un curieux mélange de fureur, de tendresse et d'ironie. Le trouble de la mère n'est pas moins admirablement peint : elle paraît si malheureuse, que l'ombre de l'époux assassiné, présente à cette explication, en témoigne de la pitié.

Voltaire, dans sa tragédie de Sémiramis, a considérablement affaibli cette peinture en y mêlant un intérêt tout romanesque. Chez Eschyle et Shakspeare, on peut effacer les noms ; il restera une mère et son fils, que devrait rapprocher la plus tendre affection et que sépare le crime le plus affreux. C'est une situation simple d'où sortent des sentiments pris dans la nature la plus générale, et propres à émouvoir tous les hommes. Dans l'ouvrage de Voltaire, c'est bien moins une mère et son fils qui nous sont montrés, que Sémiramis et Arsace, que les héros de roman auxquels le poëte a donné ces noms. Les sentiments qui naissent de la position peu vraisem-

---

1. V. 879-917. — 2. W. Schlegel.
3. Mais non, je crois, à son exemple, ainsi que l'a dit M. Puech, dans l'avant-propos de la remarquable traduction en vers qu'il a donnée des *Choéphores*, en 1826, deux ans avant celle où il a reproduit, nous l'avons dit plus haut, p. 268, avec talent et succès, le *Prométhée*.

blable où il les a placés, se substituent à des sentiments plus vrais, plus profonds, plus tragiques. La scène est moins forte, moins frappante. Elle ne laisse pas de paraître encore fort pathétique, quoiqu'on remarque dans l'exécution de la langueur, qu'au moment où le dialogue s'anime, le mouvement soit plus dans les mots que dans les choses, et qu'ainsi la chaleur et la rapidité du style aient, comme il arrive souvent dans le théâtre de Voltaire, quelque chose de factice.

Enfin, de nos jours, Ducis s'est replacé dans la situation simple et terrible imaginée par le poëte grec et par le poëte anglais; il a peint comme eux, avec une admirable énergie, l'effroi de la mère, la colère du fils, et l'attendrissement qui succède, en son âme, à la fureur. La scène de l'urne, comme on l'appelle, dont l'invention lui appartient, celle où Hamlet se trouve placé entre l'ombre irritée d'un père qui demande vengeance, et une mère qui tremble sous son poignard, sont d'une beauté qu'aucun souvenir n'efface. Il suffit d'en appeler à l'effet prodigieux qu'elles produisaient à la représentation, lorsqu'elles avaient pour interprète l'acteur fameux qui en était comme le second créateur, et dont le souvenir ne peut se séparer de l'idée qu'on en conserve.

Il reste peu de choses à dire pour achever cette analyse des *Choéphores*. Tandis que le chœur célèbre dans ses chants le sacrifice qui s'accomplit et la puissance fatale qui a conduit tous ces événements, les portes du palais s'ouvrent tout à coup; on aperçoit les corps sanglants d'Égisthe et de Clytemnestre, et auprès le parricide Oreste qui fait devant le peuple d'Argos l'apologie de son action. Il ordonne que l'on déploie sous les yeux de ses concitoyens et à la face du soleil ce vêtement perfide où l'on emprisonna autrefois les membres d'Agamemnon avant de le frapper. Ce tableau, d'une invention admirable, renouvelle toute l'horreur du forfait qui vient d'être puni; il sèche les larmes trop amères qui coulent encore à la pensée d'une mère immolée par un fils; il adoucit, autant que l'art pouvait le faire, l'horreur de la catastrophe. C'est devant le témoin muet du crime de sa mère qu'Oreste, les mains fumantes du sang qu'il a répandu, proclame son innocence. Mais on pourrait dire de lui ce que disait d'un autre Oreste, le célèbre Gluck. A une répétition de son Iphigénie en Tauride, quelques personnes condamnaient un accompagnement terrible placé sous des paroles, dans lesquelles le héros exprime, après un transport de fureur et d'égarement, que *le calme rentre dans son âme*. On trouvait une contradiction choquante entre cette situation paisible où il se retrouve, et les accents discordants et sinistres de la musique ; on accusait le compositeur d'avoir trahi par distraction ou par maladresse les intentions du poëte. Cette critique arriva jusqu'aux oreilles de Gluck, qui conduisait l'orchestre ; il s'interrompit et s'adressant de loin à ses censeurs : « Vous ne voyez pas qu'il ment, » s'écria-t-il avec le ton de la colère et l'expression du génie. L'Oreste d'Eschyle ment aussi quand il vante la justice de l'acte exécrable auquel il s'est laissé emporter : on s'en aperçoit bien au soin empressé avec lequel il redouble ses apologies, comme pour se rassurer lui-même contre le cri de sa conscience qui se révolte et qui l'accuse. Le chœur remarque avec effroi les regards douloureux qu'il jette de temps en temps sur le corps de Clytemnestre. Bientôt sa raison se trouble et s'égare ; il voit ou croit voir ces Furies que la malédiction d'une mère mourante a soulevées contre lui, ces chiens dévorants qu'elle a attachés à sa poursuite ; il les dépeint avec des expressions qui préparent, on l'a judicieusement remarqué[1],

1. Bœttiger, *Les Furies d'après les poëtes et les artistes anciens*, Weimar, 1801; traduction française, Paris, 1802; God. Hermann, *Opusc.*, VI, 2, p. 134, etc. Voyez encore E. Roux, *Du merveilleux dans la tragédie grecque*, p. 96. Il y a eu du reste à ce sujet en Allemagne de grandes controverses, dont on trouvera le résumé dans une dissertation, déjà citée, de L. R. Haym, *De rerum divinarum apud Æschylum conditione*, p. 28 et suiv. Quelques critiques, entre autres O. Müller, contredit en cela par God. Hermann, ont pensé que les Furies, invisibles pour le chœur, lequel témoigne en effet ne pas croire

aux effrayants tableaux de la pièce suivante, et dont la vivacité a passé dans les vers fameux de Sophocle, d'Euripide, de Racine, de Crébillon ; s'échappant enfin de la scène, il annonce qu'il va chercher du repos à Delphes, dans le temple du dieu qui lui ordonna le crime. C'est là que nous le retrouvons au début de la tragédie des *Euménides*, qui ferme par une conclusion plus satisfaisante le cercle de forfaits dont se compose cette terrible trilogie. Le chœur semble la résumer tout entière par ces paroles qui terminent la pièce :

« Trois fois la tempête a soufflé sur ce palais. Ce fut d'abord l'affreux repas du malheureux Thyeste ; puis la mort de ce roi, chef suprême de la Grèce, massacré dans un bain. Aujourd'hui vient Oreste, le troisième, dirai-je pour sauver ou perdre cette maison ? Quand s'arrêtera, se reposera, enfin assoupie, l'infatigable vengeance [1]. »

à la réalité de ce qu'Oreste dit voir, et visibles seulement pour celui-ci, se montraient aussi, dès ce moment, aux yeux des spectateurs. C'est une combinaison difficile à admettre par plus d'une raison, mais par celle-ci surtout qu'elle ne s'accorde point avec ce qui est raconté des effets produits par l'apparition des Furies dans *les Euménides*. M. Niccolini, qui l'admet (voyez la dissertation citée plus haut, p. 336, 357), en admet une toute semblable chez Shakspeare, dans la 4ᵉ scène du IIIᵉ acte d'*Hamlet*, où l'ombre du père apparaît réellement entre le fils à qui elle parle et qui lui répond, et la mère qui nie sa présence et la traite de folle vision. Dans la nouvelle *Orestie* (voyez plus haut, p. 309, 341, 350), le parricide est à peine commis (act. II, sc. XI), que les Euménides sortent de terre, vues et entendues, non-seulement d'Oreste, mais de sa sœur, mais des autres personnages, en même temps que des spectateurs. Le peu d'effet de cette apparition subite, trop peu préparée pour être même bien comprise, m'a démontré, mieux que les raisonnements divers de la critique, que les choses n'avaient pas dû se passer ainsi dans la trilogie d'Eschyle, et qu'il avait seulement offert à l'imagination, dans la scène finale de sa deuxième pièce, ce qu'il devait montrer aux yeux dans la troisième. Sur le personnage des Furies et sur tout ce qui se rapporte à la représentation, à la composition, au sens mythologique, à l'intérêt historique de la pièce suivante, on consultera particulièrement le savant et curieux commentaire dont O. Müller a fait suivre en 1833 (Gœttingue) sa traduction des *Euménides*, et qui a fourni ultérieurement une si riche matière aux discussions de la critique.

1. V. 1052-1063.

CHAPITRE SEPTIÈME.

Les Euménides.

Eschyle, dans ses *Euménides*, comme dans son *Prométhée*, s'est placé hardiment au sein d'une sphère toute merveilleuse. Le lui reprocherons-nous, avec quelques critiques? Non, sans doute. On ne conteste plus à la tragédie le droit d'employer le merveilleux, non-seulement quand la croyance des spectateurs est disposée à l'admettre, mais simplement quand il convient au sujet, qu'il doit y jouer un rôle important, qu'à force d'imagination et d'art le poëte saura lui prêter de la réalité et de la vie. Un droit, dont l'exercice est soumis à de telles conditions, est certainement bien loin de l'abus. Aussi combien de poëtes dramatiques peut-on citer qui se soient montrés vraiment dignes d'en user? Deux seulement, Shakspeare et Eschyle.

Cette supériorité, elle leur vient sans doute, avant tout, des temps dans lesquels ils ont vécu l'un et l'autre, temps où la crédulité préparait les esprits aux fantastiques créations de la poésie. Mais aussi avec quelle puissance et quelle habileté ils se sont emparés de cette superstitieuse disposition! dans quel mystérieux lointain, pour quelles causes étranges ils font mouvoir les personnages qu'il leur plaît d'emprunter à un monde surnaturel! par quelles préparations ils nous amènent à souffrir leur présence et à y croire! quel langage extraordinaire, inouï, ils mettent dans leur bouche! Le merveilleux, chez l'auteur de Macbeth et d'Hamlet, chez celui du *Prométhée* et des *Euménides*, n'est pas ce qu'il est ailleurs, une décoration de magasin qu'un mécanisme grossier produit au besoin sur le théâtre; c'est une apparition véritable, à laquelle on a foi comme aux visions d'un songe.

Eschyle, d'un coup de sa baguette magique, fait tout à coup paraître le temple de Delphes, et sur le seuil la vieille Pythie, prête à entrer pour consulter l'oracle. Un spectacle effrayant l'en repousse; elle y a vu, dit-elle, dans le costume et l'attitude d'un suppliant, un homme aux mains sanglantes, à l'épée nue, et autour de lui, dormant d'un profond sommeil, des femmes d'un aspect hideux. Ce tableau[1], que de vives expressions rendent présent à l'imagination des spectateurs, se découvre en partie à leurs yeux[2], lorsque les portes du temple s'ouvrent pour laisser sortir Oreste conduit par Apollon.

Le dieu, qui a ordonné le meurtre, ne peut abandonner le meurtrier. Il a endormi les Furies pour le soustraire à leur poursuite, et il l'envoie, sous la garde invisible de Mercure, à Athènes, où il doit trouver des juges favorables. La Harpe, qui, sous forme d'analyse, a fait de cette pièce une véritable parodie, paraît s'étonner de la simplicité d'Apollon et d'Oreste, qui ne songent

---

1. Virgile s'en souvenait et l'a retracé, soit d'après Eschyle, soit d'après Ennius, traducteur des *Euménides*, et peut-être aussi, bien qu'il n'en reste aucune trace, des deux premières pièces de l'*Orestie*, soit enfin, selon le sentiment de Servius, d'après Pacuvius, lorsqu'il a dit :

>   Aut Agamemnonius scenis agitatus Orestes,
>   Armatam facibus matrem et serpentibus atris
>   Quum fugit, ultricesque sedent in limine Diræ.
>   (*Æn.*, IV, 471.)

C'est aux mêmes souvenirs que Cicéron faisait appel lorsque, ne voulant voir dans les Furies que l'image symbolique du remords, il disait :

« Nolite.... putare, quemadmodum in fabulis sæpenumero videtis, eos qui aliquid impie scelerateque commiserint, agitari et perterreri Furiarum tædis ardentibus.... » (*Pro Sext. Rosc. Amerin.* XXIV.)

« Nolite.... putare.... ut in scena videtis, homines consceleratos impulsu deorum terreri Furiarum tædis ardentibus. Sua quemque fraus, suum facinus, suum scelus, sua audacia de sanitate ac mente deturbat : hæ sunt impiorum Furiæ, hæ flammæ, hæ faces. Ego te non vecordem, non furiosum, non mente captum, non tragico illo Oreste aut Athamante dementiorem putem, qui sis æusus, etc.... » (*In Pison.*, XX.)

2. Par quel mécanisme? Bœttiger s'applique à le faire comprendre dans une note intéressante, *Opusc.*, p. 354.

pas qu'*à leur réveil* les Furies *ne seront pas bien embarrassées pour retrouver* leur victime. Il ne voit pas ou feint de ne pas voir qu'Apollon, en trompant leur vigilance, a voulu seulement ménager à Oreste le temps de gagner un asile sûr.

La scène suivante, où l'ombre de Clytemnestre vient réveiller les Furies, cette scène, d'une conception si originale et d'un effet si terrible, n'a pas davantage obtenu grâce auprès du critique. Il emploie, pour la faire connaître, une traduction de Lefranc de Pompignan, qu'il lui plaît de déclarer fidèle, et il ne manque pas, avec ce consciencieux traducteur, d'interrompre à tout instant les discours de Clytemnestre par cette parenthèse bouffonne : *les Euménides ronflent*. Je sais fort bien que cette parenthèse n'est pas du fait de Lefranc de Pompignan, qui l'a prise, ainsi que depuis De la Porte du Theil, dans les éditions grecques. Mais je sais aussi qu'un judicieux éditeur, Boissonade, l'a supprimée[1], et avec grande raison. D'abord ces sortes d'explications, mises entre parenthèses, n'ont rien que de fort étranger à la poésie grecque, qui s'explique ordinairement assez d'elle-même, sans ce secours; ensuite, si les ronflements des Furies sont indiqués dans les vers d'Eschyle[2], il est probable que Clytemnestre était seule à les entendre, ou que du moins, comme l'a pensé Brumoy, quelque accompagnement musical en tenait la place. La musique et la poésie peuvent tout exprimer[3], et, présentée par elles, la réalité la plus ignoble et la plus repoussante se fait supporter. Boileau l'a dit, dans des vers devenus proverbe; la scène d'Eschyle le prouve. Qu'on lise ce morceau, vraiment étonnant par la familiarité hardie des figures et des expressions, et, en même temps, par une éloquence que

---

1. Voyez son édition d'Eschyle, t. II, p. 147, 272. — 2. V. 53, 117, 121.
3. Virgile a pu dire d'un de ses guerriers :

......Toto proflabat pectore somnum.
(*Æn.*, IX, 326.)

l'imagination seule a pu rencontrer, puisque la nature n'en offrait pas de modèle! Comment parlent les fantômes? les poëtes seuls le savent, eux qui les évoquent. Mais aucun certainement n'a été plus savant dans ce langage que celui qui a recueilli de si sombres, de si terribles paroles :

« Vous dormez! Se peut-il ? êtes-vous donc les Furies? Tandis que vous me délaissez ainsi, moi seule, entre tous les morts, on ne m'épargne pas aux enfers, où j'erre honteusement, le reproche de mon crime : on m'y accuse, je vous le répète, on m'y punit. Et moi, je n'ai point de dieux qui s'indignent de mon sort, moi si cruellement traitée par le mortel le plus cher, moi qu'ont égorgée des mains parricides. Voyez cette blessure, voyez-la par la pensée; l'esprit, dans le sommeil, a des yeux et, dans la veille, il est aveugle. Que de fois vous êtes-vous abreuvées par mes soins de libations de vin, sobres et douces offrandes! que de fois vous ai-je conviées à mon foyer, la nuit, dans ces heures redoutables que ne partage avec vous aucun autre dieu! Tout cela, je le vois, est oublié, foulé aux pieds. Le coupable vous échappe; dégagé du filet, comme un jeune faon, il fuit et se rit de vous. Entendez les plaintes de mon ombre, reprenez vos sens, déesses des demeures souterraines! Celle qui vous appelle en songe, c'est Clytemnestre.— Vous me répondez par un sourd murmure! et lui cependant, il fuit, il est déjà loin. Mes dieux sont donc les seuls qui n'ont point de suppliants! — C'est trop dormir; c'est trop peu compatir à ma peine. Le meurtrier de cette mère qui vous invoque, Oreste, vous échappe. — Pourquoi ces cris poussés dans votre sommeil? Que ne vous levez-vous ! N'est-ce pas votre tâche, que de tourmenter les coupables? — Le sommeil et la fatigue, conjurés contre vous, ont engourdi la rage de vos terribles vipères. »

Ici le chœur fait entendre des cris confus : « Arrête, arrête, prends garde. « L'ombre de Clytemnestre reprend :

« Vous poursuivez en songe votre proie ; vous semblez aboyer, comme le chien dont le sommeil n'interrompt point l'ardeur. Que faites-vous donc ? levez-vous ; ne vous laissez pas vaincre à la fatigue ; reconnaissez ce que vous coûte ce lâche repos. Puissent mes justes reproches percer votre âme ! Les reproches sont pour les sages un aiguillon. Répandez de nouveau sur le coupable ce souffle sanguinaire, cette vapeur, ce feu dévorant qui s'exhale de vos entrailles : courez sur sa trace, et qu'une seconde fois il se consume à vous fuir[1]. »

---

1. V. 94-134.

Les Furies s'éveillent et se lèvent en tumulte, cherchant leur proie échappée[1]. Il faut se les représenter, d'après les vers d'Eschyle[2] et quelques témoignages anciens[3], le visage sombre et hagard, les yeux sanglants, les cheveux hérissés et entremêlés de serpents[4], vêtues de longues robes

---

1. Cette admirable scène était certainement présente au souvenir d'Euripide, quand, dans son *Electre*, v. 40 sqq., il expliquait par une figure dont la vivacité la rappelle, pourquoi Egisthe a fait de la fille d'Agamemnon la compagne d'un homme pauvre, vivant aux champs du travail de ses mains. « Si quelque homme considérable, est-il dit dans ce passage, l'avait épousée, il aurait réveillé de son sommeil le trépas sanglant d'Agamemnon, et le châtiment n'aurait pu manquer d'atteindre Egisthe. » Par une rencontre déjà remarquée (voyez E. Roux, *Du merveilleux dans la tragédie grecque*, p. 137), la même imagination s'est offerte à un des prédécesseurs de Shakspeare, Thomas Kyde. Dans une pièce intitulée *la tragédie espagnole*, « il fit voir (acte IV) l'ombre d'Andréa, réveillant la vengeance endormie et s'indignant de ses retards. » (Voyez l'analyse de cette pièce dans un article de la *Revue des Deux-Mondes*, novembre 1835, p. 468 et suivantes, où il est traité *de la tragédie avant Shakspeare*. Voyez aussi la belle étude du même sujet, insérée par M. Villemain au cahier de janvier 1856 du *Journal des Savants*, et particulièrement la page 11).
2. V. 52 sqq.
3. Dans le *Plutus* d'Aristophane, v. 418 sqq., quand la pauvreté se montre tout à coup à Chrémyle et à Blepsidème, « qui es-tu donc? s'écrie l'un, tu me parais bien pâle. — C'est peut-être, dit l'autre, quelque furie de tragédie; elle a le regard égaré et tragique. — Non, reprend le premier, elle n'a pas de torche. » Les divers passages qui peuvent éclaircir et compléter la description d'Eschyle, on les trouvera rassemblés et discutés dans l'ouvrage déjà cité p. 336, où Bœttiger a traité des *Furies d'après les poëtes et les artistes anciens*, s'attachant à montrer comment la loi du beau, qui dirigeait ces derniers, a dépouillé progressivement de ce qu'il avait de hideux et de repoussant le type primitif des Furies. Sans contester la réalité de cette métamorphose, je dirai qu'elle me paraît avoir dû commencer chez Eschyle même, qui s'adressant aux yeux, comme les sculpteurs et les peintres, était à peu près dans les mêmes conditions qu'eux, et n'a sans doute pas montré matériellement par le costume tout ce que ses vers offraient à l'imagination, et qu'elle seule devait voir. On trouvera le résumé des opinions diverses à ce sujet dans la dissertation déjà citée de R. Haym, *De rerum divinarum apud Æschylum conditione*, p. 26 sqq.
4. ..... cæruleos.... implexæ crinibus angues
   Eumenides....
   (Virg., *Georg.*, IV, 482.)

Selon Pausanias, *Attic.*, I, XXVIII, 6, ces serpents mêlés aux cheveux hérissés des Furies étaient une imagination d'Eschyle. L'antiquaire, visitant les monuments d'Athènes, n'en a pas trouvé trace dans les représentations du temple des Euménides, lesquelles, dit-il, ne présentaient rien d'effrayant.

noires avec des ceintures de pourpre, portant peut-être des flambeaux dans leurs mains, rugissant, bondissant, abandonnées aux transports d'un délire sauvage. On a raconté qu'à leur apparition soudaine un mouvement de terreur saisit toute l'assemblée, que des femmes avortèrent, que des enfants moururent[1]. Ce fut, a-t-on ajouté, pour prévenir le retour de tels accidents, que, par une ordonnance des magistrats, le chœur fut réduit de cinquante acteurs à quinze[2].

Ces anecdotes, pour avoir été partout répétées, n'en sont pas plus certaines.

Ce n'est pas qu'on ait eu raison de douter[3], malgré des passages formels de Platon[4], ce qu'on peut raisonnablement conclure d'un trait précédemment raconté[5], que les femmes assistassent aux représentations tragiques; mais il a dû paraître bien douteux que le chœur fût encore à cette époque si nombreux, surtout lorsque des témoignages anciens[6] établissent positivement que, dans l'*Agamemnon*, dans les *Euménides*, il se composait de quinze personnages. Ce dernier nombre a paru lui-même excéder de beaucoup celui que donnaient au poëte, pour ce cas particulier, les traditions mythologiques, et qu'il ne pouvait dépasser sans choquer la croyance universelle. On a remarqué[7] que quand la Pythie aperçoit dans le sanctuaire ces femmes dont l'aspect étrange l'étonne, elle les compare d'abord aux trois Harpies, aux trois Gorgones[8]; que le chœur, au moment où il sort enfin de son long assoupissement, débute par

---

1. *Vit. Æschyl.* — 2. J. Poll., IV, 15. — 3. Bœttiger (*ibid.*); après lui W. Schlegel (*Cours de litt dramat.*), et autres.
4. Par exemple, le passage du *Gorgias* où Socrate appelle la tragédie : « .... une rhétorique pour ce peuple composé d'enfants, de femmes et d'hommes, de citoyens libres et d'esclaves confondus ensemble.... » (*Œuvres de Platon*, trad. par V. Cousin, t III, p. 350.) Bœckh, qui cite ce passage (*Græc. trag. princip.*, IV), renvoie à d'autres du IIe et du VIIe livre des *Lois*. Voyez aussi, sur cette question, Bode (*Hist. de la poés. gr. trag*, t. III, p. 124 et suiv.).
5. Plutarch., *Vit. Phoc.*, XIX. Voyez plus haut, p. 108. — 6. Schol. Aristoph., *Equit.*, 586; schol. Æschyl., *Eumen*, 577. Voyez plus haut, p. 325. — 7. Blomfield, præfat. ad *Pers.*, p. XIX sqq. — 8. V. 48 sqq.

un vers qui semble n'indiquer que trois personnages :
« Levons-nous, levons-nous! éveille-la; moi je t'éveille[1]. » On a fait aussi cette remarque[2], qu'en certaine occasion, où le coryphée adresse la parole au chœur, il lui arrive d'employer la forme du duel[3]. De là on a conclu[4] qu'Eschyle s'était conformé à la fable en ne produisant sur la scène que les trois Furies connues de tout le monde, Alecton, Mégère, Tisiphone. D'autres, avec plus de vraisemblance, ne pouvant croire à une réduction si inusitée du chœur, prenant en considération des expressions par lesquelles Eschyle, et dans cette pièce et même dans la précédente[5], désigne les Euménides, celles de *foule*, de *troupe*, de *troupeau*, et autres semblables, comparant à ces passages un passage de l'*Iphigénie en Tauride* d'Euripide[6], où Oreste, bien évidemment, compte aussi un beaucoup plus grand nombre de Furies qu'on ne faisait généralement, ont pensé qu'à ces personnages consacrés Eschyle en avait arbitrairement associé, comme suivants, comme ministres, un nombre suffisant pour compléter le chiffre ordinaire du chœur, c'est-à-dire les porter à quinze[7], ou, ce qui revient à peu près au même, qu'il les avait fait accompagner d'un *nombreux cortége de spectres horribles*[8]. Quoi qu'il en soit de ces diverses opinions, qu'Eschyle ait montré sur la scène, ou trois, ou quinze, ou même cinquante Furies; que le public athénien ait été troublé, ou de leur nombre, ou de leur costume, ou de leur manière inusitée d'entrer sur la scène, en foule et tumultueusement, selon les uns, isolément, successivement, selon les autres[9], ou de tout cela à la fois; qu'à l'occasion de l'émotion causée par la pièce, on ait réduit, de quelque manière, le chœur; ou bien, cela encore a été

---

1. V. 185. — 2. God. Hermann, *de Choro Eumenidum Æschyli*; *Opusc.*, t. II, p. 126. — 3. V. 50. — 4. Blomfield et ceux qui l'ont suivi. — 5. V. 46, 57, 192, 244, 400, 577. Cf. *Chœph.*, v. 1044.
6. V. 942 sqq. Ces vers sont peu d'accord avec le vers 1645 de l'*Oreste*.
7. God. Hermann, *ibid.*, p. 124 sqq. — 8. Barthélemy, *Voyage du jeune Anacharsis*, LXIX.
9. Voyez les divers sens que donnent Bœttiger et God. Hermann, *ibid.*, au mot σποράδην, employé par l'auteur grec de la Vie d'Eschyle.

soupçonné¹, non sans apparence, qu'on ait interdit d'ajouter dorénavant au nombre consacré des Furies, une chose au moins reste établie, même par ces récits d'une autorité si contestable et d'un sens si controversé, c'est l'effet terrible de la première apparition des Euménides. Plus tard, l'imagination des Athéniens se familiarisa avec ce qui l'avait d'abord tant effrayée, au point d'en souffrir la parodie dans les tableaux bouffons sinon de l'ancienne², du moins de la moyenne comédie³, qui s'inspirait volontiers du souvenir des plus belles et des plus célèbres scènes tragiques.

Rien de plus vif que leurs plaintes. Apollon leur a dérobé leur proie ; il a profané la sainteté de son temple, en y admettant un impur suppliant. Ces reproches font sortir de son sanctuaire le dieu indigné. Avec une majesté de parole à laquelle s'alliait, on peut le croire, ce geste imposant qu'a retracé la statuaire antique, il les chasse loin de lui; les menaçant, si elles ne se retirent, de leur faire vomir, sous ses flèches, le sang humain dont elles sont gorgées⁴. L'horreur que ressent pour ces filles affreuses de la Nuit le dieu de la lumière, éclate par des traits d'une singulière énergie; le repaire ensanglanté d'un lion, voilà la demeure qui leur convient! ce riche temple est souillé de leur présence! « Fuyez, leur dit-il, troupeau sans pasteur, que nul dieu ne daignerait conduire ⁵. » Les Furies cependant défendent avec force, contre les mépris d'Apollon, la sainteté de leur minis-

---

1. God. Hermann, *de Choro Eumenidum Æschyli; Opusc.*, t. II, p. 126.
2. Meineke (*Fragm. comic. græc.*, t. I, p. 57), après Fabricius, a rayé de la liste des comédies de Cratinus les *Euménides*, qui lui ont été quelquefois attribuées.
3. Voyez chez Meineke (*ibid.*, p. 432, et III, p. 608) de piquants détails sur l'*Autoclide-Oreste* de Timoclès. Je ne puis croire, avec un érudit allemand, trop occupé d'établir l'unité des tétralogies du théâtre grec, qu'Eschyle ait lui-même pris l'avance sur les irrévérences de la comédie, en parodiant le chœur de ses *Euménides* par un chœur de phoques dans le drame satyrique intitulé *Protée*, qui fut joué, je l'ai dit plus d'une fois (voyez p. 29, 320, 333), comme petite pièce, après l'*Orestie*.
4. V. 176 sq. — 5. V. 188 sq.

tère ; elles réclament le coupable qu'il protége, et lui déclarent qu'elles ne cesseront malgré lui de le poursuivre.

La scène change, et par deux fois [1] : nous sommes transportés à Athènes, d'abord devant le temple de Minerve, ensuite, en vue de la colline de Mars, l'Aréopage. Le poëte, qui, emporté par son sujet hors des habitudes du théâtre grec, dispose si librement de l'espace, en fait de même du temps. Point d'entr'acte, point d'intermède pour sauver au moins les apparences. Oreste a quitté Delphes il n'y a qu'un instant, et il est déjà dans l'asile qu'il allait chercher. Les Furies, comme une meute ardente, ont suivi sa trace sur la terre, sur la mer, et les voici qui sont près de l'atteindre. Ces voyages, aussi rapides que la pensée, emportent l'imagination, hors du cours ordinaire des choses, dans la région des merveilles.

Diderot, qui ne paraît pas avoir connu la distribution des théâtres grecs en une scène pour les personnages principaux du drame, le *Logeum*, et une autre scène pour le chœur, l'*Orchestre*, l'a devinée et décrite dans quelques lignes, où il cherche à se rendre compte de cette partie de la tragédie des *Euménides* à laquelle nous sommes parvenus. Je ne puis mieux faire que de citer ses paroles, pleines non-seulement de sagacité critique, mais aussi de cette verve créatrice qu'il portait dans l'analyse des productions de l'art.

« .... D'un côté, dit-il, c'était un espace sur lequel les Furies déchaînées cherchaient Oreste, qui s'était dérobé à leur poursuite ; de l'autre, on voyait le coupable embrassant les pieds de la statue de Minerve, et implorant son assistance. Ici Oreste adresse sa plainte à la déesse ;

---

1. Les Grecs, dont la pratique a établi la règle de l'unité de lieu (il a été dit comment, p. 10), ne se sont pas toujours interdit, quand le sujet le voulait, de changer la scène de leurs drames. L'*Ajax* de Sophocle nous offrira bientôt un exemple incontestable de cette liberté. God. Hermann (*Opusc.*, t. V, p. 190) a cru en trouver un autre chez Euripide : selon lui, dans l'*Augé* de ce poëte, la scène, d'abord placée à Tégée, en Arcadie, était ensuite transportée dans la Mysie.

là, les Furies s'agitent : elles vont, elles viennent, elles courent ; enfin une d'entre elles s'écrie ; « Voici la trace du sang que le parricide a laissé sur ses pas.... je le sens.... je le sens.... » Elle marche ; ses sœurs impitoyables la suivent ; elles passent ; de l'endroit où elles étaient, dans l'asile d'Oreste ; elles l'environnent, en poussant des cris, en frémissant de rage, en secouant leurs flambeaux. Quel moment de terreur et de pitié que celui où l'on entend la prière du malheureux percer à travers les cris et les mouvements effroyables de ces êtres cruels[1]!... »

C'est chose curieuse que de rapprocher ce chaleureux tableau de ce que disait, vers le même temps, à l'aise dans sa chaire, l'auteur du Lycée : « Il ne paraît pas que les Furies fassent à Oreste grand mal, ni même grand' peur. »

Oreste, il est vrai, se réclame avec fermeté de la faveur de Minerve, au peuple de laquelle il apporte l'alliance d'Argos, de l'appui d'Apollon, qui l'a purifié dans son temple. Il élève librement une voix qu'ont déliée les expiations, des mains dont la souillure s'efface[2]. Mais comment, de bonne foi, le supposer tranquille en présence des ennemis sans pitié qui d'abord redemandent avec rage leur victime ; qui ensuite, comme sûrs de l'obtenir, la dévouent, par des paroles d'une gravité terrible, à d'éternels tourments ? Car la scène grecque présente cette gradation : on y entend des bourreaux avides de sang, puis des juges inflexibles, tour à tour les accents forcenés de la vengeance et l'hymne sévère de la justice ; ces chants, tout remplis des peintures du crime et du châtiment, et où les Furies elles-mêmes célèbrent leur office

---

1. *Entretiens sur le Fils naturel*, IIe Entretien. Si l'on veut se donner le spectacle des tableaux si frappants que cette tragédie et les deux précédentes n'offrent plus qu'à notre imagination, on peut parcourir dans le IVe volume des *Religions de l'antiquité*, de M. Guigniaut, Ire part., n{os} 827 et suiv., p. 385 et suiv. ; IIe part., pl. 235, 237, 239, 242, 243, 244, 245, des représentations de diverse nature, dont ils avaient fourni le sujet à des artistes de l'antiquité.
2. V. 275, 282.

redoutable, sont supposés doués d'une force magique qui enchaîne le coupable et le lie à son supplice. Je ne crois pas, pour moi, que l'imagination humaine ait jamais rien conçu de plus mystérieux, de plus effrayant, et l'on en jugerait comme moi si ma traduction avait pu conserver quelque chose de la sauvage énergie, de la sombre grandeur des vers d'Eschyle.

« Non, ne l'espère pas : Apollon, Minerve elle-même ne sauraient te secourir. Tu dois fuir désormais devant nous, sans t'arrêter, sans savoir où trouver la joie, proie misérable, fantôme desséché, dont le sang appartient aux Furies. Tu ne réponds point; tu te tais? Ah! tu nous es à jamais consacré : tu es une victime engraissée pour nous : vivant, et sans qu'on t'égorge sur l'autel, tu nous serviras de pâture : écoute les paroles puissantes qui vont t'enchaîner à nous.

« Allons, formons nos chœurs; il faut, dans un chant terrible, révéler quel ministère exerce auprès des mortels notre tribunal, comment nous nous plaisons à rendre d'équitables jugements. Quiconque lève vers le ciel une main pure est à l'abri de notre courroux et peut vivre sans alarmes. Mais tout assassin qui, comme cet homme, cache au jour une main sanglante, voit apparaître en nous les véridiques témoins, les inflexibles vengeurs du meurtre.

« O ma mère! ma mère! ô toi qui m'engendras pour le châtiment des vivants et des morts! ô Nuit! écoute-moi! Le jeune fils de Latone me déshonore, il m'enlève ma proie, la victime expiatoire du sang maternel. Eh bien, qu'elle entende au moins, cette victime qui m'est due, le chant de ma colère, le chant de ma fureur, l'hymne des Furies, qui lie les âmes, dont le son n'est point accompagné de la lyre, et fait sécher d'effroi les mortels!

« C'est mon sort, en effet, sort immuable, que m'a filé la Parque. L'artisan d'œuvres parricides, je dois m'attacher à lui jusqu'aux enfers, et sa mort même ne l'affranchit pas de ma poursuite. Qu'elle entende, cette victime qui m'est due, le chant de ma colère, le chant de ma fureur, l'hymne des Furies, qui lie les âmes, dont le son n'est point accompagné de la lyre, et fait sécher d'effroi les mortels!

« Oui, dès notre naissance, l'arrêt de la destinée nous assigna cet emploi, n'interdisant à nos mains vengeresses que les dieux. Étrangères aux festins, aux habits de fête, c'est à nous qu'a été remis le soin de renverser les maisons où Mars ose s'armer perfidement contre des proches. Le meurtrier, nous le poursuivons, mes sœurs, et, quelque fort qu'il soit, en réparation du sang versé, nous l'effaçons de la terre.

« Ce soin, nous nous empressons de l'épargner aux dieux, leur demandant, en retour, de ne point reviser nos jugements. Jupiter daignerait-il prêter l'oreille à la race détestable qui s'est souillée de sang? D'un bond rapide nous atteignons au loin le coupable, et le choc de nos pieds pesants fait fléchir ses jambes chancelantes qu'a fatiguées sa fuite.

« Le ciel ne voit point de gloire si orgueilleuse qui ne se fonde et ne se perde honteusement dans la terre, à notre sombre approche et sous nos pieds ennemis.

« Il tombe, ce mortel superbe, et, dans son aveuglement, il ne peut comprendre sa chute. Son crime forme autour de lui comme un nuage, et les ténèbres épaisses qui enveloppent sa maison sont le triste entretien de la renommée.

« Ainsi l'a réglé le sort. Ministres habiles et sûrs de la vengeance, à la mémoire sévère, au cœur inflexible, nous suivons loin des dieux, la voie qui nous est échue, voie abhorrée, obscure, que n'éclaire point le soleil, où trébuchent ensemble le voyant et l'aveugle.

« Qui donc, parmi les mortels, ne serait saisi de respect et de crainte, en entendant de ma bouche quel emploi terrible m'a commis la volonté du Destin et des dieux? Il est antique et a aussi sa gloire, quoiqu'il me faille habiter sous la terre, dans des ténèbres inaccessibles au soleil [1]. »

J'ai cherché dans ma mémoire ce que je pouvais rapprocher de ce morceau étonnant, et je n'ai trouvé que des vers isolés où, avec une force qui ne lui est pas ordinaire, Quinault a quelquefois assez heureusement exprimé le caractère malfaisant des puissances infernales; des vers, isolés aussi, où l'âme religieuse et le sombre génie de Ducis ont rencontré, pour peindre la sûre et sévère rémunération de la justice divine, des traits dignes du pinceau d'Eschyle; celui-ci, par exemple, dont je ne sais plus la place :

Elle apparaît terrible et le glaive à la main ;

ou ces autres encore :

La Vérité terrible, au milieu des ténèbres,
Vint enfin m'apparaître, et passer son flambeau
Sur ces noirs attentats cachés dans le tombeau [2].

---

1. V. 294-390. Le savant doyen de la Faculté des lettres de Dijon, M. Stievenart, a publié en 1855 une nouvelle et intéressante explication de cet admirable morceau, dont les obscurités ont jusqu'à ce jour fort exercé la critique. — 2. *Hamlet*, acte II, scène 5.

Un rapport qui m'a frappé, c'est celui que présente, avec un tableau célèbre de Prudhon, cette image du poëte grec :

« .... L'assassin qui cache au jour une main sanglante, voit apparaître en nous les véridiques témoins, les inflexibles vengeurs du meurtre. »

Minerve arrive dans son temple à la voix de son suppliant ; elle l'a entendu des bords du Scamandre[1], et est aussitôt accourue, volant sur son char rapide. Ici encore nous retrouvons cette merveilleuse allure que la critique serait malvenue d'accuser d'invraisemblance[2]. La déesse s'étonne à la vue de cet étranger, qui tient sa statue embrassée, et surtout de ces êtres qui ne ressemblent ni aux dieux ni aux hommes, et qu'elle ne connaît point : elle les interroge tour à tour, et quand elle a appris par les réclamations des uns et l'apologie de l'autre, quelle cause difficile lui est déférée[3], elle annonce qu'elle va choisir, parmi les plus justes de ses citoyens, un tribunal pour

---

[1]. Nous savons par Hérodote, V, 95, que Minerve avait un temple à Sigée, ancienne possession des Athéniens. Là, raconte-t-il, fut consacré par eux à la déesse le bouclier conquis sur le poëte Alcée, et si peu regretté de lui. Sigée devint depuis la conquête des Mityléniens, et, si l'on en croit le scoliaste des *Euménides*. v. 391, Eschyle, en y plaçant un domicile aimé de Minerve et qu'elle tient de la piété des maîtres du pays, les fils de Thésée, a voulu, incidemment, donner à ses concitoyens le conseil de reprendre ce qui leur avait appartenu. Ces intentions politiques ne sont pas rares chez notre poëte, qui déjà, au commencement de la même pièce (v. 9 sq.), avait attribué aux habitants d'Athènes, qu'il appelle, sans doute, dit Stanley, à cause de leur génie industrieux, les fils de Vulcain, l'honneur d'avoir conduit autrefois à Delphes, quand il en prit possession, Apollon venu de Délos sur leurs rivages. Cet honneur, consacré du reste par la théorie qu'ils envoyaient tous les ans au temple du Parnasse (Strab., IX), Pindare, dans le même temps, au rapport du scoliaste déjà cité, le revendiquait pour Tanagre, une ville de sa patrie, la Béotie. On comprend l'intérêt que devaient offrir au public athénien de tels détails. Cet intérêt, on le verra à la fin de notre analyse, était celui de la pièce entière. M. Magne, qui nous a déjà fourni plus haut (p. 351) une bonne observation, dit au sujet du présent passage : « Ce souvenir de Troie, où Minerve combattait pour ses Grecs, nous semble heureusement placé dans cette scène : il rappelle Agamemnon et déjà protége Oreste. »

[2]. Voyez plus haut, p. 259 et suiv.

[3]. V. 391-463. L'auteur d'une dissertation à laquelle nous avons

la juger. Le calme majestueux de Minerve contraste heureusement avec les mouvements tumultueux qui ont précédé, et le singulier procès qui va s'ouvrir excite une grande attente.

A la suite de quelques chants, où le chœur, qui pressent l'issue du jugement, déplore d'avance l'atteinte qu'en recevront la sainteté des lois morales et la dignité de leurs ministres, Minerve reparaît, avec le tribunal qu'elle vient d'instituer. Un héraut, par son ordre, convoque le peuple au son de la trompette; on s'assemble, et lorsque Apollon, qui se présente comme témoin et défenseur de l'accusé [1], a fait admettre son intervention, malgré l'opposition de l'ac-

---

plus d'une fois renvoyé, fait, au sujet de cette information, la remarque suivante, qu'on nous saura gré de rapporter :

« (La tragédie grecque) leur donne (à ses dieux), à satiété, les épithètes de πανδερκής, πανόπτης, εὐρύωψ, etc.; mais il semble que ces épithètes s'appliquent seulement aux yeux de leur corps et à la supériorité de leurs organes comparés aux nôtres. Ils entendent, ils voient à des distances incroyables, mais seulement ce que nous pourrions voir et entendre nous-mêmes à des distances plus rapprochées, c'est-à-dire les objets qui tombent sous les sens. Ainsi Minerve a entendu des bords du Scamandre les prières d'Oreste, poursuivi par les Furies, aussi aisément que dans une autre occasion elle se fait entendre à son tour, au fils d'Agamemnon, des rivages de la Tauride jusque sur son vaisseau(Euripid., **Iphig. Taur.**, 1447). Car elle a l'oreille fine autant que les yeux brillants, et, selon la comparaison d'Ulysse, sa voix retentit comme le son de la trompette tyrrhénienne (Sophocl., **Aj.**, 17). Mais elle ignore les attributions *et jusqu'à l'existence* des Furies qu'elle n'a jamais vues parmi les dieux; elle ne sait pas davantage le nom de son suppliant, ni s'il approche de sa statue des mains pures ou criminelles. Elle a besoin d'entendre tous ces détails de la bouche des personnages pour s'en instruire.... » (*Du merveilleux dans la tragédie grecque*, par E. Roux, p. 133.)

Jusqu'à l'existence des Furies est de trop, comme on peut s'en convaincre en relisant le vers 412 des *Euménides*.

1. Des trois tragédies comprises dans l'antique *Orestie*, les *Euménides* étaient certainement, pour un auteur moderne, celle qu'il pouvait le plus difficilement faire accepter à son public. Elle agit bien encore sur nous par des tableaux frappants : mais, outre qu'elle ne saurait nous attacher, comme les Athéniens, par un intérêt local et présent, son sens mythique ne nous apparaît pas avec assez d'évidence, et l'on risque, en voulant l'éclaircir, de la dénaturer. Je crains bien que l'auteur de la nouvelle *Orestie*, voyez plus haut, p. 309, 341, 350, 363) n'ait supposé bien hardiment (acte III, scène IV) qu'Oreste a pour défenseur, devant l'Aréopage, non plus, comme chez Eschyle, Apollon, qui ayant conseillé, ordonné l'acte, doit son appui à l'agent, mais Électre! Électre qui dans cette pièce, plus que dans toute autre,

cusateur, le débat commence entre les parties, par ce dialogue d'une énergique concision :

LE CHŒUR.
Réponds d'abord, as-tu tué ta mère ?

ORESTE.
Je l'ai tuée ; cela ne se peut nier.

LE CHŒUR.
Première épreuve, première chute !

ORESTE.
L'athlète n'est point terrassé ; vous triomphez trop tôt.

LE CHŒUR.
Dis-nous, maintenant : comment l'as-tu tuée ?

ORESTE.
Je vous le dirai. De cette main, armée du glaive, et qui frappa son sein.

LE CHŒUR.
Et qui t'y a poussé ? quels conseils ?

ORESTE.
Les oracles de ce dieu ; il est là pour l'attester.

LE CHŒUR.
Un dieu prophète, t'ordonner le parricide!

ORESTE.
Sans doute, et jusqu'ici je n'accuse point la fortune.

LE CHŒUR.
Que leurs suffrages t'atteignent, tu changeras de langage.

ORESTE.
J'espère mieux. De son tombeau mon père me protégera.

LE CHŒUR.
Compte sur les morts, je t'y engage, assassin d'une mère !

peut-être, a poussé son frère au parricide, s'est faite sa complice, mériterait, au même titre, d'être poursuivie par les Furies, loin de pouvoir le sauver d'elles. Ainsi en pensait Euripide qui, dans son *Oreste*, a traduit la sœur avec le frère devant le tribunal des Argiens, les y a fait tous deux frapper de la même sentence (voyez plus loin, livre IV, chap. VII).

LES EUMÉNIDES.   379

ORESTE.

Deux crimes provoquaient ma vengeance.

LE CHŒUR.

Comment! fais-le voir à tes juges.

ORESTE.

En tuant son époux, elle avait tué mon père.

LE CHŒUR.

Mais tu vis, toi; et elle, son trépas sanglant l'a affranchie.

ORESTE.

Vivante, que ne la poursuiviez-vous?

LE CHŒUR.

L'homme qu'elle avait tué n'était pas de son sang.

ORESTE.

Et moi, suis-je donc du sang de ma mère?

LE CHŒUR.

Hé quoi, ne t'a-t-elle pas nourri dans son sein, scélérat? Oses-tu renier le sang maternel, le sang le plus cher [1]? »

Ces dernières paroles servent de préparation à un argument bizarre qu'Apollon doit bientôt faire valoir en faveur de son client [2]. Après avoir retracé pathétiquement l'assassinat d'Agamemnon qu'Oreste, poussé par ses oracles, a justement puni en immolant Clytemnestre, il établit entre le meurtre d'un père et celui d'une mère, entre les liens plus ou moins étroits qui lient les enfants à l'un et à l'autre, des différences qui nous paraissent à nous, bien subtiles, bien choquantes même, mais dont les anciens ne jugeaient probablement pas ainsi, puisque, enseignées par un grand philosophe de cette époque, Anaxagore [3], elles furent reproduites, après Eschyle, par Euripide, avec peu de succès, il est vrai, dans son

1. V. 579-600.
2. V. 650 sqq. A la suite de la traduction d'Eschyle par Lefranc de Pompignan se lisent des *Observations* sur ce passage des *Euménides*.
3. Aristot., *de Animal. gen.*

Oreste[1], et même ailleurs encore[2]. Apollon, du reste, en avocat habile, mêle à son plaidoyer l'éloge de son juge, et la considération des avantages que pourra lui valoir l'absolution de l'accusé[3].

Voilà la cause instruite. Minerve ordonne qu'on aille aux suffrages, et, tandis qu'on s'occupe de ce soin, elle fait au peuple d'Athènes, témoin de la délibération, un magnifique éloge du tribunal qu'elle vient d'établir à jamais, pour réprimer et prévenir le crime chez son peuple chéri, tribunal dont il doit bien se garder d'altérer jamais, par aucun mélange, la sévère et salutaire institution.

Cependant Apollon et les Furies, inquiets du jugement qui va se prononcer, cherchent par des insinuations, par des menaces, à influer sur la conviction des juges, et s'attaquent mutuellement de sarcasmes amers. Il ne reste plus qu'un suffrage à recueillir, c'est celui de Minerve : la déesse le donne à Oreste; elle n'a point eu de mère; le meurtre d'une mère la touche moins que celui d'un père. Le moment décisif est arrivé. Au milieu de l'anxiété générale, on renverse les urnes pour compter les suf-

---

[1]. V. 541 sqq. Voyez plus loin liv. IV, chap. VII. — [2]. *Fragm. incert.*, XLIV. Cf. Stob., tit. LXXIX, 27.

[3]. Le rôle que joue Apollon dans *les Euménides* s'accorde peu avec ce qu'on lit chez Photius et chez Suidas d'un *Oreste* de Carcinus, où Oreste « forcé par le soleil (c'est-à-dire par Apollon) de convenir qu'il avait tué sa mère, répondait par énigmes. » Voyez Meineke. *Hist. crit. comic. græc.*, p. 510; W. C. Kayser, *Hist. crit. trag. græc.*, p. 100, 101; Fr. G. Wagner, *Poet. trag. græc. fragm.*, éd. F. Didot, p. 85, sur ce passage difficile et controversé, fort curieux toutefois comme témoignage de la recherche et de l'obscurité qu'affectait alors le style tragique. Un des défauts de la tragédie grecque, dans sa décadence, et cette décadence, nous l'avons montré (voyez p. 42 et suiv.), datait à certains égards d'Euripide, c'était de reproduire sur la scène l'argumentation sophistique du barreau. Aristote (*Rhet.*, II, 24,3) nous a conservé le souvenir d'un *Oreste* de Théodecte, où la défense d'Oreste avait ce caractère. « Il est juste, disait-il, qu'une femme qui a tué son mari soit mise à mort. Il est juste aussi qu'un père soit vengé par son fils. Or, c'est ce qui est arrivé. » Aristote fait remarquer ce qu'il y a de captieux et de faux dans ce raisonnement, la justice invoquée par Oreste disparaissant si l'on réunit ce qu'il sépare, et si l'on rétablit ce qu'il omet; car alors il ne semble plus juste que ce soit par son fils que la femme coupable soit punie. Voyez sur l'*Oreste* de Théodecte, W. C. Kayser, *ibid.*, p. 120; Fr. G. Wagner, *ibid.*, p. 118.

frages[1] : ils se trouvent égaux. Aux termes de la législation athénienne[2], Oreste est absous.

Dans sa reconnaissance, le fils d'Agamemnon, au nom du peuple qu'il va gouverner, jure au peuple de Minerve une amitié éternelle. Si jamais les Argiens rompaient ce pacte sacré, son ombre les en punirait.

De leur côté, les Furies s'emportent contre l'audace des nouveaux dieux, qui dépouillent ainsi de ses priviléges la race antique des Titans; elles s'apprêtent à frapper cette contrée, où on les outrage, de leurs fatales imprécations.

Minerve, déesse de la sagesse, de la persuasion, après les avoir écoutées avec calme, leur représente que c'est à tort qu'elles s'irritent; qu'elles ne sont point vaincues : Oreste n'a été sauvé que par l'égalité des suffrages; son absolution est toute de grâce et de faveur; l'oracle d'Apollon l'avait prédit; Jupiter l'a voulu. Au lieu de se venger sur une terre innocente que sa divinité tutélaire saurait au besoin protéger, qu'elles y acceptent plutôt un temple et des honneurs. Ces raisons, Minerve les reproduit plus d'une fois sans se lasser, mêlant la déférence à la dignité, la prière à la menace, jusqu'à ce qu'enfin tombe, devant sa douce et vive éloquence, un courroux qui tantôt éclatait, tantôt grondait comme un orage. Alors, ainsi que ce prophète dont parle l'Écriture, qui, ouvrant la bouche pour maudire Israël, ne pouvait trouver que des bénédictions, les Furies, apaisées et devenues bienveillantes, les *Euménides*[3] appellent sur l'heureuse Atti-

---

1. Sur ces formes de jugement, auxquelles le poëte a emprunté une des plus vives figures de son *Agamemnon*, v. 788 sqq., voyez plus haut, p. 330, note 2.
2. Euripide, *Electr.*, 1256 sqq., en fait remonter l'origine à cette absolution d'Oreste, sur laquelle il revient, *Iphig. Taur.*, 1469; Aristophane y fait allusion, *Ran.*, 695; Aristote en cherche l'explication, *Problem.*, XXIX, 13.
3. Selon l'argument grec, c'est Oreste qui leur donne ce nom; selon Harpocration, v. Εὐμενίδες, c'est Minerve. Ni l'un ni l'autre : il n'est point prononcé dans la pièce ; on le trouve au vers 477 de l'*Œdipe à Colone*, où Sophocle fait remonter beaucoup plus haut qu'Eschyle le culte des Euménides à Athènes.

que la concorde, la victoire, la paix, l'abondance, toutes les prospérités, tous les biens. A ces souhaits souvent répétés répondent de fréquentes actions de grâces. Un cortège de femmes de tout âge, revêtues de pourpre et portant des flambeaux dans leurs mains, conduit vers la demeure qui leur sera désormais consacrée les nouvelles divinités du pays. Ainsi l'art du poëte termine ce long enchaînement de catastrophes tragiques, cette trilogie terrible et sanglante, par le tableau consolant d'une fête sacrée, par des concerts pieux partis de la scène et auxquels répondent de l'amphithéâtre de joyeuses et bruyantes acclamations[1].

Il faut le remarquer comme un témoignage du caractère national qu'avait chez les Grecs la tragédie, de l'intérêt vi-

---

1. Parmi les quelques fragments qui nous sont parvenus de l'imitation faite par Ennius des *Euménides* d'Eschyle, plusieurs se rapportent à ce dénoûment. C'était Minerve, bien évidemment, qui proclamait l'absolution d'Oreste et ordonnait aux Furies de le laisser, dans ce vers, conservé par Nonius :

Dico vicisse Orestem; vos facessite!

Comme l'a pensé God. Hermann (*de Æschyl. Philoctet.*, 1825; cf. *Opusc.*, 1828, t. III, p. 113), et comme l'admet aussi O. Ribbeck (*Trag. lat. reliq.*, 1852, p. 270), c'était au rôle des Euménides, faisant des vœux pour la prospérité du sol et du peuple athénien, qu'appartenaient ces vers retenus et cités par Cicéron (*Tusc.*, I, 28. Cf. Æschyl. *Eumen.*, v. 892, 928 sqq.) :

Cœlum nitescere, arbores frondescere,
Vites lætificæ pampinis pubescere,
Rami baccarum ubertate incurviscere,
Segetes largiri fruges, florere omnia,
Fontes scatere, herbis prata convestirier.

Le *Dico vicisse Orestem* du premier passage rend avec peu d'exactitude le vers 744, par lequel Minerve annonce l'absolution d'Oreste :

Ἀνὴρ ὅδ' ἐκπέφευγεν αἵματος δίκην.

« Cet homme échappe à la peine du sang versé. »

Bien au contraire, Minerve voulant calmer le dépit violent des *Euménides*, et leur représentant que l'absolution d'Oreste n'est qu'une grâce due à l'égalité des suffrages, leur dit, précisément, v. 786 : « Vous n'avez pas été vaincues : »

Οὐ γὰρ νενίκησθ' ....

vant attaché à ses représentations ; les spectateurs faisaient ici partie du spectacle ; de témoins, ils étaient devenus insensiblement acteurs ; c'était eux que la Pythie invitait à consulter l'oracle ; eux que le héraut convoquait au jugement d'Oreste ; eux à qui Minerve recommandait le respect éternel de ses lois et de son tribunal ; eux enfin dont les applaudissements saluaient l'installation solennelle des *Euménides*. Une illusion adroitement ménagée les avait rendus, pour un moment, contemporains de ces antiques et fabuleuses aventures.

Et combien de circonstances aidaient à ce prestige de l'art ! Non loin du théâtre qui les rassemblait, étaient, voisins l'un de l'autre, le temple [1], le tribunal, dont on leur exposait la merveilleuse histoire, si célébrée dans leurs traditions [2] ; ils assistaient tous les jours aux rites de ce culte, aux formes de cette procédure, exactement reproduits sur la scène et consacrés ensemble à leurs yeux par la sainteté d'une commune origine [3].

Une allusion plus directe ajouta à cette pièce un vif

---

1. Eurip., *Electr.*, 1260 sqq. ; Pausan., *Att.*, xxviii ; schol. Thucyd., I, 126.
2. Les marbres de Paros, la chronique d'Eusèbe, un passage d'Athénée (liv. X), citant Phanodème, un autre de Tzetzès sur Lycophron, v. 1374, placent le procès d'Oreste devant l'Aréopage sous le règne de Démophon, fils de Thésée. Hellanicus, le jeune sans doute, au rapport du scoliaste d'Euripide (*Orest.*, v. 1648), l'avait raconté. Les orateurs y faisaient de fréquentes allusions (voyez Démosthène, *in Aristocr.*, etc.). A Rome même, où la pièce d'Eschyle avait été imitée par Ennius, Cicéron le rappela dans son plaidoyer *pour Milon* (c. III). Il faut dire cependant que plusieurs de ces autorités, et d'autres qu'il serait trop long de citer, renvoient à des temps beaucoup plus reculés l'institution de l'Aréopage, faisant juger par ce tribunal Thésée, après le meurtre des Pallantides ; Dédale, sous Égée ; Céphale, sous Érechthée ; enfin sous Cranaüs, successeur de Cécrops, Mars lui-même, jugement dont il aurait, comme le lieu où il siégeait, pris son nom. C'est ce que rapporte, entre autres, Pausanias (*Att.*, xxviii). Il va sans dire que cette étymologie n'est point adoptée d'Eschyle. Selon lui (*Eumen.*, 677 sqq.), la colline de Mars a été ainsi appelée parce que les Amazones y ont sacrifié à ce dieu, lorsqu'elles y campaient dans leur guerre contre Thésée.
3. Voyez sur le rapport du culte des Furies avec la procédure de l'Aréopage, et sur l'exacte reproduction des formes de l'un et de l'autre,

intérêt. Vers l'époque où elle fut jouée, c'est-à-dire vers la troisième année de la LXXX⁰ olympiade[1], le démagogue Éphialte, ministre des desseins ambitieux de Périclès, avait cherché à soulever les Athéniens contre l'autorité de l'Aréopage, et par suite de cette criminelle tentative, probablement, avait été trouvé tué dans sa maison[2]. Une rencontre toute fortuite a-t-elle pu faire que, si près de cet événement, Eschyle ait rappelé la divine institution du tribunal menacé, et, par la bouche de Minerve, exhorté les Athéniens à la maintenir? Non, sans doute, et j'adopte comme évidente la conjecture ingénieuse[3] qui voit dans *les Euménides*, sous les formes du drame, un plaidoyer politique. Tel était à Athènes le droit du poëte tragique, du poëte comique lui-même, et on ne pouvait en user mieux que pour protéger, contre la turbulence démocratique, l'ancienne constitution de l'État.

Ce n'est pas, il s'en faut bien, dans la pièce d'Eschyle, le seul indice de cette préoccupation de citoyen, qui faisait de la scène une tribune. Plusieurs passages, que j'ai à dessein indiqués dans mon analyse[4], se rapportent incontestablement à une ligue d'Athènes et d'Argos que l'histoire[5], précisément, nous apprend s'être conclue l'année même où parurent *les Euménides*.

A cet intérêt de l'allusion politique[6] se joignait celui

---

dans les *Euménides* d'Eschyle, le savant mémoire de M. Lebeau jeune, *Acad. des Inscript.*, t. XXXV, p. 433 et suiv. Cf. Bœttiger, *les Furies*, etc., ouvrage précédemment cité, p. 362 et suiv.

1. Argum. *Agamemn*. Cf. Clinton, *Fast. hellenic.*, p. 47.
2. Diod. Sic., XI, 77. Cf. Plutarch., *Vit. Pericl.*, IX.
3. Lebeau jeune, *Acad. des Inscript.*, t. XXXV, p. 433 et suiv.; Bœttiger, *les Furies*, etc.; W. Schlegel, *Cours de littérat. dram.*, leçon IV, etc.
4. Voyez principalement, v. 284, 661, 754 sq.
5. Diod. Sic., XI, 80.
6. En reconnaissant, à son tour, dans la pièce d'Eschyle, cette sorte d'intérêt, M. H. Weil (*De tragœdiarum græcarum cum rebus publicis conjunctione*, p. 12) remarque judicieusement qu'il n'est obtenu par aucun sacrifice de ce qu'exigent les lois de l'art dramatique, que sans lui la tragédie ne subsisterait pas moins :

« ....Fac enim doctam esse fabulam eo tempore quo Areopagi aucto-

de l'allégorie morale. Des personnages consacrés par la croyance religieuse, et qui par là n'avaient pas la froideur de personnifications arbitraires, y représentaient les mouvements contradictoires de la conscience et la difficulté insoluble de ce conflit. Sans rien perdre de son effet dramatique, ce poëme, par un sens caché, s'adressait à la réflexion profonde, et lui offrait, sous des emblèmes demi-voilés, une sorte de révélation des mystères intimes de l'âme [1].

Œuvre vraiment singulière, qui, dans son unité féconde, avait de quoi satisfaire à tous les besoins de la pensée; qui, tout en amusant la foule de merveilleux spectacles, en l'agitant de terreur et de pitié, pouvait encore ravir d'un en-

---

ritas sancta adhuc et inviolata erat, argumentum tale est, ut ab amplissimi judicii laudibus non abstinuisset poeta; fac Argivos hostes fuisse Atheniensium, fac amicitiam sine fœdere inter civitates intercessisse, fac suspiciones sine bello : quidquid statuis, debuit Orestes Æschyleus et societatem polliceri, et rupti fœderis vindicem se fore prædicare. Alio fortasse modo et aliis verbis nonnulla dixisset, res et sententiæ eædem sane fuissent quæ sunt et quæ omnino esse debuerunt. »

[1]. Voyez les ingénieuses explications de W. Schlegel, *ibid*. L'auteur déjà cité par nous, p. 40, d'un *Essai sur la fatalité dans le théâtre grec*, Paris, 1855, M. F. R. Camboulieu, voit surtout, p. 32, dans *les Euménides*, la peinture de la révolution qui, sous le règne nouveau de la religion de Jupiter, succédant à celles d'Uranus et de Saturne, amena les hommes à l'idée d'une justice meilleure; non plus, comme auparavant, « .... dure, inexorable, aveugle en ses rigueurs :... » réclamant « .... sang pour sang, meurtre pour meurtre, sans égard aux circonstances, ni aux motifs ;... » n'admettant « ... nul arbitre entre le meurtrier et les parents de la victime ;... » d'après les lois de laquelle « .... chacun vengeait les siens, et la fureur était l'unique mesure de la peine. Jupiter arrive, ajoute-t-il, et tout change d'aspect. De nouveaux éléments s'introduisent dans le dogme de la justice : les considérations de temps, de lieux, de personnes, les circonstances atténuantes, comme nous dirions aujourd'hui, et aussi la miséricorde. Jupiter et ses enfants tempèrent, par leur intervention bienfaisante, la farouche âpreté des Euménides, et quelquefois même pardonnent au repentir. L'antique *summum jus* est détrôné; le ciel devient équitable. Sur la terre une révolution analogue s'accomplit. L'Aréopage est fondé.... »

L'auteur de la nouvelle *Orestie* (voyez p. 309, 341, 350, 363, 377) est entré à son tour dans cette voie d'interprétation. Mais, comme l'ont remarqué plusieurs critiques, entre autres M. A. Mazure, dans un intéressant article sur *la philosophie antique dans la tragédie grecque* (*Revue contemporaine*, 31 janvier 1856), peut-être des préoccupations

thousiasme patriotique le citoyen, plonger dans la méditation le philosophe [1] !

modernes et chrétiennes, l'ont-elles conduit trop loin des idées de l'antiquité dans cette conclusion (acte III, scène IV) :

MINERVE.

. . . .
J'apporte l'espérance aux coupables tremblants.
La haine a jusqu'ici fait la terre déserte ;
Il est temps qu'à la fin la porte soit ouverte
A l'avenir clément, où, pour l'homme abattu,
Le repentir sera la suprême vertu.
L'âge antique est fini, l'âge nouveau commence.
La sagesse toujours vota pour la clémence.
. . . .

ORESTE.

O ma sœur, désormais reprenons notre hommage
A ces antiques dieux qui n'ont su que punir,
Et rendons grâce, Électre, aux dieux de l'avenir.

1. A la liste des ouvrages rapprochés, dans ces derniers chapitres, de l'*Orestie* d'Eschyle, on en peut ajouter un que contient un manuscrit de la bibliothèque de Berne, remontant, dit-on, au neuvième siècle. C'est, en 973 vers hexamètres, une histoire de la famille des Atrides sous ce titre : *Orestis tragœdia*. J'en trouve l'indication dans un savant et ingénieux chapitre de l'*Histoire littéraire de la France*, t. XXII, p. 39 et suiv., où M. J. V. Le Clerc explique d'abord l'usage fréquent au moyen âge, en tête de compositions de forme narrative où le dialogue avait sa place, du titre de *comédie*, encore adopté par Dante, et quelquefois de *tragédie*.
Complétons aussi ce chapitre, et les deux précédents, en mentionnant les remarquables traductions en vers, accompagnées de doctes et judicieux commentaires, qu'ont données récemment, des *Euménides*, M. Léon Halévy, déjà traducteur du *Prométhée* (*La Grèce tragique*, 1846-1861, 3 vol. in-8, t. III, p. 11 et suiv. Cf., t. I, p. 1 et suiv. Voyez plus haut, p. 273) ; de l'*Agamemnon*, des *Choéphores* et des *Euménides*, M. Paul Mesnard (*L'Orestie, trilogie tragique d'Eschyle*, 1863, 1 vol. in-8). Depuis, l'*Orestie* a été de nouveau commentée, comme aussi les autres pièces du même théâtre, avec une grande intelligence de la théologie, des inspirations religieuses et morales du génie dramatique de leur sublime auteur, dans le beau livre de M. Jules Girard : *Le sentiment religieux en Grèce, d'Homère à Eschyle, étudié dans son développement moral et dans son caractère dramatique*, 1869, 1 vol. in-8.

TABLE

DES MATIÈRES CONTENUES DANS CE VOLUME.

Avant-propos I
Préface III
Livre Iᵉʳ. — *Histoire générale de la tragédie grecque* 1
Livre II. — *Théâtre d'Eschyle.*
    Chapitre Iᵉʳ. — Les Suppliantes 165
              II. — Les Sept Chefs devant Thèbes 186
              III. — Les Perses 210
              IV. — Prométhée 250
              V. — Agamemnon 306
              VI. — Les Choéphores 333
              VII. — Les Euménides 364

PARIS. — TYPOGRAPHIE LAHURE
Rue de Fleurus, 9

www.ingramcontent.com/pod-product-compliance
Lightning Source LLC
Chambersburg PA
CBHW052042230426
43671CB00011B/1756